전후 한일관계의 전개

전후 한일관계의 전개

장달중 | 오코노기 마사오 공편

2008

아연출판부

한일공동연구총서 14

전후 한일관계의 전개

제1판 제1쇄 발행 2008년 2월 28일

지은이 | 장달중 · 오코노기 마사오 외
펴낸이 | 이내영
펴낸곳 | 아연출판부
표지디자인 | 서진

등 록 | 2000년 5월 24일 제6-376호
주 소 | (136-701) 서울 성북구 안암동 5가 고려대학교 아세아문제연구소
전 화 | 02-3290-1601
팩 스 | 02-923-4661

ISBN 978-89-90769-23-7 94910
978-89-951522-2-5 세트

이 도서의 국립중앙도서관 출판시도서목록(CIP)은 e-CIP 홈페이지(http://www.nl.go.kr/cip.php)에서 이용하실 수 있습니다(CIP제어번호: CIP2007004138).

책값은 뒤표지에 표시되어 있습니다.
잘못된 책은 바꿔드립니다.

차례

한일공동연구 2기 총서 간행에 즈음하여

제1기(1996~1998)의 연구 성과와 경험을 토대로 제2기(1999~2001) 공동연구의 결과를 출간한다는 것은 또 다른 의미를 갖는다. 제1기가 한국과 일본이 학술 분야에서 공동연구를 수행하겠다는 시작의 의미를 갖는다면, 제2기는 공동연구의 지속을 의미하기 때문이다. '시작'이 '지속'으로 이어질 수 있게 되었다는 것은 한일관계에 있어 중요한 발전이다.

1996년 한일공동연구포럼의 출범은 조용했지만, 역사적 의미를 갖는 하나의 사건이었다. 한일 간의 불행한 과거사는 전후 국교 정상화와 양국 간 경제 교역의 급증에도 불구하고, 다른 여러 분야에서 한일관계의 진전을 어렵게 하는 요인이었다. 그러므로 미래지향적 한일관계를 지향하면서, 유례없는 대규모의 프로젝트를 10년에 가까운 기간 동안 지속하겠다는 것은 커다란 실험이었다. 처음 공동연구포럼의 창안자들은 선린호혜의 정신에 입각하여 공동프로젝트를 출범시켰지만, 시작이 곧 지속을 보장할 수 없는 것이 그간의 한일관계사가 보여 준 특징 중 하나였기 때문이다. 이 점에서 제2기의 공동연구가 성공적으로 끝나 그 연구의 결과를 총서로 출간하게 된 것은 출범 당시의 정신이 지속가능하고 성공적으로 결실을 맺을 수 있는 수준으로 발전했다는 것을 의미한다.

제2기 공동연구가 성공적으로 결실을 맺게 된 것은 전적으로 총 7개 분과에서 공동연구에 참여한 한국과 일본의 연구 참여자들의 노력 덕분이다. 한국과 일본 양측으로부터의 연구 참여자들은 모두 양국 학계의 각 분야에서 지도적 역할을 수행하는 대표적 학자들이다. 이들이 보여 준 공동연구의 중요성에 대한 이해와 학문적 열정, 진지함이 아니었더라면 제2기 프로젝트는 성공하기 어려웠을 것이다. 두루 알다시피 한일공동연구포럼이 현재까지 성공적으로 추진되는 데 있어서 한국 측의 최장집과 일본 측의 오코노기 마사오 교수의 역할이 컸다. 또한 이를 재정적 및 제도적으로 뒷받침한 일본의 일한문화교류기금의 노력은 결정적이었다. 제2기가 진행되는 동안에 변화가 있었다. 최상용 교수가 2000년에 주일대사로 자리를 옮겨, 고려대 아세아문제연구소 소장 최장집 교수가 한국 측 의장직을 맡게 되었다. 그러나 이미 두 사람의 공동 창안자들이 기초를 잡고 궤도에 올린 후의 일이었기 때문에 제2기가 결실을 맺는 데는 아무런 어려움이 없었다.

최근에 이르러 한일 간의 상호 교류는 급속히 확대되고 진전되고 있다. 이 변화에는 2002년 월드컵 한일 공동 개최가 중요한 촉매제 가운데 하나였다. 이 상황에서 양국의 대표적인 학자들과 지식인들이 주축이 된 한일공동연구는 한일관계를 좀 더 성찰적인 기반위에 정초하게 한다는 점에서 특별한 의미를 갖는다. 제2기의 총서발간이 양국 간 학술 교류 및 중요한 학술적 기여가 될 뿐 아니라, 올바른 역사 인식에 기초한 미래지향적으로 한일관계가 발전하는 데 큰 기여를 할 수 있기를 기대한다. 끝으로 제2기의 성공적 수행을 뒷받침한 일한문화교류기금의 구마가이 나오히로(熊谷直博)이사장 및 관계자들의 지원과 노고에 감사드린다.

2004년 2월

한일공동연구포럼 한국 측 의장 최장집(崔章集)
일본 측 의장 오코노기 마사오(小此木政夫)

한일공동연구 1기 총서 간행에 즈음하여

제2차 세계대전 후 50년이 지난 1995년 여름, 우리 두 사람은 한국과 일본의 차세대를 담당할 연구자들을 중심으로 대규모의 공동연구를 구상하기 시작했다. 일본 국회의 '건국 50년 결의'를 둘러싸고 한일 간에 마찰이 일 때 등장한 무라야마 도미이치(村山富市) 일본 총리의 '전후 50년 담화'는 한일 간의 상호이해를 위한 토대를 마련해 주었다.

"우리나라는 멀지 않은 과거의 한 시기에 국책의 잘못으로 전쟁에의 길을 내디딤으로써, 국민을 위기에 빠뜨리고, 식민지의 지배와 침략으로 많은 나라들, 특히 아시아 제국의 사람들에게 막대한 손해와 고통을 끼쳤습니다. 나는 장차 잘못이 없도록 하기 위해서 의심할 여지가 없는 이 역사적 사실을 겸허하게 수용하여, 이에 다시 한번 통절한 반성의 뜻을 표하고 진심으로 용서를 비는 마음을 표명하고자 합니다. 또한 이 역사가 제공한 내외의 모든 희생자들에게 깊은 애도의 뜻을 표합니다."

그후 3년이 지난 1998년 10월 김대중 대통령의 방일시 한일 양국이 발표한 '한일공동선언'의 역사관련 부분은 이 무라야마 담화의 내용을 양국 정부가 문서로 확인한 것이었다.

이러한 역사 인식을 출발점으로 하여 우리 두 사람은 한일 양국의 연구자들과 협의하여 '한일공동연구포럼'을 결성하고, 일한문화교류기금의 협력과 지원을 받게 되었다. "과거를 직시하고, 미래를 구축한다"라는 기본 인식하에 역사 Ⅰ, 역사 Ⅱ, 정치, 경제, 정치경제, 문화, 북한 등 7개의 연구팀이 결성되어 1996년 4월부터 공동연구가 시작되었다.

여기 간행을 시작하는 『한일공동연구총서』는 제1기 연구(1996~98)의 성과이다. 그러나 어떤 의도를 가지고 있고, 어떤 형태의 연구라 할지라도, 그것이 학술적 연구 성과인 이상, 고매한 이상을 내걸면 그만큼 그것에 걸맞는 높은 수준의 연구가 요구될 것이다. 또한 공동연구인 경우에는 그것의 전체적인 완성도를 염두에 두지 않을 수 없다. 이러한 점에 관한 비판과 충고를 겸허하게 수용하면서 우리는 앞으로도 공동연구를 계속 할 각오를 하고 있다. 우리는 한일공동연구포럼이 한일 양국의 학술적 교류의 역사에 새로운 전기가 되기를 바라며 한일 학자들의 지적 역량을 세계에 알리는 계기가 되기를 기대한다.

일한문화교류기금에 깊이 감사하며, 한일 양국의 뜻 있는 여러분의 이해와 지원을 바라마지 않는 바이다.

2000년 3월

한일공동연구포럼 제1기 한국 측 의장 최상용(崔相龍)
일본 측 의장 오코노기 마사오(小此木政夫)

일러두기

1. 본 총서는 재단법인 일한문화교류기금의 연구지원으로 간행되었습니다.
2. 일본어, 중국어 인명과 지명의 표기는 한글 맞춤법의 외래어표기법에 따라 표기했습니다.

한일관계의 새로운 지평 :
'체제마찰'에서 '의식공유'로

오코노기 마사오

I. 들어가며

'타케시마의 날' 제정 문제를 정점으로 한 '역사마찰'을 통해 한일 간에는 여전히 커다란 장벽이 존재한다고 느끼는 사람들도 적지 않은 것으로 보인다. 하지만 그럼에도 불구하고 시대는 확실히 변화하고 있다. 중국 청년들의 반일 소동은 다분히 한국의 반일시위로부터 촉발된 것으로 보이지만 두 개의 항의 사이에는 커다란 차이가 존재하기 때문이다. 일부 우익단체의 과격한 행태에도 불구하고 중국의 경우와 달리 한국의 시위는 민주주의 체제하에서의 통상적인 항의와 다르지 않았다. 수년 전의 반미 '촛불'시위 정도의 대중성도 없었다. 달리 말하면 경제교류를 통해 형성된 ('한류' 현상을 포함한) 민간 교류가 혼란스러운 한일관계를 아래로부터 지탱해 주고 있는 것이다. 이는 완전히 새로운 현상이다.

예를 들어, 서울에 거주하는 일본인이나 일본인 관광객이 신변의 위협을 느끼거나, 일본 기업이나 음식점의 투석의 대상이 된 일은 없었다. 뿐만 아니라 중국의 청년들이 '폭도화'하는 양상을 보고 진원지인 한국의 시위는 오히려 잠잠해졌다. 한국 국민의 반응은 반드시 한국 정부나 언론의 반응과 동일한 것이 아니었던 것이다. 그렇다면 우리는 두 개의 항의 사이의 '동질성'뿐만 아니라 '이질성'에도 주목하지 않으면 안 된다. 솔직히 말해서 보다 중요한 것은 '동질성'을 강조하는 것보다 '이질성'에 착목하여 양자를 차별화하는 관찰력과 논리력을 갖는 것이다.

II. 관계정상화 이후 나타난 '체제마찰'

돌이켜 보면 한국과 일본이 관계정상화 이후 직면한 것은 무엇보다 '체제마찰'이었다. 말하자면 그것은 국민의 선의로 극복할 수 있는 성격의 문제가 아니었다. 관계정상화 이후 약 10년 뒤인 1974년에 한국 유학을 마치고 일본으로 귀국한 나는 한국을 잘 모르는 '진보적 문화인'이 주장하는 한일 '민중연대'론의 공허함을 느끼는 동시에 김대중 납치사건에 관한 언론보도의 예외성에서 일본인의 심층심리를 엿볼 수 있었다. 또한 그러한 '체제마찰'은 광주민주항쟁을 예로 들 것도 없이 많든 적든 전두환 정권 시기에도 되풀이되었다.

당시 한일 간의 '체제마찰'을 요약해 보자.

첫째, 한일 양국 사이에는 군이 실권을 장악한 권위주의 체제와 선진적인 민주주의 체제 사이의 정치체제마찰이 존재했다. 예를 들어, 김대중 납치사건 당시는 박정희 대통령이 중미화해, 중일 국교정상화라는 이중의 '당사자 제외'에 직면하여 중화학공업화 추진에 국가의 운명을 걸고 개인독재 및 국가 총동원적인 '유신체제'를 발동한 직후였다. 그러나 해외에 있던 김대중과 정치활동이 제한되었던 김영삼은 '목숨을 걸고' 이에 저항했다. 전두환 정권 시기에도 신군부하에서 민주주의 억압과 이에 대한 저항이 반복되었다.

둘째, 경제 분야에서도 한일 양국 사이에는 극복하기 어려울 정도의 자본규모 및 기술 수준의 격차가 존재했다. 분명히 당시의 한국은 한일 국교정상화에 따른 자금과 베트남 특수를 이용하여 독자적으로 모색한 수출주도형 경제발전 전략을 성공시켜 나갔다. 그러나 성공이 지속될수록 '투자와 수출의 확대순환'을 유지하기 위해 일본으로부터 중간재와 자본재의 수입이 증대했다. 한국경제는 사실상 일본 경제에 종속된 것 같은 상황이었다.

셋째, 미국의 동맹국으로 같은 진영에서 냉전과 신냉전을 거쳤음에도 불구하고 한일 양국 사이에는 안보협력은 물론 안보교류조차 존재하지 않았다. 뿐만 아니라 일본 국민은 베트남전의 격화나 한반도의 군사적 긴장에 '휘말리는' 것을 깊이 우려해 왔으며 한국 국민은 자위대의 전력 증강을 불안한 눈으로 주시하고 있었다. 바꿔 말하면 서로 상대편의 군사력에 기대를 두기보다는 그것을 위험시하고 있었던 것이다.

III. '체제공유'는 '의식공유'의 토대

그러나 오랫동안 양국에 문제가 되어 온 '체제마찰'은 현재 거의 해소되었다. 냉전이 종결되었을 뿐만 아니라 한국인 자신이 불과 한 세대 사이에 경제적 발전과 정치적 민주화를 달성하여 '체제마찰'의 근원을 해소한 것이다. 약간의 유보는 필요하겠지만, 이제 한일 양국은 민주주의와 시장경제라는 가장 중요한 체제를 공유하고 안보 분야에서도 교류를 확대하고 있다. 이는 새롭게 나타난 현상이라 할 수 있을 것이다.

여기에 더하여 당연하게도 '체제공유'가 양국 사이의 사회적·문화적 교류를 현저하게 확대하여 서로의 가치관과 국가 목표의 접근을 촉진하고 있다. 이제 일본인도 한국인도 첨단 산업기술과 자유로운 시장경제를 보유하고, 평화적으로 번영하여 높은 문화수준과 풍요로운 인권감각을 자랑하는 민주적인 국제국가를 이상으로 하고 있다. 그러한 의미에서 '체제공유'가 분명히 '의식공유'의 토대가 되고 있다. 이 또한 새로운 현상이다.

나아가 한일이 공동 개최한 2002년 월드컵은 양국 국민의 의식변화를 촉진하는 '긍정적인 상징'(plus symbol)이 되었다. 이를 성공시키는 과정에서 양국의 국민 사이에는 새로운 의식이 탄생했다. 이는 세계적인 행사를 공동으로 기획한 '동료의식'이자 아시아의 대표로서 함께 결승리그까지 진출했다는 '대등의식'이기도 했다.

흥미롭게도 이러한 새로운 의식은 스포츠로 한정되지 않았다. 1998년 10월 김대중 대통령의 방일과 이와 함께 발표된 한일 '파트너십' 공동선언에 따라 음악이나 영화 같은 대중문화 분야에서도 양국 간의 교류가 확대되었고, 특히 일본인이 한국을 새롭게 인식하기 시작했다.

바꿔 말하면 〈겨울연가〉를 비롯한 '한류' 현상은 한일 간의 '체제공유' 없이는 존재할 수 없었던 것이며 그것이 '의식공유'의 현 단계를 보여주고 있다. 일본인이 한국 문화에 커다란 관심을 갖게 되었기 때문에 이는 메이지 유신 이래의 역사적인 의식변화라고도 말할 수 있을 것이다.

Ⅳ. 잃어버린 '전후화해'의 기회

물론 '체제마찰'의 해소 이후에도 한일의 '의식공유'의 진전에는 커다란 장애가 존재한다. 말할 필요도 없이 '역사마찰'의 존재 때문이다. 주자학적인 전통이 강하게 남아있는 한국인은 당연히 '정의에 의한 치유'를 주장하고 '망각에 의한 치유'를 지속적으로 거부하고 있다. 그러한 주장은 매우 관념적이며 타협을 허용하지 않는다. 한일관계 정상화 40년 후에도 대통령 자신이 '과거의 진실을 규명해서 진심으로 사과하고, 반성하고 배상할 일이 있으면 배상하고 그 연후에 화해해야 한다'(2005년 3·1절 기념사)라고 주장할 정도이다. 요컨대 한일 간에는 여전히 충분한 '화해'가 이루어지지 않고 있다.

그러나 최근 지적되는 '전후화해'의 관점에서 보면 이는 결코 이상한 일이 아니다. 본래 도쿄재판은 그 자체가 식민지를 가진 미국과 유럽의 여러 국가들에 의한 단죄였기 때문에 일본의 주변국가에 대한 식민주의나 식민지 지배가 불문에 부쳐지는 불행한 사정이 있었다. 또한 이러한 관점은 샌프란시스코 강화조약에도 결여되어 있었다. 일본의 입장에서 보면 전승국 또한 많건 적건 식민주의자였으며 비인도적인 원자폭탄을 사용한 자들이었다. 일방적으로 단죄된 것에 대한 불만과 반발, 나아가 피해의식이 반성과 사죄가 포함되지 않은 한일 국교정상화를 가능하게 한 것이었다.1)

사실 일본 정부가 '식민지 지배와 침략으로 여러 국가들, 특히 아시아 여러 국가의 국민들에 대해 커다란 손해와 고통을 주었던' 점을 정식으로 인정하고 그 위에서 '통절한 반성과 진심으로 사죄'(무라야마 담화)를 표명하기까지는 전후 50년의 세월이 필요했다. 또한 이것이 한일 간의 외교문서로 확인된 것은 1998년 10월의 한일 '파트너십' 공동선언에 의한 것이었다. 바꿔 말하면 이때 처음으로 30년 이상 이전의 '반성과 사죄' 없는 관계정상화가 실질적으로 수정 내지 보충되었던 것이다.

그러나 그렇다고 해도 한일 간의 '전후화해'는 이미 시기를 놓치고 있는지도 모른다. 무라야마 담화는 공식적인 정부 견해였지만 이는 전후 정치를 주도해온 자민당 정부에 의한 것이 아니었을 뿐만 아니라 국회결의 또한 혼란 속에서 채택되었다. 바꿔 말하면 일본의 정치지도자는 서독의 브란트 수상이나 바이츠제커 대통령과 같이 '전후화해'의 기회를 정교하게 연출하여 한국 국민의 마음을 움직이지 못했으며, 1980년대에 발생한 역사교과서 문제나 야스쿠니 신사 참배 문제로 그 무렵에 이미 한일 간에는 '역사마찰'이 자리 잡고 있었다.

V. 역사문제와 영토문제의 분리를

이번에 한국 내에서 일본 비판이 분출한 것에는 몇 가지 이유가 있지만,

1) 이 단락에 대해서는 小菅信子(2005), 특히 제2장을 참조했다.

노무현 대통령의 '한일관계 관련 국민에게 드리는 글'(3월 23일)에서 보는 한, 시마네현 의회의 '타케시마의 날' 제정이 직접적인 계기가 되었다. 요컨대 시마네현이 백 년 전의 '한국침략의 제일보'를 기념일로 제정한 것이 영토문제와 역사문제를 결합시켜, 일본이 '지배의 역사를 정당화하고 패권주의를 관철하려 하고 있다'는 오해를 낳은 것이다. 한국의 실질적 지배를 뒤집기 위해 마치 일본 정부와 시마네현 의회가 공모한 것은 아닌가라는 주장이었다.

물론 이미 지적했던 '전후화해'의 논의와는 별개로 일본은 일본 나름대로 독도가 일본 영토임을 주장하는 충분한 역사적 근거를 갖고 있다. 나아가 일본인의 전통적인 투쟁(전쟁)관이 한국인과 크게 다르다는 점을 지적하지 않을 수 없다. 무가정치의 전통을 가진 일본에서는 16·17세기까지의 유럽과 마찬가지로 전투(전쟁) 후에라도 일단 화해(강화)가 성립하면 '과거는 흘려보낸다'. 여기에서는 망각이야말로 화해의 토대이며 명분론이나 관념론은 아무런 의미를 갖지 못한다. 또한 시마네현 의회의 '타케시마의 날' 제정은 다분히 어업관계자의 불만을 대변한다. 좋건 나쁘건 일본인은 '명분'보다는 '실리'에 따라 행동한다.

그러나 이러한 한일 간 인식의 차이의 존재는 거꾸로 영토문제와 역사문제를 분리할 수 있는 가능성을 시사하는 것인지도 모른다. 사실상 이번에 한국이 특히 문제 삼은 것은 '일본 고유의 영토로 한국이 불법점거하고 있는 타케시마'라는 설명이 붙여진 공민교과서의 도판이지 역사교과서는 아니다. 독도문제에 관해서는 만약 한국이 명분론을 자제하고 어업문제의 해결이나 시마네현의 관광개발 등 실리적인 면에서 협력한다면 일본으로서는 영토문제에 대한 국민적인 관심을 유지하는 것이 어렵지 않겠는가.

물론 내가 일본의 독도영유권 포기를 주장하는 것은 아니다. 그러나 한 세대 후의 한일관계가 어떻게 될 것인가에 대해 생각해 볼 필요가 있다. 포괄적인 경제제휴가 진전된 결과 양국 국민은 비자 없이 왕래하고, 관세 없이 상품과 정보를 자유롭게 교환하며, 노동시장 또한 단계적으로 개방될 것이다. 국경은 별다른 의미를 갖지 않을 것이며 느슨한 경제통합이 진전될 것임에 틀림

없다. 그러한 시기가 되어서도 한국은 독도경비대를 배치하여 '불법점거'를 지속할 것인가. 독도를 태고 이래의 무인도로 복귀시킨다면 한일 간의 영토문제는 자연스러운 형태로 해결될 것이다.

Ⅵ. 마치며 : '미래를 위한 전략대화'를

물론 체제와 역사의 관점에서 한일관계의 모든 것을 논할 수는 없다. 예를 들어, 국제적으로 볼 때 양국의 지정학적인 입장에 미묘한 차이가 있음을 부정할 수 없다. 예를 들어, 중국과의 관계 설정에서 반도에 위치하고 중국문명권의 중심과 근접한 한국과 바다를 사이에 두고 있는 섬나라인 일본 사이에는 역사적으로 커다란 차이가 존재했다. 또한 해양국가인 미국과의 관계에 대해서는 그 반대의 지적이 가능할 것이다. 나아가 한국은 여전히 통일문제를 해결하지 못하고 있다. 이 때문에 북한과의 관계에서도 한일 양국 사이에는 커다란 입장의 차이가 존재한다. 그러나 지정학적인 입장의 차이는 조정 불가능한 것이 아닐 것이다. 한국 내에서는 스스로 동아시아의 '균형자'여야 한다는 역할론 또한 존재한다.

따라서 '체제공유' 이후의 한일관계에서 가장 중요한 것은 경제제휴를 적극적으로 추진하고 이를 통해 촉진된 시민의식을 공유하는 것이다. 앞으로의 새로운 40년은 한일 양국이 '체제공유'의 토대 위에서 서로의 문화와 전통을 존중하면서 '의식공유'를 지향하는 시대이다. 역사문제에 관한 진지하고 겸허한 접근과 지정학적 입장의 차이에 대한 사려 깊은 대응이 이를 촉진할 것이다. 한일 간에 '우월'도 '연대'도 아닌 새로운 '공동체 의식'이 탄생할 때, 민주주의와 시장경제를 토대로 하는 동아시아 공동체의 구체적인 전망이 처음으로 열리게 될 것이다.

특히 한일 파트너십이 동아시아 공동체의 기축이 되는 것의 중요성을 지적하고자 한다. 왜냐하면 그것이야말로 중국의 민주화와 자유화를 촉진하는 힘이 될 것이기 때문이며 그것 없이는 공동체가 내실을 잃게 될 것이기 때문이다. 나아가 한·중·일을 중심으로, 동남아시아까지 확대되는 동아시아 공동체가 일정한 단계에 도달하고, 그 안정적인 발전이 보장될 때까지 우리는 미국이라는 네트워크 센터에의 접속을 확보해야만 한다. 미국을 동아시아 공동체의 구성원으로 할 것인가에 관한 논의와는 별개로 거시적으로 볼 때 한일 양국은 동아시아 네트워크와 태평양 네트워크를 모순 없이 연결하는 중대한 국제적인 역할을 부여받고 있다.

그러한 의미에서 한일 양국은 '파트너십' 공동선언의 의의를 재확인해야 한다. 이때 김대중 대통령은 일본의 역사인식 표명에 대해 '진지하게 수용하고 평가하는 동시에 양국이 과거의 불행한 역사를 넘어서 …… 미래지향적으로 관계를 발전시켜야 한다'고 응답했다. 그러나 이뿐만이 아니다. 양국 정상은 '자유민주주의, 시장경제라는 보편적 이념에 입각한 협력관계'를 구축하고, 이를 '양국 국민 사이의 광범한 교류와 상호이해에 기반하여 발전시켜 가자'는 결의를 표명했다.

또한 오부치 수상과 김대중 대통령이 '양국의 파트너십을 아시아태평양 지역, 나아가 국제사회 전체의 평화와 번영을 위해서 …… 전진시켜 가자'는 인식을 공유했다는 점도 잊어서는 안 된다. 그것이야말로 '21세기 새로운 한일파트너십'의 주요 부분이었다. '체제공유'는 무엇보다 '미래공유'를 의미한다. 현재 한일 양국에 필요한 것은 새로운 형태의 역사대화를 포함하여, 어떻게 평화롭게 번영하는 공통의 미래를 건설할 것인가에 관한 전략대화이다. 다양한 수준에서 '미래를 위한 전략대화'가 요청되고 있다.

참고문헌

小菅信子. 2005.『戰後和解』. 中公新書. 中央公論社(7월).

세계화와 민족주의 사이의 한-일 관계 :
상호경시적 흐름에 대한 고찰

장달중

I. 서론 : 상호불신과 상호경시

1965년 국교정상화 이후 한일관계는 이해와 오해, 협력과 갈등, 그리고 상호학습(mutual learning)과 상호불신(mutual distrust)의 패턴을 반복해오고 있다. 이러한 상호적응의 양면적 과정은 상호의존과 자주, 존경과 경멸, 그리고 밀착과 배척의 패턴을 극복하지 못한 채 최근에는 "상호경시"(mutual passing)의 흐름으로 구조화되는 경향마저 보이고 있다.

분명 1965년 한일 국교정상화는 한일관계를 대결에서 협력의 차원으로 끌어올리는 돌파구를 마련했다. 이를 계기로 지난 40여 년간 한일 간에는 정치, 경제, 사회, 문화 등 모든 분야에서 폭넓은 유대관계가 구축되어 왔다. 더욱이 한국 정치의 민주화, 1988년 서울 올림픽의 성공적인 개최, 그리고 2002년 월드컵 한일공동 개최 등을 통한 양국 간의 상호인식 변화는 한일관계의 새로운 가능성을 열어 주었다. 연간 500억 달러가 넘는 무역과 300만 명이 넘는 인적 왕래가 이루어져 1965년 연간 1만 명이던 왕래자 수가 작금에는 하루에 1만 명이 넘는 양국관계로 발전했을 뿐만 아니라, 다양한 계층 간의 교류를 통한 보다 활성화된 "국민교류"의 인프라 구축을 모색하는 단계로까지 발전하고 있기 때문이다. 1998년 한일 정상 간의 "과거 청산을 전제로 한 미래지향"을 강조한 공동선언은 이러한 한일관계의 흐름에 획을 긋는 전환점을 제공했던 것이다.

그럼에도 불구하고 역사교과서 문제, 군 위안부 문제 그리고 일본 정치의 우경화와 군사적 역할 확대 등 양국 간의 우호관계를 저해하는 요인들로 인해 한일관계는 상호실망(mutual disappointment)의 악순환에서 벗어나지 못하고 있다. 이 때문에 과연 한일관계가 과거보다 한 차원 높은 수준의 미래지향적인 관계로 발전할 수 있을 것인가에 대해 많은 전문가들은 의구심을 지니고 있다.

사실 '한일관계'를 전공하는 전문가들 사이에서는 한일관계가 서로간의 "치켜세우기"와 "경멸"이라고 하는 과거의 악순환 패턴에서 벗어나지 못하고 있는 현상이 계속 지적되어 왔다.[1] 탈냉전으로 세계화가 확산되고 있는 가운데서 아이러니컬하게도 거세지는 양국의 폐쇄적인 민족주의[2]로 말미암아 양국관계는 "치켜세우기"와 "경멸"의 악순환을 극복하지 못한 채 급기야는 "상호경시"의 흐름으로 구조화되어 나타나고 있기 때문이다. 한국에서는 모방과 비난(bashing)의 대상이었던 일본이 이제 경시(passing)의 대상으로 전락했는가 하면, 반면 일본에서는 한미일 삼각 공조체제의 흔들림 속에서 경제관계의 주요 대상이었던 한국이 일본의 경제 테이블에서 사라지는 현상을 목격하기에 이르렀던 것이다.[3]

한국에게 있어서 일본은 항상 모방과 따라잡기(catch-up)의 모델이었다. 따라서 한국은 한미일 삼각관계를 기본 틀로 하는 해양국가적 국가발전 전략 속에서 일본 배우기와 일본 따라잡기에 열중해 왔다. 하지만 탈냉전 이후 계속된 일본의 방황과 정치적 우경화에 대한 한국의 우려는 급기야 일본 경시 풍조 속에 새로운 모델로 중국을 중심축으로 하는 국가발전 전략, 이른바 "동

---

1) 이에 대해서는 중앙일보 2000년 11월 20일자에 실린, 장달중, "한-일 관계가 우려되는 이유," 참조.
2) 이 문제에 관해서는 김영작(1997) 참조.
3) 이에 대해서는 장달중(2001) 참조.

북아 중심"의 대륙국가적 국가발전 전략을 모색하기에 이르렀다(임원혁 2003). 이제 일본이 한국인들의 머릿속에서 모방의 대상도 비난의 대상도 아닌 경시의 대상으로 멀어져가고 있는 것이다.

반면 일본은 미국과 중국 간의 전략적 경쟁관계 속에서 미·중 간의 대립이나 미·중 간의 공동패권을 저지하기 위한 독자적인 발언권을 모색하고 있다. 이러한 독자적 외교행보의 움직임에서 일본은 어떻게 미국과 중국의 편에 붙을 것인가 하는 선택의 문제와, 아니면 그러한 선택을 강요당하는 일이 없도록 대비하는 전략을 요구받고 있다. 일본이 그와 같은 상황에 몰리지 않도록 대비하기 위해서는 시장경제와 민주주의의 가치를 공유하는 이웃 한국과의 파트너십 관계가 절실하게 필요한 시점이다. 하지만 일본 정치 리더십의 머릿속에는 그와 같은 전략적 그림이 보이지 않고 있으며 이러한 전략 부재의 상황 속에서 한일관계를 악화시키는 과거사 문제가 계속 되풀이되고 있을 뿐이다(木宮正史 2001).

본 논문은 탈냉전에 따른 세계화의 환경 속에서 대두되고 있는 한일 양국의 민족주의적 흐름으로 한일 양국은 서로를 서로에게 필요한 존재로서 인식하지 못하고 경시하고 있는 현상을 분석하고자 한다.

II. 냉전기의 한-일 관계 : 반공의 유착관계

1965년 이후 한일관계의 부침은 말할 필요도 없이 국제적인 상황 변화 및 국내 정치의 변화와 밀접히 연관되어 있었다. 하지만 냉전 기간 동안 한일관계는 공산주의에 대항하는 "반공의 유착"관계에 의하여 역사인식의 문제나 무역 불균형의 문제, 그리고 재일교포의 법적 지위 등과 같은 중요한 현안 문제들은 전략적 안보관계의 틀 속에 파묻힐 수 있었다.

하지만 이와 같이 공유된 전략적 목표에도 불구하고 한일 양국 간에는 단순한 감정적 문제뿐만 아니라 역사적으로 구조화된 불신의 장벽이 계속 도사리고 있다. 한국인들로서는 아직도 청산되지 못한 일본의 식민지 지배의 유산에서 해방되지 못하고 있는 실정이다. 이 식민지 유산은 오늘까지도 한국인들의 대일 인식과 인지적 구조에 영향을 미치고 있다.

이에 반해 일본 사람들은 한국인들을 매우 인종적 관점에서 취급하려는 경향을 보여 왔다. 일본에서 한국인들은 "범죄적이고 조악한 행위를 일삼는 열등국민"으로 취급하는 경향이 있다. 이와 같은 "불법자"의 이미지는 "제3국인"으로 취급받았던 70만 재일 동포의 존재에 의하여 더욱 강화되었다. 그들은 미국 사회에서의 흑인에 비유되기도 했지만 그들의 지위는 미국의 흑인보다 훨씬 열악한 것이었다. 한일관계가 악순환을 거듭한 가장 중요한 이유 중의 하나는 바로 이러한 제국주의적 일본인들의 멘탈리티가 해방 후에도 지속되었다는 점에 있다.

국교정상화는 기본적으로 양국 간의 평등과 상호존중을 전제로 성립된다. 하지만 일본의 정치 지도자들은 한국을 대등한 파트너로 인정하려 들지 않았다. 한일 국교정상화의 첫 교섭은 바로 이와 같은 일본의 자세 때문에 제대로 진척될 수 없었다. 이승만 대통령하에서 네 번의 수교교섭이 진행되었지만 모두 실패로 끝나고 말았다. 한국전쟁으로 1, 2차 회담이 중단된 이후 1953년 10월에 열린 제3차 회담은 일본 측 대표인 구보타(久保田 貫一郎)의 "일본의 식민지배가 한국에 유익하였다"는 망언에 의해 무산되었다.[4] 이 여파로 4년 후인 1957년에 재개된 교섭도 재일교포의 북송문제로 지연되지 않을 수 없게 되었던 것이다.

1960년대에 들어서면서 한일 국교정상화 교섭은 미국의 중재와 한일 양국의 정치적 변화로 새로운 국면에 접어들게 되었다. 5·16으로 권력을 장악한 박정희 정권은 일본과의 국교정상화를 최우선과제로 선언하고 격렬한 국

---

4) 이에 대해서는 Sakamoto(1985)를 참조.

다. 공산권의 위협이 사라짐으로써 한국의 안보는 과거보다는 훨씬 덜 일본의 안보에 "긴요"(essential)한 것이 되었다.

냉전기 한·미·일 간의 3각 반공우방체제는 동북아의 안정과 평화는 물론, 경제성장과 민주화의 기틀을 제공했다. 이제 탈냉전으로 한국과 일본은 공히 개혁과 변화의 세계사적 흐름을 이용하여 세계화와 민주화의 새로운 협력관계를 모색하지 않을 수 없게 되었다.

그러나 냉전의 종식과 더불어 이러한 3각 우방관계는 그 중요성을 잃어가기 시작했다. 왜냐하면 공동으로 싸워야 할 공산주의의 위협이 사라진 상황에서 외교정책은 더 이상 국내의 정치적 쟁점이나 경제적 쟁점보다 우선시되기 어려워졌기 때문이다.

탈냉전으로 한일관계가 첫 시험대에 오른 것은 한국과 소련의 국교정상화였다. 냉전기 서울과 동경 간의 유대를 유지시켜 온 것은 팽창주의적인 소련 공산주의의 위협이었다. 바로 이것 때문에 한일 양국은 여타의 문제들에서 발생하는 갈등을 쉽게 봉합할 수 있었다. 그러나 소련에서 고르바쵸프의 등장과 "신사고"에 바탕을 둔 그의 적극적인 외교정책 추진은 한일 간에 미묘한 갈등을 야기시키기 시작했다.

한국은 1970년대부터 소련과의 관계개선을 모색해 왔지만, 이것이 본격적으로 탄력을 받기 시작한 것은 민주화 이후 노태우 정부가 들어서면서부터였다. 노태우 대통령은 그의 "북방정책"의 기본방침을 천명한 1988년의 "7·7 선언"을 통하여 공산권 국가들과의 국교정상화를 이루어 냈을 뿐만 아니라, 이들 국가들의 1988년 서울 올림픽 참가를 성사시켰다. 노태우 대통령은 "7·7 선언"을 통하여 "한반도의 평화를 정착시킬 여건을 조성하기 위해서" 주변 국가들에 의한 남북한 교차승인을 인정할 의사가 있음을 천명하고 소련, 중국을 비롯한 사회주의 국가들과의 관계개선을 추진할 의향을 밝혔다. 소련과의 국교정상화 교섭은 바로 이와 같은 "7·7선언"의 산물이었다.

소련의 서울 올림픽 참가는 냉전해체의 서곡을 알렸을 뿐만 아니라 한소 국교정상화의 전환점이 되었다. 고르바쵸프는 1988년 9월 크라스노야르스크

연설에서 한국과의 경제관계 수립의 필요성을 피력했다. 1989년 한·소 간의 경제교류는 두 배로 늘어났다. 그러나 한국 정부는 정치적 관계의 수립 없이 지속될 경제관계의 미래에 대해 매우 회의적이었다. 한국 측의 끈질긴 국교정상화 요구에 고르바쵸프와 노태우 간의 한소 정상회담이 1990년 6월 5일 샌프란시스코에서 이루어졌다. 같은 해 12월 노태우 대통령은 한국 대통령으로서는 처음으로 소련을 방문했다.

이와 같은 한소 국교정상화의 움직임을 일본은 매우 우려하며 관찰하고 있었다. 우선 일본의 조야는 한소 국교정상화가 가져올 냉전 후의 국제정치적 함의에 예의 주시하고 있었던 것이다. 일부 진보적인 세력들은 한소 국교정상화가 종국적으로 일·소 간의 영토분쟁 해결에 도움이 될 것이라는 입장을 취하고 있었다. 다른 말로 하면 이들의 눈에 한소 국교정상화는 아시아-태평양 지역의 안정화에 기여할 뿐만 아니라 전후체제 종식의 시작을 의미하는 것으로 해석하고 있었다. 그들의 눈에는 한·소 간의 적대적 관계와 소련의 북방영토 점령은 동전의 양면적 현상으로 파악되고 있었다. 따라서 적대적인 한·소 간의 국교정상화는 곧 쿠릴열도의 일본 반환을 의미하는 것이었다(『朝日新聞』 1990/ 12/16).

다른 한편, 일본의 집권 자민당은 한소 국교정상화의 부정적 파장에 신경을 곤두세우고 있었다. 한소 국교정상화가 반일적인 입장에서 추진되지는 않았다 할지라도, 한소 국교정상화는 일본이 소련에 쓸 수 있는 경제카드의 의미를 반감시킬 수 있을 뿐만 아니라, 냉전 후 동아시아에서의 일본의 영향력 비대화를 견제하는 정책으로 비쳐졌기 때문이다. 더욱이 한소 국교정상화에서 받은 일본의 쇼크는 한소 국교정상화 과정이 일본 정부와 아무런 사전 협의 없이 이루어졌다는 사실 때문에 더욱 클 수밖에 없었다. 일본 정부는 한국 정부가 소련 카드를 이용하여 일본을 견제하는 것으로 여겼다(Hong-nack Kim 1990, 657). 냉전 종식에 따른 한국 정부의 독자적인 외교행보에 대응하기 위하여 일본이 북한 카드를 들고 나온 것은 바로 이와 같은 상황에서였다(小林敬三 1990, 24-27).

그동안 한국은 일본 정부의 "두 개의 코리아"정책을 항상 경계해 왔다. 한국은 일본이 북한과 접촉하는 것은 한국을 한반도의 "유일 합법정부"로 규정한 한일기본조약 제3조를 위반하는 것이라고 주장해 왔다. 더욱이 공산주의와 대치하고 있는 상황에서 북한과 접촉하는 것은 남북한 간의 균형을 깰 뿐만 아니라, 또 이러한 정책은 남북한을 동시에 통제하려는 일본의 두 개의 코리아 정책에 다름 아니라고 비판해 왔던 것이다. 따라서 일본은 냉전기의 한미일 반공유대의 틀 속에서 북한과의 접촉에 매우 신중한 자세를 보여 왔다.[8)]

이러한 측면에서 볼 때 한국의 "7·7선언"은 북일 관계 개선의 족쇄로부터 일본을 해방시키는 것을 의미하는 것이었다(신정화 2004, 201-203). 그러나 이와 같은 7·7선언의 발표에도 불구하고 한국 정부는 일본과 북한의 관계개선이 남북관계를 앞질러 가는 것을 경계했다. 일본의 대북한 접촉은 어디까지나 남북관계의 진전과 보조를 맞추어 주길 기대했던 것이다. 하지만 한국의 7·7선언 발표로 미국이 북한에 대한 제재조치의 일부를 해제하고 대화추진 의사를 밝히고 나서는가 하면, 실제로 1988년 12월부터 베이징에서 북미 간 참사관급 접촉을 가짐에 따라 일본은 미중 관계개선 때처럼 북미관계가 북일관계보다 먼저 개선되지 않을까 하는 우려를 떨쳐버릴 수가 없는 상황이었다. 이러한 상황에서 일본이 북한과 관계개선을 앞서서 추진할 수 있다면 그것은 남북한 쌍방에 영향력을 행사할 수 있음을 의미할 뿐만 아니라 동북아 국제질서 재편과정에서 일본의 영향력을 확대할 수 있는 좋은 기회가 될 수 있었던 것이다.

일본 정부가 북일 외교 교섭에 관한 보다 구체적인 공식 입장을 밝힌 것은 1990년 6월 5일 노태우-고르바쵸프 정상회담 직후였다. 1990년 6월 15일 일본의 대 북한 정책에 대한 야당의원의 질문에 가이후 총리는 북한과의 접촉을 "아무런 전제 조건 없이" 추진할 방침을 분명히 하고 자민당의 가네마루를 단

8) 일본의 대 북한 정책에 대한 자세한 논의로는 신정화(2004)를 참조할 것.

장으로 하는 방북단의 조속한 실현을 위하여 노력할 것임을 밝혔다(Hong-nack Kim 1990, 657). 일본의 시사 주간지 AERA는 가네마루의 방북이 일본 외무성과 자민당 간의 긴밀한 협조하에 진행되었다고 폭로했다(小林敬三 1990, 27).

자민당과 사회당의 초당파적 대표단으로 구성된 가네마루 방북 대표단은 북한 노동당과의 "3당 공동선언"을 통하여 일제 36년간 "조선 인민에게 준 재난과 전후 45년간 조선 인민이 받은 손실에 대하여 공식적으로 사죄하고 충분히 보상해야 함"을 인정하고 빠른 시일 내에 국교를 수립하기로 합의했다. 또 대표단은 "조선은 하나"임을 인정하고 북·일 간의 관계개선을 위하여 통신위성의 이용과 양국 간 직항로 개설에 합의했다(신정화 2004, 227-228).

물론 가네마루 방북단에 대해 일본 국내의 여론이 긍정적인 것만은 아니었다. 하지만 일본 정부와 주요 정당들은 북일 관계개선의 실마리를 마련했다는 점에서 긍정적인 평가를 내리고 북한과의 관계개선에 전향적으로 임할 것임을 분명히 했던 것이다(신정화 2004, 229-230).

그러나 한국과 미국의 반응은 매우 부정적으로 나타났다. 한국 정부는 가네마루 방북단의 목적이 어디까지나 한소 국교정상화에 대한 견제구로 시작되었다고 믿고 있었다. 물론 일본의 대 북한 관계개선 움직임은 한국의 7·7선언에 기초한 것이었지만, 북일 관계 개선 움직임이 남북관계 개선에 앞서가는 것을 허용하기는 어려웠던 것이다. 특히 3당 공동선언문에 나타난 "조선은 하나"라는 표현과 "전후 45년에 대한 보상"은 일본의 대한국 정책의 근본을 의심케 하기에 충분한 것이었다. 거의 모든 한국 신문들은 이러한 일본의 움직임을 경제력을 이용한 "두 개의 코리아 정책"이라고 비판하고 나섰다. 이에 한국 정부는 북·일 간의 국교정상화 교섭이 남북관계의 진전을 방해하지 않아야 한다는 점을 분명히 요구했다.[9)]

---

9) 북일 협상에 대한 한국 정부의 기본 입장은 다음 5개의 원칙으로 제시되었다. 첫째, 한일 정부간의 충분한 사전 협의, 둘째, 남북 간 대화와 교류의 의미 있는 진전, 셋째, 북한에 대해 IAEA와 사찰협정을 체결할 것을 요구, 넷째, 일본 경제원조의 북한 군사력으로의 전용 방지, 다섯째, 북한의 개방

냉전 후 한소 국교정상화와 북일 외교교섭으로 노정된 한국과 일본 간의 서로 다른 전략적 이해관계는 북한 핵문제로 다시 봉합되게 되었다. 미국은 북일 관계개선이 남북대화의 진전과 북핵 사찰 문제와 연계되어야 함을 요구하고 나섰던 것이다. 아마코스트 주일 미국 대사는 가네마루를 만나 북핵 사찰이 북일 관계개선의 전제조건이 되어야 함을 역설했다. 이러한 요구에 부딪친 일본 정부는 지금까지의 "아무 전제조건 없는" 북일 대화에서 "IAEA 핵사찰을 전제조건"으로 한 북일 대화로 방침을 변경했다. 1991년 1월 25일 가이후 총리는 국정연설에서 일본 정부의 한반도 정책은 "한국 정부와의 우호협력 강화"를 기본으로 추진될 것임을 분명히 함으로써 표류할 뻔했던 한-일 관계는 다시 제자리를 찾을 수 있게 되었다.

Ⅳ. "과거사"와 "미래지향적 관계"의 시련

일본에 있어서 냉전 종식의 국내 정치적 결과는 자민당 일당지배체제의 붕괴였다. 이것은 이데올로기적 대립을 기반으로 한 자민당 정권의 붕괴를 의미하는 동시에 냉전기 일본 정치체제를 특징지었던 1955년 체제의 종식을 의미하는 것이기도 했다. 물론 1993년에 일어난 자민당 일당지배체제의 붕괴를 냉전의 종식과 연관지어 설명하는 데 무리가 없는 것은 아니지만, 탈냉전으로 일본 국민들이 공산권과 대결할 수 있는 보수지배의 정당성이나 필요성에서 해방될 수 있었다는 점에는 의심의 여지가 없었던 것이다.[10)]

탈냉전 후 자민당 일당지배체제의 붕괴 후 호소가와 연립정권과 하타 정권을 거쳐 자민당과 사회당의 연립정부인 무라야마 정권이 탄생한 것은 냉전

과 국제사회로의 유도.

10) 이에 대한 자세한 논의로는, 장달중(2002)을 참조할 것.

종식의 국내 정치적 결과에 다름 아니었던 것이다.

자민당 일당지배의 종식과 뒤이어 탄생한 개혁 지향적인 연립정권은 일본의 새로운 국제적 역할을 모색하기 위해서도 과거사에 대해 확실한 반성을 해 둘 필요를 느끼고 있었다. 호소가와 정권은 연립정권의 정책대강 속에 "과거 전쟁에 대해 반성한다"는 내용을 포함시키는 동시에 제국주의 국가시기에 일본이 일으킨 전쟁을 "침략전쟁"이라고 분명하게 발언하고 나섰던 것이다(김호섭 1996, 225-254).

이러한 정치상황의 변화 속에서 이제까지와는 다른 보다 진일보된 일본의 과거사에 대한 반성 움직임이 자민당 일당지배체제의 붕괴와 더불어 나타나기 시작했던 것이다. 호소가와 수상은 1993년 김영삼 대통령과의 정상회담에서 일본이 제국주의하에서 한국인들에게 자국의 언어를 사용하지 못하게 하고 창씨개명을 강요했을 뿐만 아니라 위안부를 동원하고 노동자들을 착취한 데 대해 깊이 반성하고 사과한다고 말했던 것이다(최상용 외 1998, 42). 물론 호소가와 정권의 입장은 일본의 새로운 국제적 역할 모색과 밀접히 연관된 것이기는 했지만 어디까지나 개혁적이고 진보적인 인사들에 의한 정치권력의 교체가 없었더라면 불가능한 것이었다.

이러한 과거사에 대한 호소가와 연립정권의 반성 움직임은 뒤이은 자-사-사(자민당-사회당-사키가케) 연립정부의 "전후 50년 국회결의"로 보다 심화되는 모습을 보였다. 사회당이 주도하고 자민당과 사키가케가 정책적으로 합의해 준 과거전쟁에 대한 국회의 반성 결의는 한일 간에 진정한 선린 우호관계를 구축할 수 있는 일본 정부의 이니시어티브이기도 했다. 사회당은 과거 일본이 일으킨 전쟁을 "침략전쟁"이라고 규정하고 이 침략전쟁으로 인한 아시아 각국의 피해를 구체적으로 열거하여 과거의 전쟁을 "아시아 해방전쟁"이라고 주장해 온 우익세력의 역사관을 정면으로 비판하고 나왔던 것이다. 하지만 전쟁을 사죄 반성하고 부전(不戰)을 결의하려는 사회당의 노력은 자민당 등의 우익세력의 입장과 타협을 보지 않으면 안 되게 되었다. "역사를 교훈 삼아 평화에의 결의를 새로이 하는 결의"라는 제목의 "전후 50년 국회결의"는 자민

당 의원 등이 불참한 가운데 중의원에서는 통과되었으나 참의원에서는 통과되지도 못하였던 것이다.[11)]

중의원에서 통과된 국회결의는 처음 사회당이 주장한 내용에서 상당히 후퇴한 것이었다. 가장 심각한 후퇴는 국회결의의 핵심이라고 할 수 있는 태평양전쟁에 대한 "침략"의 성격규정에서 나타났다. 태평양전쟁을 "침략"이라는 표현대신 "침략적 행위"라고 표현하는 한편, 침략행위를 설명하면서 "세계 근대사에 있었던 식민지 지배와 침략적 행위에 집착하여 …… 이런 행위를 저질렀다"고 표현했던 것이다. 이러한 표현은 우리나라 외무부의 유감표명에서 잘 나타났듯이 결국 일본의 한국에 대한 식민지배를 여타열강들의 과거행위와 연관시킴으로써 일본의 직접적인 책임을 회피하려는 시도에 다름 아니었다(김호섭 1996, 234-235). 따라서 호소가와 정권의 과거사 반성을 한 단계 심화시킬 것으로 보였던 무라야마 정권의 국회결의는 사실상 호소가와의 과거사 반성보다 후퇴한 것이었다. 이러한 비판에 직면한 무라야마 정권은 1995년 8월 15일 과거 2차대전이 "침략"이었다는 담화를 내각결의를 거친 후 발표하게 되었던 것이다.

하지만 여러 가지의 우여곡절에도 불구하고 자민당 일당지배의 붕괴 후 나타난 호소가와, 하타, 무라야마 연립정권의 외교안보 정책은 과거사에 대한 보다 분명한 책임의 인정에서 출발하고 있었다는 점에서 자민당과는 차별성을 보였던 것이다.

이와 같은 일본 정계의 역사인식 변화에 발맞추어 한국의 첫 문민정부인 김영삼 정권은 세계화의 슬로건 아래 미래지향적인 한일관계의 모색에 적극성을 띠고 나섰다. 김영삼-클린턴-호소가와로 이어지는 한미일의 새로운 정치연대의 바람은 세계화와 민주화의 세계사적 흐름을 바탕으로 한 새로운 협력관계의 시작으로 받아들여졌다. 이제 "과거의 동결" 위에서 반공을 축으로

11) 보다 자세한 논의로는 김호섭(1996, 232-235)를 참조할 것.

맺어졌던 유착적 우방관계를 청산하고, 진솔한 "역사의 반성" 위에서 과거에 끌려 다니기보다는 과거를 뛰어 넘는 양국관계가 모색되는 계기가 마련된 듯 보였다.

이러한 시도의 첫 출발은 반공의 유착관계를 형성해 왔던 한일관계의 사적 채널들을 청산하는 일에서부터 시작되었다. 이것은 비공식 채널의 가동으로 유지되어 왔던 양국관계를 정상적인 국가 대 국가의 관계로 끌어올림을 의미했다. 사실 김영삼 대통령은 한국의 어느 정치지도자보다도 일본과의 사적 채널이 부족했었다. 또 일본의 자민당 중심의 보수 정치지도자들에 대한 불신도 높았다.

따라서 그는 개혁세력으로 등장한 일본의 새로운 지도자 호소가와 수상과의 정상회담을 통하여 일본의 과거사에 대한 그의 진솔한 언급을 높이 평가하며 양국관계를 진정한 이웃관계로 발전시켜 나가기로 의견을 같이 했다. 또 그는 1994년 일본 국빈 방문시 일본 천황이 "불행한 과거에 대한 깊은 죄책감"을 표현한 데 대해 과거의 역사가 앞으로의 양국관계를 더 이상 구속하지 않을 것이라고 응답하는 한편, 국회에서의 연설에서는 "한국과 일본은 앞으로 과거의 역사를 뒤로하고 아시아의 평화와 번영을 선도해나가는 양국관계를 구축"하자고 제안했다(최상용 외 1998, 53-54).

이와 같은 미래지향적 한일관계의 모색은 김대중-오부치, 김대중-고이즈미 정상회담을 통해서도 다시 한 번 확인되었다. 김대중 대통령은 오부치 수상과의 정상회담에서 오부치 수상의 과거 역사인식 표명을 진지하게 받아들이고, 과거의 극복 위에서 미래지향적인 "21세기를 위한 한일 공동 파트너십"을 강조하는 한편, 고이즈미 총리와의 정상회담에서는 모든 분야에서 한일관계를 더욱 심화 발전시킬 "미래를 향한 공동 메시지"를 발표했다. 특히 김대중 대통령은 1998년 오부치 수상과의 정상회담에서 한일관계의 미래지향적 발전을 토대로 번영과 평화의 동북아 공동체의 비전을 제시했다. 그는 이와 같은 그의 동북아 공동체 비전을 실현하기 위한 첫 조치로 국내의 반대여론을 무릅쓰고 과거사에 더 이상 얽매이지 않는 한일관계를 구축하자고 제의했던 것이다.

그러나 불행하게도 이러한 과거사를 뛰어 넘는 미래지향적 한일관계의 모색은 일본의 민족주의적 우경화 흐름에 의하여 시련에 직면하지 않을 수 없게 되었다. 냉전기간 동안에는 일본의 국내 정치는 주로 냉전 대결의 반영물로 전개되었다. 하지만 냉전의 종식으로 국내 정치의 흐름을 외교정책의 목표로 삼으려는 우경화의 경향이 일본 정치에 두드러지게 나타나기 시작했다. 다른 말로 하면 우경적 정치가들의 여론 조작에 의하여 역사문제가 외교정책에 본격적으로 투영되어 나타나기 시작했던 것이다(이원덕 2002, 133-145).

냉전의 종식과 더불어 일본에 나타나기 시작한 우경적 정치 흐름의 특징은 외국의 과거사 비판에 대해 더 이상 과거처럼 사죄나 침묵으로만 일관하지 않겠다는 것이었다. 이 새로운 일본의 태도는 외국의 비판을 일본 내정에의 간섭이라고 간주하기 시작했다. 예를 들어 일본에 군국주의의 부활위험이 있다느니, 불공정 무역관행을 일삼고 있다느니, 야만적인 제국주의 찬탈을 자행한 국가라느니, 또 지나치게 군비를 증강하고 있다느니 하는 외국의 비판들은 모두 자신들의 정치적 목적에 일본을 희생양으로 이용하려는 불순한 음모라고 몰아붙이기 시작했던 것이다(Johnson 1995, 260).

이러한 새로운 일본의 정치적 흐름 때문에 과거를 뛰어 넘는 미래지향적인 관계의 모색이라는 정상들간의 합의에도 불구하고 한일관계는 좌초될 수밖에 없었다. 한일 국교정상화 30주년이 되는 1995년에는 과거사 문제를 둘러싸고 정상회담이 취소되었는가 하면, 1997년 김대중 정부 등장 이후에도 유사한 패턴이 되풀이되어 나타났다.

첫 시련은 1995년 10월 16일 무라야마 총리의 "한일 합방조약 합법체결" 발언을 둘러싸고 일어났다. 김영삼 대통령은 국내의 강경분위기를 대변하여 22일로 예정되었던 한일 정상회담을 즉각 취소했다. 물론 무라야마 총리가 "합방이 대등한 상태에서 체결된 것이 아니었다"고 해명하고, 그의 발언이 지난 1965년 사토 에이사쿠 수상의 "한일합방은 대등 평등하게 체결됐다"는 발언보다 진일보 한 역사인식을 보인 것이라고 일본 정부가 해명하고 나섰지만,

일본 정부의 합방조약에 대한 입장에는 변함이 없었던 것이다. 이 때문에 한일관계는 1982년 교과서 파동[12] 이래 최악의 상태로 후퇴했다(『동아일보』 1995/10/19).

이러한 움직임은 2000년 극우집단인 "새 역사교과서를 만드는 모임"의 역사왜곡 움직임에 의해 더욱 확대 심화되어 갔다. 이 모임이 검정 신청한 교과서는 말할 것도 없고, 다른 검정 신청본 7종도 모두 군대 위안부 관련 항목을 삭제하거나 모호하게 하는 등 과거를 참회하기는커녕 더욱 미화하려는 조직적인 움직임의 형태로 나타났던 것이다. 일본 정부는 이와 같은 우익 교과서의 검정통과가 "아시아 제국의 사람들에게 최대의 피해와 고통을 안겼다"는 1995년 8월의 무라야마 담화를 위배했다고 보고 재수정을 요구한 한국 정부의 주장을 일축하였다. 한국 정부는 주일 한국 대사의 소환으로 맞서 21세기를 위한 파트너십을 모색하려던 한일관계는 다시 암초에 부닥쳤던 것이다.

여기서 우리가 주의해서 보지 않으면 안 될 것은 1982년의 역사 교과서 파동과 2000년의 교과서 파동에 대한 일본 정부의 대응 차이일 것이다. 1982년의 교과서 파동은 일본 정부의 사과와 주변국 배려 정책에 의해 잘 마무리 될 수 있었지만, 2000년의 교과서 파동은 전혀 다른 양상으로 전개되었던 것이다. 1982년에는 일본이 사과를 하는 동시에 교과서를 수정할 것을(실제로는 수정하지 않았음) 약속하고 이것을 한국과 중국이 받아들임으로써 일단락 될 수 있었다. 냉전의 유대 속에서 한국의 민족주의적 흐름도 일본의 민족주의 흐름도 한일관계의 중요성을 파괴할 정도로 정치세력화 되어 있지는 않았다. 한국과 일본은 서로 안정된 정치 경제 교류의 필요성을 느끼고 있었던 것이다.

하지만 2000년의 교과서 파동에서는 이미 지적한 바와 같이 일본에 대한

---

12) 1982년 교과서 파동은 일본 문부성이 고등학교 교과서 내용을 수정하도록 요구하면서 발단된 사건이다. 문부성은 일본의 중국 침략을 "침략" 대신 "진출" 혹은 "진공"으로, 한국의 3·1 독립운동을 "난동"으로 기술하도록 하고 남경학살 사건에서의 중국인 희생자 수를 교과서에서 제외하도록 요구하면서 발생했다.

외국의 비판을 일본 내정에의 간섭으로 보는 우경화된 국내 여론이 주변국의 입장보다 우선시되는 현상이 나타났던 것이다. 이러한 현상은 고이즈미 정권의 등장으로 더욱 가속화되어 나타나고 있다. "자기 나라 전몰자를 추모하는데 왜 외국인이 반대하는지 도대체 이상해서 견딜 수 없다"[13]고 말한 고이즈미 총리의 역사인식은 선린 우호관계를 위하여 민족주의적 쟁점의 이용을 자제해온 지금까지의 한일관계와는 차원 다른 한일관계의 도래를 의미하고 있는 것이다. 아마도 서로의 이익을 한일 양국의 선린 우호관계를 위해 타협시켜온 지금까지와는 달리 이익의 논리에 의해 지배되는 한일관계가 시작되고 있는지도 모른다.

V. 보통국가화와 상호경시의 관계로?

외교관계에서 가장 중요한 것은 서로간에 신뢰를 구축하는 일이다. 국가간의 신뢰는 역사에 대한 이해의 토대 위에서 전략적 목표를 함께 추구할 수 있을 때 육성될 수 있다. 과연 한일 양국은 역사를 공유해가며 전략적 목표를 함께 추구할 수 있을 것인가? 결론부터 말하면 지금의 시점에서는 회의적일 수밖에 없다. 왜냐하면 일본은 지금 근린외교가 부재한 상태인 반면, 한국은 일본의 이러한 움직임에 대해 비난(bashing)하기보다는 경시(passing)하는 흐름에 휩싸여 있기 때문이다.

냉전 후 일본이 어떠한 외교 안보정책을 들고 나올지는 아시아-태평양 국가들의 지대한 관심사가 아닐 수 없었다. 과연 일본이 과거사의 반성을 통한 상호의존적인 공생의 길을 선택할지, 아니면 자신의 경제력에 상응하는 정치

13) 동아일보(2004/03/29) 사설.

군사적 역할을 모색할지에 대한 관심이 냉전의 종식으로 더욱 강하게 나타나기 시작했던 것이다.

역사적으로 볼 때 아시아의 평화는 일본이 시대적 국제질서 속에 그 외교적 과제를 조화시켰을 때 유지될 수 있었다. 2차 세계대전 후 요시다 수상에 의한 미일 동맹 체제의 결성과 경제성장 제일주의의 추구는 주어진 국제 질서 속에서의 전형적인 선택이었다. 그러나 주어진 국제질서 속에서 이룩한 명치 일본의 체제 내의 선택이 1930년대에 가서는 주어진 체제의 파괴로 이어졌듯이, 전후 일본의 경제대국화-군사비대국화라고 하는 체제 내의 선택이 냉전의 해체에 따른 새로운 역할의 모색으로 나타날 경우 일본과 국제 사회의 긴장이 높아질 가능성이 크다(장달중 1994, 265-266).

냉전 후 일본의 국제정치적 역할이 가장 심각하게 제기되기 시작한 것은 1990년의 페르시아만 전쟁부터였다고 보아야 할 것이다. 일본은 2차대전 후 일본의 국가 이익과 직접적으로 연관되었던 지역분쟁들, 예컨대 한국전쟁, 대만방위, 한국방위, 월남전쟁 등에 한 번도 구체적인 지원을 한 적이 없었다. 평화헌법을 내세워 미국의 군사적 보호 아래 경제 일변도의 외교정책을 폈다. 그러나 냉전 후 최초의 전쟁이었던 페르시아만 전쟁에 130억 달러에 달하는 막대한 재정지원을 하고서도 "인적 지원"을 하지 않았다는 이유로 국제사회의 비난을 받게 되자 우왕좌왕 끝에 유엔평화 유지 활동(PKO) 협력법안을 통과시켜 이른바 "국제적 공헌"을 시도하고 나섰다(장달중 1994, 263).

사실 냉전 종결 이듬해인 1990년 8월 이라크의 쿠웨이트 침공으로 시작된 걸프전쟁은 냉전 후 일본의 국제적 역할을 시험하는 중요한 사건이었다. 독일의 지원금이 65억 달러였던 점에 비추어보면 일본의 지원은 파격적인 것이었다. 하지만 쿠웨이트는 전쟁 후 직·간접으로 도움을 준 30개 나라들에 대해 감사의 광고를 미국의 일간지에 냈지만 여기서 일본은 제외시켰던 것이다. 미국을 비롯한 전쟁당사국들은 인적 협력대신 자금 협력만 제공한 일본에 대해 매우 냉소적이었다. 이에 오자와(小澤一郎)는 일본 정부의 미온적 대응을 비판하며 미국과 대등한 일본을 만들기 위해 "보통국가론"을 들고 나왔던 것이다. 당시 자민당 간사장이기도 했던 오자와는 걸프전 지원에 대한 일본 내의 부정적 견해에 대해 다음과 같이 비판하고 나섰다.[14)]

> 일본 국내에는 미국이 전쟁비용 부족으로 파산직전에 있으며 일본과 독일의 돈으로 전쟁하려 한다는 목소리가 있었다. 이것은 분명 잘못된 것이었다. 미국이 일본에 요청한 항목 중 자금 협력은 4번째인가 5번째의 순위에 있음을 알아야 한다. 일본은 한사람도 현지에 파견하지 못하고……결과적으로 캐쉬디스펜서(현금지급기)가 되고 말았다.

오자와의 이와 같은 반응은 일본이 국제사회로부터 하루빨리 인정을 받기 위해서는 "수표"(手票) 외교만으로는 충분치 못하기 때문에 서구 국가들과 나란히 해외파병을 통하여 발언권을 강화하자는 것에 다름 아니었다. 다른 말로 표현하면 오자와의 보통국가론은 국제사회에서 지위와 발언권을 확보하기 위해서는 경제력만으로는 불충분하기 때문에 UN의 틀 속에서 자위대의 해외파병을 모색해야 한다는 것이었다.

이러한 흐름을 대변하듯 일본은 냉전 후 일본의 국가이익과 역할에 대한 충분한 검토와 정의 없이 자위대를 합헌화하고 PKO법안의 제정 등을 통하여 국제적 역할을 모색하기 시작했다. 물론 PKO법안이 제정되고 무라야마의 사회당 연립정권이 자위대를 합헌화했다고 하여 오자와가 얘기하는 보통국가로의 변신이 쉬운 것만은 아니다.

하지만 여기서 우리의 우려를 자아내는 것은 냉전의 종식과 더불어 일본이 견지해온 외교 안보정책의 원칙들이 더 이상 지탱되기 어려울 정도로 모순되어 나타나고 있다는 데 있다. 1995년 말에 제시된 "방위계획의 대강(新大綱)"이나 1996년의 미일 안보 공동선언(新宣言), 1997년의 외교청서(外交靑書)에서 2003년의 유사법제의 제정에 이르기까지의 일본의 대외인식은 미일 안보조약의 유지, 유엔 중심주의, 평화헌법 옹호, 자위대의 인정 등을 그 바탕

---

14) 內田健三(1995, 41)에서 재인용.

으로 하고 있다. 하지만 미일협력의 강화와 유엔 중심주의 간의 모순, 평화헌법과 자위대 간의 모순, 아시아 중심주의와 미국 의존주의 간의 모순들은 앞으로 일본이 경제성장 일변도의 외교정책에서 경제력을 바탕으로 한 정치, 군사적 역할을 모색하는 과정에서 어떤 형태로든 변모하지 않을 수 없는 국내정치적 압력에 직면하고 있는 실정이다. 특히 이러한 변화가 일본의 대아시아 정책에서 어떤 형태를 띠고 나타날지는 우리의 초미의 관심사가 아닐 수 없다.

일본은 냉전의 종식에도 불구하고 동북아 지역의 불안정성을 가장 우려하고 있다. 이 지역은 영토분쟁이 존재하고 있을 뿐만 아니라 이데올로기적 대립과 군비경쟁이 치열하게 일어나고 있는 지역이기도 하기 때문이다.

이러한 상황 속에서 1996년 일본 최대의 정당인 자민당은 총선 공약으로 영토문제를 들고 나왔다. 자민당은 독도를 비롯한 센카쿠열도(중국명 釣魚島)와 북방 4개 섬에 대한 영유권 주장과 함께 1990년 선거부터 들고 나온 야스쿠니 신사 참배를 선거공약으로 채택하고 나섰던 것이다. 말할 필요도 없이 일본의 외교 정책은 일본의 국내 여론을 양극화시킨 가장 중요한 정치문제인 동시에 보혁(保革) 대립을 지속시킨 핵심적인 쟁점이었다. 보혁 대립은 냉전 체제하에서 일본이 어떠한 국제적 역할을 할 것인가를 둘러싼 대립이었다.

그러나 냉전의 종식으로 사회당과 노조로 대표되는 혁신세력이 소멸됨으로써 보수 우경화의 견제세력이 사라지게 되었다. 이와 더불어 일본의 우경적 외교정책을 견제해온 제도적 장치들도 하나씩 형해화되어 가기 시작했다. 4개의 비공식적인 억제요인이었던 비핵 3원칙과 무기수출 금지, 방위비 GNP 1% 이내 유지, 그리고 자위대 해외파병 금지 등이 그 의미를 상실해버렸다.

이렇게 본다면 이제 일본의 보통국가화는 피하기 어려운 움직임으로 보인다. 그렇다고 하여 일본이 곧 군국주의화되는 것은 아니다. 다만 오늘의 시점에서 볼 때 우리의 우려를 자아내는 것은 이와 같은 움직임이 지난 10여 년간 일본 정치사회에 숙성되어 온 내셔널리즘의 흐름과 결합되지 않을까 하는 것이다. 사실 오늘날 일본에서는 지난 10여 년간의 "방황"으로 네오 내셔널리즘의 정치적 호소력이 강해지고 있다. 과거사 문제가 되었던, 북한의 핵문제, 혹은 일본인 납치 문제가 되었던간에 한일관계는 이러한 문제들의 핵심을 이루고 있는 것이다.

물론 지금 한국과 일본은 북핵문제 해결을 위하여 서로 공조하고 있을 뿐만 아니라, 경제적이고 기술적인 협력을 계속하고 있기 때문에 한일관계의 미래가 결코 비관적인 것만은 아니다. 하지만 교과서 문제를 비롯하여 지난 10여 년간 싸여온 사건들 때문에 양국 간에는 새로운 형태의 민족주의가 자극되고 있음도 간과해서는 안 된다.

단지 지금 한일관계가 충돌로 치닫지 않고 있는 것은 한국과 일본의 민족주의적 흐름이 거시적 관점에서 자제되어서라기보다는 서로가 서로의 존재를 경시하고 있기 때문이다. 일본에는 근린 아시아 외교가 실종된 가운데 미국 추종 일변도의 외교정책만이 있고, 반면 한국에서는 반미 친중 정서에 의해 일본이 사라지고 있는 것이다. 이러한 상호경시의 과정 속에서 단기적 정치적 만족을 위하여 민족적 쟁점을 이용하려는 움직임은 당분간 나타나지는 않을 것으로 보인다. 그러나 이러한 상호경시도 서로의 이익논리에 의해 언제 상호 충돌로 이어질지 결코 장담할 수는 없다.

참고문헌

김영작. 1997. "동북아 국제질서의 재편과 한-일 협력의 방향." 현대일본학회 편. 『21세기 한일관계』. 서울: 법문사.

김호섭. 1996. "일본의 정치개혁과 한일관계." 이수종·이면우 편. 『일본의 정계개편과 정책변화』. 서울: 세종연구소.

木宮正史. 2001. "한반도의 평화 협력과 일본의 역할." 동아일보 21세기 평화연구소 주최, 동북아시아의 평화협력 국제학술회의 발표 논문(4월 13일).

박제균. 1995. "한-일 긴장 해법이 안 보인다" 『동아일보』(10월 19일).

신정화. 2004. 『일본의 대북정책: 1945-1992』. 서울: 오름.

이면우 편. 1995.『한일관계의 제조명』. 서울: 세종문제연구소.
이원덕·진창수 편. 1998.『동북아 지역안보와 일본의 역할』. 서울: 세종연구소.
이원덕. 2002. "세계화 시대의 일본 외교안보정책: 우경화 속의 보통국가화." 장달중 편.『세계화와 일본의 구조전환』. 서울: 서울대 출판부.
임원혁, 2003. 한반도 경제이익 극대화 전략: 참여정부의 동북아 평화. 번영 구상, 통일경제연구협회 발표논문(8월 28일).
장달중. 1994. "일본의 국제화와 국제관계."『지역연구』(3:4). 서울대 지역연구소.
______. 2001. "미·일의 한국 輕視현상."『중앙일보』(12/24).
______. 2002. "세계화와 전후 정치체제의 변화." 장달중 편.『세계화와 일본의 구조전환』. 서울: 서울대 출판부.
______ 편. 2003.『일본은 회생하는가?』. 서울: 삼성경제연구소.
제랄드 커티스. 2003.『흔들리는 일본의 정당정치』. 박철희 옮김. 서울: 한울.
최상용 외. 1998.『한·일관계의 쟁점』. 서울: 집문당.
현대일본학회 편. 1997.『21세기 한일관계』. 서울: 법문사.

小林敬三. 1990. *AERA*(12월).
內田健三. 1995.『政治烈烈』. 東京: 日本放送 出版協會.
『朝日新聞』.

Colbert, Everlyn. 1986. "Japan and the Republic of Korea: Yesterday, Today and Tomorrow." *Asian Survey*, Vol. 26, No. 3(March).
Cole, David and Princeton Lyman. 1971. *Korean Development: The Interplay of Politics and Economics*. Cambridge, Mass: Havard University Press.
Sakamoto, Yoshikazu. 1985. "Korea in Japan's Policy-making." 한-일 관계에 관한 심포지움 발표논문(11월 16일).
Kim, Hong-nack. 1990. "The Normalization of North Korean-Japanese iplomatic Relations." *Korea and World Affairs*, Vol. XIV, No. 4(Winter).
Johnson, Chalmers. 1995. "The Patterns of Japanese Relations with China." *Japan: Who Governs?* New York and London: W.W.Norton.
Far Eastern Economic Review.
The Korea Herald.

한국 외교의 동학 :

1970년을 전후로 한 변화를 중심으로

기미야 타다시

I. 들어가며

본 논문의 목적은 한국 외교에 영향을 준 동학을 찾는 것이다. 이에 따라, 본 논문에서는 먼저 한국 외교가 역사적으로 어떻게 전개되었는지를 한국 외교에 놓여진 제약 조건과 그에 대한 대응에 초점을 맞춰 분석할 것이다. 또한 1970년대 초반 시점에 초점을 맞추어 한국 외교의 동학을 미시적인 정책 변화를 통해 살펴보겠다.

그렇다면 왜 1970년 초반 시기에 초점을 맞추는가. 한반도에서는 1945년의 미소에 의한 남북 분할 점령, 1948년 남북 분단국가의 형성, 그리고 무엇보다도 1950년에 일어난 한국 전쟁 등을 기점으로 냉전이 공고화되었다. 2000년 6월 남북 정상회담이 성사되었다고는 해도 한반도의 남북 분단과 대립은 냉전의 '마지막 유물'로서 엄연히 존재하고 있다. 소련의 아프가니스탄 침공으로 인해, 1980년대에 들어서 '신냉전'이라는 혼란기도 있었다고 하나, 기본적으로 아시아에서 냉전의 정점은 1960년대 후반의 베트남 전쟁이라고 볼 수 있다. 그 이후 1970년대에는 그때까지 타협이 불가능하다고 생각될 정도로 적대적이었던 미국과 중국 간의 관계가 베트남 전쟁 화평을 계기로 급속히 완화되기에 이르렀다. 이렇게 아시아에서 냉전의 두 축이었던 미국과 중국의 대립이 기본적으로 해소되는 가운데, 이에 영향을 받아 한반도에서의 남북 대립도 미중의 관계에 따라 완화·해체되는 방향으로 진행될 것이라고 예상할 수 있었다.

그러나 남북관계의 개선 움직임이 한편에 있었음에도 불구하고, 그것은 지속되지 않고 오히려 긴장관계가 지속되었다. 1970년대 초 미국과 소련의 데탕트가 진행되어 미중냉전이 완화되는 상황이었다. 이에 따라, 원래 한반도 역시 그 영향을 받아야 남북관계의 개선이 '기대'되었지만 현실은 그렇지 못했다. 그 이유는 무엇인가? 열쇠는 한반도에서의 냉전이 단순히 미소냉전, 미중냉전을 반영하는 것이 아니라 독자적인 동학을 지니고 있다는 데에서 답을 구할 수 있다. 이 시기에 관한 보다 자세하고 실증적인 연구를 통해, 이러한 한반도의 냉전 동학을 추출하고 분석하는 것이 가능할 것이다.[1] 이 연구에서는 이러한 동학을 특히, 한국 외교에 초점을 맞추어 밝히려고 한다. 물론 이러한 동학에는 한국뿐만 아니라 북한도 해당된다. 따라서 북한의 외교에도 주목할 필요가 있다.[2] 그러나 북한의 외교에 관한 연구는 일차적인 사료의 제약 등으로 인해 실질적인 연구에는 한계가 있다. 하지만 한국 외교에 관해서는 최근 동시기의 한미 양국의 외교문서가 공개되어 어느 정도의 실증연구가 가능하게 되었다. 1970년대 초 한반도를 둘러싼 냉전과 남북대립이 서로 제휴, 단절, 상쇄되면서 어떻게 전개되어 왔는지를 해명함에 따라 기존 연구와는 다른 한국 외교의 동학을 추출할 수 있을 것이다.

---

1) 1970년대 초의 남북관계의 초점을 다룬 본격적인 연구로서는, 玉城素(1981)이 있다. 그러나 이 연구의 초점은 남북대화가 개시된 배경과 그것이 남북간의 정치체제에 미치는 영향력에 관한 것으로, 한국 외교의 역동성이 명확히 해명되지는 않았다.

2) 이에 대해서는 石橋克巳(2001) 참조. 이 논문은 출판되지 않았지만 중미화해 등의 동북아시아에서의 냉전완화가 북한외교에 미친 영향에 관해 유엔, 남북한, 중국의 일차사료를 바탕으로 남북대화와 유엔 외교를 실증적으로 분석한 선구적인 연구이다. 본 연구는 이 논문에서 많은 시사를 받았다.

Ⅱ. 전제 : 한국 외교의 제약 조건과 국가 목표

한국 외교를 둘러싸고 있는 제약 조건은 각 정권과 정치적 주체에 따라 달리 평가될 수 있지만, 다음의 네 가지를 공통적으로 지적할 수 있다. 외교정책에 관한 각 정권의 차이 및 각 정치 주체의 차이는, 이러한 네 가지의 제약 조건을 어떻게 관련시키는가 하는 것에서 기인하는 경우가 많다.

첫째, 한국에 비해 상대적으로 대국(중국, 러시아, 일본)인 나라들 사이에서 한국의 생존을 확보해야 한다는 지정학적 조건이다. 이러한 조건은, 19세기 말에 특히 현저하다. 19세기 말, 조선은 위의 세 나라의 세력 각축장이 됨과 동시에, 자국의 생존을 확보하기 위해 어느 나라와의 제휴를 중시할 것인가 하는 어려운 선택을 강요당하게 된다.[3] 제2차 세계대전 후, 이러한 지정학적 조건은 냉전의 제약에 의해 부분적으로 변용되었다고 하나, 남북한에 있어서 지정학적 조건은 여전히 외교를 제약하는 여건으로서 작용하고 있다.

둘째, 식민지 지배라고 하는 역사적 경험을 두 번 다시 반복하지 않기 위해 '탈식민지화'와 주변 대국으로부터의 '자립'을 중요한 과제로 의식해야 한다는 점이다.[4] 한일관계에 있어서 한국이 왜 '역사 인식의 문제'에 크게 구애받는지, 한국 국내에서 일본의 식민지 지배에 협력했던 '친일파'가 왜 아직도 비판의 대상으로 여겨지는지, 게다가 일본 경제에 대한 종속이라고 하는 문제를 특별히 강하게 의식해야 했던 것일까 하는 것도, 이러한 '탈식민지화'를 과제로 설정한 것에서부터 귀결되는 것이다.

셋째, 제2차 세계대전 후의 냉전체제에 따라 형성된 분단국가 체제라는 조건이다. 분단국가 체제의 귀결로는 다음의 두 가지를 지적할 수 있다. 우선, 반공주의의 입장에서 북한의 '공산주의'체제와의 대결 혹은 경쟁에서 우위를

---

3) 당시의 국제관계에 관한 우수한 분석으로는 森山茂德(1992), 森山茂德(1987)을 참조했다.

4) 전후 초기의 한국외교를 탈식민지화라는 관점에서 분석한 우수한 연구로서, 李鍾元(1993, 3-38) 참조.

차지하는 것이, '반공 통일'이라는 국가 목표를 위해서 주장되었다.[5] 둘째, 미국과의 동맹 관계의 성립이다. 한국 단독으로 위의 과제를 달성하는 것은 한국의 초기 조건으로 볼 때 불가능한 것이었다. 따라서 한국은 미국과의 동맹 관계에 전면적으로 의존함으로써 북한에 대한 체제의 승리 혹은 우위라는 목표를 달성하려 했다. 미국도 군사 전략적인 중요성뿐만 아니라 정치적인 중요성에 있어서도 한국에 대한 지원이 필요하다고 생각했다.

마지막으로, 경제적인 최빈국이라는 초기 조건으로 인해 경제 발전에 대한 강렬한 욕구를 가지고 있었다는 점이다. 물론, 경제 발전에 관한 방향 설정이 하나로 결정되었던 것은 아니다. 또한, 동일 정권 내부에 있어서도 경제 발전의 단계에 따라 방향에 변화를 보이고 있다. 이러한 경제 정책의 선택에 의해 경제 실적에 차이가 나타나게 된다. 그러나 이런 전제 조건 속에서도 특히 1960년대 이후의 박정희 정권은, 한국의 여건을 경제 발전을 위해서 최대한으로 이용하여 북한은 물론 다른 개발도상국에 비해 눈부신 경제 실적을 달성할 수 있었다. 그 결과, 한국의 경제 발전은 대북 관계에 있어서 한국의 우위 상황을 정착시켰고, 대일 관계에 대해도 '탈식민지화'라는 과제를 상당 부분 달성하게 되었다.

따라서 한국에 있어서는 위와 같은 제약 조건 속에서 이를 이용하면서 나아가 이를 극복하는 것이 과제가 되었다. 다만, 이러한 제약 조건 혹은 극복해야 할 과제가 반드시 병렬적인 것은 아니다. 위의 네 개의 조건 가운데, 특히 세 번째 조건이 가장 중요한 제약 조건으로 작용했다. 그 외의 조건은 냉전 및 남북 분단 체제에서의 북한과의 대치 상황이나 한미 동맹이라고 하는 조건에 의해 변용되어 제약이 더해지거나 다른 한편으로는 한미동맹에 의거하여 북한에 대한 승리나 우위를 확보한다는 과제를 달성하기 위한 정치적 자원을 제공해 왔다. 따라서 한국 외교에 있어서 북한을 의식한 대미 외교가 가장 큰 비

---

5) 남북관계를 '정통성을 둘러싼 논쟁'으로 분석한 연구로는, Gills(1996) 참조.

중을 차지해 왔다고 할 수 있다. 이는 1948년 건국 당초부터 현재의 탈냉전 시대에 이르기까지 유지되어 왔다. 이러한 전제 위에 대일 외교를 시작으로, 그 외의 다른 나라와의 외교 관계가 구축된다고 보아야 한다. 또한, 이러한 제약 조건 혹은 과제는 서로 보완적인 측면도 있지만 경합적인 측면도 가지고 있다. 예를 들어 이승만 정권에서는, 적어도 단기적으로는 탈식민지화와 경제 발전이라고 하는 두 가지 과제가 상호 모순의 갈등적인 관계로 인식되었다. 그에 비해 박정희 정권에서는, 어떤 의미에서는 탈식민지화라는 과제를 단기적으로는 희생시키더라도 경제 발전이라고 하는 과제를 우선시했다. 또한, 냉전이라고 하는 제약 조건을 가능한 한 경제 발전이라는 과제를 달성하기 위한 수단으로 이용하려 했다.

III. 한국 외교의 동학 : 통시적 분석

1. 한국 외교의 분석틀

앞에서 한국 외교의 가장 중요한 부분이 북한을 의식한 대미 외교라고 지적한 바 있다. 이에, 대미 외교 전략과 대북 관계에 초점을 맞추어 한국 외교의 동학을 분석해 보자. 우선, 대미 외교 전략에 관해서는 다음과 같은 유형을 설정할 수 있다.[6] 첫째, 미국과 같은 방향이지만 오히려 선취하는 정책을 취하는 것이다. 이를 대미 '진취'형이라고 부를 수 있다. 둘째, 미국과 같은 방향

6) 필자는 1960년대의 한국 외교에 관해서, 한일 국교정상화, 한국군의 베트남 파병, ASPAC 결성이라고 하는 세 가지의 사례를 중심으로 대미 외교의 목적과 수단의 차이에 근거해 냉전 '과잉대응형', 냉전 '순응대응형', 냉전 '다각화형', 냉전 '자립형' 등 네 가지 유형으로 분류했다. 본 논문에서는 이 중에서, '과잉대응형'과 '다각화형'을 합쳐 '진취형' 하나로 집약했다. 이 분류에 관해서 다음의 문헌을 참조하기 바란다. 기미야 타다시(2001) 참조.

을 취하며 미국의 의도에 순응하는 행동 양식이다. 이것을 대미 '순응'형이라고 한다. 마지막으로 미국과는 다른, 상대적으로 자립적인 방향을 모색하는 행동 양식이다. 이것을 대미 '자립'형이라고 한다. 다만 한미 동맹의 성격으로 보아, 어떤 정책에 관해서 한국이 미국의 의도와 완전히 반하는 정책을 선택하는 것은 어렵기 때문에 이 '자립'형은 상대적인 의미라는 범위로 한정된다. 또 한 가지 유의할 점은, 미국의 대한반도 정책 혹은 동북아시아 정책도 시기에 따라 큰 변화를 겪었다는 점이다. 구체적으로는, 베트남 전쟁에 대한 자세, 미·중 화해, 1990년대 이후의 대북정책 등이 그러하다. 미·중 화해, 냉전의 종식, 부시 정권의 등장에 따른 변화 등, 미국의 한반도 정책 혹은 이를 둘러싼 환경이 단기간으로 크게 변함에 따라, 대미 외교의 유형에 변화가 생기기도 한다.

두 번째로, 대북 관계와 관련하여, 무엇보다도 남북한간의 힘의 관계를 어떻게 인식하느냐가 중요하다. 북한이 우위라고 인식하는지, 거의 동일하다고 인식하는지, 혹은 한국의 우위가 정착되고 있다고 인식하는지에 따라 한국 외교는 차이를 보이고 있다. 또한 자국이 불리한 경우에는 대립적인 자세를 보이고 있는 데 반해 자국이 우위인 경우에는 화해 및 공존 노선을 선호하게 된다. 그러나 대북 정책에 있어서의 이러한 차이는 남북간의 힘의 관계에 대한 인식으로부터 자동적으로 귀착된 것이 아니고, 정권의 선택이라는 측면에서도 기인한다.

이상과 같이 대북 관계와 대미 외교를 조합하여 한국의 역대 정권의 외교 전개를 유형화하면 〈표 1〉과 같다. 단, 한 정권에 외교가 그 중 어느 하나로 유형화되는 것이 아니라 동일한 정권에서도 변화가 보일 수 있다. 또한 정리를 위해 억지로 하나의 유형으로 분류했으나 면밀히 분석하면 복수의 유형을 포함하는 경우도 있다.

〈표 1〉 한국 외교의 유형과 동학: 대미 외교와 대북정책을 중심으로

북한과의 관계 \ 대미관계	대미 진취적	대미 순응적	대미 '자립'적
한국 우위 융화적	김영삼 정권 전반기 클린턴 정권과 김대중 대통령의 포용(햇볕)정책	노태우 정권기의 북방외교	부시 정권기와 포용(햇볕) 정책
한국 우위 적대적	김영삼 정권 후기	(북방 외교)	
균형 융화적		유신 체제 초기	(유신 체제 초기)
균형 적대적		(유신 체제 후기)	유신 체제 후기
북한 우위 적대적	제3공화국 (이승만 정권)	(제3공화국) 이승만 정권	

2. 한국 외교의 전개

이승만 정권기의 외교는 '북진 통일'을 기본 방침으로 내걸었지만 군사적·경제적으로 북한과의 관계에 있어서는 열악한 위치에 있었다. 따라서 평화적 수단을 통한 남북한 관계의 강화는, 스스로에게 불리하다고 판단했기에, 시종일관 적대적인 자세를 취했다. 한국 전쟁 이후의 이승만 외교는 미국과의 사이에서 후견인-고객(patron-client) 관계에 따라, 미국의 냉전 외교 범위 내에서 충실히 그 대리인으로서의 역할을 완수했다고 할 수 있다.[7] 그러나 이승만 시기의 한미 관계는 한국전쟁 휴전 협정, 대일 외교, 한국의 경제 부흥 등에서 상징적으로 나타나듯이, 한국의 민족주의 혹은 국익과 미국의 냉전 외교 사이에 상당한 갈등이 존재했다.[8] 그리고 아이젠하워 정권에 자발적으로 라오스 파병을 제안하거나 아시아에 있어서의 반공 국가의 조직화를 주도하려는 등 미국의 냉전 외교와 방향은 같지만 미국의 의도를 선취하는 형태의 외

7) 후견인-고객(Patron-client) 관계에 기초해 한미관계를 분석한 것으로는 Shin(1993), Hong(1991)을 참조.

8) 이승만 정권의 대미 외교에 관한 상세한 사항은 李鍾元(1996)을 참조.

교 행태를 보였다. 그러나 이는 미국의 냉담한 반응으로 인해 모두 실현되지 못했다.[9] 이런 의미에서 이승만 정권 시기의 외교는 대미 진취적인 요소를 포함하면서도 대미 순응적이었다고 볼 수 있다.

그렇다면, 초기의 박정희 정권, 즉 1960년대 제3공화국의 외교는 어떻게 평가할 수가 있을까. 대북 관계에 있어서 1960년대 중반 이후 수출 지향형 공업화를 통해 고도 경제 성장을 달성해 북한과의 경제적 격차를 줄이게 되었다. 즉, 북한에 대한 경제적인 열세를 극복하기 위해서 경제 경쟁을 시작한 것이 1960년대 박정희 정권의 경제 정책이었다고도 볼 수 있다.

그러면 이 시기의 대미 외교는 어떠한 유형에 속한다고 볼 수 있을까. 박정희 정권과 케네디 정권 사이에는 당초부터 군사 쿠데타, 민정 이관 문제, 경제 개발 정책의 방향성 등을 둘러싼 알력이 존재했다.[10] 그러나 한미 관계의 알력도, 박정희 정권이 대통령 선거를 실시해 "민주주의"의 형식을 정비하고, 경제 발전을 이룸에 따라서 점차 해소되었다. 게다가 이승만 정권에서는 실현될 수 없었던 한일 국교정상화도 박정희 정권이 정권의 운명을 걸고 실현시켰다. 또한 국제 여론의 비난으로 인해 미국의 '고독한 전쟁'이 된 베트남 전쟁에 한국이 전투 부대를 파병하는 등 미국이 기대하는 이상의 공헌을 하기도 했다.[11] 이러한 배경에는 박정희 정권이 미국의 냉전 외교보다 한 걸음 앞서 그 정책에 공헌함으로서 한미간에 문제시되고 있었던 주한미군의 삭감이나 대한

---

9) Memorandum, "Discussion at the 185th Meetings of the NSC", "Attachment: Political Aspects of Proposed ROK Offer of Troops to Laos, Prepared by DOS", Feb. 18, 1954, Declassified Documents, (85)1807, (84)1803; The JCS, "Memorandum for the Secretaty of Defense, Consideration of the ROK Offer to send a Division to Indochina," March 1, 1954, Declassified Documents, (84)001576; NSC, "Minutes of the 187th Meetings of the NSC," "Record of Actions by the NSC at its 187th meetings," 3/4/54, Declassified Documents, (85)1911; JSC, "Note by the Secretaries to the JCS on the Consideration of the ROK Offer to send a Division to Indochina," 3/5/54, JCS File, NA.

10) 1961년 5·16 군사쿠데타 직후의 한미관계의 갈등적인 측면에 관한 자세한 내용은 기미야 타다시(1991), 木宮正史(1994) 참조.

11) 기미야 타다시(2001) 참조.

군사 원조의 삭감 등의 문제를 봉쇄함과 동시에 경제적 이익을 실현하려는 의도가 있었을 것이다. 그러한 의미에서, 1960년대의 박정희 정권의 대미 외교는 대미 순응형보다 한층 진전된 대미 진취형으로 변해 갔다고 평가할 수 있다.

그러나 이러한 대미 관계는 존슨 정권의 말기부터 닉슨 정권이 들어서는 시기에 걸쳐 한국 측의 변화라기보다는 미국 냉전 외교의 변용으로 인해 수정을 피할 수 없게 된다. 우선, 종래 베트남 전쟁을 통해 밀월 관계에 있던 한미 관계에 찬물을 끼얹은 것은 1968년 초에 일어난 북한 게릴라 부대의 청와대 습격 사건과 그 직후에 있던 미국 정찰함 푸에블로호가 북한에 의해 나포되고 승무원이 인질로 억류된 푸에블로호 사건이었다. 두 사건에 대한 대응과 관련하여 한미 양국 정부 사이에는 의견차가 나타났는데, 이는 북한의 위협에 대한 한미 양국의 인식차를 보여주는 것이었다. 존슨 정권은, 청와대 습격 사건을 그다지 중시하지 않았고 오히려 강경한 군사적인 보복 조치를 삼가도록 한국 정부에 압력을 가했다. 또한 푸에블로호 사건에 대해서는 승무원의 석방이라는 점을 강조하며 한국 정부를 무시하고 북한과의 직접 협상을 실시했다. 결국 미국은 정찰 행위에 대해 실질적으로 인정하고 사죄하기에 이른다.[12] 이러한 존슨 정권의 대응은 북한의 위협에 대한 한미 양국 간의 인식 격차를 박정희 정권에게 부각시키는 계기가 되었다.[13] 다만, 이러한 동맹국과의 인식 차이라는 문제는 북한도 마찬가지였다. 푸에블로호 사건의 해결을 둘러싼 협상 과정에서 미국은 소련의 중개에 의존했는데, 소련은 푸에블로호 사건을 계기로 미소 관계가 악화될 것을 우려하는 등의 자세를 보임에 따라 북한에 실망을 주게 된다. 남북한 모두 각각의 동맹국인 미국과 소련이, 자국과의 동맹 관계보다 대국간의 '협조적인 위기 관리'를 더욱 중시하고 있다는 것을 실

---

12) 푸에블로(Pueblo)호 사건에 대해서는 다음의 문헌을 참조. Lerner(2002).

13) "Telegram from the Embassy in Korea to the Depatrment of State, Seoul, January 24, 1968," Gatz, K. ed., Foreign Relations of the United States, 1964-1968, vol. 29, Part 1. Korea(Unite States Goverment Printing Office, 2000), pp. 311-313.

감하게 되었던 것이다.

게다가 이러한 한미간의 균열은 닉슨 정권의 등장에 의해 더욱 증폭된다. 닉슨 정권 성립 직후, 전년의 푸에블로호 사건을 상기시키는 사건이 발생했다. 1969년에 미국 정찰기 EC121기가 북한에 의해 격추되는 사건이 발생한다. 이에 대해 박정희 정권이 강경한 대응을 요구했음에도 불구하고 닉슨 정권의 대응은 매우 미온적인 것이었다.

한국의 박정희 정권은 북한에 의한 도발 행위를 억제할 필요가 있다고 통감했고, 김일성에 의한 남침의 가능성도 배제할 수 없는 상황이었다. 따라서 주한미군의 존재는 필수불가결하다고 생각했다. 즉, 주한미군의 존재는 한국 군사력의 방패가 되어 북한의 군사적 행동을 억제한다고 보았다. 그럼에도 불구하고, 적어도 위의 사건에 대한 미국의 대응은 북한의 군사 행동을 억제하기는커녕 오히려 도발을 묵인하는 듯한 자세를 나타내고 있었다.

게다가 닉슨 정권은, 베트남 전쟁의 승리 여부와는 상관없이 종전을 목표로 하였고, 베트남 전쟁을 계기로 극한적으로 대립하고 있었던 중국과의 접근을 꾀해 화해를 지향하게 된다. 이와 함께 한국군의 베트남 파병에 의해 억제되고 있었던 주한미군의 삭감 역시 추진하게 된다.

박정희 정권에 있어서 이는 남북간의 대립 혹은 경쟁의 전제 조건이 되고 있던 동북아시아에 있어서의 냉전 체제가 변화하는 것을 의미했다. 따라서 박정희 정권은 대미 외교 및 대북 관계를 전면적으로 재검토하게 되었다. 대북 관계에 대해서는 북한의 군사적 위협을 강조하면서도, 종래의 제로섬(zero sum) 대결적인 견해가 아닌 '선의의 경쟁'을 제안했다(박정희 1976, 22). 이것은 경제 실적에 대해서 남북한 양 체제의 어느 쪽이 우위에 서는지를 경쟁하자는 제안이었으며, 남북 관계를 제로섬이 아닌 관계로 본 발상의 전환이었다고 볼 수 있다. 이 제안에는 한국이 1960년대 경제 발전을 달성하게 됨에 따라 적어도 경제 실적에 관해서는 북한과 어깨를 나란히 하거나 혹은 북한을 능가하고 있다는 자신감이 뒷받침하여 있었다. 이를 반영해, 우선은 '민간' 차원에서 남북 이산가족 상봉 문제를 위한 적십자 본회담의 개최를 요청했다. 정부

차원에서도, 남북한 정부 인사의 상호 방문을 통해 1972년에 7·4 남북공동성명이 발표되어 남북이 통일의 대원칙에 대한 합의가 이루어졌으며, 긴장완화를 위한 대화를 진행시키는 데에 합의했다. 그러나 이러한 남북한간의 긴장완화는 정착되지 않고 1974년에 원래 상태로 퇴보하게 된다.

이러한 남북 대화를 통한 남북간의 긴장완화의 지향은 한편으로는 미국의 냉전 외교의 변용에 순응한 결과라고 볼 수 있지만, 다른 한편으로 반드시 그에 한정된 것은 아니었다. 미·중 화해에 대해서 박정희 정권은 환영의 의사를 나타내는 한편 한반도의 운명이 주변 대국에 의해 좌우되는 것에 대한 강렬한 반감과 저항의 의사 표시를 드러냈다.[14] 남북 대화의 진전은, 남북 쌍방의 정권 및 그 지도자가 자국의 운명이 주변 대국에 의해 좌지우지되지 않기 위한 예방책이라고도 평가할 수가 있다. 남북 양쪽 모두 한편으로 긴장 완화의 흐름에 순응해 남북 대화를 진행시키면서, 다른 한편으로는 긴장 완화의 흐름에 역행하는 국내 체제에서의 독재 강화를 남북 대화라는 논리를 내세워 진행시킨 것이 그것을 상징한다. 게다가 닉슨 정권은 괌독트린(Guam Doctrine)을 발표해, 1970년대에 들어서 한국의 방위에 관한 미국의 관여를 줄이게 되었고 이에 따라 한국 스스로의 책임은 커지게 되었다. 박정희 정권은 미국의 군사적 관여 삭감을 기정사실로서 받아들이고, 대신 한국군의 현대화 계획에 대한 미국의 적극적인 지원을 요구하는 방향으로 방침을 전환했다.[15]

이처럼 1972년의 유신 체제를 전후로 대북 관계는 남북 균형의 입장에 따라 한편으로는 긴장완화의 분위기를 띠기 시작하지만 이는 다시 적대적인 관계로 퇴보하게 된다. 1975년경을 기준으로 남북의 경제력, 특히 일인당 국민소득으로 나타난 생활수준은 완전히 역전되게 된다.[16] 그러나 남북간의 격차

14) Telegram from Rogers(the Secretary of State) to US Embassy in Korea, 'Kim Yong-sik in Washington,' 9/21/1971, National Archives and Records Administration, RG 59, Box 2424, Central Files 1970-73, POL 7 KOR S.

15) Telegram from Porter(US Ambassador in ROK) to the Secretary of State, 8/4/1970, National Archives and Records Administration, RG 59, Box 2429, Central Files 1970-73, POL 17 KOR S-US.

에도 불구하고, 군사력에 관해서는 여전히 열세라는 인식이 강했기에 북한과 균형적인 힘을 바탕으로 대립하고 있다는 인식이 강했다. 박정희 정권은 한국의 방위를 위해서는 과거처럼 미국에만 의존할 수 없음을 자각해 경제와 방위 등의 자립을 서두를 수밖에 없었다. 이를 위해서 국내 체제는 보다 강압적이 되었고, 특히 인권 문제 등에 대한 한미간 마찰이 한층 더 증대된다. 이러한 대립이 가장 현저히 나타났던 것이 카터 정권의 주한미 지상군의 완전 철수 선언과 이에 대한 대응으로서의 박정희 정권의 핵개발을 통한 군사력의 증강이었다. 그러나 이 두 정책은 양쪽 모두 좌절되게 된다.[17)]

노태우 정권 당시 실시된 북방 외교의 특징은 경제 발전과 정치적 민주화를 통해 정치 경제체제상의 우위를 확립한 한국이 우월성에 근거해 대북관계를 모색하게 된 점이다.[18)] 기본적으로 북방 외교는 북한의 배후에 있는 중국 및 소련과의 관계를 강화해 북한을 남북관계 구도 안으로 끌어들이는 데 있었다. 즉, 한국 우위의 입장을 전제로 북한에 대한 화해와 공존을 지향하는 정책이었다. 그러나 이를 위해 초기에는 북한을 고립시키려는 목적 역시 있었기 때문에 적대적인 측면도 포함하고 있었다. 북방 외교는 냉전의 종식으로 미국 외교의 변화에 순응하는 외교였다고 볼 수 있다. 그러나 북방 외교는 냉전의 종식 이전에 구상되고 실시되었던 것이기에 단순한 냉전의 종식, 즉 국제환경 변화에 대한 순응이라는 측면뿐만 아니라 어느 정도 한국의 능동적인 주도권이 발휘되었음을 유의해야 한다. 북방 외교는 남북 고위급 회담의 개최, 남북

---

16) 북한의 경제통계는 확실한 것이 아닌 추정치이기는 하지만, 이하와 같은 남북한의 비교수치가 있다.

일인당 국민총생산의 남북한 비교

연 도	1960년	1965년	1970년	1975년	1980년
한 국	79달러	105달러	248달러	591달러	1605달러
북 한	137달러	192달러	286달러	579달러	758달러

출처: 『87南北韓比較分析』, 自由評論社, 1987, p. 75(이 통계는 한국국토통일원에 의한 것임).

17) 카터 정권의 주한미군 철수 정책이 좌절된 과정에 관해서는 村田晃嗣(1998)을 참조. 박정희 정권의 핵개발에 대해서는, "한국 70년대 중반 핵무기 개발 추진", 『朝鮮日報』(1998/09/27), 조철호(2001) 참조.

18) 북방외교에 관해서는 韓國外交部(1990) 참조.

기본 합의서 체결, 한반도 비핵화 공동 선언, 한·소 국교정상화, 남북 유엔 동시 가입, 한·중 국교정상화 등의 많은 성과를 낳았다. 또, 북·일 국교정상화 협상의 계기가 되기도 한다.

그러나 이러한 냉전의 종식이 한반도에 가져온 순기능은 지속되지 않았다. 냉전의 종식을 체제의 위기로 인식한 북한이 핵개발을 카드로 벼랑끝 외교를 벌였기 때문이다. 이러한 핵 위기에 어떻게 대응할 것인가를 둘러싸고 한국은 북한과 미국 사이에서 관계를 조정해야만 했다. 핵개발이나 미사일 문제를 둘러싼 협상은 주로 북미 관계에 맡겨지게 되었다. 1994년 제네바 합의 이후 북한이 핵개발을 시인한 2002년 말까지 핵문제는 북·미간의 합의로 잠정적으로 해결되었다.[19] 미사일 문제도 클린턴 정권 말기에 합의 직전까지 이르렀지만 결국 실현되지는 못했다.

이와 같이 한반도의 핵과 미사일 문제를 둘러싸고 국제정치는 북미 관계를 축으로 전개되었고, 상대적으로 한국은 소외되게 되었다. 김영삼 정권의 대북 정책은 융화 정책으로부터 강경 정책까지 선택지가 넓었는데, 이는 대북 관계에 있어서 '한국 주도'라는 방법론을 중시했기 때문이다.

이러한 상황을 타개하려 했던 것이 김대중 정권에 의한 대북 포용 정책이었다. 이는 북한과의 화해를 지향한다는 목적하에서, 한국이 주도권에 집착하지 않음을 확실히 밝힌 것이 특징이다. 따라서 미국 정부에 대해서도 적극적으로 한국의 대북 포용 정책에 동조하도록 종용했다(최원기·정창현 2001, 164-166). 다만 클린턴 정권과 같이 한국의 대북 포용 정책에 적극적으로 협조하는 정권이라면 문제가 없겠지만 부시 정권과 같이 그것이 어려운 경우에는 즉, 한국의 대북 정책과 미국의 대북 정책 사이에 괴리가 커질 경우에는 대북 그리고 대미 관계 사이에서 한국 외교가 어려움에 직면하게 된다.

이처럼 한국 외교를 제약하는 대북 관계와 대미 외교라고 하는 두 개의 측

---

19) 1990년대의 북일관계에 관해서는 ケネス·キノネス(伊豆見元監修, 山岡邦彦·山口瑞彦譯)(2001), Sigal(1998), Mazarr(1995), Oberdorfer(1997) 참조.

면에 초점을 맞추어 그 동학을 해석해 얻은 분석은 다음과 같다.

첫째로 대북 관계에서 특히 1970년대를 경계로 경제 격차가 현저해지고, 1980년대 후반 한국의 정치적 민주화가 이루어지고, 1990년대 냉전이 종식됨에 따라 남북 관계에서 한국 우위의 도식이 분명해졌다. 그리고 이러한 한국 우위를 전제 조건으로 북한과의 화해를 지향하는 정책이 점차 정착되고 있었다. 둘째로 대미 관계는 미국 자체의 냉전 정책 및 대북정책의 혼란으로 유동적인 요소가 있었지만, 1960년대까지 현저했던 대미 순응적인 외교는 점차 그림자를 감추고 대미 진취적 혹은 대미 '자립'적인 외교의 방향이 명확해지고 있다. 즉, 미국의 외교 정책을 온순하게 따르는 한국 외교의 도식은 희미해지고 있다. 이처럼 대미 외교 및 대북 관계 모두에 있어1970년대 초는 하나의 큰 전환기가 되었다.

Ⅳ. 1970년대 초 한국 외교의 전개

지금까지의 분석에 의하면 1970년대 한국의 외교 유형은 진취적인 대미 외교와 북한 우위에 근거한 적대적 관계로부터, 순응적인 대미 외교와 북한과의 균형에 근거한 융화적 관계로, 다시 '자립'적인 대미 외교와 북한과의 균형에 근거하는 적대적 관계 순으로 전개되었다. 그러나 보다 미시적인 관점에서 한국 외교의 전개를 살펴보면 어떤 하나의 일관된 패턴이 아니라 여러 가지 다양한 패턴이 시도되고 있음을 알 수 있다. 본 절에서는 한미 양국의 외교 문서에 대한 분석을 통해 1970년부터 1973년까지의 한국 외교를 분석해 보고자 한다. 그리고 한미간에 존재했던 몇 가지의 쟁점에 대해 그것이 어떻게 귀결되었는지, 또한 그 과정에서 한미 양국이 여러 가지 쟁점을 어떻게 관련지어 협상에 임했는지에 대해서 주목해 보겠다.

이 시기 한미 관계의 주요 쟁점을 분석하면 다음과 같이 크게 두 가지로 분류할 수 있다. 하나는 좁은 의미에서 본 한미 동맹의 관계라는 문제이다. 한국 전쟁을 계기로 성립한 한미 동맹 관계는 베트남 전쟁으로 인한 미국과 중국의 대립격화 속에서 1960년대까지 지속되었다. 하지만 미국이 베트남에서 철수할 것을 결정하자, 미국 쪽에서는 한미 동맹의 현상 유지가 점차 어려워져 주한미군의 감축을 포함한 동맹 관계의 '변화'를 요구하게 된다. 그 결과 주한미군의 유지 등 한미동맹의 '현상 유지'를 고집하는 한국과, 주한미군의 감축을 포함한 동맹 관계의 변화를 요구하는 미국 사이에 동맹의 비용 부담 등 전반에 걸친 재조정을 둘러싼 문제가 부상하게 되었다.

다른 하나는 한반도를 둘러싼 동북아시아의 긴장완화에 대한 대응이라는 문제 영역이다. 미국의 닉슨 정권은 베트남 전쟁 후의 변화를 고려하여 아시아 지역에 대한 군사력 재배치를 단행한다. 닉슨 정권은 군사비용을 삭감함과 동시에, 이를 정치적으로 뒷받침하기 위해서 대립 관계에 있었던 중국과의 관계 개선에 나서게 된다. 미국이 주도하고 중국이 호응하는 형식으로 진행된 동북아시아의 긴장완화 분위기는 한반도에도 영향을 미치게 된다. 게다가 이러한 미국의 결단은 한국을 설득한 이후에 진행된 것이 아니었다. 따라서 동북아시아의 긴장완화에 대한 박정희 정권의 대응을 둘러싸고 한미 양국 간에는 갈등을 포함한 미묘한 관계가 형성되었다.

1. 한미 동맹 관계

한미 동맹 관계에 직접적인 쟁점이 된 것은 다음의 세 가지 문제였다.

첫째, '베트남에서 군사적인 철수를 어떻게 할 것인가'의 문제였다. 박정희 정권은 미국 정부의 요청이 있기 전부터 베트남 파병에 대한 의욕을 가지고 있었고, 마침 존슨 정권의 요청으로 베트남 전쟁에 참전하게 된다.[20] 게다가 참전을 통해 막대한 특수를 누리고 있었다.[21] 또한, 베트남에 병력을 주둔시킴으로써 1960년대에 들어 본격적으로 논의되었던 주한미군의 감축이나 미국의 대한국 군사 원조의 삭감, 한국군 병력의 삭감 등을 막을 수가 있었다. 이것은 한국이 국제적으로 '지지를 얻지 못했던' 베트남 전쟁에 다른 참전국보다 우월한 수의 병력을 파병해 기대 이상의 공헌을 했기 때문이다.

그러나 닉슨 대통령은 선거운동 당시의 공약대로 베트남 전쟁의 수렁화를 피해 평화 협상을 통해 전쟁을 종결시키려 했다. 이러한 미국의 철수 결단은 한국이 베트남에 5만 명 규모의 군대를 주둔시킨 것을 무의미하게 만드는 것이었다.[22]

그러나 미국의 철수가 베트남에 주둔하는 한국군을 무조건적으로 무의미하게 만든 것은 아니었다. 미국의 철수는 단기적으로는 한국군의 '격상'을 의미하기도 했다. 미국은 베트남에서 철수함으로써 베트남 화평 협상을 유리하게 진행시키려 했지만, 그로 인한 남베트남의 군사적·정치적 열세를 우려했다. 따라서 미국은 미군이 철수한 후에도 어느 정도 한국군이 주둔하기를 희망했다.[23] 또한 한국 정부 역시 베트남에 어느 정도 군대를 주둔시키는 것이 경제적 이익을 보증해 줄 뿐만 아니라, 남베트남의 전후 부흥에 참가하는 것이 경제적인 이익을 누리기에 유리하다고 생각했다.[24] 또한 주 베트남 한국군의 철수가 주한미군 감축을 초래할 것이라는 우려도 있었다.[25] 따라서 한

---

20) 베트남 파병의 경위에 관한 자세한 내용은 기미야 타다시(2001) 참조.

21) 한국의 베트남 특수에 관해서는 木宮正史(1996, 243-267), 및 朴根好(1993)을 참조.

22) 주한대사 하비브는 베트남 철수를 둘러싸고 한국의 대미불신이 증가했음을 지적했다. Telegram from US Embassy in Korea to the Secretary of State, 5/19/1972, National Archives and Records Administration, RG 59, Box 2423, Central Files 1970-73, POL KOR S-US.

23) Telegram from US Embassy in Korea to the Secretary of State, 1/19e/1972, National Archives and Records Administration, RG 59, Box 1757, Central Files 1970-73, DEF 6 KOR S.

24) Telegram from US Embassy in Saigon to the Secretary of State, 5/6/1970, National Archives and Records Administration, RG 59, Box 762, Central Files 1970-73, E4 KOR S-VIET S.

25) 예를 들어, 미국 상원에서는 민주당 오하이오 주의 영(Young) 의원이 주베트남 한국군이 귀한함에 따라 주한미군을 철수하는 것이 마땅하다고 주장한 것이, 한국 외무부를 통해서 박정희 대통령에게 보고되었다. 이렇게 미국 내에서 주한미군의 삭감과 철수의 압력이 점차 높아지는 가운데 주 베트남 한국군의 존재는 그것을 억제하는 역할을 했다고 볼 수 있다. 韓國外務部, "大統領閣下宛報告事項 6/5/69," 韓國外務部, 1969년 외교문서 마이크로필름 필름번호 G-0012 파일번

국군을 베트남에 주둔시켰던 것은 서로 다른 의도이었긴 했지만 이해가 일치되었던 측면도 있었던 것이다.

그러나 어쨌든 한미 양국군이 베트남에서 철수하는 것은 시간 문제였다. 따라서 쟁점은 한국군의 철수 자체에 있었던 것이 아니라 그 시기에 있었다. 이는 상대적으로는 작은 비중이었지만 다른 쟁점, 특히 주한미군의 감축과 관련되어 미묘한 문제를 제기했다.

둘째로, 주한미군의 감축 문제이다. 주한미군 감축 문제는 미국 입장에서는 1960년대에 본격적으로 논의되었어야 할 문제였다. 실제로 미국 정부 내부에서는 1960년대 초반부터 주한미군의 감축을 검토하는 작업이 시작되었다. 미국은 중국과 소련이 북한을 군사적으로 지원했던 한국전쟁과 같은 형태의 직접 침략에 대응하기 위해 주한미군을 주둔시키고 있었다. 그러나 1960년대에 들어 중소 대립이 표면화되면서 중국과 소련의 후원으로 북한이 전쟁을 일으킬 시나리오는 현실적으로 거의 불가능하게 되었다. 물론, 북한에 의한 군사적 도발 행위는 1960년대 후반에 들어 현저해졌지만 이는 주한미군의 현상 유지를 합리화할 정도는 아니었다.

다만 한국군이 베트남 전쟁에 협력하기 위해서 2개 사단 이상의 병력을 베트남에 주둔시키고 있었기 때문에 미국은 보답의 의미로 주한미군의 감축을 거론하지 않았다. 즉, 주한미군 감축 문제는 한국군의 베트남 파병으로 인해 문제화되지 않았던 것이다. 그러나 베트남 전쟁에 대한 미국의 방침이 완전한 승리에서 철수를 전제로 한 화평 쪽으로 전환함에 따라 봉인된 문제가 다시 부상하게 된다. 그리고 베트남에 주둔하는 한국군의 존재도 단지 상징적인 것으로 변화되어 한미동맹의 현상 유지를 위한 한국 측의 협상력이 크게 줄어들게 된다. 게다가 아시아에 주둔하는 미군 병력의 축소를 염두에 둔 병력 재배치 문제는 닉슨 정권이 들어선 후 닉슨 독트린(괌 독트린)으로 나타난

호 15『駐韓美軍減縮發言 및 言論報道』.

다.[26] 이와 같이, 주한미군 감축 문제를 둘러싸고 그것을 저지하기 위한 한국의 협상력 감소로 주한미군의 감축이 현실화 되어가고 있었다.

그러나 박정희 정권은 미국과 중국의 화해 및 중국의 유엔 가입 등으로 동북아시아의 정세가 급변하는 상황 속에서 주한미군의 감축은 대북 관계와 국내 정치에 있어 불확실성을 높일 것이라고 생각했다. 따라서 주한미군의 감축에 반대했고, 이를 회피할 수 없다면 적어도 미국과의 협상을 통해서 보완조치를 취하는 등 충분한 시간을 확보하려 했다.

당초의 계획은 미국 정부로부터 주한미군을 감축하지 않겠다는 언질을 얻는 것이었다.[27] 일단 1969년 샌프란시스코에서 열린 한·미 정상회담에서 닉슨 대통령은 현시점에서는 주한미군을 철수하지 않을 것이라는 발언을 하지만,[28] 1년 후인 1970년 닉슨 정권은 주한미군의 일부 철수를 한국 정부에 제안하게 된다. 이를 둘러싼 한미간의 대립은 매우 첨예했다. 닉슨 대통령은 애그뉴(Spiro Agnew) 부통령을 급파해 삭감의 필요성과 그에 대한 박정희 정권의 이해를 구했다. 그러나 박정희 정권의 반발과 불신은 컸다. 그 결과 완전한 합의에 도달하지도 못한 채 다음 해에 주한미군의 감축이 실시된다. 박정희 정권은 감축의 담보로서 한국군의 현대화 계획 등에 관한 미국의 적극적인 지원과 더 이상의 감축은 없다는 보증을 받아내려 했다. 이 보증을 둘러싸고 한미 양국 정부간에 치열한 신경전이 전개된다. 미국 정부는 반영구적인 주둔은 약속할 수 없다는 입장을 보인 반면, 한국 정부는 주한미군의 감축 또한 철수

---

26) 닉슨독트린에 대해서는 다음의 문헌을 참조하였다. Marshall Green, "The Nixon Doctrine: A Progress Report," Department of State Publication 8572, East Asian Pacific Series 198, 1971.

27) 韓國外務部歐美局, "韓美間重要問題와 政府立場(桑港韓美頂上會談資料) 1969. 8. 7," 韓國外務部 1969년 외교문서 마이크로필름 필름번호 C-0033 파일번호 01, 『朴正熙大統領美國訪問, 1969. 8. 20-25 全 3 卷 V. 2 資料』, 프레임번호 20.

28) 韓國外務部, "韓·美頂上間單獨會談錄 및 兩國閣僚會議錄 1 韓·美頂上間第1次單獨會談要錄(1969.8.21)," 중 닉슨 대통령의 발언 부분, 한국외무부문서 1969년 외교문서 마이크로 필름번호 C-0033 파일번호 02, 『朴正熙大統領美國訪問, 1969. 8. 20~25 全3卷 V. 1 基本文書綴』 프레임번호 203~204.

를 두려워하는 입장이었다.[29)]

셋째, 한국군의 병력 삭감 문제, 대한국 군사원조 이관 계획, 한국군 장비의 현대화 계획 등을 포함한 넓은 의미에서의 대한국 군사원조에 관한 문제이다. 한국에 대한 미국의 군사 원조는 1950년대부터 1960년대에 걸쳐 감소 추세에 있었다. 그러나 그러한 군사원조의 삭감에 제동을 걸었던 것이 한국군의 베트남 파병이었다.

대한국 군사원조 이관 계획은 종래 미국의 군사 원조로 조달되었던 물품을 점차 한국의 국가 예산을 통한 조달로 이관하려 한 정책으로 군사원조의 삭감을 의미했다. 그러나 이 계획은 1965년 이후 한국군의 베트남 파병에 대한 대가로 중단되어 왔다.

또한, 한국군의 병력 삭감 문제는 기본적으로는 한국 국내의 문제였지만 1960년대 전반에는 한국군의 유지비용 자체가 미국의 부담이었기 때문에 미국의 이해가 관련되는 문제였다. 그러나 한국의 경제가 발전함에 따라 한국군의 유지비용 가운데 한국 정부의 부담률이 높아져 미국은 한국군의 병력 삭감에는 그만큼 관심을 나타내지 않게 되었다.[30)]

그 결과 주한미군의 삭감 문제와 어울려 미군의 대한군사원조의 실질적인 삭감을 뜻하는 군사원조이관계획의 실시와 한국군의 현대화계획에 대한 미국의 지원이라는 문제가 등장하게 되었다. 주한 미군의 삭감을 실시하여 그것에 대한 한국 정부나 여론을 어느 정도 납득시키기 위해 한국군의 현대화계획

---

29) 박정희 대통령과 애그뉴(Agnew) 부통령과의 대화에서 박정희는 미국 정부에 대한 불신을 노골적으로 드러내며, 앞으로 한국군의 현대화 계획이 충분히 이루어질 때까지 이 이상의 삭감은 하지 않겠다는 언질을 요구한데 대해서, 애그뉴 부통령은 원래 주한미군의 삭감과 한국군의 현대화 계획과는 별개의 문제라는 점을 상기시키는 등, 한국에 대한 확실한 보증을 회피하려 했다. 이 대화에 관해서는 다음의 자료를 참고하였다. 韓國外務部, "大統領閣下와 Agnew美副統領間의 面談要錄," 한국외무부외교문서 1970년 외교문서 마이크로필름번호 C-0042 파일번호 10, 프레임번호 185~253.

30) 韓國外務部, "韓國軍減縮에 대한 美國態度分析 및 韓國側對応策," 한국외무부외교문서 1971년 외교문서 마이크로필름 필름번호 G-0020 파일번호 02, 『韓國軍減縮에 대한 美國態度分析 및 韓國側對応策』 프레임번호 54~66.

즉, 한국군의 무기 등, 고성능화를 시도함으로서 한국에 의한 무기의 국산화를 적극적으로 지원하는 것을 확약했다.[31)]

이처럼 한미 동맹 관계에 있어 한국과 미국의 줄다리기가 전개된다. 즉, 상대적으로 한국에 대한 관여를 줄이려고 했던 미국과, 미국의 계속된 관여를 바라면서도 미국의 관여 삭감을 전제로 조금씩 자립의 조건을 정비하려 했던 한국 사이에 미묘한 줄다리기가 계속되었던 것이다.

2. 동북아시아의 긴장완화에 대한 대응

한반도를 둘러싼 동북아시아의 긴장완화에 대한 대응을 둘러싼 쟁점에 관해서도 다음의 세 가지를 지적할 수가 있다.

첫째, 미국과 중국의 화해 및 중국의 유엔 가입에 의한 동북아시아의 긴장완화가 한반도에 미치는 영향에 관한 문제이다. 중국과의 화해를 추진할 당시 닉슨 정권은 남북한의 화해에까지 그 효과가 파급될 것이라고 기대하지는 않았다. 미국과 중국 모두 기존의 동맹국에 대해서 미·중 화해가 동맹국과의 관계를 손상시키지 않을 것이라는 사실을 확실히 했다. 그리고 그를 위해서 동맹국에 특사를 파견하거나 정상이 직접 방문해 설명하기도 했다.[32)] 그럼에도 불구하고 미국과 중국의 접근은 종래의 남북한 모두에게 동북아시아의 냉전

---

31) 韓國外務部, "外務部長官發駐美大使宛電報 1/19/1971," 한국외무부외교문서 1971년 외교문서 마이크로필름 필름번호G-0020 파일번호01, 『國軍現代化計畫』 프레임번호 68~70.

32) 북한에 대한 중국의 자세에 관해서는 이종석(2000, 253-261)을 참조. 한국에 대한 미국의 자세에 대해 닉슨은 박정희에게 보내는 답신에서 미·중 접촉이 미국의 동맹국을 희생시키는 것이 아님을 강조하고, 방중시에 한반도에 관한 논의가 있다고 해도, 이는 한국과의 유대를 강조하는 것이라고 하여, 미·중 화해가 한반도 정세에 미칠 영향에 대한 박정희의 걱정을 불식시키고자 하였다. Telegram from the Secretary of State to US Embassy in Korea, 12/2/1971, "Letter to President Park from President Nixon," National Archives and Records Administration, RG 59, Box 2426, Central Files 1970-73, POL 15-1 KOR S.

체제의 지각 변동으로 인식되었고, 양쪽 모두 그것이 남북 관계와 자국의 정치체제에 미칠 영향을 저울질하게 된다.

다만 이와 거의 같은 시기에 중국의 유엔 가입이 달성되어 중국의 국제적 영향력은 비약적으로 확대되게 된다. 북한은 이에 '편승'하려는 자세를 명확히 한다(이종석 2000, 255-256). 이런 북한의 자세에 한국의 반응은 복잡했다. 한편 박정희 정권은 중국의 영향력 증대는 피할 수 없으며, 미국과 중국의 관계개선의 현실 역시 인정하지 않을 수 없다는 입장이었다. 이에 따라, 미국과 중국의 관계개선 그 자체를 비판하지는 않았다. 그러나 다른 한편으로 한국은 미국이 종래의 동맹국인 대만을 '버리고' 중국과의 화해에 발을 내디뎠다는 것은 대만뿐만 아니라 베트남과 한국마저도 '버릴 수 있다'는 것을 의미한다고 생각했으며 이에 불안을 느끼게 된다. 따라서 닉슨 정권에 대해 미·중 화해 그 자체는 '환영'하지만, 그것이 한반도에 어떠한 영향을 미칠지에 관해서는 미·중 양국 간에서만 결정할 일은 아니라는 입장을 보였다. 따라서 반드시 한국과의 사전 협의가 필요하다고 주장하며, 미·중·소 대국에 의한 한반도 정세의 유동화를 미리 방지하려 했다.[33]

한국에게 중국은 북한과 가장 유대가 강한 동맹국으로 한국전쟁에서는 직접적으로 대치했을 뿐만 아니라, 한국과 관계가 깊은 기업을 경제관계에서 따돌리는 '주사원칙'(周四原則)이 나타내는 것처럼 한국에 직접적인 경제적 불이익을 가져다주는 나라이기도 했다. 물론 미국과 일본이 중국과 접촉을 갖고 국교정상화를 이루어낸 것처럼, 한국의 국내 여론도 중국의 영향력 증대를 전제로 하여 중국과의 관계를 개선하려 하는 움직임이 전혀 없었던 것은 아니었다. 그러나 북한과의 관계가 제약을 받음으로 인하여, 하루아침에 중국과의 관계 개선이 진행되기는 현실적으로는 불가능했다.

---

33) Department of State, "Memorandum for Mr. Henry Kissinger, The White House, 9/21/1971: Letter from President Park Chung Hee to President Nixon," National Archives and Records Administration, RG 59, Box 2430, Central Files 1970-73, POL KOR S-US.

그럼 미국은 한국에 대해 어떻게 대응을 했을까? 한마디로 말하면 '경시'하는 자세였다. 한국은 미국의 정책 전환을 비판·반대할 능력이 없을 뿐만 아니라 그러한 의지조차 없는 나라라고 미국 정부는 간주했다. 물론 한반도에 관한 의제에 대해서 한국에 사전 협의 없이 중대한 결정을 내리지 않겠다는 점을 반복적으로 표명했지만, 다른 한편으로는 그러한 약속을 공고히 하기 위해 정상회담을 제안한 한국의 요구에 대해 상당히 냉담히 반응했다.[34)]

1972년에 연속적으로 이루어진 미·중 및 미·소 정상회담에서 한반도 문제는 처음부터 그다지 중요한 의제가 아니었다. 그 중에서 거의 유일하게 말할 수 있는 성과는 유엔한반도통일부흥위원단(UNCURK: United Nations Commissions for the Unification and Rehabilitation of Korea)를 해체하는 데 합의했다는 것이다. 기존에 한반도에 대한 유엔의 관여는 군사적 측면과 비군사적 측면으로 나뉘는데, 이것이 유엔군사령부(UNC: United Nations Command)와 UNCURK였다. 유엔군사령부는 실질적으로는 주한미군과 동일했기 때문에, 유엔군사령부의 해체는 주한미군의 철수와 연결될 수도 있었기 때문에 미국으로서도 그 자리에서 받아들이는 것에 대해서는 신중하게 대응할 수밖에 없었다. 이에 비해 UNCURK의 해체는 한반도를 둘러싼 문제에서 유엔의 실질적인 철수를 의미하는 것이었다.

역대 한국 정부는 유엔을 남북관계에서 한국 우위를 과시하는 자리로 여겼다. 유엔총회에 한국 문제가 매년 자동적으로 상정되었고, 거기에서 한국만 초청되어 자국의 우위를 표명하는 기회를 부여받았기 때문이다. 그러나 친북관계에 있는 중국이 안보리 상임이사국이 되고, 게다가 총회에서도 점차 남북한에 대한 지지가 균형을 잡아가는 가운데, 유엔에서 한국 우위가 자동적으로

---

34) Telegram from US Embassy in Korea to the Secretary of State, 12/1/1971, National Archives and Records Administration, RG 59, Box 2429, Central Files 1970-73, POL KOR S-US.; Telegram from the Secretary of State to US Embassy in Korea, 12/1/1971, National Archives and Records Administration, RG 59, Box 2429, Central Files 1970-73, POL KOR S-US.

보장받을 수 없는 상황이 되었다. 그러나 한국 정부는 유엔총회에서 한국 문제의 상정이나 남북 초청을 둘러싸고 남북한 사이에 많은 비용을 들여가며 경쟁을 해야 함에도 불구하고 그에 걸맞은 실질적인 이익을 얻을 수 없다는 판단 아래 유엔 활용에 대해 조금씩 소극적인 태도를 취해갔다.[35] 그 후 북한의 거부로 1991년까지 실현되지 않았으나, 1973년 '6·23평화·통일 외교에 관한 대통령 특별 성명'을 계기로, 유엔에서 남북 상호간에 대등한 입장을 서로 인정하는 남북한 유엔 동시 가입을 추진하는 등 유엔 정책을 크게 전환시키게 된다.

이와 함께 UNCURK의 존재는 유엔에서 한국 우위를 보장해주는 상징적인 의미밖에 없다고 해도 UNCURK는 유지해야 하는 것이 한국 정부의 기존의 주장이었다.[36] 그러나 유엔에서 한국 우의의 도식이 자동적으로 보장될 수 없게 되자 구성국이 탈퇴하는 등 UNCURK 자체도 점차 형식화되었다.[37] 따라서 한국 정부도 점차 UNCURK의 존속에 그다지 연연하지 않게 되었다. 따라서 UNCURK 해체를 한국 정부가 기정 사실로 받아들였으며, 이로 인해 해체에 따른 커다란 충격이 없었다.[38] 그러나 UNCURK 해체는 한반도 정치에 있어서 커다란 변화이며, 중·미·소라는 대국들의 주도로 결정되었다는 것, 그리고 그것이 북한이 예전부터 주장해왔던 요구였다는 것만으로 한국에게는 적잖은 충격이 되었다(Burr 1998, 283-284, 318).

두 번째로, 북한의 위협을 어떻게 인식할 것인가와 관련된 남북 대화의 시작과 진행에 관한 문제이다. 남북대화를 먼저 제안한 것은 한국이었지만, 북

---

35) 유엔문제에 관한 한국 정부의 대응에 관해서는 당시 김용식 외무부장관에 의한 회고록을 참조했다. 김용식(1987, 230-231).

36) 韓國外務部, "韓美關係의 現況分析 11/4/1971," 한국외무부외교문서 1971년 마이크로필름 필름번호G-0022 파일번호 01, 『韓國安保關係資料』, 프레임번호 301~316.

37) UNCURK는 당초 7개국(오스트레일리아, 네덜란드, 필리핀, 태국, 터키, 파키스탄, 칠레)으로 발족했지만, 1965년 이후에는 특히 터키, 파키스탄, 칠레의 활동이 정지 상태에 이르렀으며, 1971년에는 칠레가 정식으로 탈퇴를 발표했다. 결국 UNCURK는 1973년에 해체되었다.

38) 韓國內務府治安局外事課, "UNCURK 動向報告 1971.11," 한국외무부외교문서 1971년; 마이크로필름 필름번호 H-0017 파일번호 04, 『UNCURK全体會議, 1971』프레임번호 88.

한도 이에 적극적으로 대응했다(한국국토통일원 1988, 35-62). 이전에는 군사력 및 경제력에서 북한의 상대적 우위와, 유엔 등 국제적인 장소에서 한국의 상대적 우위라는 조건하에서 북한이 남북관계라는 민족적 형식을 선호했던 반면, 한국은 이를 회피했기 때문에 남북간 직접 대화가 실현될 가능성은 희박했다. 그러나 1960년대 경제 발전의 성공으로 한국의 경제력은 점차 북한에 필적 혹은 북한을 추월하게 되었다. 나아가, 경제를 시작으로, 체제의 실적 경쟁에서 박정희 정권은 점차 자신을 갖게 되었다. 이것이'민족의 틀'을 활성화하려는 한국 정부의 남북대화의 제안으로 이어진 것이다.[39]

따라서 남북대화의 시작에는 한국 국내 조건의 변화가 큰 작용을 했다고 생각할 수 있다. 더욱이 미·중 화해라는 국제 환경의 변화로 인해 가속화되었다고 말할 수 있다. 북한도 중국의 영향력 증대에 편승하는 것이 가능하다는 판단하에 한편으로 남북대화에 응하는 동시에 다른 한편으로는 유엔 등의 국제적 틀 안에서 과거보다 적극적인 자세를 취했다고 볼 수 있다.

그러면 미국 정부는 이런 남북대화의 시작과 전개에 어떠한 반응을 보였는가? 한국 정부는 미국과의 밀접한 관계를 바탕으로 남북대화를 진행했다. 이는 한국이 남북대화에서 미국을 배제하려는 의도가 없음을 보여 주는 것이다. 한 예로 남북대화를 한국에서 주도한 이후락이 주한 미대사 하비브(Philip C. Habib)와 매우 긴밀한 연계를 취했다는 것은 단순히 미국 정부와의 형식적인 관계보다도 남북대화에 대한 미국의 반응에 상당히 신경을 썼다는 것을 의미하는 것이다. 박정희 정권이 남북대화를 통해 미국을 '시험'하려 했다는 해석도 가능하다.[40]

---

39) 박정희 정권이 체제 실적에 대한 자신을 확보하면서 1970년 8월 15일 "선의의 경쟁" 제안을 하게 된 과정에 관해서는 다음 문헌을 참조하시오. "좌담: 남북한 체제 경쟁 선언: 8·15 평화통일구상 선언에 관한 비화," 『월간조선』 2003년 8월호. 이 좌담회는 박정희 대통령의 지시에 따라 이 8·15 선언 작성에 관여했던 강상욱(당시 청와대 대변인), 강인덕(당시 중앙정보부 북한국장), 정홍진(당시 중앙정보부 협의조정 국장)에 의한 것이며, 특히 이 선언을 기초했다고 알려진 강상욱은 선언이 나온 배경으로서 1969년을 경계로 한국 경제가 북한 경제를 능가하기 시작한 것을 강조한다.

40) 한국 중앙정보부 부장인 이후락은 적십자회담을 포함한 남북대화의 진전에 대해서 주한미국대사

이러한 남북대화를 둘러한 한·미간의 일련의 행동을 통해 알 수 있는 사실은 아래와 같다. 첫째, 남북대화에 대한 한국 정부 내부의 의견 차이를 미국이 충분히 인식하고 있었다는 점이다.[41] 미국으로서는 남북대화의 시작과 그 전개를 기본적으로는 환영하면서도 그것이 이후락의 '독주'에 의해 진행되고 있다는 부분을 염려했다. 둘째, 미국이 기본적으로 받아들였음에도 불구하고 한국 정부는 진정으로 미국 정부가 남북대화에 호의적인가에 대해 회의적인 자세를 취했다는 점이다. 바꿔 말하면, 한국 정부로서는 남북대화를 대미협상의 카드로 사용할 것을 염두에 두었던 것으로 보인다. 미국 정부도 이러한 점을 어느 정도 파악했을 것이다. 하비브 주한대사는 남북대화에 대해서 미국은 환영의 자세를 보여야 하지만 그 진행은 기본적으로는 한국에 맡겨 두어야 한다고 주장하여, 남북대화에 대한 미국의 관여에 대해서는 어떤 의미에서 신중한 자세를 나타냈다.[42] 셋째, 남북대화를 진행하는 과정에서 박정희 정권은

인 하비브와 상당히 긴밀한 연대를 취하고 있었다. 이후락은 국가비상사태선언 발표에 대한 미국의 양해를 얻기 위해 하비브와 회담한 자리에서 적십자회담과는 별도로 북한과 비밀리에 정치접촉을 하고 있음을 고백하고, 아직 가정이기는 하지만 이후에 비밀접촉이 보다 고도의 정치 차원으로 격상되어 남북간의 화해에 관한 합의가 이루어질 경우에, 미국 정부가 어떠한 반응을 보일지를 물었다. 하비브는 이러한 가정의 질문에는 답할 수 없다고 답하고, 원칙적으로 미국은 남북간의 화해를 환영한다고 답했다. Telegram from US Embassy in Korea to the Secretary of State, 12/2/1971, National Archives and Records Administration, RG 59, Box 2426, Central Files 1970-73, POL 15-1 KOR S.

41) 주한 미국대사 하비브와 김종필 국무총리와의 회담에서 김종필은 남북대화 추이에 비관적인 태도를 보였으며, 나아가 이후락에 대해 그가 자신의 개인적 야심과 결부시켜 남북대화를 진전시키고 있다고 비판했다. Telegram from US Embassy in Korea to the Secretary of State, 11/24/1971, "Prime Minister's Views on South-North Dialogue," National Archives and Records Administration, RG 59, Box 2421, Central Files 1970-73, POL KOR N-KOR S. 또한 남북적십자회담의 한국 측 대표인 이범석도 남북대화에 임할 때 성급히 정치회담으로 격상시키고자 하는 이후락과, 점진적이고 기능주의적인 교류를 중시하는 박정희 간에 견해차가 있다는 것을 하비브에게 전했다. Telegram from US Embassy in Korea to the Secretary of State, 10/13/1972, "Red Cross Talks- October 24 Meeting," National Archives and Records Administration, RG 59, Box 2422, Central Files 1970-73, POL KOR N-KOR S.

42) Telegram from US Embassy in Korea to the Secretary of State, 9/26/1972, "South-North Korea Contacts: An Interim Assessment," National Archives and Records Administration, RG 59, Box 2422, Central Files 1970-73, POL KOR N-KOR S.

아래와 같은 논리를 제시하는 것으로 한미동맹관계의 현상 유지를 요구하게 되었다. 남북대화를 한국 우위에서 진행시키기 위해서는 주한미군의 현상 유지와 함께 종전과 같은 한국에 대한 지원이 필요하다는 것이다. 다시 말해, 남북대화의 전개와 함께 미국의 대한(對韓)군사관계가 약화되면 북한에 대한 한국의 협상력이 약해지기 때문에 적어도 남북대화가 전개되고 있는 동안은 미국의 대한군사관계의 현상유지가 필요하다는 주장이다.[43] 한국이 남북대화를 시작한 직접적인 동기가 미국의 대한군사관계를 유지하기 위해서라고 말하기는 어렵지만, 그 전개 과정에서 남북대화가 화해보다는 경쟁이라는 측면을 강하게 띠고 있었기 때문에 약화일로였던 미국의 대한군사관계를 유지하려는 논리로 남북대화가 이용되게 되었던 것이다.

세 번째로 한국의 정치체제에 대한 문제이다. 이 시기 한국은 1969년의 삼선개헌(三選改憲), 1971년 12월의 국가비상사태선언, 1972년 10월 대통령 특별선언, 12월 유신헌법의 선포 등과 같은 박정희 개인에 대한 권력 집중과 체제의 권위주의화가 진행되었다. 이러한 정권의 권위주의화에 대해서 닉슨 정권은 비판적이었으나 사실상 묵인하는 자세로 일관했다. 닉슨 정권은 긴장 완화가 정착되고 있음에도 불구하고 오히려 그것에 역행하는 듯한 형태로 국내 체제의 긴장을 초래하고 있는 박정희 정권의 진의를 의문시했다. 닉슨 정권은 기본적으로 한국에 대한 직접적인 영향력 행사를 줄여가고 있는 과정이었기 때문에, 예컨대, 군정기간에 초기 민정이관의 약속을 받아내기 위해 압

---

43) 이후락은 하비브와의 회담에서 남북대화를 한국이 순조롭게 진행시키기 위해서는 한국의 입장 강화가 필요하다고 주장하는 등, 남북대화를 구실로 미국 내의 주한미군 삭감 움직임을 견제했다. Telegram from US Embassy in Korea to the Secretary of State, 6/29/1972, "South-North Korea Contacts," National Archives and Records Administration, RG 59, Box 2421, Central Files 1970-73, POL KOR N-KOR S. 또한 미국무성 내부에서도, 남북대화가 주한미군의 삭감을 더욱 곤란하게 만드는 측면이 있다는 점이 제기되어, 박정희가 남북대화를 지향한 동기는 주한미군을 잡아두기 위한 일종의 도박이 아닌가라는 평가도 있었다. Memorandum from INR/REA-Paul M. Popple to EA- Mr. Marshall Green, "The Impact of the Korean Talks," 7/7/1972, National Archives and Records Administration, RG 59, Box 2429, Central Files 1970-73, POL KOR S-US.

력을 행사했던 케네디 정권과 같은 선례의 선택지를 취할 수는 없었다. 기본적으로는 한국의 내정 문제는 간섭하지 않는 입장을 근거로, 박정희 정권의 일련의 행동을 그다지 바람직하게는 생각하지 않았지만 묵인할 수밖에 없었다.[44] 닉슨 정권에게 박정희 정권을 대신할 대안이 있었다면 그에 대한 강한 압력이 가능했을 것이다. 그러나 1969년 삼선개헌 이후, 박정희 정권을 대신할 대안이 사실상 존재하지 않았기 때문에 닉슨 정권의 영향력 행사에는 한계가 있었다.

이처럼 동북아시아의 긴장완화에 대한 대응을 둘러싼 논점에 대해서, 한편으로 닉슨 정권은 그러한 긴장완화가 순조롭게 정착하는 것이 바람직하다고 생각하면서도 그것을 실현할 정치적 수단에 한계가 있었고, 또는 처음부터 긴장완화를 한반도에 정착시키는 것 자체에는 그다지 관심이 없었다. 다른 한편으로, 박정희 정권은 긴장완화의 이해득실을 계산하면서, 긴장완화가 한반도의 남북관계와 한국의 정치체제의 유동화로 이어지지 않도록 그 여파를 차단하는 것에 힘을 기울였다. 이런 의미에서 미·중 화해와 남북대화는 확실히 상호보완적인 측면을 가지고 있다. 그런데 그 공통적이고 일관된 발상은 위기와 대립을 해소하는 것이 아니라 위기와 대립을 '관리'하는 것이었다. 따라서 미·중 화해가 남북대화에 미치는 영향은 매우 한정될 수밖에 없었다.

---

44) 유신체제로의 체제 전환에 관한 미국 정부의 비판적이며 거리를 둔 평가에 대해서는 다음의 자료를 참조하였다. Telegram from US Embassy in Korea to the Secretary of State, 10/16/1972, "Comment on Martial Law and Government," National Archives and Records Administration, RG 59, Box 2427, Central Files 1970-73, POL 23-9 KOR S.; Telegram from the Secretary of State to US Embassy in Korea, 10/16/1972, National Archives and Records Administration, RG 59, Box 2427, Central Files 1970-73, POL 23-9 KOR S.

3. 박정희 정권의 대응의 여러 유형 : 한미동맹과 긴장완화

한미동맹관계에 대해서 주한미군의 삭감은 확실히 한국에 불리하게 작용하는 쟁점이었다. 그러므로 당초 한국은 베트남 파병을 협상카드로 주한미군의 삭감에 대한 제동을 시도했다. 그 결과 베트남에 적어도 2개 사단이상이 주류하는 한 주한미군의 삭감은 없을 것이라는 약속을 미국으로부터 받아내는 것에는 일단 성공했다. 그러나 베트남전쟁에서의 미국의 철수로 이러한 협상카드의 효과는 상대적으로 약화되었기 때문에, 한편으로 주한미군의 삭감 그 자체에 저항하면서도 다른 한편으로는 그것이 불가피하다는 것을 예측하고 주한미군의 삭감분의 보전으로 한국군의 현대화 계획에 대한 미국의 지원을 요구했다. 이와 같이 박정희 정권은 한미동맹관계를 '현상유지'와 '변질의 수용' 중 하나만을 일관해서 선택한 것은 아니었다. 즉, 한미동맹관계에 대한 전면적인 의존이 아니라 경우에 따라서는 그것을 대신할 수 있는 독립적인 방위체제의 구축을 지향하는 움직임을 나타냄으로써 '변질'에 대해 보다 적극적으로 대응하려 했다. 다시 말해서, 한미동맹관계에서 상대적인 '자립화'를 모색하는 움직임이었다.[45)]

한편으로 박정희는 미·중 화해에 대한 순응을 남북대화의 시작을 통해 나타냄으로써 유신체제에 대한 미국의 반대와 비판을 사전에 봉쇄하게 되었다. 이렇게 함으로써 박정희 정권은 동북아시아의 긴장완화에 대해서 순응과 저

45) 박정희는 닉슨과의 정상회담에서, "한국의 방위능력 강화 방법의 하나로, 주한미군의 증강·강화보다는 한국군의 전투력을 강화하는 쪽이 바람직하다고 본다. (닉슨)대통령이 강조한 것처럼 차후에는 가능한 한 한국이 자주국방이 가능하도록, 또한 미국의 군사비 부담을 삭감할 수 있도록 하는 것이 바람직하다"라고 발언하고 있다. 또한 닉슨에게 일본이 동북아시아에서 공산주의로부터 한국을 방어하기 위한 공동목표를 달성하기 위해서 더욱 많은 부담을 지도록 충고해 주었으면 한다고 요구하고 있다. 이러한 것들은 박정희 정권에게 한미동맹 관계로부터 상대적인 의미에서 '자립'을 지향하는 의도가 있음을 시사한다. 韓國外務部, "韓·美頂上間單獨會談錄 및 兩國閣僚會談錄1 韓·美頂上間 第1次單獨會談要錄(1968.8.21)" 중 박정희 대통령의 발언 부분, 韓國外務部外交文書, 『朴正熙大統領美國訪問, 1968. 8. 2~25 全3巻 V. 1 基本文書綴』, 프레임번호 196, 198~199.

항 중에서 하나를 선택하는 것이 아니라 제 3의 선택지를 모색하게 되었다. 그것은 결과적으로 남북대화를 진행하는 등 긴장완화에 순응하면서도, 내심으로는 긴장완화에 대한 저항을 다분히 담고 있는 선택이었다. 다시 말해서 미·중관계와 같은 대국간의 긴장완화에 수동적으로 순응하는 뜻으로 남북대화를 꾀하는 것이 아니라 대국간의 긴장완화가 남북관계와 각각의 국내 정치체제 등을 유동화시키는 것을 막기 위해서 남북대화를 시도한 것이다. 그리고 거기에는 남북관계를 '대결'도 '화해'도 아닌 '경쟁'으로 보는 발상이 지배적이었다.[46]

다음은 박정희 정권이 한미동맹의 현상유지와 동북아시아의 긴장완화에 대한 저항(남북대립의 지속)이라는 선택지에서 한미동맹 '변질'의 용인과 동북아시아에서 긴장완화에 대한 순응(남북관계의 화해의 모색)이라는 단선적인 변화를 지향하는 것이 아니라 그 외의 선택지를 모색하고 있었음을 확실히 보여 주고 있다는 것을 밝히고자 한다.

〈표 2〉 1970년대 초 박정희정권의 대응의 여러 유형: 한미동맹과 남북관계

한미동맹 \ 남북관계	대결	경쟁	화해
현상유지	① 베트남전쟁형 : 국가비상사태선언	③ '선의의 경쟁'제안, 남북대화, 6·23통일평화외교선언	
변질의 용인			② 미중화해순응형: '선의의 경쟁'제안, 남북대화, 6·23통일평화외교선언
상대적 자립의 모색	⑤ 핵개발	④ 유신체제의 성립	

46) 이것은 미국 외교문서를 기술한 것인데, 이후락과 김종필이 진행하는 남북대화를 "대화없는 대립"에서 "대화를 동반한 대립"으로의 변화라고 표현하고 있는 것은 이러한 자세를 나타내고 있다고 생각할 수 있다. Robert H. Miller, Acting Executive Secretary, the Department of State, "Memorandum for Mr. Henry A. Kissinger, The White House: South-North Korean Talks, 7/12/1972," National Archives and Records Administration, RG 59, Box 2421, Central Files 1970-73, POL KOR N-KOR S.

남북대결은 변함없이 지속되고 있다는 인식을 기본으로 한미동맹의 현상유지가 필요하다는 대응(①)은 1968년의 청와대습격사건, 푸에블로호 사건, 1969년의 EC121격추사건 등에 대한 박정희 정권의 전형적인 대응이었다. 1970년대로 들어와서도 이러한 대응이 지속된 측면도 있다. 가장 대표적인 사례가 1971년 12월의 국가비상사태선언이었다. 이것은 실질적으로는 같은 해 7월 키신저의 방중(訪中)과 동시에 발표된 닉슨의 중국방문계획에 대한 대응이었다. 박정희 정권은 71년 9월에 남북적십자회담 예비회담을 개최하여 남북대화의 분위기가 양성되고 있음에도 불구하고 1971년 12월 갑자기 국가비상사태선언을 발표한다. 이는 북한의 군사적 위협이 절박함을 강조하고, 국가비상사태임인 점과 국민의 각성을 촉구하려한 선언이었다.[47]

이에 대해 미국 정부는 이 시기에 북한의 군사적 위협이 심각하게 증대하고 있다는 조짐이 보이지 않는다는 반응을 보이고, 박정희 정권의 대북한 위협인식에 이론(異論)을 제기했다.[48] 같은 해 4월 박정희 정권의 반대를 무릅쓰고 주한미군의 삭감을 단행한 닉슨 정권으로서는 갑작스런 북한의 군사적 위협을 강조하는 박정희 정권의 의도를 의문시했기 때문이다. 이로써 박정희 정권으로서는 이와 같은 유형에 속하는 대응에 관해서는 미국의 지지를 얻을 수 없다는 점이 확실시되었다.

따라서 박정희 정권은 점차 한미동맹의 현상유지와 남북대결이라는 ①의

47) 1971년 12월 6일에 발표된 국가비상사태선언 내용에 관해서는 다음의 문헌을 참조하였다(尹景徹 1986, 346-348). 박정희는 하비브 대사에게 그 배경을 설명하면서, 미·중 접촉에서 비롯된 긴장완화 분위기가 대만을 희생시킨 것처럼, 대국끼리의 긴장완화가 소국의 자립을 희생시켜서는 안 된다는 점을 강조하였다. 나아가 국가비상사태를 선언하는 목적으로 첫 번째로 한국은 북한의 군사적 침공을 경계하고 있다고 강조함으로써 김일성에 대한 경고, 두 번째로는 국제적인 긴장완화 속에서 안보의식이 희박해져서는 안 된다는 의미에서의 한국 국민에 대한 경고라는 두 가지를 지적하고 있다. Telegram from US Embassy in Korea to the Secretary of State, 12/13/1971, National Archives and Records Administration, RG 59, Box 2426, Central Files 1970-73, POL 15-1 KOR S.

48) 하비브 대사는 박정희와의 회담에서 국가비상사태선언에 대한 배경에 관한 박정희의 설명을 들은 후, 북한의 군사적 위협이 절박하지 않다고 확실히 반론했다. Ibid.

대응과는 다른 유형에 속하는 대응을 보이게 되었다. 한미동맹관계에 대해서 보상조건을 요구한다는 조건도 있지만, 기본적으로는 미국이 요구하는 '변질'을 수용하는 동시에 남북관계에 대해서도 미·중 화해의 조류에 순응하는 형식으로 남북대화를 진행하려는 태도이다. 이러한 변화, 특히 남북관계에 대한 새로운 인식은 즉시 1970년 8월 15일 광복절에 박정희가 제창한 '선의의 경쟁' 제안으로 그 의도를 엿볼 수 있다. 이것은 남북관계를 군사적인 대결이 아닌 체제의 실적 경쟁이라는 차원에서 받아들이려한다는 것을 제안한 것으로 대북정책에 대한 박정희 정권의 패러다임 전환을 의미하는 것이었다. 문제는 이러한 대북정책에 관한 새로운 접근법이 한미동맹에 있어 어떤 대응과 연관되어 있는가하는 것이다.

상식적으로는 남북대화 움직임은 한미동맹의 '변질'과 합치를 의미하는 것이라고 생각된다(②). 미국의 대한군사관여는 북한의 군사적 위협에서 한국을 방위하기 위한 것이기 때문에 남북대화의 진전으로 북한의 군사적 위협이 상대적으로 감소한다는 것은 미국의 대한군사관여의 필요성 감소를 의미하기 때문이다. 그러나 박정희 정권은 남북대화를 '화해'보다 '경쟁'으로 이해하는 경향이 강했다. 상대의 존재를 부정하고 상대의 존재를 말살하는 '대결'과는 다르다. '경쟁'은 상대의 존재를 인정하면서 상대보다 자기가 우위에 서려고 하는 관계를 의미한다는 측면도 있다. 그러나 상대보다도 우위에 서기 위해서는 자기의 힘을 증강할 필요가 있고 그것에 대한 지원이 더욱 필요하게 된다. 박정희 정권이 '선의의 경쟁'을 제안하고, 남북대화를 시작하며, 더욱이 6·23 평화통일외교에 대한 대통령특별성명을 통해 공산권과의 관계 개선을 지향하고 실질적으로는 소위 '두 개의 한국' 정책을 통해 북한과의 외교경쟁을 부추기려 한 것은 남북관계를 '경쟁'으로 바꾸기 위함이었다.[49] 그리고 북한과의 경쟁관계에서 항상 우위를 확보하기 위해서, 박정희 정권은 미국에 대해

---

49) 6·23 평화통일외교정책에 관한 특별 성명의 내용에 대해서는, 한국국토통일원(1988, 453-456)을 참조.

서 기존대로 혹은 기존 이상의 두터운 관계 및 지원을 요구하게 되었다.50) 바꿔 말하면, 남북간의 경쟁과 한미동맹관계의 현상유지 모두를 지향하려는 대응이 나타났다(③).

더욱이 박정희 정권의 대응에는 자국의 안전보장과 정권의 안정을 위해서는 미국의 의도와는 다른 일도 고사하지 않겠다는 의미로, 한미동맹에서의 '상대적 자립'을 지향했다는 측면도 보인다. 이러한 한미동맹에서의 '상대적 자립'은 '경쟁'으로서의 남북관계와 '대립'으로서의 남북관계라는 양쪽 모두를 양립시킬 수 있었다. 유신체제의 성립에 대한 이유로 박정희 정권은 북한과 같은 김일성 일인 독제체제와 협상하고 경쟁하기 위해서는 과거보다 공고한 체제가 필요하기 때문이라고 주장했다(④).51) 핵개발 역시, 한미동맹관계라

---

50) 박정희 정권이 남북대화를 남북간의 화해라는 측면에서가 아닌, 남북간의 경쟁으로 이해하고, 그 경쟁에서 우위를 점하기 위해 미국의 관여가 더욱더 필요하다고 주장한 점에 대해서는 전술한 바 있다. 박정희는 1973년의 6·23 평화통일외교특별성명에 대해서, 미국 정부와의 긴밀한 연대에 기초해 외교정책의 중대한 변화를 단행하였다. 그리고 그 과정에서 UNCURK 해체와 UNC의 존속이라고 하는 문제에 대해서 의견을 접근시켰다. Telegram from US Embassy in Korea to the Secretary of State to, 6/4/1973, "Foreign Policy Changes," "ROK Foreign Policy Changes," National Archives and Records Administration, RG 59, Box 2423, Central Files 1970-73, POL 1 KOR S.

51) 유신체제로의 체제 전환을 둘러싸고 한미관계에 대한 흥미 깊은 에피소드로, 다음의 두 가지 점을 지적할 수 있겠다. 첫 번째는 유신체제로의 전환을 선언한 대통령특별선언에서 그 이유를 설명한 것으로 '대국(big powers) 간의 긴장완화'에 따라 소국이 희생양이 되는 것으로부터 자기방위를 해야만 한다고 하는 내용이다. 이것이 당초에는 "미국의 대중화해(US moves toward rapprochement with China)"라고 하여 미국이 직접 명시되어 있었던 것을 미국의 항의로 "대국 간의 긴장완화(the relaxation of tension between big powers)"라는 표현으로 고쳐 쓴 것이다. 그러나 미국 정부는 미국의 정책에 대한 비판이 포함되어 있다는 점에서 이러한 표현에도 불만을 숨기지 않았다. Telegram from US Embassy in Korea to the Secretary of State, 10/17/1972, "Modifications in ROKG Presidential Declaration," National Archives and Records Administration, RG 59, Box 2427, Central Files 1970-73, POL 23-9 KOR S. 두 번째로 본국에서 온 훈령을 전달하기 위해 하비브 대사가 박정희 대통령과의 면담을 요구했음에도 불구하고, 그것을 거부하고 그 대신에 김종필 국무총리와 면담을 갖게 했다는 점이다. Telegram from US Embassy in Korea to the Secretary of State, 10/17/1972, "Representation to Prime Minister on Martial Law Declaration," National Archives and Records Administration, RG 59, Box 2427, Central Files 1970-73, POL 23-9 KOR S. 이와 같은 에피소드는 유신체제가 미·중 화해를 통한 대국간의 긴장완화에 순응하는 것이라기보다는 오히려 '저항'으로서 제기되었음을 나타내는 것이다.

는 의존 없이도 확실히 북한의 군사적 위협에 한국 단독으로 대응할 수 있는 수단을 모색한 결과였다(⑤).[52)]

V. 맺음말

1970년대 전반의 미·중 화해를 시작으로 한 동북아시아의 긴장완화가 어느 정도 정착되어, 남북관계 역시 한편으로는 이에 순응하는 움직임을 보여주었다. 그러나 결과적으로 남북간의 긴장완화는 정착되지 않았다. 또한, 이러한 남북관계의 구도는 냉전의 종식 이후 1990년대에 이르기까지 형태만 바뀌었을 뿐 계속되고 있다.

그 이유는 무엇일까? 1980년대 이후, 남북한 관계에서 긴장완화가 정착되지 못했던 책임은 대부분 북한이 져야 할 것이다. 왜냐하면, 북한은 남북 사이의 격차가 극명한 상황에서의 긴장완화는 북한의 현 체제의 존속을 위협한다고 우려했으며, 대외적으로 현 체제의 존속을 최우선적으로 보장받고자 했기 때문이다. 그러나 적어도 1970년대 전반에 있어서는 한국 외교에서도 그 책임의 일부를 찾을 수 있다.

이 문제를 해결하는 열쇠는 긴장완화와 한미동맹 사이에 있는 일종의 균열에서 찾을 수 있을 것이다. 본래 한미동맹은 동북아시아에서 긴장의 격화를 요건으로 형성된 것이다. 따라서 긴장이 완화됨에 따라 한미동맹은 변질됨이 부득이하다. 그러나 적어도 남북한의 관계는 그 우열이 역전되지 못하도록 명확해질 때까지는 대결까지는 아니더라도 경쟁의 형태를 취할 가능성이 크다. 남북 사이의 경쟁이란 측면이 강해지면, 한미동맹의 현상을 유지시키려는 역

---

52) 박정희 정권의 핵개발과 한미관계에 대한 자세한 내용은 다음의 문헌을 참조하였다. 조철호(2001).

학이 작용하거나 혹은 한미동맹에서 상대적인 자립을 지향하려는 역학이 작용하게 될 것이다. 그러므로 한미동맹은 불안정함을 벗어날 수 없다. 한편, 한미동맹의 현상유지는, 기본적으로 동북아시아에서 냉전이 격화되어 미국의 정책에 변화가 없는 경우를 제외하고는 어렵기 때문이다. 다른 한편으로 한미동맹에서 자립이란 선택도 한국에 있어서는 북한과의 대치가 지속되는 한 — 경우에 따라서는 일·중·러 라는 대국에 둘러싸인 지정학적 조건이 요건으로 존재하는 한 그다지 현실성이 있다고는 생각되진 않지만 — 어디까지나 상대적인 자립이란 범위에 그쳐야 할 것이다. 냉전기, 남북대치 상황 속에서 한국외교의 한미동맹으로부터의 자립 모색은 상당히 제약된 범위 안에서 인정될 수밖에 없었다. 기껏해야 한미동맹을 한국에게 유리하게 하기 위한 협상 카드로서 위치시키는 정도였다.

박정희 정권의 외교는 냉전을 주요한 제약조건으로 설정하면서도, 안전보장이나 경제개발을 비롯한 한국의 국익을 지향함으로써 상당히 역동적으로 전개되었다. 그러나 결과적으로는 북한에 대한 우위가 부족함으로써 한미동맹과 남북 사이의 긴장완화가 초래하는 딜레마를 극복할 수 없었다. 즉, 공고한 한미동맹을 배경으로 한국이 남북 사이의 긴장완화를 주도할 수 없었던 것이다. 더군다나 만약 그것이 어느 정도 가능했다 하더라도 북한에게 그것은 원치 않는 결과이기 때문에, 북한은 어떤 수단을 써서라도 그것을 방해했을 것이다.

그러나 1990년대 이후, 한국의 경제발전과 민주화 그리고 냉전의 종식에 따라 남북간의 격차는 더욱 커지게 되었다. 그 결과 남북한 모두 서로를 경쟁적인 관계로 보는 견해는 사라지게 된다. 그러한 의미에서 기존에 한반도의 냉전완화를 제약시키는 요인이었던 남북간 대치라는 하나의 조건은 점차 해소되고 있다고 할 수 있을 것이다. 나아가, 김대중 정권의 대북한 포용정책은 북한을 '경쟁'의 상대로 보지 않고 '포용'의 상대로 삼겠다는 것을 대내외적으로 명시한 것을 의미한다. 그러나 북한은 핵개발을 현 체제의 생존을 보장할 수 있는 최후의 수단으로 삼아, 미국에게서 체제보장을 받으려고 하고 있다.

그리고 이는 한국의 대북한정책과 한미동맹 사이에 균열이 생기는 것을 노리고 있다. 1970년대 초와는 다른 형식이긴 하지만 남북한의 긴장완화와 한미동맹 사이의 균열은 여전히 해소되지 않고 지속되고 있다. 이러한 균열을 한국 외교가 어떻게 극복해 나갈 것인가가 현재의 한국 외교가 당면한 문제일 것이다.

참고문헌

강상욱·강인덕·정홍진. 2003. "좌담: 남북한 체제 경쟁 선언: 8·15 평화 통일 구상 선언에 관한 비화." 『월간조선』 8월호.

강인덕·송종환 외 공저. 2004. 『남북회담: 7·4에서 6·15까지』. 서울: 극동문제연구소.

기미야 타다시. 1991. "한국의 내포적 공업화 전략의 좌절: 5·16군사정부의 국가자율성의 구조적 한계," 고려대학교 정치외교학과 박사논문.

_______. 2001. "1960년대 한국에 있어서의 냉전외교의 3규형: 한일국교정상화·베트남파병, ASPAC." 오코노기 마사오·문정인 공편. 『시장·국가·국제체제』. 서울: 아연출판부.

김용식. 1987. 『희망과 도전: 김용식 외교회고록』. 서울: 동아일보사.

박건영·박선원·우승지. 2003. "제3공화국시기 국제정치와 남북관계: 7·4 공동 성명과 미국의 역할을 중심으로." 『국가전략』 제9권 4호.

박정희. 1976. "남북간 선의의 경쟁을 제의한다(1970년)8월15일." 대통령비서실 편, 『평화통일의 대도: 박정희대통령 연설문집』, 서울: 대한공론사.

이종석. 2000. 『북한-중국관계 1945~2000』. 서울: 도서출판 중심

조철호. 2001. "박정희 핵외교와 한미관계 변화." 고려대학교 대학원 정치외교학과 박사논문.

최원기·정창현. 2001. 『남북정상회담 600일』. 서울: 김영사.

한국국토통일원. 1988. 『남북대화백서』. 서울: 국토통일원.

한국외무부. 1990. 『韓國의 北方外交』. 서울: 한국외무부.

홍석률. 2004. "1970년대 전반 북미관계: 남북대화, 미중관계 개선과의 관련하에서." 『국제정치논총』 제44집 2호.

石橋克巳. 2001.「南北対話と北朝鮮外交政策-國連中心の積極外交と米中接近の影響を中心に」, 東京大學總合文化研究科地域文化研究專攻修士論文.
李鍾元. 1993. "戰後米國の極東政策と韓國の脫植民地化", 大江志乃夫·三谷太一郎編, 『岩波講座近代日本と植民地 第8卷 アジアの冷戰と脫植民地化』, 岩波書店.
______. 1996.『東アジア冷戰と韓米日關係』, 東京大學出版會.
ケネス·キノネス. 2001. (伊豆見元監修·山岡邦彦·山口瑞彦譯)『北朝鮮 米國務省担当官の交涉秘錄』, 中央公論新社.
木宮正史. 1994. "韓國における內包的工業化戰略の挫折 : 5·16軍事政府の國家自立性の構造的限界,"『法學志林(法政大學)』第91卷 3号.
______. 1996. "ベトナム戰爭とベトナム特需," 服部民夫·佐藤幸人編, 『韓國と台湾の發展メカニズム』, アジア経濟研究所.
玉城素. 1981.『朝鮮半島の政治力學』, 論創社.
朴根好. 1993.『韓國の経濟發展とベトナム戰爭』, 御茶ノ水書房.
村田晃嗣. 1998.『大統領の挫折: カーター政權の在韓米軍撤退政策』. 有斐閣.
森山茂德. 1987.『近代日韓關係史研究: 朝鮮植民地化の國際關係』, 東京大學出版會.
______. 1992.『日韓併合』, 吉川弘文館.
尹景徹. 1986.『分斷後の韓國政治 1945~1986』. 木鐸社.

Burr, William. ed. 1998. *The Kissinger Transcripts: The Top Secret Talks with Beijing and Moscow*. New York: The New Press.
Gills, B. K. 1996. *Korea versus Korea: A Case of Contested Legitimacy*. London: Routledge.
Hong, KyuDok. 1991. "Unequal Partners: ROK-US Relations during The Vietnam War." Ph. D. Dissertation. University of South Carolina.
Lerner, M. 2002. *The Pueblo Incidest: A Spy Ship and the Failure of American Foreign Policy*. Kansas: The University of Kansas Press.
Mazarr, M. 1995. *North Korea and the Bomb: A Case Study in Nonproliferation*. London: Macmillan.
Oberdorfer, D. 1997. *The Two Koreas: A Contemporary History*. Reading. *Mass.*, Addison-Wesley.
Shin, Wookhee. 1993. *Dynamics of Patron-client State Relations: the United States and Korean Political Economy in the Cold War*. Seoul: American

Studies Institute, Seoul National University.
Sigal L. 1998. *Disarming Strangers: Nuclear Diplomacy with North Korea*. Princeton: Princeton University Press.

한국의 국방산업육성과 한·미·일 관계 :

'한국조항' 후의 안전보장관계의 재조정

구라타 히데야

I. 문제 제기 : '닉슨독트린'의 한·미·일 관계

"1970년대의 외교를 되돌아 볼 때, 미일 공동성명은 외교노선의 커다란 기조가 되었다. 특히 국제적 긴장완화와 평화에 대한 논의가 주요 문제였으며, 이를 외교노선의 중추로 삼고자 한다"(『朝日新聞』 1970/01/05, 석간). 이것은 1970년 1월 5일 아이치 기이치(愛知揆一) 외상이 외무성 직원 신년사에서 행한 연설의 한 구절이다. 여기에서 "미일 공동성명"은 1969년 11월 21일 미일 정상회담에서 발표되었던 미일 공동성명을 칭한다. 여기에서 사토 에이사쿠(佐藤榮作) 수상과 닉슨(Richard M. Nixon) 미대통령은 1972년 중에 오키나와를 반환하기로 하는 한편, "(사토-인용자) 수상은 …… 한국의 안전은 일본 자신의 안전에 있어 중요하다"라는 문장을 포함시켰다.

'한국조항'으로 알려진 이 문장은 사토의 내셔널프레스클럽 연설에서도 부연되어, 한국이 '전시'(戰時)[1]에 처하여 주일미군기지가 전투행동 발진기지

---

1) 말할 필요도 없이, 한반도는 군사정전협정(1953년 7월 27일)이 체결된 이후, 군사정전체제로, 국제법상 '전시'체제이다. 그러나 작전통제권문제에서 알 수 있듯이, 한국에서의 '전시'는 전투상태, '평시'는 비전투상태를 칭하는 것이 일반적이다. 이하, 문장 안에서의 '전시', '평시'도 이를 의미한다.

로 사용되어야 할 때, 미국과의 사전협의에서 '적극적이고 신속하게 태도를 결정할 방침'을 천명한 것이다.[2] 여기에서 미·일 두 정상은 한국 '전시'시 주일미군의 전개에 대해서 공동의 책임임을 밝혔다.

아이치가 말한 것처럼 1970년대 한국·미국·일본 세 나라의 관계는 미일 공동 성명의 '한국조항'에 기초하고 있다고 해도 과언이 아니다. 그러나 닉슨이 1970년 1월 일반교서연설에서 미일관계는 아시아 평화의 '중추'(linchpin)[3]라고 말하면서도, 이후 미국의 아시아에 대한 군사관여의 감축과 동맹국의 '자조' 방위를 주창한 '닉슨독트린'의 틀을 마련했음을 생각해 보면, "한국의 안전은 일본 자신의 안전에 있어 중요하다"라고 말한 것을 일부에서 한국의 안전보장에 있어 일본의 역할이 증대되는 것으로 받아들이는 것은 불가피한 일인지도 모른다. 우선 닉슨 정권의 주한미군 감축계획으로 한미 관계가 동요되는 때와 같이하여 나카소네 야스히로(中曾根康弘) 방위청장관이 주장한 '자주방위론'은 일본이 미일안전보장체제로부터의 '자립'을 모색한 것으로 받아들여졌다. 물론, 이전부터 미국의 존슨(U. Alexis Johnson) 국무차관이 명확히 지적했듯이, '한국조항'이 한국의 안전보장에 대한 일본의 군사적 공헌을 의미하고 있었던 것은 아니었다.[4] 그렇지만 '닉슨독트린'이 정식화되는 과정에서 '한국조항'을 포함한 미일 공동성명이 발표되었기 때문에, 한국 '전시'에

---

2) 이하, '한국조항'을 포함하고 있는 미일공동성명, 및 내셔널프레스클럽에서의 사토 에이사쿠(佐藤榮作) 수상의 연설 인용은, 鹿島平和研究所 편(1984, 879-897), 「佐藤榮作首相·ニクソン米大統領共同聲明·愛知揆一外相の說明要旨および佐藤首相のナショナルプレスクラブにおける演說 11月21日」 참조. 본고가 사용하는 시기 이전의 한미일관계 추이와 박정희의 '자주국방론'의 전개, 한국에서 국방산업의 육성에 대해서는, 倉田秀也(2001) 참조. 한국어 번역본으로는, 구라타 히데야(2002) 참조.

3) See, "Richard Nixon 1st State of the Union Address, January 22, 1970, Washington, DC," *Public Papers of Richard Nixon*, 1970, Washington, D.C., U.S. Government Printing Office, 1972, p. 7.

4) 존슨은, 미일공동성명에 자위대가 한국방위에 '사용될 것을 시사'할 것인지에 관한 내용이 포함되어 있는지를 묻는 질문에 대해, 이것을 명확히 부정했다. 자세한 내용은, 鹿島平和研究所編(1984, 903), 「佐藤·ニクソン會談についてのジョンソン米國務次官の背景說明および江田三郎社會党書記長見解(11월 21일, 12월 16일)」 참조.

주일미군의 전개, 더 나아가서는 '자주방위론'을 포함한 일본의 방위정책을 우선적으로 검토해야 할 것이다.[5)]

한편, '닉슨독트린'이 의미한 것은 단순히 한국 '전시'에 주일미군의 전개에 관한 것이 아니었다. 닉슨 정권은 주한미군 삭감 방침을 내세우는 한편, '평시'에는 한국의 국방 '자조'를 수용하고 있었다. 그 당시 이미 조선민주주의인민공화국(이하 북한)은 조선노동당중앙위원회 제4기 제5차 회의(1962년 12월) 이후 '군대의 간부화', '군대의 현대화', '전인민의 무장화', '전국의 요새화'로 구성된 '4대 군사노선'을 마련했다. 우선 북한이 '전인민의 무장화'란 슬로건 아래 소련제 AK소총(58식)의 국산화를 진행했으며, 이를 노동적위대에 보급하고 있었다는 것을 생각하면, 박정희 대통령이 이에 대항하여 '자주국방론'을 주장하면서 향토예비군을 창설하고, 이에 필요한 M-16자동소총의 국산화를 서두르는 것은 당연한 일이었다. 그러므로 한국에 있어서 '자주국방'의 장기적 과제 가운데 하나가 '평시'의 국방산업육성이었다고 해도 좋을 것이다. 사실, 이미 그 당시 한국은 중화학공업화의 추진과 함께 이것을 국방산업육성

5) 닉슨 정권의 주한미군 감축계획에 대해서는, 한미안전보장관계에 대한 통사적 연구 대부분이 다루고 있다. 본고집필에서 특히 참고한 논고로는, Clough(1976), Joo Hong Nam(1986), Crabb, Jr(1982) 등이 있으며, 전후 한미일 삼국간 관계를 안전보장의 측면을 이론적으로 참고한 업적으로 Cha(1999), 일본어 판 Cha(2003). 이하, Cha, 졸역서(拙譯書)로 약기. 여기에는 "Cooperation Under the Nixon Doctrine, 1969-1971"(Cha, pp. 59-99, 졸역서, pp. 61-101)로 1장에 해당됨. 일본 책으로는, 小此木政夫(1987), 伊豆見元(1982)이 주한미군 감축계획과 한국의 정치변동을 다루고 있다. 또, 村田晃嗣(1998)이, 카터 정권의 주한미군 철수정책의 '선례'로, 닉슨 정권의 주한미군 감축계획을 다루고 있다(「〈先例〉——ニクソン政權による削減」, pp. 50-86). 또한, 정치경제학의 관점에서 한국, 북한의 국방력을 검토한 것으로는, 함택영(1988), 및 영문판, Taik-young Hamm(1999)를 참조. 더욱이 본고가 다루고 있는 1970년에서 1971년 시기, '한국조항'에 대해서, 주은래(周恩來)가 평양을 방문한 후, "대만 또는 한국과 지원을 목적으로 무역을 행하는 기업", "대만 또는 한국에 투자하고 있는 기업"과는 무역을 하지 않는다는 원칙을 포함한 '주은래 4원칙'을 발표했다. 이것이 한일경제관계에 균열을 가져왔다고 생각하기는 어렵다(Cha, 졸역서, pp. 99-101). '주은래4원칙'은 한미일관계에서 '중국요인'이 어떻게 작용했는지를 살펴보기 위해 중요한 사항이었다고 생각된다. 그러나 1971년의 한일관계 및 1972년의 닉슨 방중(訪中), 중일국교정상화에 대해서는 별고를 통해 다룰 예정이기 때문에, 여기에서 '주은래4원칙'은 다루지 않을 것이다. 나카소네 야스히로 방위청장관의 '자주방위론'이 좌절되어 가는 과정도, 본고가 다루는 시기 이후라고 생각되어, 별고에서 다루기로 하겠다.

의 기반으로 삼겠다는 방침을 굳히고 있었다.

이러한 방침은 일본도 무관하지 않았다. 한일정기각료회의를 비롯한 한일 협의의 장에서는 '한국조항'이 포함된 미일공동성명 이전부터, '한국조항'과 비슷한 내용을 강조한 공동성명을 발표하였다. 우선 제3차 한일정기각료회의의 공동성명(1969년 8월 28일)은 "양국의 안전과 번영이 매우 밀접한 관계에 있다"는 것을 강조하면서, 포항종합제철소의 건설에 일본이 적극적으로 협력하기로 했다. 이것은 일본이 한국의 국방산업의 저변을 뒷받침하고 있는 중화학공업에 공헌하고, 간접적으로 병기국산화에 관여하고 있음을 의미한다. 다시 말해 '닉슨독트린'은 그것이 정식화되는 과정에서 '평시'에도 한미일 세 나라로 이어진 지역적 규모를 포함하고 있었던 것이다.

닉슨 정권도 주한미군 삭감을 감행하면서도, 한국의 국방 '자조'에 무관심했던 것은 아니었다. 닉슨 정권이 한국군 현대화계획을 재정적으로 지원했다는 것이 그 증거일 것이다. 따라서 한국군 현대화계획이 병기국산화와 관련하여 어떠한 지역적 의미를 지니고 있었는지 검토되어야 한다. 나아가, '닉슨독트린'은 더욱 정교하고 치밀해져 가는 과정에서, 1971년 3월에 레어드(Melvin R. Laird) 국방장관이 의회에 제출한 국방보고에서는 '종합전력구상'(Total Force Concept)이 제시되어 있었는데, 이 구상에서 한국의 안전보장이 어떻게 평가되어 있는지도 검토해 보고자 한다.[6]

---

6) 더욱이, 박정희는 1970년 8월 15일, 북한에 평화적인 체제간 경쟁을 주장하는 '선의의 경쟁'을 제안했다. 이 제안은 본고가 다루는 시기에 포함되어 있으며, 박정희의 '자주국방론'과 남북관계를 살펴보는 과정에서 빼놓을 수가 없다. 그러나 이 '선의의 경쟁' 제안은 닉슨 방중 발표를 계기로 시작된 남북대화 안에서 다루는 것이 적당하다고 판단된다. 또한, '선의의 경쟁' 제안의 의의에 대해서는, 倉田秀也(1995, 85-86)를 참조.

Ⅱ. '자주국방론'과 '자주방위론' : 지역적 관계의 전체상

1. NSDM-48과 박정희 '자주국방론'

닉슨 정권의 주한미군 삭감계획은 한국 역시 '닉슨독트린'의 예외가 아니라는 점을 보여 주는 것으로, 닉슨독트린이 국지적으로 적용되었다는 것을 나타내고 있다. 이 계획은 1970년 7월에 한국 정부에 정식 통보되었지만, 그렇다고 갑작스런 결정은 아니었다. 이미 1969년 6월에 레어드 미국방장관은 하원예산위원회 대외원조분과회 비밀청문회에서 "미국은 한국에서 미국의 활동을 가능한 한 조속히 '한국화'(Koreanization)할 계획이며, 가능한 한 주한미군을 철수 혹은 감축할 수 있기를 바란다"[7]라고 밝혔다. 더욱이 레어드는 1969년 말, 그 내용을 비공식적으로 김동조 주미대사에게 전달했다. 김동조의 회고록에 따르면, 레어드는 미국의 정부 예산이 매년 책정되는 관계로, 5년간 지속될 예산은 마련되지 않는다고 전하면서, 한정되어 있는 예산 내에서 한국군 현대화를 지원하기 위한 재원은 주한미군 2개 사단의 예산 사용 범위 내에서 산출되어야 한다고 말했다(김동조 2000, 241).[8]

존슨 정권기의 일련의 '브라운각서'에서 볼 수 있듯이, 한국은 베트남파병의 대가로 미국에 주한미군을 포함한 대한군사관여의 지속과 한국군 현대화에 대한 지원을 요구하고 있었다. 그러므로 레어드가 김동조에게 전한 내용은 한국이 미국에 요구했던 것 중, 대한군사관여를 부분적으로 한정하면서, 당분간 그것을 한국군 현대화계획으로 보충하려 했던 것이다. 즉, 이 시점에서 미국은 주한미군 2개 사단 중 1개 사단을 철수시키는 대신, 그 1개 사단에 충당

---

7) *Investigation of Korean-American Relations: Report to the Subcommittee on International Organization of the Committee on International Relations, U.S. House of Representatives*, Washington, DC: U.S. Government Printing Office, October 1978, p. 74. 또한 Dower(1972) 참조.

8) 김동조는 여기에서 미국의 주한미군 1개사단을 철수시킬 뜻을 굳혔다고 인식하고 있다(김동조 2000, 241).

되었던 세출 부분을 한국군 현대화계획으로 돌리는 것으로, 한국 측의 이해를 얻는 방향으로 결정하고 있었다.

김용식 대통령외교안보담당특별보좌관은 '닉슨독트린' 발표 후에도, 그것이 "주한미군의 감소를 의미하리라곤 생각하지 않고 있었다"(김용식 1987, 182-183)라고 회고했으나, 이미 이 당시 미국방부 내부에서는 아시아에서 전방(前方)전개가 재조정되고, 현지에서 안전보장상의 조건이 만들어짐에 따라 전투상태에 빠진다 해도 자동적으로 휘말리지 않도록 대비해야 한다는 의견이 제출되어 있었다.[9] 또 '닉슨독트린'을 정식화한 대통령의 외교교서(1970년 2월)에서도 일차적인 방위를 동맹국에 기대하면서도, "현지에서의 (방위-인용자) 노력을 경제 및 군사원조로 대신할 수도 있다"(Nixon 1970, 127)고 명시했다. 따라서 '닉슨독트린'이 한국에 적용되면서, 주한미군의 삭감과 한국군 현대화계획이 불가분의 관계가 될 것은 예정되어 있었다고 말해도 좋을 것이다.

이리하여 1970년 3월 20일, 국가안전보장회의결정각서 제48호(NSDM-48: National Security Decision Memorandum-48)가 책정되었으며, 여기에 주한미군 2만 명의 감축이 한국군 현대화계획에 대한 지원으로 연결됨이 명확히 제시되었다.[10] 또한 이 문서에는 1971년 회계연도 종료(1971년 6월 말)까지 주한미군 2만 명의 삭감이 결정되었다는 것 외에, 박정희의 국력 증강 및 그 이후의 한국군 증강계획에 대한 한미간의 합의하에서 감축계획을 추진한다는 방향이 제시되어 있다. 더욱이 NSDN-48에서 한국군 현대화계획에 대

9) "(01298) Strategy Guidance Memorandum, January 28, 1970(Top Secret Memorandum, From Packard, David to Johnson, U, Alexis, January 28, 1970," National Security Archives, ed., *Japan and the United States: Diplomatic, Security, and Economic Relations, 1960-1976*, Ann Arbor: Bell & Howell Information and Learning, 2000(이하, *Japan and the United States*라 표기).

10) 이하, NSDM-48에서의 인용은, "National Security Decision Memorandum 48, March 20, 1970," *Presidential Directives on National Security; From Truman to Clinton*, Alexandria VA: Chadwyck-Healey, 1994이다. 또, 닉슨은 그 회고록에서도, 한국군 현대화계획에 대해서는 언급하지 않고 있다. Nixon(1987) 참조. 일본어 번역서로는 松尾文夫·齊田一路譯, 『ニクソン回顧錄①──榮光の日々』, 小學館, 1978이 있다.

한 군사 지원 금액에 대해서는, 1971년부터 1975년 회계연도에 걸쳐서 군사원조계획(MAP: Military Assistance Program)으로 연간 2억 달러를 제공하거나 더 저액의 MAP에 미국의 잉여 장비 등의 물품을 추가하여 이에 상응하는 금액을 제공하는 것으로 생각되어 있었다. 그 시기 이미 주한미군의 주둔비가 연간 8억 달러에 달했다고 생각했을 때,[11] 레어드가 김동조에게 전했듯이, 미 지상군 2개 사단의 사용 범위에서 한국군 현대화에 대한 재정지원을 생각하려 했다면 1개 사단을 철수시키고, 그 금액으로 이에 대한 경비를 충당할 수 밖에 없었다. 또 NSDM-48에서는 PL(Public Law)-480으로 불리는 지원계획하에, 대한경제지원도 다루고 있었다.[12] 더욱이 닉슨은 '한국계획각서'(KPM: Korea Program Memorandum)라는 명칭하에 한국군의 병력강화와 그 재원을 확보하는 5개년계획을 준비할 필요성을 언급하면서, 국방성과 국무성에 대해 "주한미군, 또는 한국과 명확히 연관된 미군(U.S. Forces in or clearly related to Korea)"으로서 주한·주일미군의 병력 구성 등에 관한 5개년계획을 준비하도록 지시했다. 주한미군의 삭감을 가능하게 하는 환경을 사후적으로 만들어 내는 것이야말로, KPM의 중요한 점이었다고 말할 수 있다.

물론 미국의 대한군사관여 관계에 한국이 의구심을 가졌던 것은 이번이 처음은 아니었다. 주한미군 감축계획을 둘러싼 한미간의 불화는 존슨 정권 말기에 발생한 '1·21사태'와 '푸에블로호사건'으로 이어졌다. 그 과정에서 박정

---

11) "United States Congress, Senate, Committee on Foreign Relations, Subcommittee on U.S. Security Arrangements and Commitments Abroad, Hearings, *U.S. Security Arrangements and Commitments Abroad: Republic of Korea*, 91stCongress, 2ndSession, Part 6, February 24-25, and 26," Washington, D.C.: U.S. Government Printing Office, 1970, p. 1742 및 村田晃嗣(1998, 64).

12) NSDM-48이 책정되기 직전, 닉슨은 1969년도의 대외원조계획연차보고서의 제출과 함께 의회에 교서를 보냈다. 그 내용은, 해당년도에서 미국은 대외원조에서 "주축이 되는 역할"(pivotal role)을 다하는 영역으로, 한국의 경제성장을 그 첫 번째로 하고 있다. "Message to the Congress Transmitting the Annual Report on the Foreign Assistance Program, March 4, 1970," *Public Papers of Richard Nixon*, 1970, Washington, D.C: U.S. Government Printing Office, 1972, pp. 239-240 참조.

희는 '자주국방론'을 주장하고, 전투태세완비 3개년계획과 제1차 방위산업정비 3개년계획이라는 장기계획을 마련했다. 그러나 박정희의 '자주국방론'은 안전보장상의 대미불신을 '자주국방'으로 보충하려고 했을 뿐, 주한미군의 감축을 전제로 했던 것은 아니었다. 다시 김용식의 회고를 보면, 당초 한국 정부 내부에서는 감축계획 자체를 미국과의 협의 대상으로 생각했다고 한다(김용식 1987, 415).[13] 이에 대해, 미국에서는 NSDM-48에서도 명시되어 있듯이, 한국과의 협의대상이 될 수 있는 것은 1971년 회계연도 말까지의 어느 시점에 주한미군을 감축할 것인지 또는 그것과 관련된 군사지원의 규모에 한해서지, 주한미군의 삭감 그 자체는 협의 대상이 될 수 없다고 생각했다. 즉, 한국이 어떠한 저항을 하더라도 주한미군 삭감계획 그 자체를 뒤집기는 매우 어려웠다.

그와 함께 한국이 그 계획에 강하게 저항을 한 이유는 NSDM-48이 주한미지상군 1개사단의 철수뿐만이 아니라 잔존하는 병력의 재배치를 언급했기 때문이었다. 이것을 자의적으로 해석한다면, 당시 전선에 배치되어 있던 제2보병사단 혹은 제7보병사단 가운데 어느 사단이 철수하고, 남은 사단도 전선에서 멀어짐을 의미했다. 1966년 2월 존슨 정권의 햄프리(Hubert H. Humphrey II) 부통령은 "미군병사가 한 사람이라도 경계선에 있는 한·미군 전체의 모든 병력이 한국의 안전보장과 방위에 관여하게 된다"[14]고 하였다. 이것은 미국의 대한관여를 상징하는 것으로 '브라운각서'(제3차)에도 인용되었지만, NSDM-48의 방침은 미국 스스로가 이것을 쓸모없는 것으로 생각했다는 것이다.

NSDM-48 책정 직후 포터(William Porter) 주한미대사는 비공식적으로 그 방침을 박정희에게 전했으나 대통령사회언론담당비서관이었던 김종신의

---

13) 본고는, 주한미군감축계획을 둘러싼 한미관계의 추이 그 자체를 규명하는 것은 아니다. 이에 대해서는 각주 5의 문헌을 참고.

14) Sung-joo Han(1985, 151) 참조. 햄프리 발언은, *U.S. Security Arrangements and Commitments Abroad, op. cit.*, p. 1745.

기록에 의하면, 박정희는 포터에 대해서 "주한미군은 한국만을 위해서 주둔해 있는 것이 아니다. 동북아시아의 대공방위를 위해 있는 것이다"라고 하면서 불쾌감을 감추지 않았다고 한다. 또, 박정희는 주한미군 삭감의 조건으로 공산주의자를 막을 수 있는 것이 (가능할 만큼) 지원을 해 주어야 한다고 말한 후, 베트남에 주둔하고 있는 한국군의 철수 가능성을 시사하면서, "미군을 철수하겠다면, 그러한 (베트남에서의 한국군 철수-인용자) 대책을 세워야 38선을 막을 수 있지 않겠는가"(김종신 1997, 161-162)[15]라고 반박했다고 한다. 본래 한국군의 베트남파병은 당시 고전을 면치 못했던 존슨 정권에 군사적으로 협력함으로써 미군의 대한관여를 확보하려고 한 박정희의 어쩔 수 없는 선택이었다. 그러나 베트남전쟁의 조기 종결을 주장한 닉슨 정권이 출범하고, 아시아에서의 군사관여의 체감(遞減)을 강조하는 '닉슨독트린'이 정식화되고 나서는 베트남에 주둔한 한국군은 미국의 대한관여를 유지하는 데 있어 외교적 효력을 상실했다.[16] 사실 NSDM-48에는 이미 한국군의 베트남에서의 철수 후의 일인 주한미군 감축까지 계획되어 있었다. 이에 따라, 이후의 한미협상이 점차 한국군 현대화에 대한 미국의 지원이라는 '조건투쟁'의 색채가 농후해져 가는 것은 불가피했다.

2. 나카소네 '자주방위론'과 주일미군정리계획

NSDM-48로 한미관계가 주한미지상군 삭감계획을 중심으로 전개되고

---

15) 또한, 박정희가 주한미군의 감축에 저항했다는 국내적인 이유도 있었다. 라너드 국무성 한국과장은 후에 미의회에 대한 보고에서, 1971년 4월 제7대 대통령선거에 앞둔 박정희가, 주한미군감축계획으로 국민의 지지를 잃을 것을 우려했음을 그 예로 들고 있다. *Investigation of Korean-American Relations: Hearings before the Subcommittee on International Organization of the Committee on International Relations, 95th Congress, 2nd Session*, Washington D.C: U.S. Government Printing Office, March 15, 16, 21, 22; April 11; June 20, 1978, p. 74 참조.

16) 小此木政夫(1982, 95)와 Joo Hong Nam(1986, 74-80) 참조.

있었지만, 그것이 주한미지상군뿐만 아니라, '한국과 명확히 관련된 미군'으로, 주일미군의 병력 구성의 변화를 지시하고 있었다는 점을 다시 한 번 강조할 필요가 있다. 그러나 이러한 변화에 앞서 일본에서는 '닉슨독트린'이 정식화되는 과정에서 자민당 내부적으로 방위에 대한 논의가 활발히 진행되었으며, 후나다 나카(船田中) 안전보장조사회 회장에 의해 자위대의 질적 향상, 병기국산화 등을 골자로 한 '후나다(船田)사안'이 탄생했다. 이와 함께 아리타 기이치(有田喜一) 방위청장관도 주일미군과 자위대의 주객을 바꾸는 '자주방위론'을 주장하고, 이것에 의한 '제4차방위력정비계획'(이하 '4차방'으로 표기)을 마련할 것을 지시했다.[17)]

되짚어보면, '자주방위'라고 칭한 방위구상 중, 공식적인 것으로는 미일안전보장조약 개정을 앞둔 1959년, 아카기 무네노리(赤城宗德) 방위청장관이 발표한 '아카기구상'을 예로 들 수 있다. 아카기는 '제2차방위력정비계획'(이하 '2차방'으로 표기) 작성 중, '자주적 방위기반'의 확립을 목표로 하는 방위력 정비를 제창했다. 아카기는 일본에 대한 무력침략에 대해 "적어도 초기 작전은 독자적인 힘으로 수행할 수 있는 능력을 정비하는 것이 필요"하다고 하면서, 해상자위대의 '숙원'이었던 헬리콥터 항공모함 등을 포함한 대규모 해상 방위력의 증강을 제창했다. 그러나 이 구상 중, 무력침략에 대한 초기 방위작전에 대해서는 미일안전보장조약 개정에서 미국의 일본방위의무(제5조)가 명기되는 것으로 후퇴했으며, 해상방위력의 증강도 그 후 방위국장에 취임한 가이하라 오사무(海原治)에 의해 비판되었다. 결국, '2차방'은 그 이전의 '제1차방위력정비계획'('1차방')선으로 되돌아갔으며, '아카기구상'은 좌절되었다.[18)] '아카기구상'의 최대 결점은 그것이 개정 직전의 미일안전보장조약과의 유기적

17) 이상의 경위는, 大獄秀夫(1983, 31-32) 참조.

18) '아카기(赤城)구상'에 대해서는, 田中明彦(1997, 195-201) 및 植村秀樹(1997, 34-36)를 참조. 또, 가이하라 오사무에 의한 '아카기구상'비판에 대해서는 田中明彦(1997, 198-201); 海原治(1987)을 참조.

관계가 결여되어 있다고 할 수 있다.

이에 대해서 여기서 다룰 '자주방위론'은 미일안전보장조약의 자동연장이 거의 확실시되는 가운데 부상했다는 점에서 '아카기구상'과는 분명하게 구별된다. 1969년 11월의 미일공동성명에서는 "미일안보조약이 일본을 포함한 동북아시아의 평화와 안전을 유지하기 위해 맡고 있는 역할을 높이 평가하고, 상호신뢰와 국제정세에 대한 공통의 인식을 기초로 안보조약을 견지할 것이라는 양국 정부의 의도를 명확히 했다"는 것으로, 미일안전보장조약의 자동연장을 사실상 인정했다. 그리고 그 해 말 제32회 중의원총선거에서 자민당이 대승한 것은 미일안전보장조약 자동 연장에 대한 국민 다수의 지지로 해석되었다.

'자주방위론'에 대한 논의는 1970년 1월의 제3차 사토 내각의 성립과 함께 나카소네 야스히로가 방위청장관에 취임함으로써 본격화되었다. 종전 직후 나카소네가 "맥아더 원수에 대한 건백서(建白書)"에서 '자위군'의 창설을 제기했던 일은 익히 알려져 있다. 그 후에도 나카소네는 1947년 전전의 해군기념일(5월 27일)에 '자위군창설요강안'을 발표했다. 그 안은 이듬해인 1948년 개진당(改進黨)에서 검토되었으며, 제4회 전국대회에서는 '자위군창설'을 결정하게 되었다.[19] 나카소네는 방위청장관으로서, 이것은 아리타 기이치의 '자주방위론'을 뒤이어, 종전 직후부터 나카소네 개인이 주창했던 방위론의 연장선상에 있었다. 나카소네의 '자주방위론'은 존슨 정권 말기의 '1·21사태'와 '푸에블로호사건'으로 미국에 대한 불신감을 갖고, 이를 보완하기 위해 주창되어진 박정희의 '자주국방론'과는 좋은 대조를 보여주고 있다. 박정희에게 '닉슨독트린'은 존슨 정권 말기에 가지게 되었던 대미불신이 주한미군 감축계획으로 배가되었음을 의미했던 것과는 달리, 나카소네에게는 예전부터 구상해 왔던 방위론을 추진할 수 있는 대외적 환경이 정비된 것을 의미하는 것이기 때문이다.

---

19) 이에 대해서는, 우선, 小林正雄編著(1985, 392-393)을 참조.

'닉슨독트린'은 일본, 한국 모두로부터 미지상군 감축이라는 점에서는 공통적이나, 위에서 본 것과 같이 나카소네의 '닉슨독트린'에 대한 인식은 박정희와는 대조적이었다. 나카소네는 '자주방위론'을 전개하는 데 있어 '국방의 기본방침'(1957년 5월 20일, 국방회의 및 각의결정) 제4항목인 "외부로부터의 침략에 대해서는 장래 UN이 효과적으로 이것을 저지하는 역할을 다할 수 있을 때까지는 미국과의 안전보장체제를 기조로 대처한다"는 항목을 문제로 삼아, '자주방위'를 기본방침으로 하면서 "미진한 부분은 안보조약이나 UN에 의지해야 한다"고 생각하고, 일본 방위에서 자위대와 주일미군의 주종관계의 역전을 목표로 하였다.[20] 흥미로운 것으로, 1954년에 닉슨이 아이젠하워(Dwight D. Eisenhower) 정권의 부통령으로 일본을 방문했을 때, 나카소네는 '자위군'의 창설 외, "일본의 지위를 미국과 영국의 관계와 같이 대등한 위치로 승격시킨다", "자위군의 증강으로 미군은 점차 철수한다" 등의 원칙을 제시한 데 대해 닉슨은 개인적으로는 찬성한다고 전했다(中曾根康弘 1992, 144-145). 그러한 닉슨이 대통령으로서 아시아에서 군사적 관여를 감축하는 '닉슨독트린'의 발표는 방위청장관으로 취임했던 나카소네를 고무시켰을 것이다.

사실, 나카소네는 방위청장관으로 취임하기 이전부터, 도쿄 근교의 미공군기지의 이전 등을 주장해 왔다.[21] 그 배경의 하나로, 1968년 12월의 제9회 미일안전보장협의위원회에서 미국이 약 50곳에 이르는 주일미군기지의 정리통합을 제기한 일을 들 수 있다(防衛年鑑刊行會 1969, 124). 또, 닉슨 정권 출범 직후인 1969년 1월 21일에 마련된 국가안전보장연구각서 제5호(NSSM-5: National Security Study Memorandum-5)에는 주일미군이 근본적인 의무로서 일본 방위에 관여하지 않는다는 것이 명기되었고, 기지 체계를 해·공군만

---

20) 中曾根康弘(1996, 254-255); 田中明彦(1997, 232-233)을 참조.

21) 나카소네(中曾根)는 '닉슨독트린' 발표를 소급한 1969년 9월의 미일관계민간회의(於下田)에서 '미군기지의 정리통합'과 '자위대가 (미군의 임무를) 대신하지 않으면 안 된다'고 말했다(괄호 안의 내용도 인용문). 이에 대해서는, 大獄秀夫(1983, 31-32)를 참조.

으로 축소한다는 선택 사항도 있었다.[22] 이러한 배경에서, 나카소네는 1970년 2월 중의원 예산위원회에서 방위 논의를 마친 후, 일본의 방위력 정비에 따라서 주일미군기지에 대한 일본의 자주관리 부분을 확대할 필요가 있다고 강조했다.[23]

나카소네는 미일안전보장조약이 자동 연장(1970년 6월 22일)되면, 1년 전의 예고만으로도 조약이 파기될 수 있다는 점을 인식시켰다.[24] 그렇지만, 나카소네의 '자주방위론'이 이를 대비하기 위한 소극적인 자세에서 나왔다고 생각하기는 어렵다. 사실, 나카소네는 방위대학교에서 있었던 강연에서, 일찍이 자민당 내에 있었던 미일안전보장조약의 '10년 고정연장' 주장에 반대하면서, "10년 더 지금과 같이 미국에 의지해서 어떻게 이 나라 청년들에게 민족독립정신을 기대할 수 있겠는가? …… (일방적 통보로 파기 가능한 상황에서-인용자) 처음으로 국민은 조국의 독립과 방위란 문제에 진지하게 생각하게 될 것이다"[25]고 말했다. 또 나카소네는 자민당 안전보장조사회에서 "미국은 썰물이고, 일본인의 의식은 밀물이다"라고 했으며, 미군기지의 자주관리를 위한 움직임에 대해서도 "일본에서 적극적으로 제기하는 것이 정치적으로도 중요하다고 생각한다"[26]고 했다. 나카소네의 '자주방위론'은 박정희의 '자주국방

---

22) "National Security Decision Memorandum 5, January 21, 1969," *Presidential Directives on National Security, op. cit.*. 더욱이, 존슨 국무차관은 1970년 1월, 미상원의 '사이민튼위원회'에서, 일본의 지상전투부대는 벌써 존재하지 않았으며 일본의 통상방위의 주된 책임이 자위대에 있음을 명시하고 있다. "Statement of Honorable U. Alexis Johnson, Under Secretary for Political Affairs for the Subcommittee on US Security Agreements and Commitments Abroad of the Senate Foreign Relations Committee, Washington, D.C., 26th to 29th January 1970."(http://niraikanai.wwma.net/pages/archives/johnson.html) 참조.

23) 「45·3·5日本の防衛(外國特派員クラブにおける長官演說)」, 『參考資料71 Z C—7(自衛隊)中曾根防衛廳長官演說等拔粹(昭和45.1~昭和46.1)』, 防衛研修所, 1971, 2月(이하, 『中曾根防衛廳長官演說等拔粹』로 약기) 참조.

24) 예를 들어, 「防衛問題に關する會議錄(10) 昭和45年3月18日·26日／4月2日·14日」, 『月刊軍事硏究』, 1971, 5월, p. 89를 참조.

25) 「防衛大學校における長官講話」, 『防衛大學校公報』 第4号, p. 21.

26) 「これからの日本の防衛—第4次防衛力整備計畫策定の前提について(昭和45年3月19日, 自

론'과는 대조적으로, 미군기지의 축소를 피주둔국에서 적극적으로 제기하는 것이었다.

그러므로, "방위에서 자주관리와 외국의 협력의 결합"27)이라고 한마디로 집약되듯이 나카소네는 일본 방위에서 자위대과 주일미군을 서로 배타적인 것으로 생각하지는 않았다. 나카소네는 위의 강연에서, 1975년이 되면 주일미군기지는 "자위대가 관리하고 자위대의 것이 될 것이다. 그렇게 되면, 미국이 일시적으로 사용하도록 하거나 아니면, 연장해서 사용하는 것으로 바꿔나갈 것이다. 그리고 불필요한 기지는 정리통합해 나갈 것이다"28)라고 하면서, 미일안전보장조약의 '탄력적 운용'이 조약 그 자체를 부정하는 것이 아님을 강조했다. 1970년 당시, 미일지위협정 제2조 제4항(a)에 해당하는 자위대와의 공동사용으로 운용되었던 주일미군시설에는 캠프 아사카(朝霞)를 비롯해 23개 시설이 있었는데, 이러한 시설들은 기본적으로 자위대가 관리했다. 필요에 따라 주일미군기지는 미군전용시설로 사용된다는 제4항(b)에 해당하는 것은 2개 시설밖에 없었다. 그 외의 주일미군기지는 미군 전용시설이었지만, 이 기지들도 점차 자위대가 관리하는 방향으로 나아가, 최종적으로는 "평상시에는 안보조약의 탄력적 운용하에 공동운용되는 시설도 가능한 한 축소시킨다"(中曾根康弘, 1970, 18)고 생각했다.

由民主党安全保障調査會における防衛廳長官の演說要旨)」, 『中曾根防衛廳長官演說等拔粹」. 또는 中曾根康弘(1970, 7-8)을 참조.

27) 이것은 나카소네에 의해 반복해서 언급되었다. 예를 들어, 앞의 책, 「これからの日本の防衛」를 참조.

28) 주(25), p. 22. 나카소네는 1969년의 미일관계민간회의에서, 1975년경에 미일안전보장조약을 일단 파기하고, 「새로운 미일친선관계의 확립」을 제언하게 되었다(예를 들어, 大獄, 앞의 책, (1983), pp. 31-32. 나카소네는 방위청장관취임 후, 이를 부정했다(예를 들어, 「第六三回國會の防衛論議〈その一〉, 衆議院予算委員會, 45·2·20」, 『中曾根防衛廳長官演說等拔粹」)을 참조. 또, 나카소네가 방위청장관으로 재임하던 시기에, 최초의 『방위백서』(『日本の防衛』)가 간행되었다. 여기서, 나카소네는 "집단안전보장체제도, 자주성을 가지고 국익을 지키면서 운용된다면 자주방위의 한 형태라 할 수 있다. 우리는 상호 안전보장상의 미일협력의 책임과 한계를 명확히 하고, 이를 위해 일본 고유의 방위체계를 확립하면서 상호협력을 효율적으로 행하고, 미일안전보장조약을 탄력적으로 운용해 주일미군의 정리통합을 촉진해 간다"라고 했다(防衛廳 1970, 3-4).

이렇게 해서, 나카소네는 1970년 3월 23일의 참위원예산위원회에서 자신의 '자주방위론'을 '자주방위 5원칙'으로 체계화했다. 그것은 ① 헌법을 지키고 국토방위에 최선을 다한다. ② 외교와 일체, 모든 국가간 조화를 도모한다. ③ 문민통제를 완수한다. ④ 비핵 3원칙을 유지한다. ⑤ 미일안전보장체제로 보완한다는 내용이었다.29) 이 원칙은 자민당 내의 안보논의에서 도출된 것이 아니며, 사토 내각의 방침에서 벗어난 것도 아니었다. 당시 자민당안전보장조사위원회장을 맡고 있던 아카기는 나카소네의 '자주방위론'과 비슷한 발언을 반복했다.30) 또 사토는 2월의 시정방침연설에서도 나카소네의 발언과 맥락을 같이하는 "국력국정에 따라 자위력을 정비하고 부족분은 미일안보조약으로 보완한다"31)라고 했다. 더욱이 사토는 그 다음달의 중의원본회의에서 "나카소네 장관을 전면적으로 신뢰하고 있다"32)라고 밝힌 바 있다.

3. 육상병력의 감축과 공군의 기동력

미국이 '닉슨독트린'을 정식화하는 과정에서, '한국조항'을 포함한 미일공동성명을 발표한 것은 한미일 삼국을 서로 연결시킨다는 지역적 의미를 띠고

---

29) 『第63回國會參議院予算委員會會議錄第五号(昭和45年3月23日)』, pp. 13-14. 이에 대한 더 자세한 설명으로는, 「45·3·28自主防衛五原則(自衛隊高級幹部會同における長官訓示)」, 『中曾根防衛廳長官演說等拔粹』을 참조.

30) 赤城宗德(1970) 및 「中曾根防衛廳長官と赤城自民安保調査會長に聞く」, 『朝日新聞』 1970年 5月 19日을 참조.

31) 「佐藤榮作內閣總理大臣,第36回國會(特別會)における施政方針演說(昭和四五年二月一四日,兩院)」, 『歷代內閣總理大臣演說集』, 內閣制度百年史編纂委員會, 1985, p. 808. 또 中曾根도 1970년 3월, "사토씨와 나는 같은 체질인지 아닌지를 발견했다"라고 말했다. 이에 대해서는, 앞의, 「45·3·5日本の防衛(外國特派員クラブにおける長官演說)」을 참조.

32) 「第六三回國會の防衛論議(その一), 衆議院本會議, 45·3·26」, 『中曾根防衛廳長官演說等拔粹』) 참조. 단지, 이 시기 사토가 나카소네의 '자주방위론'을 전면적으로 지지했는가에 대해서는 의문을 제출하는 견해도 있다. 佐道明廣, 『戰後日本の防衛と政治』, 吉川弘文館, 2003, p. 236 참조.

있다. 또 NSDM-48도 '주한미군 또는 한국과 명확히 연관된 미군'의 병력구성 등에 대한 5개년계획을 지시한 이상, 동북아시아지역 전체와 관련된 결정이었다고 생각해야 할 것이다. 그러므로 이 시기의 미국이 대일, 대한 양국 간의 관계에서 취한 미지상군 감축이란 공통의 조치가 미국의 동북아시아에 대한 관여라는 보다 큰 틀에서 어떤 위치를 차지하고 있는지 검토할 필요가 있다.

주한미군 감축계획은 1970년 7월 5일 사이공에서 열린 베트남전쟁 참전국 외상회의에서 최규하 외무부장관이 로저스(William P. Rogers) 국무장관으로부터 정식 통보를 받았으며, 이에 대해 한국은 여야를 막론하고 거세게 저항했다. 한국국회는 즉시 철회를 요구하는 대미결의안과 대정부결의안을 채택했다.[33] 정일권 국무총리도 "만약 미국이 예정대로 철수한다면 내각은 총사퇴하겠다"[34]라고 발언하기에 이르렀다. 일본도 주한미군 감축계획에 대해서 한국이 우려하는 대부분을 공유하였다. 예를 들어 사토는 로저스에게 "주한미군의 조기 철수 시기에 신중하길 바란다"는 입장을 전달했다.[35] 나카소네도 참위원 오키나와(沖縄)·북방(北方)문제 특별위원회에서 "미군이 한국에 주둔하고 있는 것이 일본에 대해서도 안정성이 있다"[36]라고 말했다. '1·21 사태'를 비롯해 북한의 대남게릴라 활동이 종식되지 않고, 한반도에서 비정규전의 위협이 고조되고 있었기 때문에 한국은 주한미군 감축계획의 철회를 강력하게 요구했던 것이다. 이러한 상황들이 정규전을 유발한다면 미일안전보장조약 6조사태의 발생을 의미하는 것이기 때문이다.

그러나 NSDM-48이 주한미군감축을 의미한다 해도, 한국 '전시'에서 안전

---

33) 「駐韓美軍의 減縮을 반대하는 國會의 對美決議文 및 對政府建議文.(1970. 7.16)」, 『韓美修交100年史—關係資料 및 年表』, 서울: 東亞日報社, 1982, p. 209.

34) 『한국일보』(1970/07/14). 이 사이의 경위는, 村田晃嗣(1988, 66-67). 또는, 江口浩(1973, 49-54)을 참조.

35) 이 사토의 발언 내용은, 후에 전보로 최규하 한국외무장관에게 전해졌다. 이에 대해서는, 「수신: 외무부장관·발신: 주미대사대리, 일시: 201900」(번호 USW07219), p. 1

36) 『参議院沖縄及び北方問題に關する特別委員會(第63回國會閉會後會議錄第2号(昭和45年7月13日)』, p. 6.

보장상의 책임을 강조하고 있고, 미일공동성명에는 '한국조항'이 포함되었다. 이에 따라, 오키나와가 반환된다 하더라도 미국은 한국 '전시'상황에서 주일미군의 전개 능력이 저해되지 않도록 하겠다고 결의했으며, 일본은 이에 공동의 책임을 짊어지겠다고 확인했다. 나카소네도 한국이 '전시'상황일 때, 자위대의 행동과 미일안전보장조약에 근거한 미군의 행동은 별개의 법체계로 되어 있어, "직접 연동하는 일은 없다"[37]고 강조했다. 한국 '전시' 상황에서 일본이 책임을 질 수 있는 영역은 주일미군의 한반도에 대한 전개가 요청되었을 경우, 거기에 적극적으로 대응하는 것이었다. 그 점에 대해서 나카소네는 "긴급시에 미군의 기지사용에 대해서는 당연히 예스(Yes)다"[38]라는 입장을 확실히 했다.

다른 한편, 이러한 논의와 동시에 주일미군에 대한 상황의 전개는 나카소네의 '자주방위론'에 힘을 실어주는 양상이었다. 그라함(Gordon M. Graham) 주일미군사령관은 1970년 3월 6일, 나카소네에게 주일미육군이 1971년 7월 이후 거의 전면적으로 철수할 것이라고 통보했다(中曾根康弘1992, 238). 그 다음날, 나카소네는 "도쿄 근교, 특히 도시와 근접해 있는 미공군기지에 어떻한 조치를 취해야 한다"라고 하면서, "공동사용이라는 형태로 항공자위대로 이관하거나, 아니면 미국과 협의하여 기지들을 도쿄 인근에서 다른 지역으로 이전하도록 하는 것을 고려할 수 있다"[39]고 말했다. 주일육군이 철수하려 한다면, 일본방위는 자위대가 담당하게 되는 것이다. 게다가, 도쿄 주변의 공군기지가 이전된다면, 항공자위대의 역할도 증대될 것이다. 이러한 주일미군의 정리통합계획은 나카소네의 '자주방위론'과 부합되었다. 예를 들어, 1970년 5월의 제11회 미일안전보장협의회에서, 나카소네는 오키나와 반환 후, 오키나와에 대한 방위를 일본에 단계적으로 이관해야 한다고 주장하였다. 메이어

37) 「國會防衛論爭(昭和45年2月26日, 衆議院予算委員會)」, 『軍事研究』 1970, 5月, p. 142.

38) 앞의 책, 「45·3·5日本の防衛(外國特派員クラブにおける長官演說)」을 참조. 단, 나카소네는 이 발언을 연설 종료 후에 외국기자단과의 일문일답에서 했다.

39) 「日本プレスクラブにおける中曾根長官との質疑応答(3月7日)」, 『民族と政治』 1970, 4月, p. 25.

(Armin H. Meyer) 주일미대사는 나카소네의 발언 원고를 국무성에 송부하면서, 환영의 뜻을 전달했다.[40] 또한 메이어는 나카소네의 '자주방위론'에 대해서 "적당한 단계에 이르기만 한다면, 그것은 미국의 생각과도 잘 부합되는 것이었다"[41]라고 회고했다.

따라서 일본이 주한미지상군 감축에 대해서 한국과 마찬가지로 우려의 뜻을 나타냈다 해도, 나카소네의 '자주방위론'은 '한국조항'과 사토의 내셔널프레스클럽에서의 연설에 입각한 것이었다고 말할 수 있다. 또 나카소네의 '자주방위론'과 같은 형식으로 추진된 주한미군기지의 정리통합 계획에서도 미일안전보장조약 5조 사태와 관련된 주된 임무는 자위대가 맡지만, 한국 '전시'라는 6조 사태가 발생했을 때 주한미군의 기동력을 상실하지 않도록 배려했다. 이에 대해 존슨 미국무차관은 "일본은 당분간 안전보장 분야에서 지역협력과 관련된 직접적인 역할을 하게 되는 일은 없을 것이다", "일본은 이미 통상 병력에 대한 자위책임을 맡고 있다. 일본에 대한 미국의 군사적 책임 — 그 대부분은 지역적 관심과 관련되어 있다 — 을 직접적으로 축소시킬 만한 것이 그 외에 많이 있을지는 의문이다"(강조는 인용자)[42]라고 말했다. 주일미군 대

40) "(01252) SCC Meeting(Confidential Airgram, From Meyer. Armin H. to Department of State, May 22, 1970)"; "(01267) Transmittal of Statement XI SCC, May 19, 1970 (Confidential Airgram, A-600, From Meyer. Armin H. to Department of State, June 11. 1970)," *Japan and the United States, op. cit.*. 더욱이, 미일안전보장협의회 후, 나카소네는 반환 후의 오키나와 방위에 대해서 미국이 "1972년에 반환하고, 이후에는 일본이 방위를 담당하는 것을 환영한다. 앞으로 이 문제에 대해서, 다양한 분야의 전문가들이 연구하도록 했다"라고 말했다. 이에 대해서는, 「45·5·19 日米安保協議會後の長官記者會見要旨」, 앞의 책, 『中曾根防衛廳長官演說等拔粹』을 참조.

41) Meyer(1974) 및 이에 대한 번역으로는 Meyer(1976, 85) 참조.

42) U·アレクシス·ジョンソン, 「日本の役割りとアメリカの對極東關係の將來—通常兵力で沖繩防衛を(政治·社會科學年次總會〈フィラデルフィア〉—4月10日)」, 『世界週報』, 1970, 4月28日, pp. 45-47. 이미, 1969년 5월 28일에 책정된 국가안전보장결정각서 제13호(NSDM-13)에는, 미국은 일본의 방위력의 적당한 증강과 질적 향상을 장려하면서, "지역안전보장에서 커다란 역할을 발전시킬 수 있도록 일본에 압력을 가하는 일을 회피한다"라고 지시되어 있다. 이에 대해서는, "National Security Decision Memorandum 13, May 28, 1969," *Presidential Directives on National Security, op. cit.*. 전문은, 外岡秀俊·本田優·三浦俊章(2001, 256-257)에 게재되어 있다. 또, 존슨은 앞서의 '새민트위원회'에서, 한국을 지원하는 것이 주일미군의 주둔을 주장하

부분이 지역적 관여에 관련되어 있다고 한다면, '닉슨독트린'과의 관련하여, 미국의 동북아시아에 대한 관여란 틀을 명확히 하기 위해 이 당시 어떻게 주일 미해·공군의 기동력 향상을 꾀할 수 있었는지 검토되어야 할 것이다. 특히 당시의 주한미공군이 단독 사령부를 갖지 않고 제5공군사령부(후추우[府中])의 지휘하에 있었음을 생각할 때[43] 미국이 주한미군의 공군력을 어떻게 생각하고 있었는지 알기 위해서는 주일미공군의 동향도 살펴보아야 할 것이다.

1970년 1월의 시점에서 미국방성은, 그 지원부대는 철수해도 일본에 전술비행중대를 계속 유지할 방침을 확인했는데,[44] 흥미로운 점은 이 당시 미국에서는 주력전투폭격기 F-4 '팬텀'을 주한미군으로 이전하려는 논의가 진행되고 있었다는 것이다. 당시, 군산의 주한미공군기지에는 F-4 '팬텀' 3개 중대가 교대로 배치되어 있었으며, 6월에 그 중 2개 중대가 '잠정적 근무'를 위해 군산에 도착했다(서울신문사 편 1997, 577). 또 미국이 주한미지상군 감축계획을 한국에 정식으로 통보한 후, 존슨 국무장관은 레어드 국방장관에게 F-4 '팬텀'의 한국 이주를 제기함과 동시에, 주일미군기지 정리계획에 따라 공군시설과 장비를 마사와(三澤)공군기지에 모으고 그곳을 동북아시아에서 미공군의 '둥우리'(nest)로 하는 한편, 요코타(横田)를 기동력의 거점으로서 '횃대'(perch)로 하는 구상을 전개했다.[45]

이 구상은 전에 나카소네가 주장했던 주일공군기지의 정리통합에도 부합되는 일이며, 존슨이 "항공기가 일본에서 한국 기지로 이동하여 그러한 (북한

는 '주된 근거'이다란 발언을 했다. "Statement of Honorable U. Alexis Johnson," *op. cit.* 참조.

43) 당시, 제5공군사령부는 후추우(府中)공군시설에 있었다. 현재의 요코타(横田)로 이전된 것은 1974년 11월이다. 또한, 오산(烏山) 미공군기지에 제5공군으로부터 독립한 제7공군사령부가 설치되기로 한 시기는 1986년 9월이다. 제7공군사령부는 1975년 6월까지 타이에 설치되었다. 오산의 제7공군은 이것을 한국에 이전하는 형태를 띠고 있었다. 이에 대해서는, "Fact Sheet: 7thAir Force"(http://www.2/hicham.af.mil/pacef/facts/7af.htm)를 참조.

44) "Strategy Guidance Memorandum," *Japan and the United States, op. cit.*.

45) "(01305) Shifting Air Force Presence in Japan, (Secret Letter, From Johnson, U Alexis to Laird, Melvin R. July 28, 1970)," *Japan and the United States, op. cit.*.

지역의 목표물을 공격한다-인용자) 행동을 취하게 된다 해도, 그것은 (사전-인용자) 협의와 관련된 문제는 아니다"[46)]라고 증언했듯이, 이 구상은 그 전해의 미해군 전자정찰기 EC-121기 격추사건과 같은 사태가 발생했을 때를 대비하여, 공군 기동력의 향상을 꾀하기 위한 일로도 생각할 수 있다. 존슨의 구상이 어떻게 전개되었는가는 후에 다루기로 하고, 주일미공군의 기동력이 주한미공군과 관련지어 논의되었다는 사실은 강조되어야 한다. '닉슨독트린'의 기본 틀은 일본과 한국의 지상병력을 감축하는 대신, 공군력을 동북아시아라는 지역전체로 인식하여, 주일미군의 기동력을 향상시키는 것이라고 말할 수 있다. 이해 7월 박정희는 "한미일 방위체제 구축은 연구되어야 할 문제"(정재경 편저 1994, 326-327)에서 한 것은 한국 '전시'시 주일미군의 기동력을 염두에 두고 있었을 것이다.

III. 병기국산화와 '민군겸용정책' : 제4회 한일정기각료회의 분석[47)]

1. '박정희 메모'와 '제1단계군수산업육성계획'

'닉슨독트린'에서 한국 '전시'에 주한미군과 주일미군과의 연계를 꾀했다면, '평시'의 안전보장에서 한국이 미일양국과 어떤 관계를 구축하려 했는지도 생각해 보아야 할 것이다. 서두에서 언급했듯이, '한국조항'이 들어간 1969년의 미일공동성명은 '평시'에 한국의 국방 '자조'를 위한 일본의 공헌을 시사하

---

46) *United States Security Agreements and Commitments Abroad, op. cit.*.

47) 제4차 한일정기각료회의의 개요에 대해서는, 倉田(2001)의 제5장에서 다루고 있다. 본 장은 이것을 그 후 공개된 한국외무부 외교문서를 보충하면서, 일본이 포항종합제철소 건설에 협력한 이후, 한국의 국방산업 육성에 일본이 어떻게 관여했는지에 대해, 후술한 '4대핵공업건설사업'을 중심으로 검토한 것이다.

고 있었다. 게다가, 닉슨의 주한미군감축계획으로 안전보장상의 위기에 직면한 한국은 국방 '자조'의 필요성을 더욱 강하게 인식하게 되었다. 그럼에도 불구하고 미국은 M-16소총 공장 유치를 요구한 한국의 요구에는 시종 소극적이었으며, 이에 따라 한국이 새로운 방위산업의 육성을 미국에 의존하는 것은 현실적으로 불가능한 일이었다. 1970년 2월 2일 박정희가 임충식 국방부 부장에게 국방부 군수국에 국방산업의 육성을 담당할 군수산업담당관실의 설치를 명한 것은(국방군사연구소 1995, 200-201)[48] 새로운 국방산업을 육성할 필요성을 인식했기 때문일 것이다.

이와 같은 박정희의 국방산업 육성에 대한 열의는 일본의 자금 제공에 대한 기대감으로 나타났다. 일본이 1969년 제3회 한일정기각료회의에서 잠재적 국방산업으로 평가되었던 포항종합제철소 건설에 자금협력을 약속했던 일은 그 이후의 국방산업 육성의 방향을 결정한 것이라 말할 수 있다. 사실 박정희는 1970년 1월에 정일권 국무총리를 급히 일본에 파견하여 사토 수상에게 차관을 부탁하도록 했다(정일권 1996, 497).[49] 더욱이 한일협력위원회 제2회 총회(1970년 4월 20~22일, 서울)의 개회사에서 정일권은 "현재, 일면국방 일면건설을 위하여 영명하신 박대통령각하의 영도하에 온 국민이 한마음이 되어 전력을 다하고 있읍니다"라고 하면서 일본의 협력을 요청했다.[50] 또 정치문제의 토의에서 "한일 간의 긴밀한 협력이 양국의 안보를 위해서 긴요하다"[51]고 했다. 그 결과 공동성명서에서는 "미일공동성명에서 제시된 취지에 따라, 공동으로 노력해 갈 것을 확인했다(제1항목)"고 언급하며, '한국조항'을

---

48) 또한 이날, 국가안전보장회의가 국무총리 주최로 매월 개최되도록 결정되었다(국방군사연구소, 1994, 350).

49) 단, 정일권은 이 회고록에서, 박정희가 보여준 노트에는 '새마을사업계획'이라고 쓰여 있었다고 한다(정일권 1996, 497). 이것이 후에 기술한 대일차관과 어떤 관계가 있는지 설명하고 있지 않다.

50) 「한·일협력위원회제2차총회에서의 정일권총리축사, 1970. 4. 20. 서울」, 『대한민국 외교년표부·주요문헌 1970』, 서울: 외무부, 1971, p. 132.

51) 「한·일협력위원회정치부록 1970.4.21.」, 「한·일협력위원회총회 제2차, 서울, 1970.4.20~22.」(분류번호 723.91JA, 등록번호 3517), p. 1.

재확인하는 한편, "一面國防·一面建設"을 언급하면서, "한국의 경제발전을 촉진해야 한다는 것의 긴요성을 확인하였다(제2항목)"고 강조했다.[52]

또 이 시기, 한국정부 내에서 국방산업 육성 방침이 결정되었다. 1970년 3월 임충식 다음으로 국방부장관에 취임한 정래혁은 회견에서 총포와 탄약은 군이 직접 관리하지만, 차량·통신장비, 소형 함선은 민간산업과 병행·계열화하여 육성할 방침임을 밝혔다(『한국일보』 1970/03/26). 실제로, 그 당시 한국은 소총산업 기술이 없었기 때문에 M-16 소총을 국산화하기 위해서는 미국으로부터 공장 유치를 기대할 수밖에 없었다. 게다가 포항종합제철소에서 생산된 조강을 M-16 소총 생산에 사용할 수 있었다 해도, 그것을 국산화하기에는 부품 등에 대한 국산화를 동시에 추진할 수밖에 없었다. 하지만, 미국의 태도는 여전히 소극적이었기 때문에 박정희는 M-16 소총 이외의 병기 생산은 미국에 의존하지 않고 가능한 한 국산화할 뜻을 굳혀갔다.[53] 병기 전체의 국산화를 추진하려 한다면, 한국은 더욱 국산화의 기반을 확립해야 했다. 정래혁이 총포와 탄약 이외의 병기에 대해서는 민간기업과 병행·계열화하여 육성해 나갈 생각이었던 것은 이 때문이다.

이를 위해 1970년 4월 25일 박정희는 직접 한국의 국방산업 육성의 지침이 되는 문서를 작성하여 관계 부처에 전달하였다. '박정희 메모'라고 불리는 이 문서는 6개의 항목으로 구성되어 있는데, 그 내용은 다음과 같다. ① 군공장과 화포공장을 세우는 접근방법을 택하지 않고 민수산업에 병기산업을 위한 일부 추가시설을 함으로써 민수산업을 바탕으로 병기, 기제, 탄약 등의 국산화를 도모한다. ② 군수산업은 쉬운 것부터 착수, 차차 어려운 것으로 발전시켜 나간다. ③ 추가시설 등 소요자금을 정부에서 지원하되 필요하면 외국차관을 도입한다. ④ 기술이 없으면, 외국과 기술제휴를 한다. ⑤ 군수산업체제

---

52) 「한·일협력위원회제2차총회공동성명서. 4. 22. 서울」, 앞의 책, 『대한민국외교년표부·주요문헌 1970』, p. 133.

53) 倉田秀也(2001, 165, 172 참조).

의 자금상의 불이익이 오지 않도록 제품이 비싸도 고가로 사들인다. ⑥ 한국과학기술연구소(KIST: Korea Institute of Science and Technology)가 중요한 역할을 담당해야 한다(박정희대통령·육영수여사기념사업회 1990, 291).

흥미로운 사실은 '박정희 메모'의 ①에서는 앞서 다루었던 정래혁의 회견보다 한발 더 나아가, 국방사업의 기반이 되는 민수산업의 영역을 확대하여, 탄약까지도 민수산업을 기반으로 한다는 방침을 세웠다. 박정희는 미국으로부터 M-16 소총 공장 유치를 달성한 후 그것이 양산됨과 동시에, 탄약 국산화 기반도 민수산업을 통해 달성할 계획을 생각했다. 후에 국방산업 육성에 깊이 관여했던 구상회의 기록에 따르면, 이때 한국의 국방산업 육성 정책은 민수품을 중심으로 하지만, 군수품의 수요도 함께 충족시킬 수 있는 '민군겸용'의 생산 체제를 '최적점'으로 결정했다고 한다. 또한 군수 차량은 아세아·현대, 총포는 한국기계, 함선은 한국조선, 통신기계는 금성, 탄약은 한국화약에 일임하였으며, 그 외에 필요한 추가 시설은 정부가 지원하는 것으로 방침을 정했다.[54] 더욱이 '박정희 메모' ⑥에서처럼 KIST의 연구와 민간 부분 간의 중복을 피하기 위해 민간기업과의 긴밀한 연구 협력을 도모하도록 힘썼다. 구상회가 표방한 '민군겸용정책'(구상회 1998, 27-28)이 그 윤곽을 잡아가는 과정은 닉슨 정권이 NSDM-48에서 주한미군 감축계획을 결정하고, 그것을 한국에 통보하는 과정과 거의 동시에 진행되었다는 점에 주목할 필요가 있다. '박정희 메모'가 작성된 시기에 이미 박정희는 포터 대사로부터 주한 미군 감축계획을 비공식적으로 통보 받았고, 대립이 계속되었다. 더구나 '닉슨독트린'으로 인해 국방 '자조'를 재촉당하면서도 일단 '전시'일 경우 미군의 지원 없이 단

---

54) 더욱이, 「박정희 메모」가 전달된 날(1970년4월25일), 박정희는 경제기획원과 국방부, 상공부 등 관계부처에 지침을 전달했다 라는 기록도 있다. 그 내용은, ① 점진적으로 발전되어야 하는 국방산업의 종류 선정, ② 선정된 국방산업과 관련된 국영 및 민간산업시설에 대한 실태조사, ③ 개발대상 품목을 시험제작, 생산하는 기업체의 지정 및 추가 시설의 소요 파악, ④ 해당 기업체의 지원방침 설정, ⑤ 국방산업육성에 필요한 소용기금의 규모와 그 조달법 등이다. 이 방침이 '박정희 메모'의 일부를 구성하고 있는지, 별도로 작성된 것이 있는지의 여부는 확실치 않다(具尙會 1998, 27).

독으로 전쟁을 수행할 수 있는 능력이 결여되어 있기 때문에, 미군의 지원 이전에 지연작전을 전개할 수 있는 능력을 향상시켜야만 했다. 이 과정에서 전쟁 물자를 외국 자원에 의존하는 것은 초기방위 수행 능력의 장애가 된다고 생각되었다(申應均 1971, 481). 또 닉슨 정권은 NSDM-48에 의해 주한미지상군을 삭감하는 한편 그 1개사단 분의 세출부분을 MAP 또는 그것에 상응할 만한 경제 지원으로 충당할 생각이었다. 물론, 거기에 미의회가 호의적이라는 보장이 없었다. 탄약의 국산화까지 지시한 '박정희 메모'는 미군 지원 이전 시기에 있어서의 전쟁 능력을 향상시키려는 의도와 함께, 미국이 MAP에 호의적으로 대응할 확신이 없다는 대미 불신감을 동시에 표현하는 것이었다.

원래부터 '박정희 메모'의 ③과 같은 장대한 계획을 실천하기 위해서는 외자 도입이 필수적인 것이었으며, 일본으로 기대가 집중되어졌던 것은 불가피한 현상이었다. '박정희 메모'가 작성되자 곧 정일권이 다시 일본을 방문하여(1970년 5월 14일~22일) 사토 수상과 면담을 했다. 그 회담에서 정일권이 제시한 자료에는 일본에 지원을 요청해야 할 항목들이 열거되어 있었다. 그 항목들은 '평화산업'이라고 지칭되었다. 이것은 "(한국은-인용자) 長期的眼目으로 美軍援의 減縮에 對備 (中略) 段階的 軍需産業育成計劃을 樹立하고 있다"라는 기록과 같이 사실상 '민군겸용정책'에서 육성하려는 국방 산업을 가리키고 있다. 실제 문서상에는 "生産施設의 軍民需를 다같이 生産할 수 있는 民間企業을 育成하고 其他 軍廠에서 開發한다"라고 되어 있어, '박정희 메모'의 지침이 확실히 반영되어 있었다. 또 이 자료는 '제1단계군수산업육성계획'이라는 제목으로 ① 화약산업 ② 특수강 ③ 진유(眞鍮)압연 ④ 탄약조립 ⑤ 포제작 ⑥ 중장비 ⑦ 광학기제 ⑧ 일반차량 ⑨ 통신장비 등의 9개 산업과 관련 기업을 열거하고, "韓國의 重工業發展에 寄與함으로써, 일단 有事時에는 國防産業으로도 轉換할 수 있도록 하"는 이유로 일본의 지원을 요구한다는 내용이었다.[55]

더욱이 정일권은 사토 수상과의 면담에서 이들 9개 사업을 거론하면서 소요 자금 중에 외자(약 1억 9,125만 달러)를 "청구권 자금과 같은 재정 차관(7년

거치, 20년 상환, 연리 3.5%)"으로 제공할 것을 요구했다.[56] 사토가 남긴 기록에는 "(정일권은) 북한의 입국과 무역, 한국인 거주권 등록의 문제 등 북과의 관계에 관하여 요구했으며, 가까운 시일 내에 개최될 양국 각료회의(제 4회 한일정기각료회의)에서 합의하기로 한다"(괄호 안은 인용자)(伊藤隆監修 1997, 92)라고만 기록되어 있지만, 여기서 제시된 '제1단계 군수산업육성계획'에서는 언급하고 있지 않았다. 그러나 정일권 방일의 최대 목적이 '제1단계 군수산업육성계획'에서 일본의 지원을 요청하는 것이었던 이상, 사토와의 면담에서는 이 계획이 제기 되지 않았다고는 생각하기 어렵다. 이 점에 대하여 정일권은, 사토가 이 계획에 대해서는 사무 당국자끼리 만나도록 했으며, 그 용도, 변제 방법에 대해서는 묻지 않았다라고 기록하고 있다(정일권 1996, 498).[57] 사토가 정일권의 요청에 소극적이지 않았다고는 추측할 수 있다. 어쨌든 이 시점에서 '박정희 메모'의 지침이 구체화되었고, 더구나 '민군겸용정책'하에서 국방산업을 육성하고, 이를 위해 일본으로부터 자금 도입을 생각했다는 것에 주목할 필요가 있다.

또, 1970년 6월 서해상에서의 한국 해군 방송선의 나포, 국립묘지 현충문 폭파 등 북한의 파괴 공작이 정권 내부에서 국방산업 육성에 관한 논의를 활발히 전개시켰다. 한국은 주한미군 감축이 논의되는 시점에, 북한에 의한 파괴 공작이 일어나고 있음을 주시하며, 국방부 장관을 위원장으로 하고 경제기획원, 국방부, 재무부, 상공부, 과학기술처 등의 차관으로 구성되는 방위산

---

55) 「國務總理訪日에 對備한 面談資料」, 「정일권국무총리 일본방문, 1970. 5. 14. 122. 전2권(V.2, 자료철)」(분류번호 724.21 J A, 등록번호3520). 또, 이 자료는 9개의 사업 각각에 기존 관련사업을 아래와 같이 열거하고 있다. ① 화약산업=한국화약, ② 특수강=동국제강, ③ 진유압연=순흥금속·풍산금속, ④ 포탄조립=미정, ⑤ 포제작=동국제강·한국기계, ⑥ 중장비=동국제강·한국기계, ⑦ 광학기재=대한광학, ⑧ 일반차량=신진·현대, ⑨ 통신장비=금성·대한산업. 군수차량 관련기업을 아세아·현대로 한 것 이외는, 앞의 구상회의 기록과 거의 동일한 내용이다.

56) 「國務總理閣下·佐藤首相面談資料(1970.5.21)」, 위의 글, p. 2.

57) 이 문서에서는, 사토와의 면담을 박정희의 '새마을사업'과 관련해서 기록하고 있을 뿐이며, 이것이 '제1단계군수산업육성계획'과 어떤 관계가 있는지는 불확실하다.

업심의위원회를 발족시켰다(『한국일보』 1970/06/20). 이 위원회와의 관계는 명확하지는 않으나, 상공부 관공차관을 맡고 있었던 오원철의 기록을 보면 이 당시 고속선의 건설, M-16 소총 공장 유치를 보다 적극적으로 추진하는 것 외에 KIST와 함께 국방기술로 특화된 국방과학연구소(ADD: Agency for Defense Development)를 새로 설치할 것이 결정되었다고 한다(오원철 1996, 17).

이와 같은 결정을 내림과 동시에, 한국은 '민군겸용정책'하에서 새로운 국방산업을 육성하기 위해서는 일본의 지원이 필요하다고 절실히 인식했음에 틀림없다. 1970년 7월에 방한한 츠치야 요시히코(土屋義彦) 방위청 정무차관은 휴전선과 산업시설을 시찰하고 정래혁 국방장관과 면담을 하였다. 츠치야는 이 과정에서 "군사 협력을 부탁 받았다"라고 하면서, "경제협력이라면 힘이 되어 줄 수 있을 것이다"라고 답했다고 한다.[58] 츠치야의 발언이 시사하고 있듯이, 사토 정부는 한국 측이 그 직후에 열린 제4차 한일정기 각료회의에서 국방산업육성을 위해서 어떤 지원을 요구해 올 것인지 대부분 예측하고 있었다. 예를 들어, 아이치 외상은 "한국은 중공업 이외의 분야에서도 일본의 지원을 기대하고 있으며, 각료회의에서도 원조계획에 대해 자금과 기술을 중심으로 구체적인 시안을 요청할 것 같다"고 예측하면서 "17일에 사토 수상이 참여한 가운데 최종적인 의견조정을 하고 화기애애한 분위기에서 회의를 마치기를 바란다"(『朝日新聞』 1970/07/12)라고 했다. 그 최종적인 의견조정 직전인 7월 14일 이후락 주일 대사는 사토와 면담을 하였다. 여기서 사토는 "한일각료회의에 출석한 장관에게서 다시 한 번 지원을 부탁한다는 주문을 받았다. 요컨대 더 지원해달라는 것"(伊藤隆監修 1997, 127)이라고 기록했다. 아이치가 말한 7월 17일의 의견조정은 이후락이 사토에게 요청한 내용을 바탕으로 내려졌음에 틀림없다.

---

58) 『한국일보』(1970/07/09) 및 「朴政權存立の基盤」, 『世界』 1970年 9月, p. 119를 참조. 더욱이 츠치야가 시찰한 산업시설의 구체적인 이름은 명확하지 않았다.

2. '4대핵공장건설사업'의 선정

한편 제4차 한일정기각료회의에 임할 즈음 한국 정부 내에서는 일본에 지원을 요청하기로 결정을 내렸다. 당시 대통령비서실장이었던 김정렴은 박정희가 한일정기각료회의의 단장으로 임명한 김학렬 부총리 겸 경제기획원 장관에게 주한미군 감축에 따른 자주국방 능력 강화의 시급성에 대해서 설명하고 소구경 소총(M-16 소총) 이외의 병기를 생산할 공장 건설을 지시했다는 사실을 밝혔다(金正濂 1990, 321).[59] 그러나 김정렴은 이러한 공장 건설을 위해 외자를 대일 차관으로 충당할 필요성을 인식하면서도 그것이 얼마나 어려운 일인지에 대해 잘 알고 있었다. 이미 사토 정권은 1967년 4월 중위원결산위원회에서 '무기수출 3원칙'을 결정한 바 있고, 이에 따라 사토 정권에게 한국의 국방산업에 대한 자금협력을 직접 요구하는 것은 일본 국내 정치에서 사토의 입장을 곤란하게 만드는 일이라고 판단했다. 이러한 판단은 앞서 정일권이 5월에 방일했을 때, 한국의 국방산업을 '평화산업'이라 부르며 일본의 협력을 요구했던 것처럼, 김정렴은 "무기 수출을 금하고 있는 일본정부 방침에 비추어 무기를 제작하기 위해 차관을 받는다는 이야기가 알려지면 일본국내 과잉반응으로 차관협상에 지장을 줄 염려"(金正濂 1990, 321-322)[60]가 있었다고 회고하고 있다.

이러한 배경에서 볼 때 김정렴은 제4차 한일정기각료회의를 앞두고 "무기생산은 극비로 하고 무기는 중공업공장을 건설하면 생산할 수 있으므로 필요한 중공업 공장 건설을 교섭하기로"하는 방침을 굳히게 되었다. 더욱이 김학렬은 이 방침에 따라 긴급히 황병태 경제기획원 경제협력 차관보를 장으로 하

---

59) 일본어 번역본으로는, 金正濂, 『韓國経濟の發展―「漢江の奇跡」と朴大統領』, サイマル出版會, 1991, p. 204. 이하, 이 문서에서 인용된 것은, 특별히 언급하지 않는 한 한국어 원서에 의한 것이다.

60) 일본어 초역본에는 이 부분이 번역되어 있지 않다.

고 경제기획원과 KIST직원으로 구성된 작업반을 구성하고, 주물선 공장, 특수강철 공장, 중기계 공장, 조선소 등 4개를 '4대핵공장건설사업'으로 정한 다음, 이를 제4차 한일정기각료회담의 중요 의제로 하는 것을 결정하였다(김정렴 1990, 322).[61] 이 '4대핵공장건설사업'은 5월에 정일권이 일본에 제시한 '제1단계 군수산업육성계획'의 9개 사업 중 화약산업, 압연, 탄약조립, 포제작, 광학기제, 일반 차량, 통신장비 등을 제외하고 — 중장비는 중기계로 바꾸어 말함 — 조선소를 추가한 형태가 되었다. 특히 화약산업, 포탄조립, 포제작을 제외하고 중장비를 중기계로 바꾸어 말한 것은 '무기수출3원칙'을 주장하는 일본의 거절을 피하기 위한 것이다.

그러나 '제1단계 군수산업육성계획'에서 주물선공장, 특수강공장, 중기계 공장, 조선소공장 등 4개 산업을 선정한 것은 이후 한국이 중시하는 국방 산업의 성격을 잘 보여 주고 있다. 예를 들어, 미국으로부터 M-16 소총공장을 유치한 후, 한국은 일본으로부터의 자금협력을 통해 포항종합제철소(기공식은 1970년 4월 1일)를 건설한다. 하지만, 포철에서 생산된 조강만으로는 M-16소총의 양산화도 국산화도 불가능했다. 특히 포신(砲身) 등의 제조에는 주물선과 특수강의 국산화가 불가결했다. 이것은 소총만의 문제가 아니었다. 후에 국방부는 박격포의 실험제조에 실패하게 되는데, 김정렴에 따르면 이것도 특수강 특수소제를 사용하지 않았기 때문이었다고 한다(김정렴 1997, 287). 더구나 그 후 박정희는 태창방적기계공업 옥천공장의 준공식에서 "평상

61) 김정염 회고록에서, 박정희가 '1970년 7월 어느날' 소구경소총 이외의 병기생산이 가능한 공장 건설을 지시한 '사실'을 밝히고 있다. 더욱이 김정염은 이 회고록의 다른 곳에서는 그에 따른 '4대핵공장건설계획'이 '약 2개월간의 突貫작업으로 성안'되며(강조는 인용자), '같은 해 9월 한일정기각료회의의 주요 의제로 상정되었다'(강조는 인용자)(pp. 321-322, 번역본으로는 pp. 204-205)라고 기록하였다. 그러나 제4차 한일정기각료회의는 1970년 7월 21~23일 개최되었다. 이와 같은 기술은, 다른 회고록에서도 발견할 수 있다(김정렴 1997, 286). 뒤에 기술된 것처럼, 제4차 한일정기각료회의에서 '4대핵공장건설계획'이 의제로 상정된 것은 사실이며, 그것이 박정희의 지시로 '약 2개월간의 突貫작업으로 성안됐다면, 박정희가 지시를 내린 것은 '1970년 7월의 어느 날'보다 전의 일이 될 것이다.

시에는 방적기계를 생산하고 유사시에는 총포도 만들 수 있는 군수 산업체로서 일익을 담당할 수 있을 것이다"(정재경 편저 1994, 326)라고 하면서 중기계공업을 총포를 제작할 수 있는 잠재적 국방 산업으로 평가하였다. 이에 덧붙여, 북한에 의한 일련의 파괴공작 가운데 하나였던 한국 해군방송선의 나포가 한국에 고속정 건설을 결정하게 한 원인으로 지적할 수 있다. 오원철이 밝힌 대로 한국에서 '4대핵공장건설사업'은 다 이미 국방산업으로 평가되었던 것이다(오원철 1996, 24).

이리하여 제4차 한일정기각료회의(1970년 7월 21일~23일 서울)의 쟁점은 '4대핵공장건설사업'에 대한 일본이 지원 여부에 집중되었다. 그러나 일본으로부터 지원을 받기 위해서 한국은 상반된 두 가지의 과제를 처리해야만 했다. 첫 번째 과제는 제4차 한일정기각료회의 위상 그 자체와 관련되어 있다. 과거 세 차례 있었던 한일 각료회의의 의제였던 경제협력은 적어도 형식상 한일 국교정상화 당시에 약속된 한국의 대일청구권 자금 내에서 (민간차관부분의 확대 분을 포함한 총 10억 달러) 이루어졌던 것이었으나, 제4차 한일각료회의는 한국의 대일청구권 자금의 틀에서 벗어나 경제협력이 검토되어지는 첫 번째 정기각료회의가 되었다. 따라서 한국이 일본의 지원을 얻기 위해서는 그 이전과는 다른 명분을 세워야 했다. 그리고 두 번째 과제는 '4대핵공장건설사업'의 성격과 관련되어져 있다. 김정렴이 말했던 것과 같이 이 사업에 대하여 차관을 획득한다는 것은 '무기를 제작하기 위해 차관을 받는다'는 것과 마찬가지였다. 그 사업이 사실상 국방산업인 것은 5월의 정일권이 사토에게 전달한 '제1단계 군수산업육성계획'의 내용에서 밝혀졌다. 이에 따라, 일본이 한국의 국방산업에 협력하는 것에 대해 일본국내의 반발을 최소한으로 억제해야 했다.

첫 번째 과제에 대해서 한국은 일본이 포항종합제철소에 자금협력을 하기로 약속한 제3차 한일정기각료회의와 제4차 한일정기각료회의 사이의 연속성을 강조하는 것으로 대응했다. 전과 같이 제4차 회의에서도 한국 측 단장을 맡은 김학렬은 개회사에서, 제3차 한일정기각료회의의 의의를 강조하면서,

'한국 조항'을 상기시키며 전보다 더 일본의 협력을 요구했다.[62)]

더구나 이 당시 한국은 주한미군 감축계획인 '닉슨독트린'의 국지적 적용을 받아들였다. 김학열은 한국은 "共産侵略을 沮止하기 爲하여 經濟發展과 國防力强化의 二大課業을 遂行하고 있음"을 강조하고 주한미군이 감축될 경우 "이 地域의 安全에 支障을 招來할 憂慮가 있음"[63)]을 지적했다. 그러나 한편 한국의 국방 '자조'에 대한 일본의 협력의 필요성을 강조하는 것이 '4대핵공장건설사업'에 대한 일본의 '과잉반응' 억제라는 두 번째 과제에 지장을 주어서는 안 되었다. 이에 대해, 한국은 사실상의 국방산업인 '4대핵공장사업'을 강조하는 것이 아니라 당시 준비중이었던 제3차 경제개발5개년계획(1972년~1977년)을 강조하는 것으로 대응하려 했다. 사실 한국은 회의도중, 경제 분야에 관한 한국의 입장을 기술한 진술서를 제시했는데, 서두에서, 제3차 경제개발5개년계획에 "貴國이 積極的으로 支援하여주기를 바랍니다"라고 썼을 뿐, 처음부터 '4대핵공장건설사업'이란 말을 사용하하기를 피했다.[64)]

물론, 그렇다고 해서 한국의 국방산업육성에 있어 '4대핵공장건설사업'이 가진 중요성이 부정된 것은 아니었다. 실제로, 이 진술서에서는 주물선, 특수강, 중기계, 조선소 등의 4개사업에 대해 군사적 의미를 직접 언급하는 것을 피했을 뿐, "중공업의 중추적 역할을 다한다"라고 기술되었다. 또한 한국은 4개 사업 외에도 5월에 정일권이 사토에게 전달한 '제1단계 군수사업육성계획'에 제시된 9개 사업의 일부를 언급했다. 특히, 이에 대해서는 자동차부품 제조공장, 광학기계공장, 진유공장 등 기존 시설의 확충 필요성을 주장하는

---

62) 「제4차 한·일정기각료회의에서의 김학열부총리 겸 경제기획원장관의 개회사 1970. 7. 21. 서울」, 앞의 책, 『대한민국외교년표부·주요문헌 1970』, p. 243.

63) 「第四次韓日定期閣僚會議基本立場(政治關係)」, 「한·일정기각료회의. 제4차. 서울. 1970. 7. 21~23. 전5권(V.3, 본회의철)」(분류번호723.1JA, 등록번호3507) pp. 3-4.

64) 「韓日定期閣僚會議,經濟分野,韓國側立場, 1970年 7月 22日」, 위의 문서에 수록, pp. 1-4. 이하, 이 진술서에서의 인용은 이 문서에 의한 것이다. 또, 박정희도 일본 측 대표단에 대해서 "경제협력관계가 수립될 수 있기를 바라며, 군사적 협력은 아직 바라지 않는다"라고 발언했다(정재경 편저 1994, 327).

형식을 취했으며, 화약생산, 포탄조립, 포제작 등 군사적 의미가 강한 사업을 거론하지는 않았다. 그리고 나서, 한국은 이 계획에 소요되는 외자는 "長期低利의 借款에 依存치 않을 수 없는 것입니다"라고 하면서, 일본에게 "約 1億弗을 財政借款 또는 財政借款에 準하는 條件으로" 할 것을 요청했다.

물론, 일본도 이러한 사업이 사실상의 국방산업임을 알고 있었을 것이다. 아이치 외상이 회의 중, 제3차 경제개발5개년계획을 언급하면서, "귀국의 경제건설에 기존과 같이 계속 협력할 생각이다"[65]라고 했으나, 회의 종료 후, 후쿠다 다케오(福田赳夫)대장상은 "군수산업에 원조할 생각은 전혀 없다"[66]라고 하였다. 한국이 제3차 경제개발5개년계획을 강조하며 대응한 것으로 김정렴이 우려했던 일본의 '과잉반응'을 피할 수 있었다는 것은 분명하다. 그 결과, 공동성명은 제3회 한일정기각료회의의 공동성명에서 언급된 "양국의 안전과 번영이 극히 밀접한 관계에 있다는 것"(제8항목)을 반복적으로 거론하는 동시에, 경제 분야에서도 제3차 경제계발5개년계획에 대해서 일본은 "깊은 이해를 표명하고, 본계획의 원활한 수행을 위하여 적극적으로 협력할 것을 약속하였다"(제17항목)[67]라고 강조했다.

물론 일본이 한국의 요청에 즉시 응하지는 않았다. 김정렴의 회고에 의하면, "일본의 소극적인 반응으로 시원한 결과가 없었다"(김정렴 1997, 286).[68] 한국은 회의과정에서 '4대핵공장건설사업'에 대한 직접 언급을 피했고, 공동

---

65) 「第四次韓·日定期閣僚會議會議錄(1970. 7. 21~7. 23)」, 위 문서, p. 21.

66) 아이치 외상은 회의종료 후, "한국 측의 발언에는 미군 철수와 함께 안전보장상의 문제를 우려하고 있는 듯 하나, 확실히 일본에 요청하는 형식으로 문제제기는 하지 않았다. 이것은 군사협력은 불가능하다라는 일본 측의 입장을 한국이 충분히 이해하고 있기 때문이다"라고 밝혔다(「『日韓』は自主外交貫く——愛知外相との一問一答」『日本経済新聞』 1970年 7月 24日). 丸山俊二·池田右二, 「第4回日韓定期閣僚會議」, 『経済と外交』 1970年 9月, p. 16 참조.

67) 「제4차 한·일정기각료회의공동성명서, 1970. 7. 23. 서울」, 『대한민국외교년표부·주요문헌 1970』, pp. 254-256. 이하, 제4차 한일정기각료회의 공동성명에서의 인용은 이 문서에 의한 것이다.

68) 이에 대해서, 후쿠다(福田) 대장성장관은 "일본은 차관 금액에 대해서는 전혀 언급하지 않는다. 중기계공장 등의 4개의 프로젝트에 대한 차관은 지금부터 통산성이 한국 측과 내용을 협의한 후 실시할 것이다"라고 진술했다(「六閣僚韓國から歸り語る」, 『朝日新聞』 1970/07/24).

성명에서도 이를 언급하지 않았으며, '기계공업건설 등의 중공업육성계획'으로 기록했다. 그러나 여기서 "일본은 한국의 중공업육성에 관한 필요한 조사 등, 소요의 협력을 행할 용의가 있다고 말하였다. 또 일본 측은 이 조사에 기초하여 필요한 협력을 행할 용의가 있음을 약속하였다"(제18항)라고 기록한 것은 일본이 제3차 경제개발5개년계획이라는 광범위한 계획에 협력할 가능성을 시사했다고 말할 수 있을 것이다. 또 일본의 실업계도 이 사업에 대한 참여에 대해서, 한국의 국방산업의 육성과 이어진다는 것을 알고 있으면서도, 적극적인 자세를 보여 주었다. 9월 24일, 일한경제협회상무이사의 야마구치 에이지(山口英治)는 "안전보장은 군수만을 얻을 수 있는 것이 아니다. 일본으로서 한국 안전보장의 기반이 되는 경제발전에 협력해야 한다"라고 하면서, "그것은 정치, 경제, 방위 모두와 관련되어 잇는 것으로 받아들여야 한다"(山口英治 1970, 37)라고 매듭지었다.

IV. 한국군 현대화계획과 병기국산화의 불가분성 : 군사적 자립의 촉진

1. 제3차 한미방위각료회의와 한국군 현대화계획

이 당시 한국의 대일, 대미정책의 대부분이 '닉슨독트린'에 의한 대미불신으로 촉발되었다고 한다면, 서울에서 열린 제4차 한일정기각료회의에서 한국이 무기국산화를 위한 산업기반을 마련하기 위해 일본에 자금 협력을 요청했던 것과 호놀룰루에서 주한미지상군감축과 한국군 현대화계획에 관한 제3차 한미국방각료회의(1970년 7월 21~22일)가 개최된 것은 상징적인 의미를 가진다. 이미 언급한 대로, 닉슨 정권이 베트남전쟁의 조기종결을 주장했기 때문에, 미국의 대한군사관여를 유지하는 데 있어 주월한국군이 가지고 있었던 외교적 영향력은 사라지게 되었다. 이에 따라, 한국군 현대화계획에 미국의 지원을 요구한 것은 주한미지상군 감축에 대항할 수 있는 중요한 외교적 안건이 되었다. 물론, 이미 언급했듯이 NSDM-48이 1971년 회계연도 종료까지 주한미군 1개 사단의 철수를 결정한 이상, 한국이 그 결정을 뒤집기는 어려웠다. 그러므로 한국은 한국군 현대화계획으로의 지원을 요구하고, 동의하지 않는 한, 주한미지상군 감축에 반대한다는 태도를 취해야 했다.

제3차 한미국방각료회의의 개회사에서 패커드(David Packard) 국방차관은 주한미지상군감축계획에 대한 직접적인 언급은 피하며, 한국에 대한 "효과적인 지원"을 확실히 약속한다고 했다. 이것은 주한미군감축에는 지원이 선행되어야 한다는 한국의 주장을 배려한 발언이라고 할 수 있지만, 다른 시각으로 본다면, 미국이 주한미군감축을 가능하게 하는 조건을 먼저 제시하고, 그것을 기정사실화하려는 의도를 보였다고 말할 수 있을 것이다. 이러한 의도를 한국도 잘 알고 있었다. 정래혁 국방부장관은 "우리의 힘이 자랄 때까지" 주한미지상군은 현재의 규모로 주둔해야 한다고 하는 한편, 북한군에 비해 한국군이 열세라는 입장을 강조하면서, 과거 수년간 미국이 한국에 해온 지원을 계속 유지할 것을 요청했다.[69] 따라서 한국은 미국의 의도와는 다르게 군사 지원으로 주한미지상군감축이 기정사실화된 것에 저항했다고 말 할 수 있다. 사실, 정래혁은 여기서 "주한미군 감축의 부당함을 역설"하면서 "한국군 증강의 필요성"을 주장했다.

그렇지만, 미국이 한국에 대한 MAP를 제시한 것으로 주한미지상군감축 조건을 마련하려는 자세에는 변화가 없었다. 이틀째의 협의에서 패커드는 미국의 주한미지상군감축 의사를 다시 통고하면서, 1971년 회계연도의 MAP로는 1억 4천만 달러 이상을 기대하기 어려울 것이라 전하고, 5천만 달러 정도의 부족분은 국내에서 충당하도록 한국의 이해를 얻으려 했다. 이에 대해 정

69) 「수신: 대통령각하·발신: 국방부장관, 일시: 212030」(번호HLDW0705), p. 2. 이하, 첫째 날의 협의 내용의 인용은 이 문서에 의한 것이다.

래혁은 현재 한국의 군사력을 유지하려면 향후 5년간 지속적으로 2억 달러의 MAP가 필요하다고 하면서, 한국군 현대화계획을 위해서는 그것과는 별도로 추가 지원이 더 필요하다고 주장했다.[70)]

더구나 패커드는 이틀째 협의에서 주한미군이 소유하고 있는 장비 일부를 이양하는 문제도 제기했다. 거기서 제시된 장비가 주한미군 제1군단의 것과 중복되었기 때문에, 정래혁은 그것이 미 제1군단의 철수를 의미하는지를 물었다.[71)] 미 제1군단은 6·25전쟁 중 제52대공포대를 모체로, 제2보병사단의 전투능력을 향상시켰으며, 한국군과 합동작전을 강화하기 위해 군사경계선 서부지역에 주둔하고 있던 부대로서 제7보병사단과 제2보병사단으로 편성되어 있었다.[72)] 그러므로 패커드가 제시한 장비가 이양된다는 것은 어느 하나의 사단의 철수를 의미하므로 정래혁은 이에 강하게 반대하지 않을 수 없었다.

이러한 MAP와 주한미지상군 감축에 대한 한미간 의견 대립이 나타나는 가운데, 그 금액이야 어쨌든 간에 그 용도에 대한 의견일치를 본 것이 국방산업의 육성이었다. 혹시 주한미지상군 1개사단 철수가 피할 수 없을 때 한국현대화라는 것은 한국에게는 장비를 양도받는 것뿐만 아니라, 현대화된 장비를 국내에서 재생산할 수 있는 태세를 마련한다는 것을 의미했다. 한국은 협의 전체를 통해 국방산업육성을 위한 군수차관을 요구했으며, 거기에는 M-16소총공장과 함께 탄약공장도 포함되어 있었다.[73)]

또한 정래혁은 이틀째 협의에서 한국군 현대화의 필요성을 다루면서, 방위산업육성과 그 전 달에 이미 설치하기로 결정된 국방과학연구소에 대한 미국

---

70) 「수신: 대통령각하·발신: 국부장관, 일시: 230015」(번호 HLDW 0709), pp. 3-4. 이하, 이틀째 협의 내용에서의 인용은 이 문서에 의한 것이다.

71) 한국 측의 기록은, 이에 대해서 미국 측이 "당혹했었다"라고 기록했다. 이에 대해서는, 위의 문서, p. 4.

72) 또, 후에 미 제1군단은 제7보병사단이 철수했기 때문에, 1971년 7월에 한국군과의 혼성부대라는 형식을 취했으며, 한미 제1군단으로 발족하게 되었다(서울신문사 편 1997, 372).

73) 「제3차 한·미국방각료회의에서 아측 입장 요강」, 「한·미국방각료회의. 제3차. Honolulu. 1970. 7. 21-22. 전2권(V.1, 기본문서철)」(분류번호729.21 U S, 등록번호3634).

의 지원을 요구했다.[74] 이에 대해 패커드는 ① 국방산업 시설은 다른 종류도 생산할 수 있는 다목적용이어야 한다. ② 평화유지에 기여하고, 방어용 장비의 생산이 되어야 한다. ③ 국방산업 육성은 점진적으로 추진되어야 하며, 원자재가 직접적으로 한국에 부담이 되지 않도록, 공장가동 후에도 상당기간은 군사지원에서 부담한다. ④ M-16소총공장을 유치하는 데 있어 한국에 불이익을 주는 조건을 고려하라고 했다. 후에 미하원에 제출된 보고서에서 나타나듯, 미국도 한국군의 현대화를 통해 장기적으로 한국이 군사적 자립을 달성할 수 있어야 한다고 생각했다.[75] 이러한 이미 내에서는 한국군 현대화계획은 미군의 장비를 한국군에게 제공할 것을 주안으로 했지만, 그것은 병기 국산화 사업과 확연히 구분되는 것이 아니었다. 다시 말해서, 한국군 현대화계획도 장기적으로는 '닉슨독트린'이 요구한 방위 '자조'에도 도움이 되어야 했던 것이다.

결국, 제3차 한미국방각료회의의 공동성명에서는, 미국이 주한미군 감축을 언급하지 않고 조약상의 대한방위의무를 재확인했지만, 한미간의 이견이 표출되고 있었다. 즉, 공동성명에서는 MAP, 한국군 현대화 계획에 대해서도 "대한민국의 방위력을 강화·현대화하기 위해, 미국의 군사지원은 상당 수준 유지되어야 한다"고 하면서 한국의 요구가 받아들여졌다.[76] 그러나 본래 MAP, 한국군 현대화계획에 대한 미국의 지원은 주한미지상군의 감축을 가능하게 하는 조건으로 제시되어진 것이었다. 이 공동성명이 주한미지상군 감축에 대해서 언급하지 않은 이상, MAP, 한국군 현대화계획에 대한 합의도 원칙론을 넘지는 못했다고 생각할 수 있다.

---

74) 또한, 약 2주 후인 8月6日, 대통령령 제5267에 의해, 국방과학연구소직제가 공포되었다(국방군사연구소 1995, 201).

75) *Investigation of Korean-American Relations: Report to the Subcommittee on International Organization of the Committee on International Relations, U.S. House of Representatives*, October 1978, p. 69.

76) "Joint Statement of the Third Annual Meeting of R.O.K.-U.S. Defense Ministers, July 21,1970," *Se-jin Kim (ed.), Documents on Korean-American Relations: 1943-1976*, Seoul: Research Center for National Unification,1976, p. 382.

2. 애그뉴 방한과 주한미군 추가 감축계획

한미국방각료회의를 마친 지 얼마 되지 않은 8월 3일, 포터 대사는 마이케리스(John H. Michaelis) 주한미군사령관과 함께 박정희와 회담을 가졌다. 거기서 그들은 주한미지상군 감축에 강하게 저항하는 박정희에게 중요한 결정을 하도록 압력을 가했다. 박정희는 여기서 주한미군 감축에는 사전 '보장'이 필요하다는 주장을 반복하면서, 한국군 현대화계획에 대한 재정지원과 함께 한국이 '전시'상황일 때, 미국의 개입이 포함된 내용의 합의를 요구했다.[77] 이에 대해 포터와 마이케리스는 주한미군 감축과 한국군 현대화계획에 대해서 한국의 대응에 불만을 표시하면서, '1970년 12월까지 5천만 명, 1971년 3월까지 8천 5백 명, 1971년 6월 30일까지 4천 9백 명 감축'을 일방적으로 통고했다. 또 '전시'상황일 때, 미국의 개입에 대해서도 여기서 합의를 한다는 것은 한미상호방위조약의 한계를 넘어서는 것이라며 박정희의 요구를 거절했다.

더욱이 포터는 주한미군 소유·저장 장비의 이전에 대해서, 그 장비들은 "수백 대의 전차와 한국공군에 크게 공헌할 것"이라고 하면서, "다른 곳으로 보내지는 것이 있다면, 상당히 불행한 일이 될 것이다"라고 말했다. 포터는 한국이 주한미지상군 감축과 한국군 현대화계획과 관련하여 한미간의 공동 작업을 거부할 경우, 한국군이 주한미군의 장비조차 양도받을 수 없을 것이라고 강조했다. 박정희는 포터와 마이케리즈의 발언에 강한 반발을 했지만, 최종적으로는 주한미지상군 감축을 위해 한국군 현대화계획이 '만족할 만한 수준'에 이르러야 한다는 태도로 바뀌었다고 한다. 더욱이 박정희는 주한미군 소유·저장 장비의 이전에 대해서도 거기에는 "단위부대의 장비도 포함되어야 한다"라고 하면서, 주한미군의 장비를 양도받는 조건으로 주한미군 감축 그 자체에

---

77) 이하, 이 면담 내용에 대해서는, 포터가 국무성에 발부한 전보에서 인용한 것이다. 이에 대해서는, 「주한미군 철수에 대한 박정희 면담록(1970년8월3일/국무부, Korean Security Archives, ksa-004)」(http://www.kison.org/ka2/kisa-2/2-004.htm)을 참조.

대해서 암묵적인 이해를 해주었다.

그러나 한국군 현대화계획은 한국에 있어서 독립된 과제가 아니었다. 즉, 한국에게 장비 현대화는 필수 불가결이었지만, 한국군의 장비가 미군의 신식 장비로 바뀌는 것만으로 한국이 만족할 수는 없었다. 왜냐하면 만약 한국군의 장비가 현대화되었어도 그것은 머지않아 노후될 것이고, 이는 또한 새로운 신식 장비로 대치되어야 하기 때문이다. 나아가, 이 때 다시 미국이 한국군 현대화를 위해 적극적으로 지원한다는 보장이 없었다. 따라서 박정희는 한국군 현대화계획과 함께, 장비현대화를 미군의 지원 없이 이룰 수 있는 병기국산화의 필요성을 인식했음에 틀림없다. 박정희가 포터와 마이케리스에 대해서 "한국은 경제발전과 자주국방을 이룰 때가 왔다. 한국은 이제 자립해야 한다"라고 했던 것은 병기국산화를 위한 보다 많은 지원을 요구하는 것이었다. 또한 박정희는 "미국이 알아야할 것이 있다. 그것(경제발전과 자주국방-인용자)은 하루아침에 이루어지는 것이 아니다"라고 말했다. 앞에서 말한 대로 미국은 한국군의 현대화가 장기적으로는 한국의 군사적 자립으로 연결되어야 한다고 생각하고 있었지만, 박정희의 이러한 발언에는 주한미군 감축대신 병기 국산화를 위해 많은 액수의 자금을 요구하려는 의도로 엿볼 수 있다.

조건부로 주한미군 감축을 사실상 인정한 박정희에게 보다 강한 압력을 가한 것은 애그뉴(Spiro T. Agnew) 미부통령이었다. 애그뉴는 8월 24일부터 26일까지 닉슨 대통령의 특사로 한국을 방문, 포터 대사와 함께 박정희, 최규하 외무장관과 회담을 가졌다. 애그뉴가 서울에 도착해서 "(닉슨)대통령이 아시아에 있어서의 우리의 역할을 재검토함으로써, 괌에서 전한 중요한 원칙을 상기하기 바란다"(괄호 안은 인용자)[78]라고 말했듯이, 애그뉴의 방한 임무는 '닉슨독트린'이 한국에 대한 국지적 적용을 강행하려는 데 있어, 그것에 저항하는 박정희로부터 최소한의 동의를 얻는 것이었다.

78) "Arrival Address by Spiro T. Agnew, Vice President of the United States of America, August 24, 1970," *Documents on Korean-American Relations, op. cit.*, p. 385.

그러나 NSDM-48에는 1개사단의 철수뿐만이 아니라 주월한국군의 베트남에서의 철수 후 주한미군의 추가감축도 계획되어 있었다. NSDM-48은 한국군의 병력강화와 그 재원확보를 5년에 걸쳐 준비하기로 했으며, 그에 따라 한국군 현대화계획이 입안된다면, 그것은 5년간 지속되게 되는 것이다. 그 사이 베트남전쟁이 종결되고, 주월한국군이 철수한다면, 미국은 그 계획의 실기기간 중에 보다 빨리 주한미군 감축을 실행할 것을 생각해야 했다. 이와 함께, 애그뉴의 방한 직전, 국무성 동북아시아국은 그린(Marshall Green) 국무차관보 앞으로 보낸 각서에, 예산국에 의한 국방비의 시산(試算)이 세입의 저하, 국방비 이외의 지출이 증가하는 등으로, 1970년 회계연도 초부터 크게 저하되었다고 보고하고 있다. 또 그 각서에서는 국방비가 총액으로 약 5억 달러 정도 삭감될 경우, 제7보병사단의 철수뿐만 아니라 제2보병사단의 철수를 1972년 회계연도 중에 완료해야 한다고 경고했다.[79] 이에 따라 애그뉴는 한국군 현대화계획에 대한 재정지원을 제시하면서도 그 계획의 실시 기간에 주한미군의 추가감축을 시행하는 것을 담보를 확보해 둘 필요가 있었다.

이에 대해, 1개사단과 함께 주한미군의 추가감축 가능성을 알게 된 박정희는 괴로운 선택을 강요받고 있었다. 그 이유는 한국군 현대화계획을 수용한다면, 주한미군 1개사단의 철수는 불가피하게 되며, 이는 또한 주한미군의 추가감축으로 이어지면 안 되기 때문이다. 그러나 다른 한편, 주한미군 1개사단의 철수에 반대하여 한국군 현대화계획을 수용하지 않으면 미국이 일방적으로 추가감축까지 강행하지 않을까 우려했을 것이다. 따라서 박정희는 애그뉴로부터 한국군 현대화계획의 실행 기간 중에는 주한미군의 추가감축이 이루어지지 않는다는 확답을 받을 수 없다면, 그 계획에 합의할 수 없다고 주장해야 했다.

이상의 과정에서, 애그뉴와 박정희의 회담 대부분이 한국군 현대화계획과

---

79) "(01311) The Defense Budget (Top Secret Memorandum, Cleveland, Paul M. to Green Marshall, August 18, 1970)," *Japan and the United States, op. cit.*.

주한미군의 추가감축의 가능성에 대한 논의로 소요되었음은 당연한 것이었다. 이 회담은 총 세 번에 걸쳐 이루어졌다. 첫 번째 회담에서 애그뉴는 "주한미군을 감축할 즈음에 실질적인 조치(substantial actions)가 함께 취해지게 될 것이다. 이러한 조치는 장기적인 안목에서 보면, 한국의 자주적 안보와 국방을 위해 지금까지 보다 좋은 것이 될 것이다"[80]라고 하고, 주한미군 1개사단의 철수를 전제로 하면서, 그 보완책으로 한국군 현대화계획을 제시했다. 이에 대해 박정희는 이틀째 회담에서 1개 사단 철수 후에 잔류하는 주한미군에 변화가 없을 것, 또, 북한이 남침했을 때, 미국이 즉각 한국을 지원한다는 것을 요구했다.[81] 그러나 애그뉴는 한국군 현대화계획과 주한미군의 추가감축 문제를 결부시키는 것에는 계속 반대했다. 또 애그뉴는 앞의 포터와 마이케리스의 경우와 같이 한미상호방위조약의 의무를 언급하면서, '닉슨독트린'은 한국을 포함한 아시아에서 완전철수를 의미하는 것이 아니라는 발언으로 시종일관하였다(박정희대통령·육영수여사기념사업회 1990, 283).[82]

더욱이 박정희는 애그뉴에 대해서 한국군 현대화계획에 필요한 재정지원으로 5년간 총 25억 달러 내지는 30억 달러라는 거액의 자금을 요구했다(박정희대통령·육영수여사기념사업회 1990, 290). 그러나 한국군 현대화계획에 소요되는 비용에 대해서는 NSDM-48이 결정된 1970년 3월을 시점으로 연간 2억 달러 정도를 5년간 계속 제공한다고 제시되어 있었다. 물론, 국가안전보장회의와 키신저(Henry A. Kissinger) 대통령국가안전보장담당특별보좌관 사이에 교환된 각서에는 박정희를 설득하기 위해 1억 5천만 달러를 추가하는 것이 바람직하다는 의견도 제출되어 있었다.[83] 그러나 그것이 의회를 통과했어

80) 「대통령각하와 '애그뉴' 미부통령간의 면담요록(I)」, pp. 3-4, 「Agnew, Spiro T. 미국부통령 방한 1970.8.24-26. 전2권(V.1, 기본문서철)」(분류번호 724.12U S, 등록번호 3641).

81) 「대통령각하와 '애그뉴' 미부통령간의 면담요록(II)」, pp. 10-13, 위 문서.

82) 또한 여기에서 애그뉴는, 한국 '전시'에 미국의 개입에 대해서는, 그 전해 벤즈 전국무차관이 방한했을 때, 박정희에게 약속했던 '즉시공동대처'란 발언에서 이미 강조되었다고 했다(위의 문서, pp. 281-282). 벤즈 방한에 대해서는, 倉田秀也(2001, 154)를 참조.

도 박정희가 요구한 금액에는 훨씬 미치지 못했고, 애그뉴가 박정희가 요구한 금액을 받아들일 여지는 애초부터 없었다고 말할 수 있다.

박정희는 결국, 애그뉴로부터 한국군 현대화계획의 실행기간 중에 주한미군을 추가감축하지 않는다는 언질조차 얻어내지 못한 채, 공동성명을 발표할 수 없었다. 더구나 애그뉴는 한국을 떠난 후, 기내 기자회견에서 주한미지상군 1개사단의 철수에 대해 "時限을 時限으로써 제시했다. 朴大統領은 이것을 이해했으며 수락했다"라고 하면서, "우리는 특정 수준의 現代化가 이루지 못했다는 근거에서 撤軍할 수 없는 처지에 놓이기를 원치 않는다"[84]라고 하였다. 즉, 애그뉴는 한국군 현대화계획에는 협력 및 그 달성 수준과는 관계없이 미국이 자국의 판단에 따라 주한미군을 추가로 감축할 수 있기를 희망했다. 이때 박정희는 애그뉴와의 회담에서 병기국산화의 필요성을 다시금 인식하게 되었을 것이다. 한국군 현대화계획이 병기국산화와 불가분의 관계에 있었다는 지적대로, 주한미군 감축이 1개사단의 철수로 끝나지 않는다면, 그만큼 병기국산화의 필요성은 증대되게 될 것이다. 박정희는 애그뉴가 떠난 후, "자주국방만이 우리가 살 길이다. 미국의 방침에 일희일비(一喜一悲)하는 처지를 빨리 초월해야 한다"고 하면서, 김정렴에게 "첨단무기는 고가이므로 외화는 신종 고성능 무기도입에만 충당토록 하고 기본병기는 하루빨리 국산화해야 하겠다"라고 지시를 내렸다(오원철 1996, 22; 박정희대통령·육영수여사기념사업회 1990, 291).

---

83) "Information Memorandum From C. Fred Bersten of the National Security Council Staff to the President's Assistant for National Security Affairs (Kissinger), Washington, July 7, 1970," *Foreign Relations of the United States, Volume IV: Foreign Assistance, International Development, Trade Policies, 1969-1979*(이하, *FR*), Washington, D.C.: US Government Printing Office, 2002, p. 66.

84) 「애그뉴美副統領機上會見記 — 駐韓美軍減縮에 관하여」, 『合同年鑑(1971年版)』, 서울: 연합통신사, 1971, p. 71.

V. 한국방위와 미일 '분업'의 구조화 : NSDM-48의 실천

1. 나카소네방미와 대한지원

앞에서 본 것과 같이, 주한미군 감축이 논의되는 가운데 한국의 '4대핵공장건설사업'이 사실상 국방산업임을 알았으면서도, 제3차 5개년계획을 지원할 뜻을 표명한 일본과 한국군 현대화에 재정을 지원한 미국이 서로 어떤 관련이 있는지, 바꿔 말하면, 한국 방위라는 큰 명분 안에 일본과 미국이 이를 어떻게 '분업'했는지를 살펴볼 필요가 있다.

흥미로운 것으로, 제4차 한일정기각료회담과 제3차 한미국방각료회의가 개최되기 전날인 1970년 7월 20일, 도쿄에서 아시아국가들에 파견된 미차석대사(米次席大使)가 모여 회담이 개최되었다. 이 자리에서 그들은 동아시아의 안전과 발전이라는 공통의 목표를 위한 미일의 '역할분담'(division of labor)을 제창했다. 또한 그들은 주한미지상군 감축에 대해 언급하면서, 미국의 한국에 대한 지원 감소에 대해 우려를 나타냈다.[85] 이것은 주한미지상군 감축을 한국과 함께 염려하는 일본을 배려하면서, 주한미지상군 감축 후에도 한국이 대북 억제능력을 가능한 한 상실하지 않는 방향으로 미일의 역할을 조정하는 것을 의미했다. 그리고 이는 일본과 한국으로부터 육상병력을 감축한다 해도 주일미공해군 — 특히 공군력 — 의 기동력을 높인다는 '닉슨독트린'의 전체 틀과도 일치하는 것이었다.

사실, 제3차 한미국방각료회의에서는 주한미지상군 감축이 논의되는 한편, 공동성명에서는 미국이 태평양 지역 이외의 미군기지에서 공군기를 주한미군기지로 이전할 계획을 발전시켜, S-2형대잠경계기를 공급하기로 합의하

---

85) "(01302) Chiefs of Mission Conference Report," (Secret Airgram, From Rogers, William P. to United States, High Commissioner for Ryukyu Islands[et. al.], July 20, 1970)," *Japan and the United States, op. cit.*.

였다.[86] 앞서 살펴보았듯이, 이 당시 미국은 주일미군기지를 정리통합하여, 미사와 공군기지를 시설과 장비를 갖춘 '둥우리'로, 요코타(橫田)를 극동에서의 공군력의 '횃대'로 하는 구상을 진행시켰고, 이 과정에서 F-4 '팬텀'의 주한미공군기지로의 이전이 논의되었다. 또한 8월 이후, 레어드 국무장관, 존슨 국무차관, 메이러 주일대사 사이에서, 요코타 기지의 제347전술항공단을 일단 미사와 기지로 옮기고, 요코타 기지가 소유한 F-4 '팬텀'을 주한공군 기지로 이주할 방침을 확정지었다.[87] 애그뉴가 방한 당시, F-4 '팬텀' 전투기 1개 비행단의 한국상주와 S-2형대잠경계기의 제공을 약속했다는 것도[88] 이상의 논의가 받아들여졌기 때문으로 생각된다. 이러한 조치가 주한미지상군 감축을 우려하는 한국을 회유하기 위해서라고까지 말할 수는 없지만, 그것은 다른 측면에서 주일미공군과 주한미공군의 연관성을 높였다고 할 수 있다. 더욱이 주일미군에 대해서도 메이어는 사세보(佐世保) 기지를 거점으로 하고, 요코스카(橫須賀) 기지를 주변시설과 통합하는 안(案)을 제출했다.[89]

그러나 공해군의 기동력 향상과는 무관하게 한국은 주한미지상군 감축이 북한의 무력도발을 유발할 것을 우려했다. 앞서 살펴보았듯이, 한국은 제4차 한일정기각료회의와 제3차 한미국방각료회의에서 이러한 우려를 일본과 미국에 전달했다. 분명, '닉슨독트린'은 한국의 대북억제력을 유지하는 데 한국이 보다 노력을 기울일 것을 요구했다. 나아가, 박정희가 '닉슨독트린' 이후 '자주국방론'을 제창했다고 하더라도, 국방산업육성을 위해서는 일본의 자금

---

86) "Joint Statement of the Third Annual Meeting of R.O.K.-U.S. Defense Ministers, July 21, 1970," *op. cit*; 공군본부(1976, 90).

87) "(01308) Response to Under Secretary Johnson's Letter Regarding Disposition of Air Force F-4 Wings (Secret Letter, From Lard, Melvin R. to Johnson, U Alexis, August 11, 1970)," *Japan and the United States, op. cit.*.

88) 「'애그뉴' 美副統領 訪韓에 관한 報告(1970.9.7.)」, 서울: 國務總理室, p. 12.

89) "(01309) Coordinated Approach to U. S. Base Reductions in Japan(Secret Cable, From Meyer, Armin H. to Department of States, August 11, 1970)," *Japan and the United States, op. cit.*.

원조가 여전히 필요했으며, 한국군 현대화계획을 위해서는 미국의 재정지원이 필요했다. 따라서 한국의 '자주국방'을 위해 당시 일본과 미국 사이에 어떤 논의가 있었는지가 검토되어야 한다.

이를 위해 살펴보아야 할 것은 1970년 7월의 미일안전보장협의위원회 소위원회에서의 논의이다. 이에 앞서 야스카와 다케시(安川壯) 외무사무차관은 제4차 한일정기각료회의가 개최된 7월 22일, 슈나이더(Richard Sneider) 주일공사에게 박정희가 가나야마 마사히데(金山政英) 주한일본대사에게 9천만 달러에서 1억 달러의 경제협력을 요구했다는 사실을 밝히면서, 미일안전보장협의회 소위원회에서 한국에 대한 협의를 가질 것을 제의했다.[90] 그 결과, 7월 27일에서 31일까지 열린 미일안전보장협의회 소위원회에서는 야스카와의 요청에 따라 한국에 대한 협의를 갖게 되었다. 여기서 야스카와는 제4차 한일정기각료회의에서 한국이 '4대핵공업건설사업'에 1억 달러 지원을 요구한 사실을 밝히면서, '4대핵공업건설사업'이 한국에서 국방산업이라고 보도되었기 때문에, 일본의 지원이 어렵게 되었다고 말했다.[91] 그 이상의 자세한 내용은 밝히지 않았지만, 흥미로운 것은, 김동조 주미대사는 최규하 외무부장관 앞으로 이 소위원회에 참가한 주미일본대사관원에게 들은 내용을 전달했다. 이에 따르면, 일본은 한국에 "군지원은 제공 할 수 없으나, 경제원조를 강화할 생각이라고 말했다고 함"[92]이라고 전했다고 한다. 이미 제4차 한일정기각료회의의 공동성명에서는 일본이 한국의 제3차 경제개발5개년계획에 협력할 것이 강조되었는데, 이러한 일본의 입장이 미일간의 안전보장협의에서 재확인되었던 것이다.

제4차 한일정기각료회의와 한국에 대한 일본의 지원은, 같은 해 9월, 나카

---

90) "(01304) Security Subcommittee(Secret Cable 005584, From Sneider, Richard L. to Department of State, July 22, 1970)," *Japan and the United States, op. cit.*.

91) "(01306) SCC XII-Korea, (Secret Cable, From Johnson, U. Alexis to Unites States. Embassy [Japan], July 31, 1970)," *Japan and the United States, op. cit.*.

92) 「수신: 외무부장관· 발신: 주미대사, 일시: 311800」(번호 HLDW 0709), pp. 1-2.

소네가 미국을 방문했을 때도 논제로 다루어졌다. 나카소네는 귀국 후 기자회견에서 "일본이 주변국들과 동남아시아에 대해서 군사적 관계를 가지는 것을 전혀 (미국이-인용자) 요청하지는 않았다"93)라고 밝혔으나, 이에 대해서는 앞에서 본 미일안전보장협의 소위원회에서 보다 본격적으로 논의가 이루어졌다. 실제 존슨 국무차관은 일본이 한국에 제공할 지원의 내용으로, "병기생산에 직결되지 않는 형태의 군사지원"(non-lethal military aid)을 요청했다. 이에 대해 나카소네는, 일본은 한국을 군사적으로는 지원할 수 없지만, 경제적 지원은 가능하다고 발언하면서, 한일 간 고위군사당국자의 시찰이 실현된 사실을 지적했다.94)

실제로, 1969년 6월에 이미 야마다 마사오(山田正雄) 육상자위대막료장(陸上自衛隊幕僚長)이 한국 육군부대를 시찰했고, 한국에서는 문형태 합참의장이 자위대시설을 시찰했다.95) 나카소네가 미국으로부터 한국지원을 의뢰받은 후, 이 발언을 했다고 생각해 보면, 1970년 7월 츠치야 방위정무차관의 한국방문 의미를 다시 한 번 떠올리게 된다. 그 이유는 앞에서 말한 바와 같이, 츠치야는 한국에서 휴전선뿐만 아니라, 산업시설도 시찰했고, 한국에서 "군사협력을 부탁받았다"는 사실을 분명히 하면서도, "경제협력이라면 힘이 되어줄 수 있을 것이다"라고 했기 때문이다. 이러한 맥락에서 나카소네가 미 체류 중, 내셔널프레스클럽에서의 연설에서, 주한미지상군 감축은 한국에 대해 "충분한 조치를 취하면서, 점진적으로 접근하는 것이 바람직하다"라고 하면서, "사회적 안정을 위해서 경제지원과 경제협력, 문화협력을 하는 것은 안전보장의 측면에서도 상당히 중요한 역할을 할 것이라고 생각합니다"96)라고 발언한

---

93) 「45·9·20 アメリカを訪問して(羽田空港における長官記者會見)」, 『中曾根防衛廳長官演說等抜粋』. 이하, 이 기자회견에서 인용은 이 문서에 의한 것이다.

94) "(01321)Nakasone Visit (Secret Cable, From Rogers, William P. to United States Embassy [Japan], September 12, 1970)," *Japan and the United States, op. cit.*.

95) Cha, 졸역서, p. 83.

96) 「45·9·10 日米相互安全保障に關する提言(ワシントン·ナショナル·プレスクラブにおける

것에 주목해야 할 것이다.

다른 한편, 나카소네의 방미 목적 가운데 하나는, 그동안에 미일 사이에서 논의되어 온 주일미군기지의 정리통합에 대해 각료 차원에서 기본 합의를 하는 것이었다. 나카소네는 귀국 후 기자회견에서 말한 대로 그의 방미는 시기적으로 "대체로 레어드 국방장관 쪽에서 다음 5개년계획에 대해서 70년대의 전반적인 초안이 제시되었으며, 미국에서는 레어드 국방장관과 패커드 국방차관이 검토하고 있는 단계에 해당했다" 여기서 말한 5개년계획으로는 NSDM-48이 제시한 5개년계획을 가리킨다. NSDM-48은 '주한미군, 또는 한국과 명확히 연관된 미군'으로, 주일미군의 병력구성에도 관련된 결정이다. 나카소네가 레어드와 협의한 주일미군기지의 정리통합은 주한미지상군 감축계획과 같으며, NSDM-48의 지시 내용을 실천에 옮긴다는 의미를 가지고 있다. 이에 대해 나카소네는 내셔널프레스클럽에서의 연설에서 주일미군기지의 정리통합에 대해 미국에 제안한 것을 밝히면서, 그것을 점진적으로 추진해 나갈 것이라고 했다. 또한, 나카소네는 귀국 후 기자회견에서 주일미군기지의 정리통합에 대해 "상당히 진행된 인상을 받았다"라고 솔직히 밝히고, 미토(水戸) 사폭장의 철수를 시사하는 외에, 도코로자와(所澤) 기지에서 미육군의 전면 철수를 시사하였다.

이러한 사실은 나카소네의 '자주방위론'을 주일미군기지와의 관계에서 실현하려한 것을 의미하는 동시에 그 이후, 미일안전보장조약의 5조 사태에 대비하려는 노력이 자위대에 의해 이루어지는 것을 의미하고 있다. 그러나 방미 이전부터 나카소네가 "핵무기 및 제7함대와의 제휴를 제외하고, 본토 방위는 자주독자적인 체제로 해나갈 생각이다"[97]라고 밝혔듯이 '자주방위론'은 5조

長官演說)」, 『中曾根防衛廳長官演說等拔粹』. 이하, 나카소네의 내셔널프레스클럽에서의 연설에서 인용은 이 문서에 의한 것이다.

97) 「45·7·30 ニューヨークタイムズ ビーチヤーズ記者との長官會見要旨」, 『中曾根防衛廳長官演說等拔粹』.

사태가 발생했을 때, 미군의 지원과 미국의 '핵우산' 제공에 입각했을 뿐만 아니라, 한국 '전시'상황인 6조 사태가 발생했을 때 주일미군의 기동력을 확보하는 것도 전제되어 있다. 나카소네는 미국에 체류 중에도 이 점을 강조하고, 내셔널프레스클럽에서의 연설에서도 주일미군기지의 정리통합 이후도 일본 유사시에는 미군의 "재진출을 계속 허가"한다고 하면서, "통상 병력에 의한 일본열도 침략에 대해서는 일본인의 책임하에 방위를 완수하고 싶다"라고 하는 한편, "핵억제력 및 제7함대는 일본의 방위정책상 불가결"하다고 밝혔다.

2. 주한미군 감축과 제12회 미일안전보장협의위원회

위의 내용에서 우선 지적할 수 있는 것은 미일간에는 한국 '전시' 상황에 대비하여 미국이 공·해군의 기동력을 향상시키고, '평시'의 국방산업육성에 대해서는 일본이 경제협력을 하는 것으로 대응하는 '분업'을 도모하고 있다는 것이다. 물론, 두 나라의 역할이 명확히 구분되는 것은 아니었다. 예를 들어, 한국군 현대화계획은 한국군의 장비를 미군의 신식장비로 전환하는 것을 목적으로 했다. 그러나 앞에서 말했듯이, 그 신식무장비가 노후되었을 때, 보다 나은 장비의 현대화를 위해 미국이 적극적으로 지원한다는 보장은 없었다. 따라서 박정희는 그 장비가 노후되었을 때, 미군의 지원 없이, 독자적으로 이를 대체할 수 있는 병기 국산화의 기반을 확충할 필요가 있었다.

사실 박정희는 시정방침연설(9월 2일)에서 1971년의 국방방침으로 7가지를 예로 들었다. 그 중에는 '무기를 포함한 전쟁물자 연구개발의 기틀을 마련할 것이고, 장비물자의 최대한의 전력화, 국군의 장비 현대화를 통한 전투력의 증강'이 포함되어 있었다. 또한, 여기서 박정희는 "경제개발과 민수산업을 토대로 한 방위산업을 육성시키는 동시에, 유사시 전시산업으로 신속히 전환할 수 있는 기틀을 마련할 것입니다"라는 방침을 밝히면서, 제3차 경제개발5개년계획의 한도 내에서지만, 제4차 한일정기각료회의에서 일본에 협력을 요청한 '4대핵공장건설사업'을 추진해 갈 것이라 했다.[98] 또한 박정희는 '국군의 날'(10월 1일) 연설에서도, "우리의 국토는 일차적으로 우리의 힘으로 막아야 되는 것입니다. 적의 침략이나 도발을 우선 우리 힘으로 막겠다는 결의와 준비 없이 누가 남이 막아주기를 기대한다면 우리는 또 한번 커다란 불행을 면치 못할 것입니다(중략). 우방의 지원은 어디까지나 지원인 것이며, 우리의 국토는 우선 우리가 지킨다는 우리의 자주적인 노력이 있을 때 비로소 우방의 지원을 기대할 수 있다"[99]라고 했다.

주한미지상군 1개 사단의 철수가 불가피하게 되고, 추가감축도 우려되는 가운데, 박정희는 한국군 현대화계획에 커다란 기대를 걸 수밖에 없었다. 그 구체적인 내용은 한미간의 군실무자 간의 협의에 의해 구성되었다. 박정희는 주한미군의 추가감축이 있을 것을 예상하고, 그에 대한 대비로 한국군 현대화계획을 서둘렀다(朴寬洙 1978, 99-100). 그 계획에서 한국이 요구한 대부분 사안들을 미국이 수용하였다. 이에 따라, 그 계획에는 기갑전력, 포병전력의 증강과 함께 차량 5백 대의 교체 및 M-16 소총공장 유치도 포함되어 있었다.[100] 이와 같이 서울에서 한미간의 군실무자에 의한 협의가 이루어짐과 동시에 워싱턴에서는 한국군 현대화계획에 대한 재정지원의 윤곽이 잡혀가고 있었다.

원래 NSDM-48은 한국군 현대화계획으로 2억 달러를 5년간 계속 지원할 것을 지시했으나, 이 당시 이미 키신저는 그 총액을 15억 달러로 수정했다. 또한 레어도는 한국에 대한 1971년 회계연도의 지원으로 통상적으로 MAP 1억 4천만 달러에 한국군 현대화를 위해 1억 5천만 달러의 추가지원을 담은 각서를 마련했다.[101] 이에 따라 레어드는 10월 8일 상원세출위원회에서 예산상의

98) 「1971년도 예산안 제출에 즈음한 시정연설(1970년9월2일)」, 『박정희 대통령 연설문집』, pp. 247-249.

99) 「제22회 『국군의 날』 치사(1970년10월1일)」, 『박정희 대통령 연설문집』, p. 274.

100) 육군본부(1984, 119), 山本武重(1974) 참조.

101) "Memorandum From Secretary of Defense Laird to the President's Assistant Secretary for National Security Affairs (Kissinger), Washington, September 11,1970," *FR*, pp. 73-74.

제약에서 1971년 회계연도의 대한군사지원으로 병기의 운영과 유지(O & M: Operation and Maintenance) 이상의 지원도 낙후된 한국군 장비를 대체할 수 있도록 지원하는 것이 불가능한 일이라고 솔직히 인정하면서, 한국군 현대화를 위한 긴급지원으로 1억 5천만 달러를 요구했다. 또한 레어드는 한국군 현대화계획에 필요한 총액에 대해서도 그것이 주한미군 감축으로 기대되는 경비절감분을 충당한다 해도, 5년간에 실질적으로 약 4억 5천만 달러의 차익을 낼 수 있다는 것으로 의회를 설득했다.[102] 또 닉슨도 11월 18일의 교서에서 1억 5천만 달러의 추가지원과 함께 철수할 주한미군이 소유·저장한 장비를 한국군에게 양도할 것도 요구했다.[103]

이러한 움직임에도 불구하고 미국의 재정 지원이 한국의 기대를 크게 저버렸다는 것은 말할 것도 없지만, 더욱 한국을 곤란하게 한 것은 주한미지상군 감축이 한국을 배려를 하지 않은 채 강행되었다는 것이다. 레어드가 한국군 현대화계획을 위해 1억 5천만 달러의 추가지원을 의회에 제출한지 불과 1주일 후, 주한미군사령부는 11월 15일을 기일로 제7보병사단 최대의 후방기지이며 1개 여단사령부와 보병 2개 대대가 주둔하고 있던 캠프 카이저를 폐쇄할 것을 발표했다. 그동안 한미 간에 군실무자 협의가 있었음에도 불구하고, 이에 대해 사전협의를 전혀 하지 않았다는 점에서 한국 측은 그 결정을 비난했다. 그럼에도 불구하고, 미군은 이러한 결정에 대해서, 감축규모가 1개사단 이상이 될 가능성을 시사할 뿐만 아니라, 부대의 개편으로도 이어질 수 있다는 입장을 밝혔다(서울신문사 편 1997, 363).

한편, NSDM-48이 주한미지상군의 철수와 함께, '한국에 명확히 연관된 미군'으로서 주일미군기지의 정리통합을 언급한 이상, 이 두 가지가 동시에

---

102) "Statement of Melvin R. Laird, Secretary of Defense, before the Subcommittee on Foreign Operation of the Appropriation Committee, October 8, 1970," *Documents on Korean-American Relations, op. cit.*, pp. 386-387.

103) "Special Message to the Congress Proposing Supplemental Foreign Assistance Appropriations, November 18, 1970," *Public Papers of the Presidents: Richard Nixon, op. cit.*, p. 1076.

진행되는 것은 당연한 일이었다. 캠프 카이저가 폐쇄된 시기, 나카소네는 참의원에서 그 10일 전에 그라함 주일미사령관이 전한 내용을 배경으로, 주일미군기지의 정리통합에 대해서 설명을 하고, "다음의 5개년계획(4차방)이 끝날 때까지 (중략) 상당 부분 미군병력은 철수하고, 상주하지 않을 가능성"(괄호 안은 인용자)을 지적했다.[104] 또 미상하양원이 1억 5천만 달러의 대한특별군사지원을 확정한 시기, 제12회 미일안전보장회의위원회가 열렸다. 그 결과, 미국이 "일본 및 다른 극동지역에 대한 안전보장상의 약속을 다하기 위한 미국의 능력에 큰 영향을 미치지 않도록 그 작전능력을 효율화하고, 또한 현존하는 자원을 최대한 이용을 가능하게 하는 목적"을 주일미군기지의 정리통합계획을 발표했다.

이에 따르면, 미사와기지에 배치되어 있던 모든 F-4 '팬텀'이 이주되고, 그 중 1개 중대는 1971년 3월 말까지 미국에, 그 외(2개 중대)는 6월 말까지 한국으로 이주하게 되었다. 요코타기지에 대해서도 71년 6월까지 모든 F-4 '팬텀'이 오키나와로 이주하는 동시에 정착부대도 미국으로 이주하게 되었다. 또 미해군에 대해서도 1971년 말까지 요코스카 및 요코하마지역의 활동을 대폭 축소하고, 제7함대의 기함 및 제7잠수함군의 병참보급활동의 일부를 사세보기지로 이동하게 되었다.[105] 이러한 결정은 그동안 '둥우리'와 '횃대'라는 은유를 통해 워싱턴과 도쿄에서 전개된 구상을 바탕으로 했다. 주일미지상군의 감축과 함께, 그것은 5조 사태에 대비할 주된 노력을 자위대가 하고, 미군이 6조 사태에 대비하는 형태로, 미일안전보장체제가 바뀌고 있음을 의미했다.

사실, 제12회 미일안전보장협의위원회의 결정에 대해, UN군사령부도 주일미공군소속인 F-4 '팬텀'이 1971년 6월까지, EC-121기가 12월까지 한국으

104) 『防衛年鑑(1971年版)』, 防衛年鑑刊行會, 1971, p. 131. 「第六四會國會參議院會議錄第四号」, 『官報(号外)』 昭和45年 11月 28日, p. 12.

105) 「米軍施設·區域の整理統合に關する日米安保協議委員會についての外務省情文局發表(12月21日)」, 『日本外交主要文書·年表』, pp. 1014-1015.

로 이주할 것이라 발표했다(서울신문사 편 1997, 573). 군산기지에 인도되기로 한 F-4 '팬텀'은 원래 요코타기지의 제347전숙항공비행단이 소유했던 것으로, 그것을 일단 미사와기지로 옮긴 후, 한국으로 인도된다는 기존의 방침에 따른 것이었다. 사실 그 후, 군산기지에서 창단된 제3전술전투비행단은, 부대가 해체된 미사와기지의 제347전술항공단을 이주한 것이었다. 또 이미 설명한 대로, 1970년 여름까지 군산기지에는 F-4 '팬텀' 3개 중대가 교대로 배치되어 있었는데, 그들은 같은해 9월 초에 미국으로 인도된 채 한국에서는 재배치되지 않았다. 따라서 F-4 '팬텀' 2개 중대가 새로 군산기지로 이주했어도 그것은 미본토에 인도된 2개 중대가 재배치된 것과 마찬가지며, 주한미공군 자체가 증강된 것은 아니었다(江口浩 1973, 68-69).[106] 그러나 주일미군기지의 정리통합계획은 공군 기동력의 향상과 함께, 주한미군과 관련해서 논의되었다. 그러므로 F-4 '팬텀'의 한국 이주도 주한미공군의 증강이 아니라, 공군의 기동력 향상을 위해 취해진 조치라고 생각해야 할 것이다.

Ⅵ. 결론 : '종합전력구상'과 한미일관계

1970년 한미일 3국의 관계는 '닉슨독트린'의 틀 속에서 변화되었다. 한국에 대한 '닉슨독트린'의 적용은 주한미지상군 감축이란 형태를 띠었으며, 그것은 NSDM-48에 제시된 대로 대북한억제력의 유지를 위해 한국군 현대화계획과 함께 진행되었다. 주한미지상군 감축에 대해 한국은 끝까지 저항했고, 한국군 현대화계획을 위한 재정지원도 한국의 기대에는 미치지 못했다. 그러나 그동안 미일간에는 한국방위를 염두에 두고, 안전보장관계의 재조정이 이루

---

106) F-4 팬텀 3개 중대가 1970년 9월 초, 미 본토에 인도된 채 군산기지에 재배치되지 않았던 것에 대해서는, *Pacific Stars and Stripes*, August 31, 1970 참조.

어졌다. 주일미군의 정리통합계획은 육군병력을 대폭 감축하는 한편, 주한미 공군과 연계하면서, 공해군의 기동력을 향상시키려는 형태로 추진되었다. 그 결과, 주일미군은 미일안전보장조약 5조 사태보다, 한국 '전시'를 포함한 6조 사태에 역점을 두고 편성되어 갔다. 서두에서와 같이 그 전년도의 미일공동성명에서 강조되었던 '한국조항'이 한국 '전시'에 주일미군의 전개에 대해서 미일 공동의 책임을 강조했던 것을 생각하면, 주일미군의 정리통합계획은 한국 '전시'를 염두에 두었던 군사적 재편성이었다.

한편, '닉슨독트린'이 동북아시아지역에서 한국과 일본이 국방의 일차적 책임을 지며, 육상병력 감축이란 공통점을 가지고 있었음에도 불구하고, 한일 양국은 대조적이라 할 수 있는 대응을 보여주었다. 그 결과, 한미관계에서는 주한미지상군 감축이 박정희의 '자주국방론'을 촉발시켰을 뿐만 아니라, 미국의 군사관여에 대한 불신을 증폭시켰던 것과는 대조적으로, 미일관계에서 미군기지의 축소를 비주둔국에서 제기한 나카소네의 '자주방위론'에 따라 추이됐다. 그러나 '한국조항'이 한국 '전시'의 상황에 대한 미일공동의 책임을 언급하면서도 동시에, 일본이 한국 '평시'의 병기국산화에 간접적으로 관여하고 있음을 상기한다면, '닉슨독트린'에 따른 한국의 안전보장상의 우려를 일본이 역시 공유하는 것은 당연한 것이었다. 박정희의 '자주국방론'은 병기국산화를 불가결한 과제로 삼고 있었으며, 주한미지상군 감축계획을 발표한 이후, 일본의 지원을 통해 국방산업의 기반을 확충하려 했다는 점에서 일본이 경제협력이라는 형태로 한국의 국방산업 육성에 관여하게 된 것은 당연한 일이었다. 이와 관련하여, 일본의 대한경제협력이 미일간의 논의와 병행되었다는 점에서, 이는 '평시'와 관련하여 '한국조항'에 따른 한일경제관계의 재조정이었다라고 할 수 있을 것이다.

1971년 2월 6일, 최규하와 포터 사이에서 '한국군 현대화 및 주한미군 감축에 관한 한국정부와 미국정부 사이의 공동성명'이 서명되었으며,[107] 1971년 회계연도 내에 제7보병사단의 철수뿐만 아니라, 제2보병사단이 군사경계선에서 후방으로 재배치되는 것도 기정사실화되었다. 이것은 NSDM-48에 따른 것이었다. 그 결과, 같은 해 3월 말로 한국군이 서부전선 미제2보병사단 전역 20Km를 접수하고, 처음으로 군사경계선 전역의 방위를 담당하게 되었다. 이에 대해서 박정희는 "자립 경제와 자주 국방 건설의 노력에 새로운 전기를 마련"[108]했다라고 언급했다. 이미 박정희는 그 해 1월, 국방부의 연두순시 때, 국방산업과 연구개발의 목표는 1970년대 중반까지 총포·탄약·통신기·차량 등의 기본 병기의 국산화에 전력을 다하고, 1980년대 초에 유도탄·항공기·함선 등의 정밀 무기의 국산화 능력을 확보하는 것이라 했다(박정희대통령·육영수여사기념사업회 1990, 292).

이는 그 당시에 윤곽이 드러난 닉슨 정권의 '종합전력구상'과도 부합되는 것이었다. 이 구상은 레어드 국방장관에 의해 1971년도 국방보고[109]에 '현실적인 억제의 국가안전보장정책'이란 제목으로 들어 있는 것으로, 기존의 미국의 안전보장정책이 전략관계에 지나치게 중점을 두었고, 통상전쟁 억제를 태만시했다고 언급하고 있다. 또 그 국방보고는 '닉슨독트린'에서 알 수 있듯이, 동맹국에 '핵우산'을 계속 제공할 뜻을 표명하면서, 통상병력에 대해서는 "준전역(準戰域) 또는 국지전 억제의 경우, 위협을 받고 있는 나라가 방위 책임의 대부분, 특히 병력제공의 책임을 맡는다"고 되어 있다. 여기서는 "자위 책임을 분담하려는 국가"에 대한 지원의 필요성이 지적됐지만 그것은 보급지원 및 해공군 전투지원이 주가 되고, 지상전투의 지원에 대해서는 '특별한 경우'에 한해서라고 되어 있다. 더구나 이 보고는 아시아에 관해서는 "장기간에 걸쳐 이 지역에, 특별하게 충당하는 단독의 대규모 지상전투부대를 유지할 계획

---

107) 「韓國軍現代化 및 駐韓美軍에 관한 大韓民國과 美合衆國政府間의 共同聲明書」, 『韓國外交關係資料集〈立法參考資料集第193號〉』, 서울: 國會圖書館立法調査局, 1976年, p. 113 참조.

108) 「한국 안보에 관한 한미간 협의의 종결에 즈음한 특별담화문(1971년2월8일)」, 『박정희 대통령 연설문집』(제8집), 서울: 대통령비서실, 發行年不祥, p. 101.

109) *Toward a National Security Strategy of Realistic Deterrence: Statement of Secretary of Defense Melvin R. Laird before the House Armed Services Committee on the FY 1972-76 Defense Program and the 1972 Defense Budget, March 9, 1971*, Washington D.C.: US Government Printing Office, 1971. 小林克己(1973).

을 가지고 있지 않다"라고 하는 한편, "강력한 해·공군 및 지원능력을 유지하려고 생각하고 있다"고 했다. '종합전력구상'에서 한국을 직접 언급하지는 않았지만, 이 구상이 '닉슨독트린'을 전력 면에서 구체화한 것이고, 닉슨 자신이 외교 교서에서 한국을 '닉슨독트린'의 '훌륭한 사례'[110]라고 했던 것을 상기해 보면, '종합전력구상'이 육상병력을 감축하면서, 공해군의 기동력을 도모했던 당시의 미국의 안전보장정책과 일치하는 것은 당연했다.

한편, '종합전력구상'이 전력만이 아니라, '평시' 동맹국간의 지원에 대해 언급하고 있는 것도 주목해야 할 것이다. 이 보고에서 미국은 "자유국가들이 (중략) 그들에 맞는 힘과 자원에 따라, 공동의 위협에 대해 서로 지원하는 평화구조를 요구하고 있다"라고 하면서, "종합전력구상"이 "국방계획보다는 훨씬 광범위한 내용"을 포함하고, "자유세계의 군사 및 비군사적인 모든 자산을 포함한 계획을 세워야 한다"라고 했다. 이것이 동북아시아 어디까지를 염두에 두고 있는지는 불확실하다. 그러나 미국이 한국군 현대화계획에 재정지원을 제공하는 한편, 존슨 국방차관이 나카소네에게 한국의 병기생산에 직결되지 않는 형태로 군사지원을 요구하고, 나카소네는 일본의 경제적 지원이란 형태로 이에 응했다. 이것은 한미일 3국이 '평시'에 북한이란 '공동의 위협'에 대해 '서로 지원하는 평화구조'의 하나의 형태로 인식되었을지도 모른다. 그렇다고 한다면, 그것은 장기적으로는 미국이 한국에 통상병력에 의한 대북억제를 위임하는 구조를 마련하는 과정임에 틀림없고, 거기에 일본은 불가결한 존재로서 자리매겨지고 있었다는 것을 의미한다.

---

110) United States Foreign Policy for the 1970s, Building for Peace: A Report by Richard Nixon to the Congress, February 25, 1970, New York: Harper & Row, Publishers, 1971, p. 75.

참고문헌

공군본부. 1976.『공군25년사 1948~1972』. 서울: 공군본부.

구라타 히데야. 2002. "박정희 '자주국방론'과 미일 '한국조항': '총력안보체제'의 국제정치경제." 오코노기 마사오·문정인 공편.『시장·국가·국제체제』. 서울: 고려대출판부.

구상회. 1998.『한국의 방위산업: 전망과 대책』. 서울: 세종연구소.

국방군사연구소. 1994.『국방사 연표 1945~1990』.

____________. 1995.『국방정책변천사 1945~1994』.

김정렴. 1990.『한국경제정책 30년사: 김정렴 회고록』. 서울: 중앙일보사.

김동조. 2000.『회상 80년 김동조 회고록: 냉전시대의 우리외교』. 서울: 문화일보.

김용식. 1987.『희망과 도전: 김용식 외교회고록』. 서울: 동아일보사.

김정렴. 1997.『아, 박정희』. 서울: 중앙M&B.

김종신. 1997.『박정희대통령과 주변 사람들』. 서울: 한국논단.

동아일보사. 1982.『한미수교 100년사: 관계자료 및 연표』. 서울: 동아일보사.

박정희대통령·육영수여사기념사업회. 1990.『겨레의 지도자』. 서울: 육영재단.

서울신문사 편. 1979.『주한미군 30년』. 서울: 행림출판사.

신응균. 1971.「동원체제문제」.『한국안전보장논총』(제3집). 서울: 국가안전보장회의.

오원철. 1996.『경제비사 한국형경제건설: 엔지니어링 어프로치』(제5권). 서울: 기아경제연구소.

외무부. 1971.『대한민국외교년표부·주요문헌 1970』.

육군본부. 1984.『육군발전사』(제4집). 서울: 육군본부.

박관수. 1978.『위대한 시대에의 도전: 박정희 대통령의 경륜과 지도력』. 서울: 공산권문제연구소.

정일권. 1996.『정일권 회고록』. 서울: 고려서적.

정재경. 1994.『박정희실기: 행적초록』. 서울: 집문당.

함택영. 1988.『국가안보의 정치경제학: 남북한의 경제력·국가역량·군사력』. 법문사.

江口浩. 1973.『ルポ朝鮮最近史』. 現代史出版會.

鹿島平和研究所編. 1984.『日本外交主要文書·年表(第2卷·1961~1970)』. 原書房.

大獄秀夫. 1983.『日本の防衛と國內政治』. 三一書房.

防衛年鑑刊行會. 1969.『防衛年鑑(1969)』.

防衛年鑑刊行會. 1971.『防衛年鑑(1971年版)』.

防衛廳. 1970.『日本の防衛』.
山口英治. 1970.「韓國の現状と日韓経濟協力」.『大陸問題』第227号(12月).
山本武重. 1974.「轉機に立つ韓國軍の近代化―カギ握る米國の軍事援助の動向」.『國防』(4月).
小林克己. 1973.「アメリカ國防政策の変遷」. 高坂正堯·桃井眞共編.『多極化時代の戰略(下)―さまざまな模索』. 日本國際問題研究所.
小林正雄編著. 1985.『宰相中曾根康弘―内閣總理大臣への足跡』. 伊勢新聞社.
小此木政夫. 1987.「工業化の政治力學」. 服部民夫編.『韓國の工業化――發展の構図』. アジア経濟研究所.
伊豆見元. 1982.「朴維新体制の成立とその背景」.『國際問題』第272号(11月).
植村秀樹. 1997.「安保改定と日本の防衛政策」. 日本國際政治學會編.『國際政治·日米安保体制―持續と変容』第115号(5月).
外岡秀俊·本田優·三浦俊章. 2001.『日米同盟半世紀―安保と密約』. 朝日新聞社.
赤城宗德. 1970.「我が安全保障の基本問題」.『民族と政治』(4月).
田中明彦. 1997.『安全保障――戰後五0年の模索』. 讀賣新聞社.
中曾根康弘. 1970.「日本の課題―『新しい國民的武士道』の精神の振起を」.『海外事情』第一八巻第四号(4月).
中曾根康弘. 1992.『政治と人生――中曾根康弘回顧錄』. 講談社.
中曾根康弘. 1996.『天地有情―五十年の戰後政治を語る』. 文藝春秋.
中曾根康弘.; 1970.「日本の防衛について」.『民族と政治』(4月).
倉田秀也. 1995.「朴正熙政權期韓國の『自立』と正統性問題―『善意の競爭』提案と『國民總和』概念」. 岡部達味 編著.『アジア政治の未來と日本』. 勁草書房.
倉田秀也. 2001.「朴正熙『自主國防論』と 日米『韓國條項』――『總力安保体制』の國際政治経濟」. 小此木政夫·文正仁共編.『日韓共同研究叢書 四 市場·國家·國際体制』. 慶應義塾大學出版會.
村田晃嗣. 1998.『大統領の挫折――カーター政權の在韓米軍撤退政策』. 有斐閣.
海原治. 1987.「証言戰後昭和史―新國軍の誕生と歩み」(上·下).『This is 讀賣』.
佐道明廣. 2003.『戰後日本の防衛と政治』. 吉川弘文館.
『経濟と外交』.
『官報(号外)』.
『軍事研究』.
『民族と政治』.
『防衛大學校公報』.
『世界』.
『世界週報』.

『月刊軍事研究』.
『朝日新聞』.

Nixon, Richard. 1978. *The Memoirs of Richard Nixon*. New York: Grosset and Dunlap(松尾文夫·齊田一路譯. 1978.『ニクソン回顧錄①——榮光の日々』. 小學館).

Cha, Victor D. 1999. *Alignment Despite Antagonism: The US-Korea-Japan Security Triangle*. Stanford: Stanford University Press(倉田秀也譯. 船橋洋一監譯. 2003.『米日韓 反目を超えた提携』. 有斐閣).

Clough, Ralph N. 1976. *Deterrence and Defense in Korea: The Role of U.S. Forces*. Washington. D. C.: The Brookings Institutions.

Crabb, Jr., Cecil V. 1982. *The Doctrines of American Foreign Policy: Their Meaning, Role, and Future*. Baton Rouge and London: Louisiana State University Press. 1982.

Dower, John W. 1972. "Asia and the Nixon Doctrine: The New Face of Empire." Virginia Brodine and Mark Selden eds. *Open Secret: The Kissinger-Nixon Doctrine in Asia*. New York: Harper & Row.

Hamm, Taik-young. 1999. *Arming the Two Koreas: State, Capital and Military Power*. London and New York: Routledge.

Han, Sung-joo. 1985. "Policy toward the United States." Youngnok Koo and Sung-joo Han eds. *The Foreign Policy of the Republic of Korea*. New York: Columbia University Press.

Meyer, Armin H. 1974. *Assignment to Tokyo: An Ambassador's Journal*. New York: Bobbs-Merrill(淺尾道子譯.『東京回想』. 朝日新聞社. 1976).

Nam, Joo Hong. 1986. *America's Commitment to South Korea: The First Decade of the Nixon Doctrine*. Cambridge: Cambridge University Press. 1986

National Security Archives. ed. 2000. *Japan and the United States: Diplomatic, Security, and Economic Relations, 1960-1976*. Ann Arbor: Bell & Howell Information and Learning.

Nixon, Richard. 1970. *U. S. Foreign Policy for the 1970s: A New Strategy for Peace*. Washington D.C.: U.S. Government Printing Office.

Se-jin Kim ed. 1976. *Documents on Korean-American Relations: 1943-1976*. Seoul: Research Center for National Unification.

구조전환기의 한일관계 :

쟁점과 과제*

이원덕

I. 머리말

냉전종결 이후 한일관계는 근본적인 변화를 맞이하게 되었다. 냉전의 종결과 때를 같이 하여 한일관계를 규정하고 제약했던 요인들이 급격한 변화를 겪게 됨에 따라 한일관계는 전적으로 새로운 환경하에 놓이게 된 것이다. 한일관계의 질적 전환을 촉발시킨 변수로서 주목되는 것은 다음과 같은 네 가지 수준에서의 변화라고 할 수 있다. 즉, 네 가지 수준이란 지구적 차원의 국제체제와 동아시아 지역체제 그리고 한국과 일본의 국내체제이다.

첫째, 한일관계의 기본 틀을 규정하는 국제체제가 혁명적으로 변동을 겪었다는 점이다. 1985년 이후 구소련의 체제개혁과 미소관계의 개선으로 시작된 국제냉전의 완화 움직임은 급기야 1989년 미소 냉전체제의 종식으로 귀결되게 되었다. 냉전체제하에서는 동아시아의 반공 전선을 공고히 하기 위한 이른바 진영 내 결속의 메커니즘이 작동하였기 때문에 기본적으로 한일 간 우호협력 관계는 비교적 안정적으로 유지될 수 있었다. 한일관계를 결속시키는 주

* 이 글은 2003년도까지의 한일관계 현황을 염두에 두고 서술한 것임을 밝혀 둔다. 이후 한일관계의 상황전개에 관해서는 구체적으로 다루고 있지 않다.

된 메커니즘은 미국의 동아시아 정책의 형태로 주어졌다. 주지하다시피 냉전기를 통해 한일관계는 미국의 동아시아 전략의 하위체계라는 위치를 차지해 왔다. 따라서 냉전체제의 종식은 필연적으로 한일관계의 질적 변화를 초래하는 요인으로 작용하게 되었다. 냉전 종결에 따라 전후 한일관계의 정치경제 및 안보적 협력의 기본 토대를 제공해 준 미국의 동아시아 전략은 근본적인 수정을 요구받게 되었으며 이에 따라 한일관계도 큰 영향을 받게 된 것이다.

둘째, 냉전의 종결과 더불어 주목해야 할 또 하나의 움직임은 동아시아 지역 국제체제에도 큰 변화가 초래되었다는 점이다. 냉전 시기 한반도의 분단체제를 뒷받침하던 국제정치적 구도는 한미일 남방 3각 체제와 북중소 북방 3각 체제의 대결구도였다. 그러나 이러한 양극 구도는 이제 다국간 세력균형의 게임논리에 의해 대체되게 되었다. 한국은 일련의 북방정책을 추진하여 러시아와 국교를 정상화했으며, 이어 중국과도 국교를 수립하였다. 한편 미국과 일본은 북한과의 관계개선을 위한 행보를 걷기 시작하여 북일 수교교섭과 북미 정치대화가 진행되고 있다. 미국과 일본이 북한과 언제 수교관계를 수립할 것인지는 현재로서 정확히 예측할 수는 없지만, 과거 한반도를 둘러싼 진영간 대립구도가 점차 남북한 교차승인의 구도로 변화하고 있는 것을 부인할 수 없는 현실이다. 또한 2000년 6월 역사적인 남북수뇌회담이 개최되는 등 남북한 간에는 전에 없는 화해협력 무드가 조성되고 있다. 이러한 일련의 동북아 국제관계의 변동은 필연적으로 한일관계의 변화를 촉진시키는 변수로 작용하고 있다.

셋째, 한국 정치의 일련의 민주화 과정과 한국의 경제성장에 따른 국제정치적 지위향상도 한일관계의 질적 전환을 초래한 요인으로 지적될 수 있을 것이다. 한국은 1960년대 이래 급속한 양적인 경제성장을 이룩하였으며 이를 바탕으로 대외문제에 대해 점차 능동적으로 발언권을 행사할 수 있게 되었다. 경제성장과 더불어 주목되는 또 하나의 변화는 정치 사회적 민주화의 전개이다. 경제성장과 민주화로 대표되는 한국의 변화는 대일 관계의 질적 조정을 요구하는 압력으로 작용하고 있다. 1990년대 이래 한국이 지닌 경제력과 민주화 수준은 대일 관계에 있어서의 상대적인 발언권을 향상시키는 중요한 변수로 작용하고 있음은 부인할 수 없다.

넷째, 한국의 변화에 못지않게 두드러지게 나타나고 있는 것이 일본의 정치, 외교, 경제에 있어서의 구조변화라고 할 수 있다. 일본은 1970년대에 이미 경제 대국의 지위를 획득한 이래 1980년대 후반부터는 세계 제일의 채권국가, 원조국가로 부각되었다. 그러나 1990년대 이후 경제의 심각한 침체와 금융시스템의 기능부전 등으로 일본 경제의 활력은 급속히 감소하였다. 물론 이러한 어려움에도 불구하고 일본이 경제 대국으로서 지니고 있는 국제정치적 지위와 영향력은 여전히 유지되고 있다. 냉전 종결 이후 일본은 국제정치, 안보 면에서의 역할을 최소한으로 묶어두는 이른바 요시다(吉田茂) 노선만으로 더 이상 국제사회에서 생존해 나갈 수 없다는 사실을 심각하게 깨닫게 되었다. 일본은 이른바 국제공헌론의 기치 아래 자위대의 PKO 활동참여, 소해정 파견 등의 조치를 통해 정치, 안보 면에서의 국제적 역할을 일층 확대해 나가고 있다. 이와 더불어 일본의 국내정치도 커다란 구조변동의 소용돌이 속에 휘말려 들어가고 있다. 1993년 자민당 우월 체제의 붕괴와 연립정권 시대의 도래, 그에 이은 자민당 정권의 재등장 등 일련의 엄청난 변화가 보여주듯이 일본 정치는 지각변동의 와중으로 돌입했다고 해도 과언이 아니다. 이러한 일본 스스로의 구조적인 변화가 한일관계의 변화를 촉진하는 변수로 작용하고 있음은 말할 나위도 없다.

이상에서 살펴본 여러 차원의 요인 변수는 한일관계의 성격과 양상을 크게 변화시키고 있다.

첫째, 한일 양국에 있어서 잦은 정권의 변동과 이에 연계된 정치인의 대규모 세대교체가 진행됨에 따라 정치가간의 공식, 비공식 채널과 네트워크가 급속히 약화되는 현상이 나타났다. 특히 한국의 정치 변동에 따른 급격한 정치가의 세대교체는 과거 군사정권 시대에 형성, 유지되어 왔던 한일 정치인간 인맥의 단절을 초래하였다. 국교수립 후 한일 정치인 사이에는 한일의원연맹과 같은 공식적 채널 이외에도 한일협력위원회나 한일친선협회 등의 다양한 비공식적 채널이 존재하여 잦은 회합과 일상적인 의견교환을 통해 양국 간의 민감한 정치 이슈나 갈등 사안이 정치 쟁점화되기 이전에 사전에 막후에서 조정, 타협되는 경우가 많았다.[1]

그러나 1990년대 이후 기존의 조직이나 채널의 기능은 현격하게 감소하였다. 한일 정치가간의 비공식적 교류와 접촉 기회 자체가 상대적으로 줄어들었을 뿐만 아니라 갈등이 발생할 경우의 문제 해결 능력도 급격하게 떨어졌다.[2] 정부 차원 혹은 정치인간의 교류 채널이 약화된 것과는 대조적으로 시민사회나 지방 자치체간의 교류가 비약적으로 증대되었다.[3] 또 경제적 상호의존의 확대로 말미암아 비즈니스 차원의 교류도 엄청나게 늘어났다. 이처럼 비정부 수준에서의 비약적인 인적 교류의 증대에도 불구하고 정치적 갈등을 수습할 수 있는 정치적 채널이 가동되지 못함으로 인해 최근 한일 간에는 여러 가지 마찰이 벌어지고 있다.

둘째, 한일 간 정치관계의 주된 요소인 과거사 쟁점은 최근 들어 더욱 첨예한 대립과 갈등의 국면으로 치닫고 있다. 탈냉전으로 말미암아 한일 간의 협력을 가능케 했던 구심력이 약화된 대신, 냉전기에는 억제되었던 민족주의적 갈등 요소가 분출되면서 과거청산 문제가 뜨거운 쟁점으로 다시 등장하게 된 것이다. 민주화와 국력 신장의 결과 한국은 과거청산 관련 쟁점에 대해 강경한 대일 자세를 취하는 경향이 강해졌으며, 일본에서도 한국의 집요한 과거청산 요구에 반발하는 이른바 혐한(嫌韓)의 분위기가 고조되는 것은 탈냉전 시대의 새로운 현상이다.

셋째, 한국과 일본 양국의 국제적 지위 향상과 국제사회에서의 역할 증대

1) 한국의 군부정권 하에서 한일관계의 비공식 채널이 폭넓게 기능했다는 사실은 잘 알려진 사실이다. 이러한 비공식 채널은 한일 간 분쟁 발생시 분쟁이 극단화되는 것을 완화시키는 순기능적인 역할을 수행했으나 다른 한편으로는 양국 간 정경유착, 밀실외교의 폐단을 낳기도 하였다.

2) 교과서 문제, 야스쿠니 참배 문제, 독도 영유권 분쟁 등 최근 한일 간에는 극단적인 대립이 노골적으로 표면화되는 일이 잦아지고 있는데 그 이유 중 하나는 한일 정치가 간의 사전타협과 절충의 기능이 상대적으로 약화된 데에서도 찾을 수 있을 것이다.

3) 1990년대 이래 한일 간 비정부 수준에서의 문화 및 인적 교류의 실태에 관해서는 조규철(2001) 참조.

로 말미암아 양국이 다루어야 할 협력과 갈등의 영역도 단순한 이국간 관계의 범주를 넘어서 지역적, 세계적 차원으로 확대되게 되었다. 한일관계는 이제 양국 간 쟁점 이외에도 APEC이나 ARF와 같은 다자적 장 혹은 UN 등의 국제기구에서 제기되는 다자적 쟁점에 대해서 상호간에 이해를 조정해야 할 경우가 이전과는 비교가 안될 정도로 급증하였다.

넷째, 탈냉전 이후의 한일 안보관계도 냉전시대와 비교할 때 미묘한 변화를 보이고 있는 것으로 평가된다. 무엇보다도 한일 간의 안보협력의 기본 틀을 제공해 왔던 냉전이 종결되면서 한일 안보관계는 훨씬 복잡한 양상으로 전개되고 있다. 1983년 40억 달러의 안보 경협에서 전형적으로 나타나듯이 냉전시대 양국 간의 안보적 이해관계는 정치경제 분야의 협력을 견인하고 유도하는 기능을 수행해 왔다. 그러나 냉전체제의 종식에 따라 한일 간의 안보적 협력의 구심력은 상대적으로 약화되었다. 한편으로는 북한의 군사위협에 대처한다는 목표 아래 이루어지고 있는 일본의 안보적 역할 확대를 수긍하면서도 또 한편으로는 일본의 확대된 군사적 활동에 대해서는 경계심을 늦추지 못하고 있는 것이 한일 안보관계의 이중성이다. 즉, 한일 안보관계는 미국을 매개로 한 잠재적 협력관계의 성격을 여전히 지니면서도 동시에 탈냉전 후 동아시아 국가간에 새롭게 벌어지고 있는 다자간 세력균형 게임의 한 부분으로서의 의미를 갖게 되었다.

이하에서는 1990년대 이후 구조전환기를 맞이하면서 한일관계의 핵심적인 쟁점으로 등장하고 있는 과거사 문제와 일본 사회의 전반적인 총보수화 및 그에 따른 안보정책의 전환 문제 그리고 마지막으로 북일 수교 교섭 문제 등 세 가지 쟁점을 심층적으로 다루기로 한다. 즉, 이하에서는 세 가지 쟁점이 제기되는 배경과 각각의 쟁점이 지닌 기본 성격을 분석하고 이 쟁점을 풀어가기 위해 요구되는 바람직한 접근 방법은 무엇인지를 검토하고자 한다.

Ⅱ. 역사마찰 문제의 재등장

최근 들어 일본의 역사 교과서 파동, 고이즈미(小泉純一郎) 수상의 야스쿠니(靖國神社) 참배 등의 사건이 전개되면서 한일관계가 크게 경색되고 있다. 1965년 국교정상화 이후 한국과 일본은 정치, 안보, 경제, 문화의 각 분야에서 긴밀한 협력과 상호의존의 구조를 형성·발전시키면서 선린우호 관계를 구축해 왔다. 그러나 한일관계에 있어서 과거사 문제는 줄곧 시한폭탄과도 같은 존재였으며, 21세기를 맞이하고 있는 현재에도 큰 변화가 없는 듯 하다. 2001년의 교과서 파동 역시 한일 과거사 갈등의 연속성 위에서 파악된다.

1998년 '한일 파트너십 선언'을 계기로 확립된 전후 최고의 한일 간 우호협력의 밀월관계는 교과서 파동으로 말미암아 심각한 후퇴를 겪을 수밖에 없는 상황을 맞이하게 되었으며, 당분간 한일관계는 역사 마찰의 악순환 고리에서 벗어나기 힘들 것으로 전망된다. 교과서 문제로 냉각된 한일관계는 고이즈미 수상의 야스쿠니 신사 공식참배의 강행으로 말미암아 한층 악화되었다.

2001년의 교과서 파동은 1982년과 1986년의 교과서 왜곡사건에 이어 세 번째로 발생한 것으로, 과거 두 차례의 교과서 파동과 비교할 때 훨씬 큰 파장을 몰고 왔다는 점에서 이전의 사례와 대비된다고 하겠다. 1982년의 교과서 왜곡사건은 문부성이 역사 교과서 검정 시 '침략'이라는 용어를 '진출'로 표기하도록 강요했다는 사실이 알려지면서 한국과 중국이 대대적인 대일공세를 취하여 문제가 된 사건으로 당시 나카소네 야스히로(中曾根康弘) 수상이 아시아 주변국과의 우호관계를 고려하여 전향적인 조치를 취함으로써 문제가 해결되었다.

1982년의 교과서 사건 이후 역사교과서의 서술 내용은 상대적으로 개선되어 왔음을 부인할 수 없다. 여기에는 한국과 중국의 대대적인 외교적 압력과 일본 내 진보세력의 줄기찬 노력이 중요한 역할을 하였음은 말할 나위도 없다. 또 나카소네 정권이 당시 교과서 문제를 전향적으로 다룬 것은 이 문제가 지닌 심각성과 아시아 국가들과의 우호협력 관계의 중요성을 어느 정도 인식하고 있었기 때문이라고 할 수 있다. 교과서 파동 제2파는 '일본을 지키는 국민회의'라는 우익적 조직이 일본 역사에 자긍심과 애정을 갖게 하기 위한다는 목적으로 우익적 사관을 담은 "신편 일본사"라는 교과서를 편찬함으로써 발생하였다. 이에 대해 중국과 한국이 격렬하게 항의한 것은 물론이고 이에 따라 일본 정부도 이례적으로 여러 번의 검정 과정을 통해 내용을 수정함으로써 문제는 일단락되었다.

돌이켜 보건대 두 차례에 걸친 교과서 파동 이후 일본의 역사 인식 수준은 꾸준히 진전을 이룩해 왔다고 평가된다. 1992년 1월 미야자와 기이치(宮澤喜一) 수상은 한국을 방문하여 일본군 위안부 문제를 포함한 과거사에 대해 진상규명과 결과에 따른 응분의 조치를 언명하였으며 이듬해 미야자와 정권은 고노 요헤이(河野洋平) 관방장관의 담화를 통해 종군위안부에 대한 일본 정부의 관여를 시인하는 한편 이에 대한 사과와 반성을 표명하였다.

1993년 '55년체제'의 붕괴와 더불어 새롭게 등장한 연립정권의 호소가와 모리히로(細川護熙) 수상은 과거 일본이 벌인 전쟁을 '침략전쟁'으로 규정함으로써 역사인식의 획기적인 진보성을 보여 주었다. 또 호소가와 수상은 경주를 방문한 자리에서 창씨개명, 강제동원, 문화말살 정책 등의 실례를 들어가면서 일본의 가혹한 식민통치에 대해 비교적 진솔한 사죄의 입장을 표명하기도 하였다. 또한 1995년 이른바 종전 50주년을 맞이하여 구사회당 출신의 무라야마 도미이치(村山富市) 수상은 국회에서의 종전 사죄결의를 추진하여 일정한 성과를 거두었으며, 더 나아가 8월 15일을 기해 과거 침략행위를 '국책의 잘못'으로 인정하는 한편 식민통치에 대한 통절한 반성 내용을 담은 담화문을 발표한 바 있다. 이는 일본 정부가 패전 이래 표명한 과거사 사죄 발언 중 가장 높은 수준을 보여준 문서로 기록되었다.

2001년의 교과서 파동은 기본적으로 1980년대 중반 이후 1990년대 중반기에 걸쳐 집중적으로 나타난 일본 사회의 과거사 사죄·반성론의 흐름에 대한 우파 정치·사회세력의 조직적인 공격으로 이해된다. 자민당 내 우파 정치세력은 잇따른 정부의 공식적 사죄표명에 대해 노골적인 불만을 표시하고 의원연맹 등을 조직하여 필사적인 반발과 저항을 시도하였다. 호소가와 수상의 침략전쟁 발언에 대해 우파정치가들은 즉각적인 반항을 개시하였다. 자민당 내 야스쿠니 신사 관계 3단체는 총회를 열어 도쿄재판에 의해 오염된 역사관을 바로 세우고, 올바른 역사인식을 확립한다는 목표 아래 "역사검토 위원회"를 설치하였다. 여기에는 이후 수상을 역임하게 되는 하시모토 류타로(橋本龍太郎)와 모리 요시로(森喜郎) 등 자민당의 중진의원들이 다수 참여하였다. 역사검토위원회는 우파 성향의 지식인을 초빙하여 침략과 식민통치의 역사를 정당화하는 역사관을 정립하고 이를 확산시키는 활동을 전개하였다.[4]

한편 자민당 우파의원들은 무라야마 수상이 추진하는 국회에서의 종전결의를 저지하기 위해 "종전 50주년 국회의원 연맹"을 결성하였다. 또한 이들은 군국주의 일본의 상징이라고 할 수 있는 야스쿠니 신사 참배를 강행하기도 하였다. 이번 교과서 파동의 주역인 "자유주의사관 연구회"의 결성, "새 역사교과서를 만드는 모임"(이하 "만드는 모임")의 출현 등에는 이러한 배경이 있는 것으로 이는 단순한 역사나 교육차원의 문제제기라기보다는 철저히 정치적 산물인 것이다.

2001년 교과서 파동의 중심세력인 "만드는 모임"이 결성되게 된 계기는 무엇보다도 종군위안부 문제에 대한 반발이라고 할 수 있다. 1993년 8월 일본 정부는 종군위안부 문제에 대해 일본 관헌의 관여를 인정하였고, 1996년 6월 문부성은 모든 역사교과서에 종군위안부에 관한 기술이 나오는 검정결과를 발표하였다. 이러한 일련의 흐름에 대해 강력한 반발과 항의를 보여 온 우파세력은 "만드는 모임"을 조직하게 되었다. 이 모임은 1997년 1월 동경대학의 교육학과 교수인 후지오카 노부카츠(藤岡信勝) 교수와 전기통신 대학의 니시

---

4) 역사검토위원회는 1993년 호소가와 발언을 계기로 조직되어 우익적 지식인을 초빙하여 20회의 학술회의를 개최하여 일본의 과거역사를 정당화하는 작업을 전개하였다. 이들의 활동결과는 1995년 『대동아전쟁의 총괄』이라는 책으로 집대성되었다. 이 책은 이후 나타나는 역사 수정주의 운동의 교본이 되었다.

오 간지(西尾幹二) 교수 등이 중심이 되어 만든 단체로, 이들은 전국 각지에서 강연회와 심포지움을 개최하는 기존의 교과서를 공격하고 새로운 교과서의 제작과 검정통과를 위한 활동을 정력적으로 전개해 왔다.[5] 이들은 『국민의 역사』, 『국민의 도덕』, 『새로운 교과서 탄생』 등의 우익 서적을 출간하여 각 지역 교육위원회에 무상으로 공급하여 일본 사회에 큰 반향을 일으켰다. 현재 이 단체는 전국적으로 49개 지부에 약 만 명이 넘는 회원을 확보하고 있으며 그 중에는 대기업의 간부나 사회 각계각층의 저명인사도 약 200명 정도가 포함되어 있다.[6]

이번 교과서 파동은 기본적으로 1990년대 후반 이래 우파 정치·사회세력이 강력하게 조직화되면서 이들의 국가주의적 캠페인이 어느 정도 성과를 거둔 결과로 나타난 것이다. 실제로 역사 수정주의 운동을 이끌고 있는 그룹의 면면을 살펴보면 이들이 단순히 학문적인 입장을 견지하는 역사학자의 모임이 아니라 반동적 내셔널리즘을 조직적으로 선전선동하기 위한 전위대의 성격이 강함을 알 수 있다. 이들의 주장에 따르면 현행 교과서는 일본의 과오와 치부만을 강조하고 있는 '자학사관'으로 일관하고 있어 이를 극복해야 하며 내셔널리즘을 조성하기 위해서는 '밝은 역사'를 가르쳐야 한다는 것이다. 요컨대, 중학교 교과서에 난징 대학살이나 종군위안부와 같은 치욕의 역사를 기술할 필요가 없다는 것이다.

"만드는 모임"과 더불어 역사 수정주의 운동을 추진하고 있는 유력한 주동세력은 자민당의 우익정치가와 우익언론이 담당한다. 먼저 자민당의 우익정치가들은 의도된 역사왜곡 발언(망언)을 통해 정부의 공식적인 사죄표명을 무력화하는 한편 수정주의적 역사관을 확산시키는 역할을 담당한다.[7] 또 이

---

5) 자유주의사관 연구회를 비롯한 역사수정주의 그룹의 사상과 활동에 관해서는 한상일(2000, 377-456)과 김호섭·이면우·이원덕·한상일(2000)의 제3장 한상일 교수의 글에서 자세히 다루고 있으므로 그곳을 참조.

6) "새 역사교과서를 만드는 모임"의 조직적 성격과 활동내용에 관해서는 www.tsukurukai.com을 참조.

7) 일본정치인의 망언의 배경 및 정치적 맥락에 관해서는 이원덕(1997, 149-190) 참조.

들은 자민당 내에 "밝은 일본 국회의원 연맹", "일본의 앞날과 역사교육을 생각하는 젊은 의원 모임" 등의 의원조직을 결성하여 수정주의적 역사관의 확산을 주도하는 활동을 전개한다. 한편 산케이신문(産經新聞), 쇼쿤(諸君), 세이론(正論)으로 대표되는 우익적 언론은 수정주의적 역사관이 확산될 수 있는 발언대를 제공하는 역할을 담당한다. 산케이신문은 지난 1996년 '교과서가 가르쳐주지 않는 역사'라는 연재물을 통해 자학사관에 반대하는 자유주의사관 옹호론자들의 주장을 게재한 바 있다. 문제의 새 교과서의 출판을 맡고 있는 후소사(扶桑社)가 산케이신문의 계열이라는 점은 별로 놀라운 일이 아니다. 또 이들은 전후 줄곧 평화주의 노선과 진보적인 시각을 견지해 온 아사히신문(朝日新聞)을 매국적 신문으로 공격함으로써 자신들의 입장을 정당화하는 활동을 전개하고 있다.

'새 교과서'의 검정통과는 21세기 일본의 국가 진로와 연관시켜 볼 때 매우 우려되는 사태라 아니할 수 없다. 이는 일본 정부 스스로가 약속한 '근린제국 조항'[8]에 저촉되는 것일 뿐 아니라 1995년 8월 무라야마 수상이 담화문에서 밝힌 과거사에 대한 사죄, 반성의 공식적인 표명 내용과는 모순되는 사태전개라는 점에서 심각한 상황전개로 이해된다. 더욱이 이는 1998년 10월 김대중 대통령과 오부치 게이조(小淵惠三) 전 수상이 합의한 "21세기를 향한 한일 파트너십 선언"에서 공언한 미래 세대에 대한 올바른 역사교육 실시 방침(외교통상부 1988)을 근본적으로 훼손하는 것이다.

이번 교과서 파동으로 말미암아 1998년 이후 모처럼 화해와 우호의 기조 아래 전개되었던 각 분야에 걸친 긴밀한 한일 간 협력관계는 심각한 훼손을 겪게 되었으며 당분간 한일관계가 역사마찰의 굴레에서 완전히 벗어나기는 어려울 것으로 전망된다. 1998년의 "한일 파트너십 선언"은 과거사 마찰로 점

8) 1982년 교과서왜곡 파동을 계기로 문부성은 교과서 검정기준에 이른바 근린제국 조항을 삽입하였다. 근린제국 조항이란 "근린의 아시아 제국과의 사이에 있었던 근현대의 역사적 사상(事象)의 취급에 국제이해와 국제협조의 견지에서 필요한 배려를 할 것"을 내용으로 하고 있다.

철된 전후 한일관계사를 미래 지향적인 협력관계로 전환시키는 획기적인 의미를 지니는 사건이었다. 한일관계의 이러한 국면전환은 기본적으로 김대중 정부의 대일·대중 문화개방을 포함한 과감한 선제적 대일 포용정책을 통해 가능했던 만큼, 이번 교과서 파동의 재현은 '밀월 속에 싹튼 일본 측의 배반'으로 인식되는 것은 어쩌면 당연한 일이라고 하겠다(김영작 2001).

돌이켜 보건대, 한일관계에 있어서 과거사 마찰은 1990년대 이래 그 심도와 빈도에 있어서 더욱 격화되어 왔다고 할 수 있다. 그것은 다음의 세 가지 요인에 의해 촉발되었다고 생각된다(이원덕 1997, 149-190).

첫째, 국제정치적 요인으로서 냉전체제의 종결을 들 수 있다. 냉전의 종언과 공산권의 몰락에 의해 종래 한일관계의 구심력으로 작용했던 반공연대의 접착제가 상대적으로 약화됨에 따라 그간 잠복해 왔던 민족주의적 갈등요인이 표면으로 분출되게 되었다는 점이다. 냉전체제하에서 미국이 추진했던 대공산권 봉쇄정책의 하위부분으로 존재했던 한일 간 반공연대의 필요성이 약화된 대신 냉전종결 후 민족 감정의 분출에 의해 과거사 문제가 새삼스럽게 빈발하게 되었다는 것이다.

둘째, 일본 국내정치적 요인으로서 일본 내의 역사인식의 정치쟁점화 과정을 들 수 있다. 일본은 1990년대 이후 자민당 일당 지배체제(55년체제)가 붕괴되고 연립정권 시대를 맞이하면서 역사인식 문제가 정치적인 쟁점으로 등장하는 계기를 맞이하게 되었다. 이는 특히 1993년 8월부터 1995년 초에 걸쳐 구사회당이 만년 야당에서 탈피하여 연립정권의 일각을 차지하게 됨으로써 더욱 심화되었다. 사회당은 비록 수적으로는 소수세력이지만 역사인식 문제를 중요한 정치쟁점으로 부각시켰고, 이 과정에서 역사 진보파와 역사 보수파의 치열한 논쟁이 정치권에서 진행되었다. 종군위안부 논쟁, 과거사 문제를 둘러싼 사죄발언과 문제발언(이른바 망언)의 반복, 야스쿠니 참배의 정치쟁점화, 역사 수정주의의 등장 등 과거사와 관련된 문제가 정치쟁점화 과정을 겪으면서 한일 간의 과거사 마찰은 심화되었다.

셋째, 한국 국내정치적 요인으로서 정치사회의 민주화를 들 수 있다. 1990

년대 이후 한국은 군부 중심의 권위주의적 정치체제에서 탈피하여 정치사회적 민주화에 성공함에 따라 종래 군부정권하에서 억압되었던 대일 감정이 폭발적으로 표출되게 되었다. 민주화에 따라 국민의 대일 여론이나 정서가 대일 정책을 좌우하는 중요한 변수로 작용하게 됨에 따라 정부는 더 이상 국민의 대일 감정을 억압하거나 무시하기 어렵게 되었다. 과거사 문제에 관한 한국 정부의 대일 강경 노선 및 정책은 이러한 맥락에서 이해할 수 있다.

이러한 세 가지 차원의 메커니즘이 작동하는 한, 한일관계에 있어서 역사 마찰이 격화되는 것은 어쩌면 불가피한 일인지 모른다. 그러한 의미에서 1998년의 "한일 파트너십 선언"은 매우 취약한 토대 위에 구축된 건축물이라고 할 수 있다. 이번 교과서 파동에서 유의해야 할 점은 '새 교과서'의 제도권 진입에도 불구하고 일본의 정통 역사학계, 지식계 전체가 '새 교과서'의 역사인식에 동조하고 있는 것은 결코 아니라는 점이다. 그럼에도 불구하고 어찌 보면 소수파라고 할 수 있는 '새 교과서 그룹'의 빗나간 행동을 제지시킬 수 있는 자정 메커니즘이 일본의 시민사회 속에서 충분히 발휘되고 있지 못하다는 것이 문제의 핵심이다. 일본 정부 또한 교과서 사태가 초래할 폭발성 내지 위험성을 제대로 인식하지 못하고 있다는 점에서 책임을 면할 수 없다. 교과서 파동을 겪으며 일본에 대해 우리가 우려를 금치 못하는 것은 다수 일본인의 침묵과 무관심 속에 배타적 국익만을 추구하는 우익세력의 주장이 확산되고 있다는 점이다.

애초 우려했던 것과는 달리 후소샤 간행 '새 역사교과서'를 교과서로 채택한 학교는 전체의 0.04%에도 못 미치는 매우 저조한 수준이었다.[9] 당초 10% 채택률 달성을 목표로 정력적인 운동을 전개했던 "만드는 모임" 측은 낮은 채

9) 8월15일 현재 542개로 이루어지는 전국의 교과서 채택지구 중 '새 교과서'를 교과서로 채택한 곳은 한 곳도 없는 것으로 알려지고 있다. 따라서 일본 중학교의 대부분을 차지하는 공립 중학교에서 '새 교과서'를 교과서로 사용하는 것은 원천적으로 배제되었다고 볼 수 있으며, 학교장의 결정에 의해 교과서 채택이 이루어지는 국립학교와 사립학교의 극히 일부가 '새 교과서'를 채택한 것으로 알려지고 있다.

택률에도 불구하고 향후 고등학교 교과서의 제작 및 검정통과 그리고 채택률 확대를 위한 활동을 지속하고 있다. '새 역사 교과서'의 검정 통과 후 일본의 진보적 지식인 및 시민단체, 학부모 단체 등은 일선 학교가 '새 교과서'를 교과서로 채택하지 못하도록 하는 이른바 불채택 운동을 활발하게 전개하여 일정한 성과를 거두었다(俵義文 2001). 도치기 현(栃木縣)의 일부와 동경 스기나미 구(杉竝區)의 교육위원회가 '새 교과서'를 채택한 데 대해 항의하는 해당 지역의 어머니들을 중심으로 하는 시민운동이 전개되어 마침내 채택 결정을 철회하는 사태가 발생한 것은 매우 인상적인 일이었다.[10]

교과서 왜곡 문제는 일면 한일 양국 간 과거사 인식의 괴리가 초래한 외교적 마찰의 문제라고 할 수 있다. 그러나 한 걸음 더 나아가서 생각해 보면 인류적 보편가치를 지향하는 시민사회의 논리와 편협한 국가이익을 추구하는 국가논리의 대결구도라는 각도에서 이해될 수 있다. 또 한편으로는 국가간 상호이해와 평화공존을 지향하는 국제사회의 보편적 규범과 폐쇄적인 자국 중심주의적 가치가 충돌하는 과정에서 발생한 문제이기도 하다. 이렇게 볼 때 교과서 파동을 한국 대 일본 국가이익의 대립이라는 관점에서 접근하는 우를 범해서는 안 될 것이다. 즉, 교과서 문제에 대한 해법은 국가나 국경을 뛰어넘어 범인류적, 시민적 보편가치의 추구하는 시야에 서서 문제를 설정하고 풀어가려는 노력을 경주해야 할 것이다.

10) 우익 교과서의 검정통과에 항의하고 채택을 저지하기 위한 일본 내에서의 시민차원의 운동은 비록 대규모는 아니지만 착실하고도 지속적으로 전개되었다. 이들의 운동논리와 활동상황에 관해서는 대표적인 조직이라고 할 수 있는〈子供と教科書全國ネット21〉의 홈페이지 http://www.ne.jp/asahi/kyokasho/net21 을 참조.

Ⅲ. 일본의 보수화와 안보정책의 전환

일본의 총보수화 징표는 최근 몇 년 사이에 곳곳에서 표출되고 있는데 문제는 이러한 흐름이 정당정치나 국민여론 차원에서 별다른 저항 없이 형성되고 있다는 점이다. 이러한 일본의 보수화 흐름은 이미 일본 국내의 어떤 세력도 거스를 수 없는 거대한 물결을 형성하고 있는 것으로 보인다. 일본의 보수화를 보여주는 몇 가지 사건 및 현상들을 살펴보면 다음과 같다.

첫째, 군국 일본의 상징으로 여겨져 왔던 히노마루와 기미가요가 완전히 복권되었다. 일본 국회는 1999년 7월 22일 중의원에 이어 8월 9일에는 참의원에서 그간 논란이 되어 왔던 국기-국가 법안을 통과시킴으로써 일장기로 불리운 히노마루와 천황의 찬가인 기미가요가 패전 55년 만에 다시 공식지위를 회복하게 되었다. 히노마루와 기미가요가 군국주의의 그림자에서 완전히 탈피하고 있지 못하다는 이유로 제기된 일부의 반대론이 묵살되고 이미 일본국의 상징으로서 국민의식 속에 정착되어 있다는 찬성론이 대세를 이루었다. 이 법안의 중의원 통과에서 주목되 는 것은 찬반표의 분포이다. 찬성이 403표, 반대가 86표라는 사실은 일본 국민의 대다수가 히노마루와 기미가요의 복권을 요구하고 있었음을 단적으로 말해 준다. 그간 일본 사회에서 히노마루의 게양과 기미가요의 제창은 일종의 사회적 금기였다. 각급 학교 등과 같은 공공기관의 공적 행사에서 그 같은 금기는 불문율로 지켜져 왔다. 거기에는 과거사에 대한 국민적 참회의 실천이라는 의미가 함축되어 있었다. 그러나 그 같은 사회적 관행은 이제 공식적으로 끝났다. 일본 대중은 이제 국기와 국가의 부활을 통해 일본 민족주의 회생을 실감하게 되었다.

둘째, 1999년 7월 일본 중의원은 헌법조사회 설치를 위한 국회법 개정안을 본회의에서 통과시켰다. 이로써 평화헌법 시행 52년 만에 처음으로 국회 내에 헌법문제를 논의하는 정식기관이 설치되게 되었다. 이에 따라 헌법조사회는 2000년 정기국회에 설치되어 헌법개정에 대한 논의가 본격화되었다. 헌법개정 논의의 초점이 군사력 보유와 전쟁의 포기를 명기한 제9조에 대한 개정 여부에 모아질 수밖에 없다는 것은 자명한 일이다. 국회에서의 헌법조사회 설치 배경으로 국민여론의 헌법에 대한 인식변화가 뒷받침되었다는 점은 말할 나위도 없다. 평화헌법 제정 50주년을 맞이하여 헌법논의가 봇물처럼 쏟아졌던 1997년에는 헌법에 대한 입장을 묻는 다양한 여론조사가 실시되었는데 이 중 요미우리신문(讀賣新聞)의 조사에 따르면 개헌을 요구하는 국민이 63%에 이르고 세대별로 볼 때 젊은 층일수록 개헌찬성 비율이 높아 20대의 경우 76%가 개헌을 원하는 것으로 나타났다(讀賣新聞 1997/09/07). 전후 줄곧 평화국가 일본의 상징으로 기능해왔던 평화헌법은 1990년대 후반 이후 다수의 일본 국민들 사이에 이제 거추장스러운 족쇄로 인식되고 있는 것이다.[11)]

셋째, 24년 전 동경도지사 선거에서 자민당 후보로 미노베(美濃部亮吉) 혁신후보에게 도전하여 패배했던 이시하라가 1999년 도지사 선거에서는 무소속으로 출마하여 타 유력후보를 크게 누르고 당선되었다. 이것은 4반세기에 걸친 일본의 기류변화를 상징적으로 나타내 주는 사건으로 이해된다. 그것은 1990년대 중반 이후 55년체제하에서 결속력을 과시했던 혁신 연합이 완전히 해체되었다는 단적으로 보여 주었다. 물론 이시하라의 당선을 두고 다수의 동경도민이 그의 민족주의적 주장에 대해 이데올로기적인 지지를 보낸 것으로 해석하는 것은 지나친 억측이다. 이시하라의 당선은 다수의 유력후보가 출마하여 혼전을 벌인 선거라는 점과 지방선거라는 특수성을 고려하여 종합적으로 평가하는 것이 합당할 것이다. 그러한 점을 유념한다 하더라도 이시하라의 당선이 일본 사회의 우경화와 완전히 무관한 것으로는 볼 수는 없다. 적어도 많은 동경의 유권자가 이시하라의 민족주의적 이데올로기와 일본의 침략전쟁 정당화 주장을, 지사로서 선출하는 데 문제로 삼지 않을 만큼 보수 우경

11) 물론 그렇다고 해서 당장 평화헌법의 개정이 이루어진다는 의미는 아니다. 헌법개정을 위해서는 중참의원에서 2/3의 의석의 찬성이 필요하며 국민투표에서 과반수 이상의 찬성을 획득해야 한다. 적어도 참의원에서의 개헌파 의원의 의석비율이 2/3선에 도달하기 위해서는 향후 두 세 번의 참의원 선거를 거쳐야 할 것으로 전망된다.

화로 기울고 있다는 점은 분명하다(高畑通敏 1999, 7, 73-74).

넷째, 1990년대 중반 이후 일본의 독서계에 일고 있는 우익적 출판물의 범람 현상도 일본 우경화를 단적으로 보여주는 강력한 징표로 지적할 수 있다. 일본의 서점에서는 근년 들어 일본의 침략 역사를 정당화하고 심지어 미화하는 내용을 담은 이른바 역사 수정주의 계열의 서적 및 잡지들이 과거에 비해 눈에 띄게 늘어났다. 즉, 일본의 서점에는 "자유주의사관 연구회", "새 역사교과서를 만드는 모임" 등으로 대표되는 역사수정주의 그룹들이 일본 중심주의적 역사관을 전 국민 차원으로 확산시키기 위해 만들어낸 서적 및 잡지, 팜플렛 등의 각종 출판물들이 넘쳐나고 있다. 1990년을 전후하여 『사피오』, 『바트』, 『뷰으즈』, 『This is 요미우리』 등 공공연하게 애국심의 고취와 수정주의적 역사해석을 주장하고 있는 우익적 대중잡지가 잇따라 창간되어 10만 부가 넘는 발행부수를 올리고 있다는 점도 주목되는 현상이다. 이들 대중 잡지들은 그 이전부터 민족주의적 논조를 펼쳐오며 대중 속에 뿌리를 내리고 있던 보수적 매체인 『文藝春秋』, 『諸君』, 『正論』, 『ヴォイス: Voice』 등과 합류하여 하나의 무리를 이루면서 1990년대 일본 내셔널리즘의 논의를 한층 가열시키고 있는 것이다(요시미 순야 1998, 243-249).

1990년대 중반 이후 표출되고 있는 보수화 현상은 국제정세의 급변과 동아시아 안보정세의 변동, 국내 정치의 지각변동, 금융위기 및 경제침체와 그에 따른 사회적 불안 심리의 확산 등 여러 차원에서 벌어지고 있는 환경 변화가 복합적으로 작용한 결과로 파악될 수 있다고 생각된다. 일반적으로 말해 일본인들은 1990년대 이후 일본에서 벌어지고 있는 정치적 혼란, 경제의 장기불황에 대해 당혹감을 감추지 못하고 있으며 더 나아가 사회심리적인 차원에서도 일찍이 전후체제하에서 경험하지 못했던 미증유의 불안과 초조에 휩싸여 있는 것으로 보인다. 일본의 보수화 추세는 이러한 정치경제적, 사회심리적 상황 속에서 진행되고 있는 것이다.

첫째, 국제정치적 요인이다. 일본인들은 냉전종결에 따른 세계질서의 급변과 그에 따른 동아시아의 안보정세 변화에 대해 일본이 능동적으로 대처하는 데 실패하고 있다고 느끼고 있다. 걸프전쟁에서 130억 달러의 전비를 지출하고도 국제사회로부터 '땀과 피를 흘리지 않은 얼굴 없는 국제공헌'이라는 평가를 받게 되자 일본인들은 전후국가 일본의 취약성을 새삼 뼈저리게 느끼게 되었다. 뿐만 아니라 북한에 의한 감행된 핵개발 시도, 대포동 미사일의 개발 및 실험발사 그리고 중국의 핵실험이나 대만위기 사태 등 동아시아에서 발생하고 있는 안보위협 사태에 대해 일본이 능동적으로 대응하지 못한 채, 피동적인 자세밖에 취하지 못하고 있는 상황을 불만스럽게 생각하는 일본인이 늘어나게 되었다.

둘째, 정당정치 차원의 변화이다. 일본 사회의 우경화를 촉진시키고 있는 정당정치 차원의 변화는 무엇보다도 55년체제의 붕괴와 그에 수반한 혁신적 정치세력의 몰락에서 찾을 수 있다. 1993년 총선의 결과 출현한 비자민 8개 정파에 의한 호소가와 정권의 수립은 55년 이후 38년간 일본을 지배해 왔던 자민당 정권의 붕괴를 초래하였다. 이후 3년에 걸쳐 전개된 잇따른 연립정권의 대두와 몰락을 경험하면서 일본의 정당체제는 극심한 혼란과 동요를 겪게 되었다. 새로운 정당이 연이어 출몰하였으며 정당간의 이합집산과 정치인들의 합종연횡이 거듭되었다. 이러한 과정에서 나타난 가장 주목할 만한 변화는 사회당의 완전한 몰락이었다. 55년체제하에서 집권 자민당의 보수노선에 대항하는 강력한 저항세력을 결집하여 제일 야당으로서의 역할을 담당해왔던 사회당(사민당으로 개칭)은 두 번에 걸친 총선을 거치면서 완전히 몰락하여 일개 군소정당으로 전락하고 말았다. 이 결과 일본 정치는 이제 혁신세력이 소수파로 전락하고 이른바 정당의 총보수화로 귀결되게 된 것이다.

정치의 총보수화가 진행되는 속에서 자민당은 1996년 이후 일본 정치의 압도적인 핵심 세력으로 다시금 부상하게 되었다. 이른바 '96년체제'의 도래이다. 하타 바다케는 55년체제 붕괴 이후 단기간에 걸친 공백기를 거쳐 재건된 새로운 자민당 지배체제를 '96년체제'라 부르고 있다. 그에 따르면 96년체제하에서 자민당은 이미 득표수에 있어서 과반수를 점하는 힘을 가지기는 어렵게 되었다는 것이다. 참의원 선거에서 자민당이 과반수를 차지한다는 것은 매우 어려우며 중의원에서도 자민당의 과반수는 늘 위협받기 십상이다. 이러한 의미에서 96년체제는 자민당을 기축으로 하면서도 연립정권의 모습을 띠게 된다. 연립을 구성하는 소수 정파는 자민당의 정권에 참가하여 수정을 요구하거나 또 대신이나 차관 직을 요구한다. 따라서 자민당의 연립 파트너 대상인 소수 야당은 소속 의원 수보다 큰 발언권을 지니고 자민당은 이에 따른 제약을 안게 된다(高畑通敏 1999, 69-72).

그러나 주목을 요하는 것은 이러한 제약에도 불구하고 96년체제하에서 자민당의 권력은 55년체제에 비해 기본적으로 훨씬 강화된다는 점이다. 그것은 자민당의 기본정책에 반대하는 사회당과 같은 강력한 야당이 존재하지 않기 때문이다. 1990년대 중반 이후 사회당은 헌법, 자위대, 미일안보 등의 기본정책과 관련하여 근본적인 노선 전환을 감행하였고 그 과정에서 사실상의 해체가 초래되었다. 그러한 변화를 촉발시킨 결정적인 계기는 사회당의 연립정권에의 참가였다. 1996년 체제하에서 최대 다수 의석을 확보하고 있는 자민당의 지위가 변동될 가능성은 거의 없게 되었다. 한편 야당은 이념적, 조직적으로 자민당과 대립할 기반을 만들 수 없게 되었으며 이러한 상황에서 야당은 늘 자민당에게 동조하여 연립정권 내에 들어갈 기회만을 엿볼 수밖에 없는 처지에 놓이게 되었다. 이런 의미에서 96년체제하의 야당은 공산당을 제외하면 모두 자민당으로부터 프로포즈를 기다리는 구애자이며 이 선택권은 일방적으로 자민당만이 갖는다. 결국 96년체제하의 연립정권에서 최종적인 정책결정권을 누리는 것은 다름 아닌 자민당이며 이러한 속에서 자민당이 주도하는 법률과 정책이 야당의 저항을 받지 않고 속속 통과되고 있는 것이다.

셋째로 1990년대 일본의 보수 우경화를 촉진시키는 배경으로서 들 수 있는 것은 일본 경제의 총체적 위기현상을 들 수 있다. 일본 경제는 1990년대 초반부터 10년이 넘도록 극심한 경제침체와 고실업률의 기록, 잇따른 금융기관의 도산 및 기업의 채산성 악화 등의 악재에 직면하면서 고전을 면치 못하고 있다. 1990년대 초반의 거품경제 붕괴현상과 더불어 시작된 일본의 장기불황은 10년이 지나도록 지속되고 있으며 좀처럼 회복의 길을 찾지 못하고 있다.

통계에 따르면 1990년대 초엽 들어 진행된 일본 경제의 버블붕괴로 소실된 자산가치(1,100조 엔)가 2차대전 때 피해액의 두 배에 달한다고 한다.

많은 일본인들은 일본 경제의 이러한 총체적 위기상황을 제2차 세계대전의 패전에 이은 제2의 패전으로 받아들이고 있다. 이처럼 일본의 경제불황이 지속되고 있는 가운데 일본인들은 그들의 경제 현실에 대해 강한 불만을 표출하고 있다. 한편으로 경제를 이러한 상황에 빠트린 국가 관료기구에 대한 불신은 더욱 심화되게 되었다. 1990년대 들어 관료들의 부패 스캔들과 비효율성이 잇따라 폭로되면서 그동안 관료들이 장악하고 있던 각종의 인허가권과 규제장치가 경제의 비능률을 초래하는 원흉이라는 인식이 급속도로 확산되고 있다. 전후 일본의 고도 경제성장의 견인차 역할을 담당해 온 것으로 여겨져 왔던 관료제의 신화는 사실상 붕괴되고 있다. 이러한 위기의식으로 말미암아 일본에서는 지금이야말로 명치혁명 및 전후 개혁에 이은 제3의 국가 개혁이 절실하게 요구된다는 인식이 급속도로 확산되고 있다.[12)]

일본에 있어서 사회 전반의 보수화 추세와 더불어 주목되는 또 하나의 움직임은 1990년대 이후 급속하게 전개되고 있는 안보정책의 전환이라고 할 수 있다. 냉전체제하에서 대외적 군사역할을 최대한 회피하는 태도로 일관해왔던 일본은 1990년대 이후 안보정책의 근본적인 전환을 추구하고 있다. 일본은 기존의 소극적인 안보정책에서 탈피하여 국제적 역할을 능동적으로 추구해 나가기 위한 행보를 모색하고 있다. 이는 일본이 전후 유지해왔던 평화국가의 외피를 벗어 던지고 군사적 보통국가를 향해 질주하기 시작했다는 것을 의미한다. 일본의 안보정책 전환은 다음의 세 가지를 통해 구체화되고 있다.

첫째, 일본 안보정책의 변화를 가장 상징적으로 보여준 것은 PKO 참여를 통한 자위대의 해외 파견이다. 1992년 6월 유엔 PKO협력 법안이 국회를 통과한 이래 자위대의 PKO 부대는 캄보디아, 모잠비크, 자이레, 고란 고원 등지

---

12) 1990년대 이후 일본시스템의 개혁에 관한 전반적인 논의상황과 그 전개 및 전망에 대해서는 김영작(1999)을 참조.

에 파견되어 본격적인 평화유지 활동에 참여하고 있다. 냉전시기만 하더라도 자위대의 해외 파견 문제는 그 형태를 불문하고 논의 자체가 일종의 금기사항으로 간주되어 왔다는 사실을 고려할 때 자위대의 해외 파견 실현은 그 자체로서 일본 안보정책의 전환을 상징하는 것으로 평가된다.

둘째, 1995년 12월에 책정된 신방위대강을 통해 일본은 방위력의 역할을 대폭 확대하고 있다는 점이다. 즉, 이로써 자위대는 일본방위뿐 아니라 재해 등 각종 사태에의 대응 및 보다 안정된 안보환경을 구축하기 위한 공헌에 참가할 수 있게 되었다. 여기서 말하는 각종 사태에는 한반도를 비롯한 일본 주변 지역에서 벌어지는 안보상 유사사태를 포함하고 있는 것으로 해석된다. 이는 구체적으로 자위대가 한반도 유사시 난민의 도래에 대한 대응이나 긴급대피 등의 업무 등에서 작전을 수행할 수 있음을 의미하는 것이다.

셋째, 일본은 미일안보체제의 재정의를 통해 향후에도 대미군사동맹 노선을 굳건하게 견지해 나간다는 방향을 확립하였다. 미일신안보 선언에서는 미일안보 체제가 동아시아의 대소 군사동맹으로서의 의미를 넘어서서 아시아 태평양 지역 전체를 대상으로 하는 긴밀한 미일 군사협력을 추진하는 발판의 역할을 수행할 것임을 규정하고 있다. 이는 미일안보체제의 광역화와 이에 따른 미일의 역할 분담을 명시한 것이다. 일본은 극동의 유사는 물론이려니와 아시아 태평양 지역에서 유사상황이 전개될 경우 전개될 미군의 작전에 적극적인 협력을 제공하겠다는 정책을 표명하였다.

군사적 역할의 확대 노선으로 압축될 수 있는 탈냉전기 일본의 안보정책은 구체적으로 한반도 정세와 관련하여 구체적으로 어떻게 투영되어 나타날 것인가? 이 경우 핵심적인 관건은 일본이, 한반도 유사시 미군이 전방에서 전개할 한반도 작전에 대하여 어떤 범위와 형태의 후방지원 및 협력을 수행할 것인가에 달려 있는 것으로 보인다. 일본은 신가이드라인의 책정과 연이은 주변사태법의 제정을 통해 한반도, 대만, 남사군도를 포괄하는 일본주변 사태를 최대의 안보위협으로 상정하고 있다. 여기서 일본은 주변 사태에 대해 미국을 매개로 한 적극적인 군사적 대응에 나설 것을 선언하고 있다. 즉, 신가이드라인에서는 주변 유사시 일본의 대미 군사지원 방안을 광범위하게 규정하고 있을 뿐만 아니라, 공해상에서 해상자위대의 기뢰제거 및 유엔 경제제재 결의시의 해상검사 등 자위대의 역할을 획기적으로 확대해 놓았다.

여기서 간과할 수 없는 점은 보수화 추세 속에서 전개되고 있는 일본의 군사적 역할 확대가 지역의 안정과 평화 그리고 공동번영의 추구에 심각한 장애물이 될 수 있다는 사실이다. 특히 일본의 강성 안보정책은 그렇지 않아도 문제가 되고 있는 중국의 군사력 증강을 부추김은 물론 나아가 동아시아의 전체를 군비경쟁의 악순환과 지역패권의 대결구도로 빠뜨릴 위험성이 있다. 과거 군국주의 일본으로부터 온갖 희생을 강요받았던 아시아인들은 현재 일본이 추진하고 있는 군사적 보통국가화 프로젝트를 경계와 불신의 눈초리로 보고 있다.

이러한 상황에서 무엇보다도 요구되는 과제는 동북아 해당국가들간의 대화를 통한 안보정책의 투명성 제고 노력이라고 할 수 있다. 일본이 추구하고 있는 대미동맹의 강화노선은 기본적으로 미국이 군사적 역할을 중심적으로 담당하고 일본이 이를 후방지원하는 구도로 짜여져 있다. 이러한 구도하에서 일본이 독자적으로 군사대국의 길을 걷게 될 가능성은 비교적 제한되어 있는 것으로 보인다. 즉, 미일안보체제는 역설적으로 일본의 독자적인 군사노선을 견제하고 아시아제국이 잠재적으로 우려하고 있는 일본의 군사 대국화를 억제하는 메커니즘으로 작용할 수도 있다는 점을 간과할 수 없다.[13)]

일본의 한반도 안보정책의 핵심은 기본적으로 북한의 군사적 도발이나 자체 붕괴 등이 초래할 한반도 유사사태에 대한 미일 양국 간 차원의 군사협력 기반을 구축하는 데 주된 목적이 있다. 그러나 일차적인 당사자인 우리의 입장에서 볼 때 한반도 유사사태는 우리가 상상할 수 있는 최악의 시나리오가 아닐 수 없다.

---

13) 역설적으로 동아시아에서 미군의 존재가 일본의 군사대국화를 견제하는 역할을 수행한다는 논의는 이른바 병목론(bottle neck)론으로 널리 알려져 있다.

따라서 일본의 대한반도 안보정책과 관련하여 무엇보다도 요구되는 과제는 일본의 군사적 개입을 원천적으로 봉쇄하기 위해 한반도의 유사사태가 발생하지 않도록 예방 차원의 노력을 경주하는 일이다. 즉, 북한의 호전성과 자체 붕괴의 위험을 최소화하고 북한이 개혁과 개방의 길로 나아갈 수 있도록 유도하는 것이야말로 우리가 안고 있는 제일의 과제라 할 수 있다. 더 나아가 한국은 동북아 각국이 상호간에 군사적 투명성과 신뢰성 제고를 통해 이 지역의 다자적 안보 틀을 형성해 나갈 수 있는 여건과 환경을 조성하는 데 최선의 노력을 경주해야 할 것이다.

Ⅳ. 북일 수교교섭의 전개

향후 한일관계의 최대 외교 현안 가운데 하나는 북일 수교교섭과 관련하여 한일 간 공조와 협력의 체계를 어떻게 구축·관리해 나갈 것인가의 문제라고 할 수 있다. 일본인 납치문제 등으로 인해 일본의 대북 여론이 극도로 냉각되어 있는 최근 상황을 고려할 때 일본이 현재 진행되고 있는 북한과의 수교교섭에서 급격한 타결을 성사시키기는 어려울 것으로 전망된다. 그럼에도 불구하고 일본은 언제까지나 대북 관계를 공백상태로 방치해 놓을 수만은 없다는 나름의 정세인식을 지니고 있는 것도 부인할 수 없는 사실이다. 즉, 일본은 북한과의 관계개선이나 수교관계의 수립을 통해 획득할 수 있는 정치적 이익을 의식하지 않을 수 없는 처지에 놓여 있다(최상용·이면우·이원덕 1998, 216-217).

첫째, 일본은 북한과 일정한 관계를 유지함으로써 한반도에서의 정치적 영향력을 강화할 수 있다고 판단하고 있다. 역사적으로 볼 때 일본은 한반도에서 깊은 전략적 이해를 가지고 있는 미국, 중국, 러시아와 영향력 확대 경쟁을 벌여 왔다. 1990년대 이후 일본은 한반도에서의 영향력 경쟁에서 미국, 중국, 러시아에 비해 상대적으로 열세에 놓이게 되었다. 중국과 러시아는 이미 한국과 수교관계를 수립함으로써 한반도에서 두 개의 카드를 지니게 되었으며 미국도 압도적인 군사력과 대외협상력을 바탕으로 여러 채널을 통해 나름대로 북한에 대한 영향력을 강력하게 행사하고 있다. 한반도에서 벌어지고 있는 주변강국의 영향력 경쟁에서 뒤지지 않기 위해서라도 일본은 북한과의 관계개선을 시도하는 것이 자신의 국익에 부합한다고 느끼고 있다.

둘째, 일본은 북한체제의 급변사태가 가져올 위험성에 대해서도 의식하지 않을 수 없는 상황에 놓여 있다. 일본은 만약 북한체제가 급작스런 붕괴나 극심한 내부 혼란에 빠질 경우 일본에 미칠 수 있는 악영향을 우려하고 있다. 북한의 급변 사태로 인해 한반도에서 군사적 충돌이 발생할 경우 일본은 좋든 싫든 직·간접적으로 개입하지 않을 수 없다. 일본은 이미 1996년 4월의 미일신안보선언과 1997년 9월 새롭게 개정된 가이드라인을 통해 한반도를 비롯한 주변 지역에서 유사사태가 발생할 경우 일본이 취할 군사적 역할을 규정한 바 있다(이원덕 2001, 213-220). 또 일본은 만약 북한체제가 급작스런 붕괴될 경우, 대규모의 난민이 일본에 유입될 가능성을 심각하게 경계하고 있다. 따라서 일본은 북한의 급변 사태에 대한 예측력을 나름대로 지니는 한편, 만약의 사태에 대한 효율적인 대처를 위해서라도 북한과의 관계를 최소한 유지시킬 필요를 느끼고 있다고 판단된다.

셋째, 일본은 북한과의 관계개선을 통해 현재 미해결의 상태에 놓여 있는 양국 간 현안을 타개할 수 있다고 생각하고 있다. 일본에게 있어서 북한문제는 북방 4개 영토문제와 더불어 유일한 미해결의 전후처리 문제이기도 하다.[14] 또 일본은 무역대금의 미결제 문제, 일본인 처의 자유왕래 문제 등의 미

---

14) 일본 국내에는 비록 소수이기는 하나 북한과의 수교를 통해 일본이 한반도에 지고 있는 과거청산 및 전후처리의 과제를 해결해야 한다고 주장하는 세력이 존재하고 있다. 주로 구사회당 계열의 정치인과 진보파 지식인, 문화인 등으로 구성되는 이 세력은 북일관계의 요체를 역사청산에 있다고 주장한다. 즉, 이들은 핵문제나 일본인 납치의혹 문제 등은 북일수교 교섭의 중심적인 의제가 아니며 수교교섭의 본질은 식민지 과거를 청산하는 데 있다고 주장한다. 이 주장의 논거에 대해

해결의 과제를 안고 있는 실정이다. 이러한 문제를 종결짓기 위해서라도 일본은 북한과의 관계개선을 필요로 하고 있다. 북한 문제의 해결은 경제 대국 일본의 본격적인 대아시아 외교 추진을 위해서도 요구되는 과제가 아닐 수 없다.

이러한 점을 고려할 때 일본은 장기적으로는 북한과의 관계개선을 추구할 것이며 궁극적으로는 교섭을 통한 국교정상화의 길을 걷게 될 것으로 예상된다. 그러나 최근에 벌어진 일련의 사태전개는 북일관계 개선의 가능성에 어두운 그림자를 던지고 있어 단기간 내에 북일 교섭이 재개되기는 어려울 것으로 전망된다. 최근의 북일 관계는 수교교섭이 개시된 이래 최악의 국면에 빠져 있다고 해도 과언이 아니다. 최근 일본의 대북 여론은 극도로 냉각되어 있는 것으로 판단되는 데 여기에는 다음의 세 가지 요인이 작용한 탓으로 여겨진다.

첫째, 10여 명의 일본인이 북한의 공작요원에 의해 납치되었다는 의혹이 제기되면서 일본의 대북 자세는 급속히 냉각되었다. 납치의혹 사건은 1991년 제1차 북일교섭시 대한항공 항공기 폭파범 김현희의 일본어 교사역을 담당했다는 이은혜가 일본에서 납치된 일본인 여성이라는 사실이 알려지면서부터 불거져 나왔다.[15] 이를 계기로 납치 의혹 피해자 가족이 결집하고 국회의원 연맹이 조직되는 등 일본 내에서 강력한 반북여론이 조성되었다.

이러한 상황에서 2002년 9월17일 개최된 역사적인 북일 정상회담과 그에 이은 평양선언은 그간 교착상태에 빠져 있던 북일관계의 획기적인 진척을 예고하는 청신호로 인식되었다. 평양선언을 통해 일본은 납치사건에 대한 북한측의 극적인 고백과 사과를 받아내었으며 안전보장 문제에 관해서도 성과를 얻는 외교적 승리를 거두었다. 한편 북한은 경제적 난관과 외교, 안보적 위기 상황을 모면하기 위해 과거사 문제에 관해서 조차 변변한 주장 한 번 못한 채

서는 朝鮮政策の改善を求める會(1989) 혹은 山本剛士(1991) 참조.

15) 1997년 2월 니이가타의 해안에서 1977년에 행방불명되었던 중학생 요코다로 보이는 소녀가 북한의 공작원에 의해 납치되었다는 정보가 한국에 망명한 북한기관원의 제보로 알려지면서 납치 의혹은 더욱 증폭되었다.

일본 측의 주장을 거의 전면적으로 수용하는 양보를 감행하였다. 언뜻 보기에 이러한 북한의 백기투항으로 북일 간에 놓여 있던 큰 대립은 해소된 것으로 보였다.

그러나 같은 해 10월 29일과 30일 양일에 걸쳐서 쿠알라룸푸르에서 개최된 제12차 북일 회담은 양국의 수교 전망이 매우 불투명할 뿐 아니라 향후 수교교섭이 당분간 교착상태에서 벗어나기 어려울 것이라는 사실을 명확하게 보여주었다.

납치문제에 일본 여론의 격앙된 분위기가 시간이 지나면서 가라앉기는커녕 더욱 확산되고 있어 일본 정부의 대북 정책에 관한 운신의 폭을 붙들고 있는 것이다. 이 점에서 볼 때 납치문제라는 걸림돌을 파격적인 시인과 사과라는 충격요법으로 정면 돌파하려 했던 김정일 위원장의 결단은 다소 계산착오로 귀결되고 있는 듯 하다. 일본 정부는 격앙된 대북 여론을 등에 업고 대북 교섭에서 납치문제의 철저한 규명과 사후처리를 최우선적인 과제로 제시하며 북한을 압박하는 자세를 보이고 있다.

둘째, 북한의 호전적 자세에 대한 우려가 증폭되고 있다는 점이다. 일본 정부는 북한의 핵개발 의혹을 여전히 우려하고 있다. 일본은 북한의 잇따른 미사일 개발 성공으로 일본 열도 전체가 미사일 공격에 노출되어 있다는 심각한 안보위협을 느껴왔다.[16] 특히 1993년 5월 북한이 동해를 향해 노동 1호 미사일(사정거리 약 1,000Km)을 실험 발사하자 일본은 비로소 북한의 미사일 개발을 자신의 안전보장과 결부시켜 인식하기 시작했다. 일본이 북한의 미사일 개발을 자국의 치명적인 안보위협으로 간주하고 이에 대한 본격적인 대응을 강구하게 된 계기는 1998년 8월의 대포동 사태였다. 북한이 대포동에서 실험 발사한 사정거리 1,700Km를 상회하는 3단계 추진 로켓이 일본의 상공을

---

16) 일본 정부는 북한의 로켓 발사사건을 계기로 북한에 대한 강경조치를 단행하였는데 그 내용은 북일수교 교섭의 동결, KEDO 경수로 사업의 분담금 합의문에의 서명거부, 쌀지원을 비롯한 경제원조의 금지, 전세 민항기의 왕래 중단 등이다. 물론 이 보복조치는 얼마 지나지 않아 해제되었다.

통과하자 일본은 이를 전후 최대의 안보위협으로 간주하게 되었다. 대포동 발사체의 실험 성공은 오키나와를 비롯한 일본 전역이 북한 미사일의 사정거리 내에 들어왔음을 의미하는 것이었다. 일본은 핵탄두와 운반체의 결합이 초래할 가공할 만한 위협에 스스로 노출되어 있음을 새삼 깨닫게 된 것이다.

설상가상으로 2002년 말 북한의 고농축 우라늄 핵무기 개발 계획 시인을 계기로 점화 된 이른바 북한 핵개발 파동이 북일 수교교섭의 진전을 가로막고 있는 것이다. 제임스 켈리 미 특사의 방북 이후 불거져 나온 북한 핵개발 문제는 그렇지 않아도 납치 충격으로 미온적으로 변해가던 일본 정부의 대북 접근 자세를 결정적으로 냉각시켜 버렸다. 일본은 핵 문제와 관련하여 북한의 핵 개발계획의 즉각적인 철폐를 요구하며, 이와 더불어 이미 배치 완료되어 있는 노동미사일의 폐기 등 미사일 문제도 제기하고 있다. 일본으로서는 북 핵개발 계획이 제네바 합의와 NPT 위반임은 물론 9·17 평양선언에서 명시된 합의와도 배치된다는 점을 들어 북한을 압박하는 고삐를 늦추지 않고 있다.

이렇게 볼 때 본격적인 북일 국교정상화 교섭이 큰 폭으로 진척되기까지는 상당한 시일이 필요할 것으로 보인다. 납치문제로 충격과 분노에 휩싸인 일본 내 여론이 가라앉기 전에는 일본 정부로서도 대북강경론에 포위되어 한 발자국도 나아가지 못할 것으로 보인다. 또한 북한 핵문제의 해결이 가닥을 잡지 못하는 한, 일본 측이 미국이나 한국에 앞서서 대북 교섭을 진전시키는 것은 더더욱 불가능할 것으로 추측된다. 이런 점에서 북핵문제의 대두는 모처럼 마련된 북일관계 정상화의 계기를 여지없이 날려버렸다. 이와 동시에 역설적으로 북핵사태는 고이즈미 총리가 전격적인 북일 정상회담을 통해 어렵사리 획득한 독자적인 대북 정책의 공간을 수포로 돌아가게 만든 장본인이 되고 말았다.

향후 일본으로서는 수교와 경제협력 카드를 적절하게 활용하여 북한과의 직접적인 대화를 통해 핵, 미사일 등 안전보장 문제를 강도 높게 제기해 나갈 것이다. 돌이켜 보건대, 일본은 북일 평양선언 이후 북한 문제를 비롯하여 한반도를 둘러싼 국제정치의 무대에서 과거에 비해 훨씬 큰 역할을 담당하게 될 강력한 행위자로 부상하였다. 이로써 한국으로서는 한반도의 평화와 통합 문제를 더욱 복잡한 방정식으로 풀어나가지 않으면 안 되는 과제에 직면하게 되었다고 할 수 있다.

셋째, 일본 국내의 정치, 경제적 상황 또한 일본의 대북 접근을 가로막고 있는 요인으로 작용하고 있다. 현재 자민당은 중의원에서 최대 의석을 획득하고 있는 부동의 다수당이긴 하지만 공명당과 보수당의 협력하에 연립정권을 구성하고 있다. 자민당으로서는 안정적인 정권을 유지하기 위해서 참의원에서의 과반수 지지가 필수적이며 이 때문에 자민당은 공명당과 보수당을 끌어들여 연립정권을 구성하고 있다. 이러한 상황에서 대북 외교와 같은 난제를 해결하기 위한 정치적 결단을 내릴 수 있는지에 대해서는 회의적인 견해가 지배적이다. 1990년대 초반 가네 마루와 와타나베 미치오가 담당했던 대북 파이프 역할을 이어받을 거물 정치인이 부재한 상황에서 그나마 한 때 대북 외교에 열심이었던 노나카 자민당 전간사장도 고이즈미 정권에서는 대북 외교의 일선에서 떠나 있는 상황이다. 현재 일본의 정치가들은 정치적 코스트를 수반할지도 모르는 대북 외교의 추진에 적극적이지 않다.

또 하나의 장애 요인은 일본의 심각한 경제침체에서도 찾을 수 있다. 일본은 현재 전후 최악의 불황과 금융시스템의 위기에 직면하고 있어 경제 활성화에 총력을 기울이고 있는 실정이다. 오부치와 모리 수상의 갑작스런 퇴장에 이어 새롭게 등장한 고이즈미 내각은 구조개혁을 슬로건으로 하여 경제재건 계획의 지속적인 추진을 최우선 과제로 설정하고 있다. 이러한 경제난국의 상황에서 대북 관계의 개선은 일본 정부의 정책 우선과제로부터 밀려 있을 수밖에 없다. 왜냐하면 일본 정부는 북한과의 관계개선에는 적든 많든 재정지출을 감수해야 한다는 부담을 느끼고 있기 때문이다. 대북 관계 개선에 요구되는 대북 식량지원 및 경제원조도 재정적 지출을 요하는 부담일 뿐 아니라 장기적으로는 북일 수교가 이루어질 경우 상당한 액수의 대북 청구권자금 지불의 부담을 안게 될 것이라는 점을 충분히 인식하고 있다. 이상의 상황을 고려할 때 향후 일본의 대북 정책은 신중하고도 소극적인 행보를 걸을 것으로 보인다.

물론 수교교섭에서 양국의 대립쟁점으로 남아 있는 과거사 보상문제, 기본 문제, 미사일개발 문제, 납치의혹 문제 등에서 북한이 전격적인 대일 양보자세로 나온다면 일본도 이에 부응하여 대북 교섭이 빠른 속도로 타결될 가능성은 여전히 배제할 수 없을 것이다.

이상 살펴본 바와 같이 향후 일본의 대북 정책은 신중하고도 소극적인 방향으로 전개될 것으로 보인다. 일본은 북한과의 관계개선을 위한 접촉에 나서기는커녕 오히려 북한을 정치적으로 압박하면서 안보 면에서의 대북 억지 노력을 강화해 나가는 방향을 추구할 것이다.

여기서 북일수교 교섭에 거는 한국 측의 기대를 살펴보자. 김대중 정권 출범 이후 한국 정부는 이미 누차에 걸쳐서 대북 정책의 기본방향으로 화해와 협력을 기둥으로 하는 포용정책을 제시한 바 있다. 즉, 대북 포용정책의 요체는 정경분리 원칙에 입각하여 북한의 태도에 구애받음이 없이 인적·물적 교류를 확대하고 북한을 국제사회에 끌어냄으로써 점진적인 개방과 개혁으로 유도하여 평화적인 통일을 추구한다는 것으로 파악된다.

또 김대중 정권은 북한의 군사적 위협을 해소하고 평화를 달성하기 위해서는 무엇보다도 한반도 냉전구조의 해체가 선행되어야 함을 천명한 바 있다. 이러한 맥락에서 남북관계의 개선에 앞서 미국과 일본이 북한과의 관계를 개선하고 국교정상화에 나설 것을 강력하게 촉구하고 있다.[17] 따라서 일본으로서는 한국의 지지하에 대북정책을 전환할 수 있는 호기를 맞게 된 셈이다. 나아가 김대중 정권은 북한의 핵, 미사일 문제와 미국의 경제제재 조치의 해제 그리고 북한체제의 보장 등 모든 대북 현안을 일괄적으로 타결할 것을 주장한 바 있으며 노무현 신정부하에서도 이러한 기본입장은 변하지 않고 유지되고 있다. 이러한 대북 포괄적 접근에 북일 간의 미해결 과제가 포함될 수 있음은

17) 김영삼 정부 시대에는 '조화와 병행의 원칙'을 내세워 남북한 관계의 진전이 없는 한 일본과 미국이 대북관계 개선에 나서는 것을 사실상 반대하는 입장을 취했으며 일본도 한국의 요구를 구실로 대북접근을 자제하는 자세를 보였었다.

말할 나위도 없다.

한국이 북한에 대해 취할 수 있는 수단이 제약되어 있는 상황에서 일본의 대북 정책이 북한에 대해 미치는 영향력은 사실상 무시할 수 없을 정도로 크다고 볼 수 있다. 따라서 우리는 일본의 대북 정책을 한국이 추구하는 대북 화해협력정책의 방향과 합치되도록 하기 위한 노력을 다방면으로 경주해야 할 것이다. 장기적으로 볼 때 일본이 북한과의 관계개선을 시도하고 더 나아가 북한과의 수교에 나선다면 다음의 두 가지 점에서 긍정적인 결과를 초래할 수 있다고 생각된다(최상용·이면우·이원덕 1998, 221-227).

첫째, 북일 관계 정상화(북미수교 포함)는 한반도 주변의 4강에 의한 남북한 교차승인 구도의 도래를 초래하여 결국 북한을 국제사회의 무대로 끌어내는 역할로 이어질 것으로 예상된다. 미국과 일본에 의한 대북 수교는 한반도의 냉전구조를 해체하는 데 결정적으로 기여할 수 있을 것이다. 이렇게 된다면 북한의 대남 적화전략은 완화 내지 수정될 수 있으며 또한 북한의 개방, 개혁을 촉진시키는 방향으로 작용할 것이다. 또 이는 북한의 투명성을 제고시켜 북한의 대외행동을 예측 가능한 틀로 끌어들이는 효과를 거둘 수 있다고 생각된다. 평화적인 남북통일을 실현시키기 위해서는 남북한의 공생, 공존구조의 확립이 선행되어야 한다는 점을 생각할 때 남북한 교차승인 구조의 도입은 불가피한 선택으로 받아들어야 할 것이다.

둘째, 북일 관계의 개선은 필연적으로 일본 자본과 기술의 북한 유입을 촉진할 것이다. 만약 북일수교가 달성된다면 일본으로부터 50~100억 달러 상당의 청구권 자금이 북한에 제공될 것으로 예상된다. 이렇게 된다면 북한은 빈사상태에 빠져 있는 경제를 다소나마 재건할 수 있는 여력을 갖게 될 지도 모른다. 더 나아가 일본 자본은 붕괴 상태에 놓여 있는 북한의 산업인프라를 재구축하는 데 긴요하게 활용 될 수 있을 것이다. 무엇보다도 일본자본의 북한 유입은 최악의 시나리오인 북한체제의 급작스러운 붕괴 사태를 억제하는 데 중요한 역할을 수행할 것으로 예상된다. 또 장기적으로 보면, 한국이 주도하는 평화통일을 상정할 경우 일본 자본은 장차 한국이 지불할 통일비용을 절감하는 데 긍정적으로 기여할 것이다.

이러한 점을 고려한다면 한국의 입장에서 볼 때 향후 일본이 북한과의 관계를 개선하고 수교교섭에 나서는 것은 국익에 부합된다고 생각된다. 당분간 수교의 실현이 어렵다면 최소한 일본은 북한과의 의사소통이 이루어질 수 있도록 접촉 채널을 확대, 강화하는 노력을 기울여야 할 것이다. 현재 일본의 대북정책의 심각한 문제는 대북 직접대화 채널의 부재에서 오는 상호오해의 증폭 및 의사소통의 왜곡현상이다. 따라서 일본은 하루빨리 북한과의 직접 대화의 장을 구축하기 위해 노력해야 한다. 만약 일본의 국민감정상 북일 국교정상화 교섭을 재개하는 것이 어렵다면 국교교섭과는 별도의 접촉채널을 새롭게 구축할 필요가 있다고 생각된다(伊頭見元 1999, 272-273).

돌이켜 보건대, 가네마루의 방북을 계기로 전격적으로 개시된 2년간의 대북교섭에서 일본 정부가 추구했던 본래의 목표는 미결의 전후처리 과제해결을 통한 양국 간 국교를 수립한다는 것이었다. 1992년 11월 회담이 결렬된 이후, 일본의 북한에 대한 일차적 관심은 북한의 핵개발 의혹을 해소하는 데 집중되었다. 그러다가 1994년 10월 제네바 합의에 의해 북한 핵개발의 동결이 이루어지자, 일본의 대북정책은 극심한 식량난에 처한 북한의 붕괴사태를 어떻게 대처할 것인가의 문제로 고려의 우선순위가 전환되었다. 이 과정에서 북한에 대한 인도주의적인 쌀 원조가 이루어지기도 하였다.

그러나 1997년 봄 일본인 소녀의 납치의혹이 증폭되면서 사태는 급변하게 되었다. 즉, 일본은 납치의혹의 해결 없이 수교교섭의 재개는 불가하다는 강경한 입장으로 급선회하였다. 설상가상으로 1998년 8월 대포동 사태가 발생하자, 일본의 대북정책은 북한의 군사, 안보적 위협에 대한 대항이라는 축을 중심으로 전개되게 되었다. 1999년에 들어서도 일본 정부는 '대포동 쇼크'와 납치의혹에 의해 극단적으로 악화된 국내의 대북정서에 발이 묶인 채, 전향적인 대북정책을 내놓지 못했다.

이러한 상황을 급전시킨 것은 2002년 9월의 전격적인 고이즈미 수상의 방북과 역사적인 북일 정상회담이었다. 이 회담을 계기로 그간 정체되었던 북일

관계는 획기적인 돌파구를 마련하게 되었다. 그러나 북일 정상회담에서 돌출된 김정일 위원장의 납치문제에 대한 정면돌파식 해법은 역설적으로 일본 내 대북여론을 냉각시켰고 연이어 터져 나온 북핵개발 의혹 문제에 직면하면서 다시금 북일 간에는 냉기류가 형성되고 말았다.

이렇게 볼 때 북일수교 교섭 개시 이래 일본의 대북정책은 일관된 원칙과 목표하에 능동적으로 추진되었다기보다는 그때그때의 처한 상황에 대한 임기응변식의 수동적인 대응으로 점철되어 왔다고 할 수 있다.[18] 물론 일본의 대북정책이 이처럼 장기적인 전략을 결여한 채 우여곡절을 겪게 된 것은 교섭의 파트너인 북한이 예측할 수 없을 정도의 돌발적 행동을 일삼는 데서 기인한 바 크다고 생각된다.

오부치 전수상은 1999년 3월 김대중 대통령과의 수뇌회담에서 일본의 대북정책의 원칙으로서 '대화와 억지'의 병행추진 방침을 천명한 바 있다. 그러나 일본의 대북정책에 있어서 억지와 대화는 별개의 정책수단이라기보다는 동전의 양면을 이루는 불가분의 관계에 있는 것으로 판단된다. 대북 포용정책의 측면에서 볼 때 가장 효과적인 억지는 대화를 통한 억지가 아닌가 생각된다. 대화와 협상을 배제한 억지정책은 대립과 갈등의 상승작용만을 결과할 뿐이다. 전후 일관되게 평화노선을 견지해왔던 일본이 북한의 위협을 구실로 하여 군비강화를 통한 힘의 외교에 나서게 될 경우 그것이 초래할 불행은 불을 보듯 명확하다.

일본의 대한반도 정책은 어디까지나 한반도 식민통치와 그 결과로서 나타난 남북분단의 아픔을 치유하고 해소하는 데 기여하는 방향에서 추진되는 것이 바람직하다. 이렇게 볼 때 일본 정부는 "수교교섭을 통해 전후처리 문제를 해결한다"는 교섭 개시 당시의 본래의 정신으로 되돌아와 대북정책을 재출발시켜야 할 것이다(和田春樹 1999, 4, 99-101). 일본의 대북관계 개선과 수교

18) 대북외교뿐 아니라 일본외교 전반이 갖는 수동적 성격에 대해서는 이미 많은 학자들이 지적한 바 있다. 예컨대 Calder(1988), 五百旗頭眞(1990)을 참조.

관계의 수립은 한반도 냉전구조의 일각을 붕괴시켜 남북한 간의 화해는 물론 동북아의 안보위협 해소에도 크게 기여할 것으로 생각된다. 침략과 지배 그리고 전쟁과 분단으로 얼룩진 20세기 동북아의 비극의 역사를 하루빨리 청산하고 화해와 공생의 21세기를 맞이하기 위해 일본의 적극적인 역할이 기대된다.

V. 맺음말

이상으로 1990년대 이래 구조전환을 맞이하고 있는 한일관계의 전반적인 현황을 검토하고 이어서 핵심적인 3대 쟁점에 관한 분석과 더불어 필자 나름대로의 각 쟁점에 대한 바람직한 대응방향을 살펴보았다. 이상의 분석에서 알 수 있듯이 구조전환 이후의 한일관계는 상호협력과 우호의 필요성이 증대했음에도 불구하고 현실적으로는 대립과 마찰을 수반하는 쟁점이 여전히 존재하며 오히려 증폭될 조짐마저 보이고 있다. 특히 2001년 들어 재등장한 과거사 문제를 둘러싼 양국 간의 갈등은 과거사 문제가 단기적인 차원의 대응이나 일시적인 대책으로 해결될 성질의 사안이 아니라는 점을 명확하게 인식시켜 주었다.

여기서 우리가 차분하게 생각해 보아야 할 것은 언제까지나 한일관계를 대립과 갈등의 굴레에 묶어놓을 수만은 없다는 실용주의적 관점의 필요성이다. 한국과 일본은 자본주의적 시장체제와 정치적 자유민주주의를 공유하는 몇 안 되는 아시아의 유력한 국가라는 큰 전제에서 한일관계를 인식할 필요가 있다. 양국에게 있어서 무역과 투자, 관광 등의 측면에서 볼 때 상대국이 갖는 비중 및 중요성은 새삼스럽게 지적할 필요조차 없다. 또 한국이 주도하는 남북한 평화통일의 과정과 통일 이후를 전망할 때 일본과의 긴밀한 협력은 필요불가결한 변수가 아닐 수 없다.

이러한 점을 고려할 때 한일 양국은 양국 간 관계를 다시금 "98년의 파트너십 선언"에서 밝힌 미래지향적 우호협력 관계의 수준으로 끌어올리기 위해

지혜를 모아야 할 것이다. 과거사 마찰로 인해 양국관계가 내셔널리즘적인 대결구도로 진행되는 것은 양국 어느 쪽에도 바람직하지 않다고 생각된다. 따라서 배타적인 국익에 기초한 감정적 대립을 지양하고 보편적·시민적 가치에 입각한 양국 간 협력을 추구하는 노력이 경주되어야 할 것이다. 양국관계가 미래지향적 방향으로 전진하기 위해서는 양국에 있어서 극단적 민족주의 세력보다는 국제협력과 인류적 보편가치를 지향하는 세력의 발언권이 강화되는 것이 바람직하다고 할 수 있다.

참고문헌

김영작. 1999. “일본의 平成 개혁: 그 방향성과 전체상 및 국가진로.”『21세기 개혁국가 일본』. 현대일본학회 국제학술회의 발표논문.

김호섭·이면우·이원덕·한상일 공저. 2000.『일본우익연구』. 서울: 도서출판 중심.

기미야 타다시(木宮正史). 1997. “한일시민사회의 구축을 위한 조건.” 하영선 편.『한국과 일본: 새로운 만남을 위한 역사인식』. 서울: 나남.

신희석. 1988. “현대일본의 정치와 한국로비스트 연구.”『외교』 제7, 8호.

외교통상부. 1998.『김대중 대통령 일본 공식방문 결과』. 서울: 외교통상부.

이원덕. 1997. “역사인식과 한일관계: 사죄발언과 문제발언의 배경 및 정치과정.” 하영선 편.『한국과 일본: 새로운 만남을 위한 역사인식』. 서울: 나남.

이원덕·진창수 편. 1998.『동북아 안보와 일본의 역할』. 서울: 세종연구소.

이원덕. 2001. “가이드라인 개정에 따른 일본의 안보역할 확대.” 공노명 편.『일본의 갈 길을 생각한다』. 서울: 솔.

요시미 순야(吉見俊哉). 1998. “잡지미디어와 내셔널리즘의 소비.” 고모리 요우이치(小林陽一)·다카하시 테츠야(高橋哲哉) 편. 이규수 옮김.『국가주의를 넘어서』. 서울: 삼인. 이 책의 원제는『ナショナル·ヒストリを越えて』(東京大學出版會, 1998).

조규철. 2001. “한일 사회문화교류와 상호인식.” 세종연구소·현대일본학회 공동주최 국제학술회의(2001년 제주도 하야트 호텔 발표논문).

최상용·이면우·이원덕 공저. 1998.『탈냉전기 한일관계의 쟁점』. 서울: 집문당.
최은봉. 1999. "전후 일본에 있어서 헌법 논쟁의 정치적 함의." 서울: 세종연구소.
한상일. 2000.『일본 지식인과 한국: 한국관의 원형과 변형』. 서울: 오름.

五百旗頭眞. 1990. "日本外交の 意思決定; 中空政治文化をこえて."『アステイオン』1月.
伊頭見 元. 1999. "北朝鮮が暴發する日."『世界』2月.
俵義文. 2001. "歷史教科書問題の本質と現況." 세종연구소·현대일본학회 공동주최 국제학술회의(2001년 제주도 하야트 호텔 발표논문).
高畑通敏. 1999. "96年体制下の日本政治: 統一地方選をふり返って."『世界』7月.
自民党·歷史検討委員會. 1995.『大東亞戰爭の總括』.
朝鮮政策の改善を求める會. 1989.『提言: 日本の朝鮮政策』. 岩波ブックレト.
山本剛士. 1991. "日朝交涉の焦点; 植民地支配は正当だったのか."『世界』11月.
和田春樹. 1999. "朝鮮有事を防ぐ道."『世界』4月.
和仁廉夫. 2001.『歷史教科書とナショナリズム』. 社會評論社.
田中伸尙. 2001.『日の丸·君が代の戰後史』. 岩波新書.
小林直樹. 1994.『憲法第九條』. 岩波新書.
「教科書に眞實と自由を」連絡會 編. 2000.『國民の歷史』(大月書店)
高崎宗司. 1996.『「妄言」の原形』. 木犀社.
木下半治. 1977.『日本右翼の研究』. 現代評論社.
有賀貞·宇野重昭·山本吉宣·渡辺昭夫. 1989.『講座國際政治④日本の外交』. 東京大學出版會.
若宮啓文. 1995.『戰後保守のアジア觀』. 朝日選書.
粟屋憲太郎·田中宏·廣渡清吾·三島憲一·望田幸男·山口定. 1994.『戰爭責任·戰後責任』. 朝日選書.
大嶽秀夫. 1999.『日本政治の對立軸』. 中公新書.
星野芳郎. 2000.『日米中三國史』. 文芸春秋.
堀幸雄. 1983.『戰後の右翼勢力』. 剄草書房.
大嶽秀夫. 1996.『戰後日本のイデオロギー對立』. 三一書房.
李庭植. 1989.『戰後日韓關係史』. 中央公論社.
小林英夫. 2001.『北朝鮮と東北アジアの國際新秩序』. 學文社.
渡辺昭夫. 1985.『戰後日本の對外政策』. 有斐閣選書.
田中明彦. 1997.『安全保障』. 讀賣新聞社.

船橋洋一. 1997.『同盟漂流』. 岩波書店.
草野厚·梅本哲也. 1995.『現代日本外交の分析』. 東京大學出版會.
櫻井よしこ·金兩基. 1997. 日韓歷史論爭.『海峽は越えられるか』. 中央公論社.
日韓關係を記錄する會. 1976.『資料·日韓關係 II』. 現代史出版會.
池田浩士·天野惠一. 1988.『國際化という「ファシズム」』. 社會評論社.

Allinson, Gary D. & Sone Yasunari. 1993. *Political Dynamics In Contemporary Japan*. Ithaca and London: Cornell University Press.

Calder, E Kent. 1988. "Japanese Foreign Economic Policy Formation: Explaining the Reactive State." *World Politics* 40, July.

Cowhey, Peter F. & McCubbins, Mathew D. 1995. *Structure And Policy In Japan And The United States*. Cambridge University Press.

Curtis, Gerald L. 1999. *The Logic Of Japanese Politics*. Columbia University Press.

Johnson, Chalmers. 1999. *Okinawa: Cold War Island*. Japan Policy Research Institute.

Kataoka, Tetsuya. 1991. *The Price Of A Constitution*. Crane Russak.

Katzenstein, Peter J. & Okawara, Nobuo. 1993. *Japan's National Security*. Cornell University Press.

Keddell, Joseph P. 1993. *The Politics Of Defense In Japan*. M.E. Sharpe.

Lee, Chae-Jin. & Sato Hideo. 1982. *U.S Policy Toward Japan And Korea*. Praeger.

Lee, Won-deog. 2001. "A normal State Without Remorse: The Textbook Controversy and Korea-Japan Relations." *East Asian Review*, Vol. 13, No. 3. Autumn.

Lee, Won-deog. 1999. "Security or Engagement? The Japanese North Korea Policy." *East Asian Review*. Vol. 11, No. 2. Summer.

Tabb, William K. 1995. *The Postwar Japanese System*. Oxford University Press.

Thayer, Nathaniel B. 1969. *How The Conservatives Rule Japan*. Princeton University Press.

Yasumoto Dennis T. 1995. *The New Multilateralism In Japan's Foreign Policy*. St. Martin's Press New York.

일본의 대한시장개방의 정치경제 :

외압, 시장, 제도

손 열

I. 서론

지난 20여 년간 미일통상마찰에 관한 연구들은 일본의 비관세장벽(nontariff barriers), 즉 규제와 차별적 정부조달, 수량제한, 관계계약(relational contracting) 등이 양국 간 무역을 저해해 왔음을 보여 주고 있다.[1] 이러한 장벽을 제거하기 위해 미국 정부는 외교적 압력을 동원하였고 일정한 성공, 즉 시장개방을 얻어왔다. 그렇다면 미국을 제외한 나머지 국가의 경우는 어떠한가? 일본 시장을 두드려온 한국 기업들은 일본의 공식적·비공식적 비관세장벽이 자신들의 사업을 억제한다고 불평해 왔다. 그렇다면 미국의 외압이 작동하지 않는 부문에서 비미국기업의 시장 진입은 어떠한가? 혹은 미국의 외압이 관철되어 미국 기업에게 시장이 개방된 부문이 비미국기업에게도 동일하게 개방되고 있는가? 보다 구체적으로 일본의 대미개방이 대한개방으로 이어지고 있는가? 표현을 달리한다면 일본의 대미 시장개방은 쌍무적 개방인가, 다자적 개방인가?

---

1) Lincoln(1989), Tyson(1993), Encarnation(1992), Bergsten and Noland(1993), Tilton(1996), Carlile and Tilton(1998), Katz(1998) 등을 참조.

이러한 질문들은 기왕의 일본 연구, 즉 미국과 일본의 미일통상마찰 연구들에서 제기되지 않았다. 본 연구는 바로 이러한 연구의 공백을 메우려는 시도이다. 이 글은 일본의 비관세장벽이 어떻게 유지 혹은 축소되어 왔으며 그것이 한일무역에 미치는 영향은 어떠한지를 분석한다. 한국에게 대일 시장개방 및 대일 수출확대 — 혹은 일본의 시장개방 문제는 정치적으로 중요한 문제이다. 왜냐하면 미국과 마찬가지로 한국에게 일본은 제2대 교역국인 동시에 막대한, 그리고 만성적인 경상수지 적자국이기 때문이다. 한국 정부는 대일무역의 확대균형을 위해 노력해 왔으나 일본의 비관세장벽 문제는 양국 간의 주요한 외교현안이 되지 못한 것이 현실이다. 이는 한국이 일본에 대해 규제체제 개혁을 요구할 만한 정치적 흥정능력을 결여하고 있을 뿐만 아니라 비관세장벽의 존재와 그 작동, 영향에 대한 충분한 관심과 연구를 수행하지 못하였던 사실에도 기인한다.[2)]

이 글은 대일시장접근에 대한 구체적 지식을 전달하기 위해서 일본의 석유제품시장과 건설시장을 사례로 선정해 산업 부문의 수준에서 분석을 수행한다. 이들 부문은 첫째, 비관세장벽에 의해 보호받아온 산업 부문이며, 둘째, 한국 기업이 대일 수출경쟁력을 보유하고 있는 부문인 동시에, 셋째로 미국 정부가 자국 기업의 이익을 보호하기 위해 개입하고 있는 부문이며, 끝으로 서로 다른 산업 부문적 성격(sectoral characteristics)을 갖고 있다. 이 글은 비관세장벽이 해체되어 가는 석유시장과 여전히 유지되고 있는 건설시장의 정치경제를 비교·대조하여 한국의 경우에 있어서 시장개방 혹은 지연의 요인을 찾아낼 것이다.

2) 최근의 한-일 자유무역협정(FTA)은 관세율 인하문제를 주로 다루고 있다. 이 연구에 의하면 비관세장벽은 측정과 계량화의 난점에 있으므로 본격적 검토가 어렵다고 기술하고 있다(KIEP 2000, 21).

Ⅱ. 정치, 시장, 제도

국제경제거래의 증가는 교역에 따르는 비용과 보상을 변화시키게 되는데, 여기서 변화는 국내 정치경제에 대한 국제 경제의 영향을 증가시키게 된다. 왜냐하면 교역에 따르는 비용의 저하(혹은 무역의 보상 증대)는 국내경제에 있어 무역재 부문의 확대를 가져오는 한편, 세계시장가격과 국내시장가격의 격차, 즉 내외가격차를 초래하기 때문이다(Frieden and Rogowski 1996, 31). 그 결과 국내 시장 행위자들은 정부의 대외 경제정책에 커다란 관심을 보이게 되고 국제 문제는 중요 정치 문제로 자리잡게 된다.

이런 맥락에서 외부로부터의 정치적 압력, 즉 국제정치체제로부터의 압력은 중요한 정치적 이슈가 된다. 이는 국내 경제 행위자들의 이해관계(즉, 비용과 이득계산)를 변화시킬 뿐만 아니라 일국의 평상적 정책결정체제를 외교정책 위기의 영역으로 전환시킬 수 있기 때문이다. 외교적 압력의 상황하에서 국제지향적 기업(즉, 무역과 투자의 많은 부분을 해외에서 행하고 있는 기업)은 그들에 대한 국제적 비난을 줄이기 위해 무역장벽의 해체를 요구하게 된다. 일본의 경우, 미국의 외압이 이에 해당된다. 미국의 외압이 일본의 정책결정에 중요한 역할을 해왔음은 널리 알려져 있다. 타이슨(Laura D'Andrea Tyson)과 같은 대일강경론자들은 미국 정부의 압력이 불충분하다고 비난하고 있고(Tyson 1993, 259), 쇼파(Leonard Schoppa)와 같은 신중론자들은 미국의 외압이 일본 국내의 지지를 얻을 때 성공할 수 있다고 진단하지만, 양자 공히 미국의 외압이 시장개방에 긍정적 역할을 해왔음에는 동의하고 있다.[3)]

그러나 한일무역의 경우 한국은 일본의 통상정책을 바꿀 만한 정치적 교섭력을 갖고 있지 않다. 따라서 여기서 따져보아야 하는 것은 미국의 외압이 과연 탈규제 효과를 가져오는가이다. 즉, 미국의 외압이 쌍무적 접근을 촉진시키는지, 아니면 규제제도의 자유화를 추동하여 다자적 접근의 확대를 가져

---

3) 예컨대, Schoppa(1997).

오는지를 분석하는 것이다. 즉, 미국의 외압이 자유화의 수단으로 사용되고 있는지를 검토해야 한다.

또 다른 형태의 외압은 경제적·구조적인 형태가 된다. 국내 경제의 대외 접촉 증가는 명확한 사회적 후생효과를 가져온다. 즉, 국내시장가격과 세계시장가격의 격차의 증대는 소비자로부터 국내생산자로 소득이 이전됨을 의미하며 이는 곧 비효율적인 투자를 조장하는 것이 되고, 따라서 이 상태가 지속되면 될수록 가격간의 수렴압력이 증가된다. 프리든(Jeffry Frieden)과 로고스키(Ronald Rogowski)는 세계시장과 국내시장 간 가격차의 증대, 즉 상대가격(relative price)의 변화는 국내정치·경제행위자의 선호를 변화시키게 되며 이에 따라 경제정책과 정치제도의 변화(예컨대 탈규제, 자유화, 재정금융정책의 변화, 경제기구의 개편 등)를 요구하게 된다는 주장을 제시한다(Frieden and Rogowski 1996, 36-42). 예컨대, 내외가격의 수렴화로부터 이득을 예상하는 기업은 대외개방을 요구하고 불이익을 예상하는 기업은 수입억제를 선호한다는 것이다.[4] 여기서 대외접촉의 증대는 수출 부문의 확대 및 다국적화를 가져오고 이에 따라 이들의 국내 정치적 영향력이 증대됨에 따라 정책 및 제도 변화가 따라오게 된다는 것이다. 요컨대 이들의 주장을 따르자면, 이 글에서는 국제경제조건의 변화(예컨대, 경제의 세계화)가 두 산업부문의 주요 국내경제행위자(즉, 일본의 석유정제/판매업자와 건설업자)의 선호변화를 야기했는지, 그리고 이들의 정치적 영향력의 변화를 매개로 해서 정책변화가 야기되었는지를 분석해야 하는 것이다.

그러나 경제행위자의 선호변화가 그들의 정치적 힘의 변화로 직결되지는 않는다. 이는 바로 정치제도적 요인을 중시하는 논자들의 지적이다. 이들은 경제주의적인 논리를 비판하면서 경제행위자의 선호변화와 정치적 힘의 변화, 그리고 정책변화 간의 관계가 단순치 않으며 이는 바로 정치와 제도가 매

4) 또한 Gourevitch(1988), Rogowski(1989), 그리고 Frieden(1991) 등 참조.

개되기 때문이라고 본다.[5] 예컨대 경제의 세계화가 국내경제행위자의 선호를 변화시키게 된다해서 이들의 정치적 영향력이 자동적으로 증대되는 것은 아니다. 제도주의적 접근론자들이 여기에 속한다.[6] 그렇다면, 일본의 정치제도, 국가와 사회를 엮는 제도적 관계, 혹은 관념 등이 변수로 작동하여 두 산업 부문에서 서로 다른 정책적 결과를 가져오게 되었는지를 따져보아야 할 것이다. 이 속에서 우리는 제도주의적 접근이 갖고 있는 결함으로 지적되는 사항들, 즉 이 접근은 자유무역 혹은 보호주의 등 무역정책이 왜, 어떻게 "변화"하였는가 보다는 "유지"되고 있는가를 더 잘 설명한다는 지적, 그리고 "산업부문"간의 차이보다는 "국가"간 차이를 더 잘 설명한다는 지적 등을 검증해 나아갈 것이다.

요컨대 이 글에서는 앞서 언급한 국제정치적 압력, 국제경제적 압력, 국내제도 변화 등을 염두에 두면서 두 사례에서의 정치경제를 재구성해 나갈 것이다. 그 재구성의 결론은 내외가격차에 따른 국내경제행위자의 선호변화와 정치제도의 변화가 특정한 역사적 시점에서 동시발생, 결합되었을 때 의미있는 시장개방이 시작된다라는 것이다. 끝으로 이 글은 시장개방을 촉진시키기 위해 무엇이 필요하고 무엇이 불필요한가에 대한 정책제안을 제공할 것이다.

III. 석유제품시장 : 무역장벽의 완화

"헤이세이(平成)의 흑선(黑船)이 이웃 한국으로부터 도래하고 있다"(石油年鑑 1997, 80). 이는 "특정석유제품수입잠정조치법(특석법)"(特定石油製品

5) 이에 대해서는 Garrett and Lange(1996, 49). 국가와 제도의 역할을 중시하는 저작은 예컨대, Katzenstein(1978), Krasner(1978), Ikenberry(1988), Goldstein(1993), Simmons(1994).

6) 개럿의 연구를 보면, 좌파정부의 경우 경제의 세계화 압력으로부터 나오는 신자유주의적 개혁에 훨씬 잘 저항하고 있다(Garrett and Lange 1996).

輸入暫定措置法)이란 보호법이 폐지된 1996년을 전후하여 쏟아진 일본 석유 업자들의 반응이었다. 일본석유(日本石油), Japan Energy, 이토츄(伊藤忠)상사와 전농(全農) 등은 유공(SK)과 호남정유(LG Caltex)와 휘발유 총 24만 8천 배럴을 계약, 수입하였다. 이후 한국의 석유제품 수출은 급격히 증가하여 1995년에서 1997년 2년간 무려 4배의 수출 신장률을 기록할 정도였고 이후 대일수출 제2의 품목으로 확고한 지위를 얻게 되었다. 보호규제의 철폐가 한국의 대일수출의 급격한 증가의 원인이라면 이를 어떻게 설명할 것인가?

일본의 석유제품시장은 강력한 규제에 의해 움직이는 대표적 사례이다. 관할부서인 통산성(MITI)은 전략자원인 석유의 안정적 공급이란 명목으로 각종 규제장치를 설치하였으며 그 중심은 1962년 제정된 석유업법(石油業法)이었다. 이는 1934년 제정된 같은 이름의 법을 그대로 계승한 비관세 보호주의 법안으로서,[7] 그 내용은 국내 석유정제업자를 보호하기 위해 정유시설의 신규 혹은 증설의 허가제, 원유 및 석유제품 수입허가제, 업체간 인수합병 및 생산계획의 허가제, 가격허가제 등 국가에 강력한 통제수단을 부여하는 내용이었다. 1945년 패전 이후 미군정에 의해 폐지된 이 법은 1960년대 일본이 무역자유화의 압력을 받으면서 그 대응책으로 부활하게 된다.[8] 이 법제하에서 통산성은 허가, 인가, 등록, 지시, 지도, 권고 등 다양한 직간접 개입수단을 동원하여 석유사업 전 분야를 통제할 수 있었다. 예컨대, 기업은 통산성의 행정지도를 받아들여야 했는데, 왜냐하면 이에 협조하지 않았을 경우 관청이 보복으로 인허가를 연장해주지 않거나 신규허가를 부여하지 않을 수 있기 때문이다.

---

7) 1934년 석유업법의 성립과정 및 그 내용에 대해서는 Sohn, Yul(1996).

8) 1945년 이후 석유업법이 폐지되었지만 일본의 통산성은 외화관리법을 사용하여 석유제품의 해외수입을 억제, 국내정제업체를 보호하여 왔다. 그러나 1960년대 무역자유화의 압력, 예컨대 1960년 국제통화기금(IMF)이 무역자유화를 강력히 권고하였고, 일본 GATT체제에 가입하기로 함으로써 외환관리와 관세장벽을 통한 무역규제를 더 이상 지속할 수 없는 상황에 처하게 되었다. 통산성은 외국자본의 급격한 진입과 국내업계의 붕괴를 막기 위한 방편을 마련하기 위해 "에네르기간담회"를 설치, 운영하였고 이 기구에서 전전의 석유업법의 부활을 결정하였다. 大山耕輔(1996), 제7, 8, 9장 참조.

〈표 1〉 한국의 대일수출(1990~99년)

년도		전기기기 및 장비	석유	원자로 및 증류기	철강	해산물	의류 및 직물
1999	순위	1	2	3	4	5	6
	수량	3,306,975	2,077,010	1,977,669	998,892	878,382	712,775
	전년대비 증가율	17.3	74.4	184.8	1.2	29.7	12.2
1998	순위	1	2	4	3	5	6
	수량	2,818,344	1,189,326	694,401	987,181	677,153	635,519
	전년대비 증가율	19.8	30.4	9.9	27.6	7.8	2.0
1997	순위	1	2	4	3	5	6
	수량	3,513,620	1,709,099	770,394	1,364,221	734,591	623,275
	전년대비 증가율	10.1	1.1	1.9	4.0	15.7	30.9
1996	순위	1	2	6	3	5	4
	수량	3,906.414	1,728,120	785,609	1,311,534	871,121	902,443
	전년대비 증가율	16.3	85.8	12.2	18.7	4.2	21.4
1995	순위	1	4	6	2	5	3
	수량	4,668,706	930,270	894,396	1,612,808	909,522	1,148,708
	전년대비 증가율	53.1	93.9	68.7	27.5	5.4	5.6
1994	순위	1	6	5	2	4	3
	수량	3,049,050	497,744	530,131	1,264,824	863,131	1,087,393
	전년대비 증가율	47.0	5.3	32.8	4.0	5.1	12.3
1993	순위	1	7	9	2	4	3
	수량	2,074,830	455,665	399,145	1,215,926	821,121	968,247
	전년대비 증가율	20.6	29.0	1.2	8.7	6.7	3.8
1992	순위	1	7	9	2	4	3
	수량	1,720,466	641,621	394,445	1,119,064	880,064	932,970
	전년대비 증가율	5.7	2.8	17.7	20.3	0.3	7.7
1991	순위	1	7	8	2	4	3
	수량	1,824,992	660,339	479,058	1,404,835	877,437	1,010,287
	전년대비 증가율	19.9	29.3	3.0	18.8	2.0	8.4
1990	순위	1	7	8	2	5	4
	수량	2,279,848	510,559	464,875	1,182,162	860,138	931,588
	전년대비 증가율	19.1	2.3	5.2	10.4	15.4	20.5

출처: 한국무역통계(www.kotis.net/koweb/sta/ctr).

이에 순응하여 민간 부문은 업계 단체를 통해 자주규제 혹은 자주운영(self governance), 예컨대 석유제품 기준가격의 매월산정, 고시 등을 수행하였다. 그 결과 일본의 석유산업은 경쟁을 억제하고 비효율 정제업자를 온존시키는 결과를 가져오게 되는 것이었다.[9)]

외압은 일본의 석유레짐에 충격을 주었다. 1980년대 전반 산유국, 즉 OPEC 국가들이 원유생산·수출에서 정제·수출을 시도하면서 국제석유제품 시장의 변화가 야기되었다. 중동산 석유제품이 유럽시장으로 몰려들면서 미국과 유럽의 석유 메이저들은 새로운 제품판로를 모색해야 했고, 그 일환으로 이들은 닫혀있던 일본 석유제품시장으로 눈을 돌리게 되었다. 미국과 서유럽 국가들은 시장개방을 강력히 요구했고, 이를 거부할 경우 미국과 유럽에서 일본 기업의 영업 활동을 제약하겠다는 위협도 덧붙였다. 무라타(村田) 당시 통산상은 일본 시장의 탈규제를 약속하였고 본격적인 검토를 시작하였다.

국내 석유업계는 석유의 안정적 공급이란 명분을 걸고 시장개방에 강력히 반발하였다. 업계단체인 석유연맹(石油連盟)과 전일본석유연합회(全日本石油連合會)는 집권 자민당의 관련 족의원(族議員)을 통해 기존 시장구조의 유지를 강력히 주장하였고, 통산성 역시 외압으로 기존의 정책노선을 변경하고 싶지는 않았다. 요컨대, 석유시장을 둘러싼 정·관·업의 유착구조 혹은 철의 삼각형(iron triangle)은 의미 있는 개방에 저항하였다.

한편, 외국의 압력에 동조하여 국내시장의 규제완화, 자유화를 촉구하는 세력은 주로 1981년 이래 행정개혁을 지속적으로 추진해온 재계(즉, 經團連), 정계, 학계의 일부 세력들이었다.[10)] 이들은 행정개혁의 일환으로 민영화와 규제완화를 주창하여 왔는데, 석유시장의 규제완화와 개방 추진에 대해서는

9) 외국자본의 시장점유율을 낮추기 위해 통산성은 비효율적인 중소정제업자의 난립을 막기 위해 이들의 시장진입을 적극 억제하였다. 국내시장에서 소수 국내기업에게 독점적 이윤을 보장하는 과정에서 통산성은 외국과의 경쟁뿐만 아니라 국내기업간의 경쟁도 억제하였던 것이다.

10) 이에 대한 포괄적 논의는 손열(1998) 참조.

제1차 임시행정개혁추진심의회(第1次 臨時行政改革推進審議會(行革審))의 규제완화소위원회(規制緩和小委員會)가 중심이 되었다. 그러나 이들의 정치적 영향력에는 한계가 있었고 결국 절충안이 마련되었다. 1986년 성립된 특정석유제품수입잠정조치법(特定石油製品輸入暫定措置法)은 조건부 수입자유화안으로서 석유제품의 수입자를 ① 대체생산능력, ② 비축능력, ③ 품질조정능력을 갖춘 업자로 한정하였다. 이는 사실상 일본에 정제시설을 갖춘 업자만이 제품수입을 할 수 있다는 의미였다. 외국업체가 일본에 석유제품을 수출할 수 있는 길은 실질적으로 여전히 제한되었던 것이다.

부분적 자유화는 그리 오래 지속되지 못했다. 경제적 세계화의 도전은 일본 내에서 개방 이슈에 대한 관심을 증대시켰다. 이는 곧 내외가격차 문제, 즉 세계시장가격과 국내시장가격 간의 괴리 문제에 대한 집중적인 관심을 뜻했다. 일본에서 내외가격차 문제는 1986년 소위 "마에카와 리포트"란 정책보고서에서 본격적으로 등장하였는데, 여기서 문제의 제기는 일본인의 삶의 질 향상이란 측면에서 이루어졌다. 일본인의 삶의 질은 그들이 이룩한 경이적인 고도성장의 결과로 성취한 세계 제2의 경제대국에 걸맞지 않게 후진적인데, 이는 바로 내외가격차에서 드러나며, 이러한 내외가격차는 과도한 규제에서 야기된다고 보았다.[11] 따라서 향후 논의는 "국민생활의 질적 향상"이란 측면에서 규제완화에 초점이 맞추어지게 되었다.

그러나 내외가격차와 규제완화 문제는 일본이 경제의 세계화 추세에 급속히 접어들면서, 또한 1991년 버블경기의 붕괴와 함께 장기 불황에 접어들면서 보다 심각하게 논의되기 시작했다. 일본 경제가 제로 성장에 가까운 움직임을 보이면서 고도성장을 견인했던 수출산업 부문 기업들은 그들이 국제경쟁력을 상실해가고 있다고 느꼈으며, 그 주요한 원인을 바로 국내의 고비용구조에 있다고 보기 시작했다. 재계의 정점인 경단련(經團連)은 내외가격차

11) 마에케와 리포트는 규제완화의 목표가 내외가격차 해소에 의한 국민의 삶의 질의 향상에 있음을 분명히 했다. "緊急特新前川report," *Ekonomisto*(1987/5/12).

로 대변되는 국내 고비용구조의 시정을 강력히 요구하게 되었고, 통산성 역시 내외가격차가 선진국들 중 가장 현저함을 인정하면서 이것이 국내산업의 공동화를 가져오는 주범으로 인식하게 되었다(通商白書 1995, 137-147). 카츠(Richard Katz)는 이 상황을 다음과 같이 표현한다.

> 일본의 비효율 부문이 계속 보호된다면 누군가가 이에 대한 대가를 지불하여야 한다. 소비자와 납세자가 털깎인 양이 되는 한 체제는 유지된다. 그러나 시간이 지나면서 일본의 경쟁력 있는 수출업자가 보호주의 체제로 인해 더 큰 벌금을 물게 되면, 그 결과 일본체제는 황금알을 낳는 거위를 죽이기 시작하게 되는 것이다(Katz 1998, 47).

여기서 특히 중간재와 기초자재 부문이 비판의 중심에 놓이게 되었다. 틸튼(Mark Tilton)의 연구는 알루미늄, 시멘트, 철강, 석유화학과 같이 과도하게 규제, 보호되어진 부문의 존재가 결국 일본의 산업 비효율의 원천이 되고 있음을 경험적으로 보여 주었다. 그는 나아가 이러한 규제장벽은 업계단체 주도의 자주조정, 즉 비공식 카르텔의 결과이며, 정부관료가 이를 지원하고 있다고 주장한다(Tilton 1996). 그 결과 일본의 수출산업은 고가의 국내기초자재를 사용해야 하였고, 결국 그들의 가격경쟁력이 손상되는 것이었다.

석유제품과 관련된 부정적 연쇄반응의 좋은 사례는 통산성의 석유화학 산업정책일 것이다(Katz 1998, 186-88). 통산성은 각종 인허가 규제 및 재정지원책을 통해 유화산업의 국제경쟁력을 향상시키려 하였다. 그러나 업계는 저가의 석유제품을 원했고, 이에 대해 통산성은 두 파로 갈리어, 기초산업국은 나프타 가격의 인하를 원하였던 반면 에너지청은 석유정제업자의 보호에 중점을 두어 기존 나프타 가격 수준의 유지를 주장하였다. 양자의 타협의 결과, 통산성은 유화업자의 석유제품 수입을 국내 정제업자의 생산능력을 넘는 범위 내에서 허락하였고, 행정지도를 통해 각 업계단체가 가격과 수량을 분기별로 조정하도록 유도하였다. 결국, 수입은 증가되었지만 여전히 국내가격은 수출가격보다 64% 높은 것이었다(1980~1992년의 경우)(Katz 1998, 187).

〈표 2〉 휘발유가격의 내외가격차(세후 가격)

단위: 달러/갤론

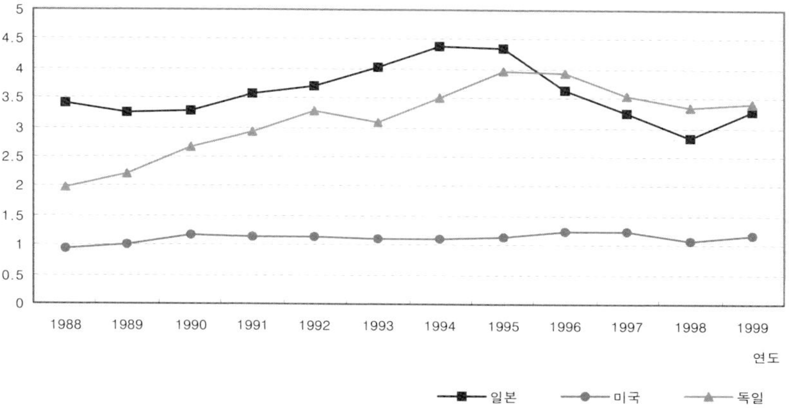

〈표 3〉 휘발유가격의 내외가격차(세전 가격)

단위: 달러/미국 갤론

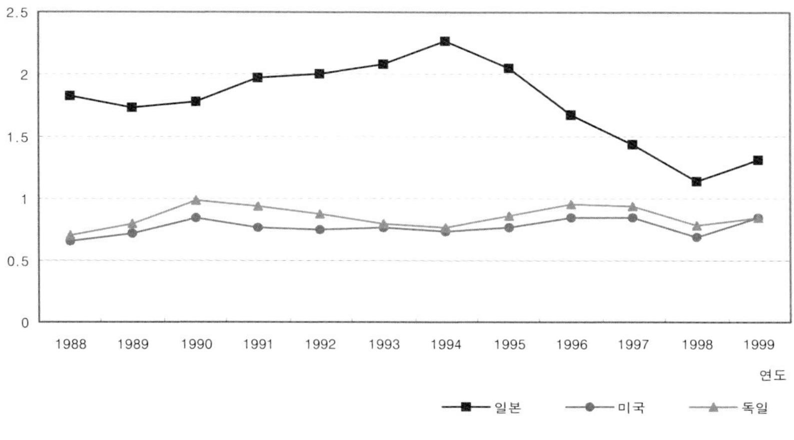

〈표 4〉 중유가격의 내외가격차(세전 가격)

단위: 달러/베럴

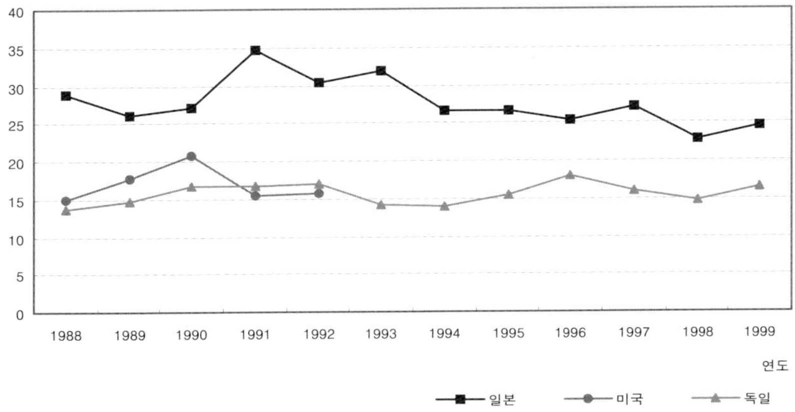

〈표 5〉 경유가격의 내외가격차(세전 가격)

단위: 달러/베럴

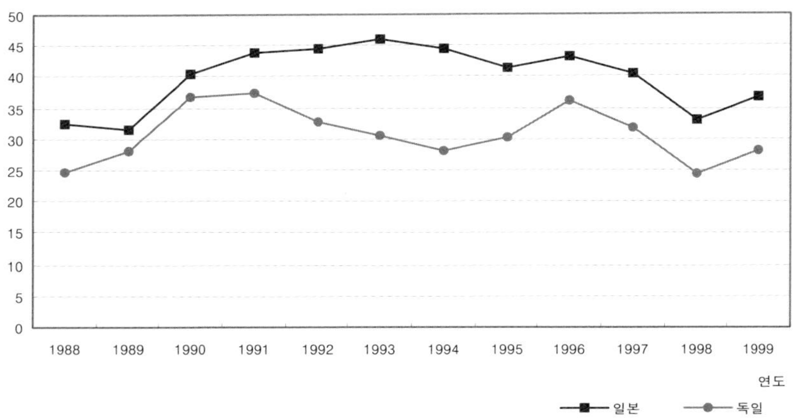

〈표 3〉에서 보듯이 1990년대에 들면서 미국과 일본 간에 석유제품가격차는 점점 벌어지고 있었고, 특히 휘발유의 경우 1993년 일본 가격은 미국가격의 약 3배를 상회하는 높은 수준이었다. 석유제품의 주요 소비자, 예컨대 전력과 철강, 자동차 같은 재계의 대표 기업들은 이러한 국내 고유가를 비판하면서, 이들이 주도하고 있던 제3차 임시행정개혁심의회에서 석유업부문을 6대 규제완화 대상 중 하나로 지목하였다.[12] 이 가운데 구체적으로 특정석유제품수입잠정조치법(특석법)의 폐지가 주요 의제로 등장하였다.

이 무렵 일본 정치는 커다란 변화를 경험한다. 자민당 장기 정권이 붕괴하고 호소가와를 중심으로 한 연립 정권이 등장한 것이다. 1993년 선거 기간 중 반자민연합은 철의 삼각형의 개혁, 즉 규제완화를 슬로건으로 내걸어 대중적 지지를 확보하였고, 정권 장악 후 호소가와는 "경제개혁위원회", 즉 당시 경단련 회장인 히라이와를 중심으로 한 "히라이와(平岩)위원회"를 설치하였고, 여기서 경제개혁의 실행계획을 수립했다. 이 위원회는 일본의 규제구조를 근본적으로 전환시키기 위한 5개년 행동계획을 수립하였고, 그 속에 석유산업의 규제완화를 권고하였다(Carlile 1998, 94). 1994년 11월 통산성은 종합상사와 비정제회사들의 석유제품 수입 허가를 고려하고 특석법의 존폐를 근본적으로 검토하겠다고 발표하였다.

이제 석유제품, 특히 휘발유 수입문제는 규제개혁의 상징이 되었다. 석유제품소비기업과 종합상사는 재계를 통해 특석법의 폐지를 주장하였고, 경제기획청은 비정상적으로 높은 일본의 휘발유 가격이 일본 경제 전반의 활력을 저해한다고 선언하였다. 관할부처인 통산성 역시 경쟁력 확보를 위한 규제완화 지지 입장을 천명하였다. 이에 비해 석유업계의 특석법 유지 목소리는 점차 힘을 잃어갔다. 특히 이들의 원군인 자민당 족의원들(예컨대, 세키스이카이와 이치기카이 소속 의원들)들이 정권 교체에 의해 정책결정과정에서 배제

---

12) 第三次行政改革審議會.

되었고 개혁적인 연립정권 정치가가 이들을 대체하였다(Oyam 1998, 157).

"에네르기 자문위원회"는 일본이 국제협력의 차원에서, 또한 효율성의 증진이란 차원에서 에너지공급 시스템을 보다 유연하게 취해 나아가야 할 것이라 권고하였고(Oyama 1998, 157), 곧이어 특석법의 폐지가 공표되었다. 1996년 폐지를 전후해 석유제품수입업자가 급격히 증가되었다. 예컨대, 경유의 경우 법의 폐지 직후 5개의 신규업자가 등록하였고, 2000년 2월 현재 36개 업체가 경유시장에 진입하였다. 등유의 경우 20개 신규업자가 시장에 진입하였다(燃料油脂新聞 2000/02/25). 내외가격차는 급격히 축소되었고, 심지어 일본의 휘발유 세전(稅前) 가격은 한국의 그것을 하회하게 된다.

Ⅳ. 건설시장 : 무역장벽의 지속

1997년까지 일본은 세계 최대의 건설시장을 보유하고 있었다.[13] 2000년 현재 일본의 건설투자액은 GDP 대비 15%로 선진산업국 중 최고이며, 소득대비 건설투자지출은 미국과 EU 국가의 두에 두 배 이상을 유지하고 있다. 이에 걸맞게 건설업은 일본 최대의 산업(전체 산업생산의 약 10%)이며, 전체 노동인구의 약 10%를 점하는 최대 고용효과를 갖고 있다. 더욱이 1984~89년 사이 일본 건설시장은 27% 성장하였고, 1987~93년에는 거의 50% 성장을 기록하였다. 그러나 그 이후는 장기불황의 영향으로 정체를 면치 못하고 있다.[14]

이런 매력적인 시장에 외국기업들이 진입을 노리는 것은 당연했다. 1986년부터 미국은 자동차, 농산물, 통신 등과 마찬가지로 일본 건설시장의 문을 거세기 두드리기 시작했다. 미국은 특히 전체 건설시장의 약 반을 차지하는

13) 미국은 1997년 일본을 뛰어넘어 세계최대의 건설시장이 되었다. 이에는 미국경기의 꾸준한 확대에 더불어 1990년대 일본경기의 장기침체라는 요인이 개입된다.

14) 통계는 社團法人日本土木工業協會(2000).

〈표 6〉 한국 건설업체의 입찰(1998, 1999)

업체	1998	1999	입찰	계약
동아	21	25	46	9
롯데	7	20	27	6
쌍용	0	3	3	0
대우	8	1	9	2
삼성	8	3	11	2
총계	44	52	96	19

출처: 해외건설협회, "해외건설종합정보서비스," www.icak.or.kr/ntn04001.cgi

공공사업 수주에 관심을 경주하였고, 당시 1조 엔을 상회하는 초대형 공공공사인 간사이 신국제공항 입찰이 그 구체적 대상이었다.[15] 미국의 대일 비난은 건설시장에서의 배타적 상관행을 지탱하는 입찰규제, 즉 지명경쟁입찰제(指名競爭入札制)에 초점이 맞추어졌다. 미국은 이 제도를 외국기업의 공공사업시장 접근을 가로막는 비관세장벽의 주 원천으로 지목하고 이의 변경을 강하게 요구했다. 이는, 즉 미국이 채택하고 있는 자유경쟁입찰로 수렴시키라는 것이었다. 미국은 보복위협을 암시했고, 이 분쟁에는 한국이 중국, 프랑스, 영국, 캐나다와 함께 개입, 공공사업시장 개방을 요구하는 상황으로 진전되었다.

그렇다면 왜 일본은 건설입찰제도와 같은 일견 사소한 사안에 대미수출과 같은 사활적인 문제를 걸고 들어가려 했는가? 즉, 입찰제도의 유지가 대미시장접근을 위험에 빠뜨릴 만큼 중요한 문제인가? 합리적 선택론자의 언어를 빌리자면, 이러한 일본의 비합리적으로 보이는 행동은 정치적으로 합리적인 것이었다. 왜냐하면 건설시장의 개방은 일본 정치에 있어서 세 주요 이해당사자들 — 즉, 정치가, 공공사업관료(주로 건설성 관료), 건설업자 — 의 이익이 크게 걸린 문제이기 때문이었다(Woodall 1996, 4).

---

15) 간사이 신국제공항 건설입찰에서 비롯된 미·일 간 건설마찰에 대해서는 손열(1999) 참고.

〈표 7〉 한국기업의 대일 수주 현황

수주액 단위: 1,000달러

년도		전체	토목	건축
전체	수주액	651,753	37,518	609,815
	수주 건수	101	7	81
1980	수주액	642	0	0
	수주 건수	1	0	0
1987	수주액	85	0	0
	수주 건수	0	0	0
1989	수주액	21,295	0	21,295
	수주 건수	2	0	2
1990	수주액	159,013	43,500	115,513
	수주 건수	8	1	7
1991	수주액	117,112	43,500	73,708
	수주 건수	3	0	2
1992	수주액	23,797	0	23,798
	수주 건수	5	0	5
1993	수주액	6,687	0	6,530
	수주 건수	4	0	3
1994	수주액	71,980	0	71,980
	수주 건수	9	0	9
1995	수주액	26,642	0	26,642
	수주 건수	13	0	13
1996	수주액	132,566	0	132,356
	수주 건수	14	0	14
1997	수주액	39,140	0	39,140
	수주 건수	5	0	5
1998	수주액	68,478	0	65,894
	수주 건수	10	0	7
1999	수주액	188,214	33,074	155,140
	수주 건수	17	1	14
2000 (6월 21일 현재)	수주액	28,160	2,925	25,235
	수주 건수	4	1	3

출처: 해외건설협회, "해외건설종합정보서비스," www.icak.or.kr/ntn04001.cgi

건설업계는 강력한 정치적 영향력을 갖고 있다. 집권 자민당의 최대 정치헌금 유입처가 바로 건설업계이다. 자민당 의원 5명 중 1명이 대형 종합건설회사의 정치헌금을 수수한 것으로 알려지고 있으며, 당내 건설족 의원, 즉 정책조정위원회 건설부회 위원들을 통해 건설업계는 그들의 요구를 관청에 전달, 관철시키고 있다. 나아가 이들은 유력 정치가들과 혼맥을 형성하고 있는데 미일건설마찰 시기에 수상을 지낸 2인, 나카소네와 다케시타는 6대 종합건설회사(소위 제네콘)인 가지마(鹿島), 다이세이(大成), 다케나카(竹中)와 혼맥을 형성하고 있었다. 업계의 이해를 돕기 위해 정치가는 공공사업을 주관하는 — 보다 구체적으로 공공사업 배분에 직간접적으로 영향력을 행사하는 — 관료들에게 보상을 제공한다. 보상이란 관료들이 마련하는 법안들을 통과시켜주는 일이다. 한편 업계는 관료들의 제2의 커리어, 즉 퇴임 후 직장을 제공한다(소위 아마쿠다리).

공공사업 시장에서 정·관·업 간의 규제된 유착시스템은 지명경쟁입찰제란 규제를 매개로 작동한다. 이 제도하에서 발주자, 즉 공공사업관청은 업체의 기술력과 자금력 등을 과거 2년간 실적 등을 근거로 평가해 10개 정도의 업체를 지명, 입찰자격을 부여한 다음, 관청이 비밀리에 정한 예정가격과 최저입찰가격 사이에 드는 입찰가 중 최저가 입찰업체에게 발주를 결정하게 된다. 이 제도는 소수의 지명입찰자들로 경쟁을 제한하여 결국 그들 사이에 결탁을 유인하는 환경을 제공하는 것이다. 실제로 대형 건설업체들은 담합하여 수주를 나눠먹게 된다.[16] 담합의 반복게임에 참여하는 업체는 미래(즉, 미래의 공사프로젝트)의 수주를 "빌려오기" 위해 담합자에게 현재 공사계약을 "빌려주는" 것이다(Woodall 1996, 41-42). 이 과정은 업계단체에 의해 조정, 실

16) 담합은 일정한 장점도 지니고 있다. 이 시스템은 기업으로 하여금 장기적 관점에서 경영을 할 수 있도록 해준다. 특히 경기의 부침에 민감한 건설업의 경우 시장에서 규제와 협력은 경쟁만큼이나 일상적이다. 장기고용이란 일본적 제도하에서 고용을 유지하기 위해서는 담합시스템에 의존하는 것이 합리적일 수 있다(武田晴人 1994).

행되고, 유력 정치가들이 감독한다.

이러한 환경하에서 일본의 대형 건설업체들이 자신들의 안정적인 사업환경을 위협하는 대외 개방에 적극 반대하는 것은 당연한 일이었다. 이들과 유착관계에 있는 자민당 유력 정치가들로서는 개방이 곧 정치헌금의 감소를 의미하는 것이므로 이를 반대하게 되는 것이었고, 한편 관료 역시 개방이 그들의 규제, 지도권한의 약화 및 나아가 퇴임 후의 자리 보장을 위협할 수 있으므로 반대편에 설 수밖에 없었다. 결국, 건설시장 개방은 일본 정치의 개혁을 의미하게 되는 사안이었던 것이므로 반발은 당연한 일이었다.

일본 측의 강력한 반발에 대해 미국 측 시장개방문제를 미국 기업이 일본시장에서 상당량의 수주를 보장받아야 한다는 관점에서 접근하였다. 즉, 제3시장에서 나타나는 미국의 경쟁력으로 볼 때, 공정한 경쟁의 보장이란 결국 일본 시장에서 상당량의 수주를 따내는 것을 의미하는 것이었다(Krauss and Coles 1990, 341). 미국의 협상자와 기업은 지명경쟁입찰제도가 외국 기업의 진입을 억제하는 비관세장벽이라 지목하였다. 특히 지명의 기준이 과거 일본시장에서의 경험(즉, 수주실적)에 의거한다면 이는 곧 외국 기업의 실질적 배제를 의미한다고 강력히 비난하였다. 미국은 일반경쟁입찰로의 전환을 요구하였다.

일본 기업은 해외 경쟁자에 비해 생산성 및 비용 면에서 열세에 놓여 있었다(Sidwell 1988, 16, 21). 미국은 이 점을 부각시키면서 해외업체가 일본에 진출할 경우 최대 수혜자는 결국 일본의 납세자라는 점을 강조했다(Krauss and Coles 1990, 346). 반면 일본 정부는 지명경쟁입찰제의 유지를 미국의 요구에 대한 저항의 핵심으로 간주했다. 미국의 요구를 수락하는 것은 미국 기업의 일본 시장 진입이란 측면뿐만 아니라 저가 공세로 일본 건설시장 전체를 위협할지도 모르는 한국 기업의 진입을 허락하는 일이었다(Krauss and Coles 1990, 346). 사실상, 한국 건설업체는 오래 전부터 일본의 거대한 공공사업시장에 깊은 관심을 보여 왔다. 1986년 간사이 신국제공항 입찰시, 당시 전두환 대통령은 한일정상회담에서 나카소네 당시 총리에게 한국의 삼성종합건설과 현대건설이 입찰참가를 공식적으로 언급하면서, “이 문제를 단지 한국 기업의 참가가 아닌 한일경제협력의 상징으로서 고려해 달라”고 요청하였다(『日本經濟新』 1986/09/22, 1쪽). 나카소네는 방어적으로 대응하면서, 공항의 토목공사는 곤란하지만 건축공사에는 한국 기업의 참여를 고려해 보겠다고 응답하였다. 그러나 이는 대단히 실망스러운 반응이었다. 왜냐하면 한국 기업은 오히려 전자에 경쟁력 우위를 점하고 있었기 때문이다. 나아가 그의 약속은 한국 기업의 참가를 기존의 지명경쟁입찰제 틀 속에서 고려하겠다는 것이었다.

미일 쌍무협상이 장기화되면서 미국은 이제까지의 정책목표, 즉 일본의 지명경쟁입찰제의 폐지 요구를 완화하기 시작했다. 입찰제도 개혁이 더 큰 구조개혁을 의미함을 인식하기 시작한 것이었다. 따라서 미국 측은 보다 현실적인 접근으로 선회한다. 이들은 대일보복조치를 이용하면서 일본의 규제제도 존속을 용인하되, 가능한 많은 수주계약을 얻어내려 하였다.

1987년 12월 미국의 공공사업시장에서 일본 기업의 활동을 효과적으로 차단할 수 있는 소위 “브룩스 머코우스키 수정안”(Brooks Murkowski Amendment to an appropriations bill)이 의회를 통과하였다. 추가 제재조치에 대한 두려움이 점증되면서 일본 측은 6~7개 공사계약을 미국에 제공할 수 있다는 양보안을 제시하기에 이르렀다. 타협 결과, 미국은 일본의 입찰규제를 인정하는 반면, 일본은 기존 제도틀 내에서 입찰조건(혹은 지명조건) 중 외국 기업에 일방적으로 불리한 조항을 개정(예컨대, 외국기업의 해외 공사 경험을 국내 공사와 동일하게 평가)하고, 이와 더불어 미국 기업에게 특정량의 공사를 발주해 주는 소위 주요공사협정(MPA: Major Projects Agreement)을 제시하였다. 이는 미국 기업이 일본 사정에 익숙하지 못하므로 특정 기간 동안, 즉 익숙해질 때까지 7개의 대형 공사 프로젝트에 참여시킨다는 특혜적 협정으로, 이는 소위 수입자주확대(VIEs: voluntary import expansions)의 도입을 의미했다.

미국의 개방 압력은 제3국 기업을 위한 규제개혁으로 이어지지 못했다. 미국과의 교섭 과정에서 일본 측은 오히려 제3국 기업의 진입을 더욱 걱정했다. 미국 기업(대표적으로 벡텔)의 관심 분야는 공항공사 등 대형 프로젝트의 설계와 공정관리 부문으로서 일본의 6대 종합건설회사의 기업이익과 오히려 보완관계에 있었다. 반면 한국 등 제3국 기업의 경쟁력은 토목과 건축시공 등 일본의 제네콘과 대체로 중첩되고 있었다. 이런 점에서 한 일본 전문가는 "한국의 건설회사들이 그들의 저렴한 건설인력을 데리고 일본에 진출한다면 일본 건설업계에 심대한 위협이 될 것"이라 경고하였다(*Japan Time* 1988/08/27).

한국 기업은 1988년 입찰규제의 부분적 완화가 공표되면서 발 빠르게 건설성인가를 취득하였다(총 11개 업체). 그러나 미국과 달리 이들은 공공사업 수주를 한 건도 이루지 못하였다. 즉, 한 번도 발주자의 지명을 받지 못해 입찰 참여 자체가 봉쇄되었던 것이다. 한 중국업체(土木工程公司)가 1.14조 엔 규모의 초대형 프로젝트인 동경만안횡단고속도공사(東京灣岸横斷高速道工事) 참여신청을 하였을 때, 건설성은 입찰기회를 불허하였고, 중국의 항의에 대해 "상대국이 일본에 개방하는 만큼 일본도 그들에게 개방하겠다"는 상호주의로 대응하였다(『日本經濟新』 1988/01/19, 3쪽). 즉, 그들이 분개해왔던 미국의 상호주의를 그대로 제3국에 사용하였던 것이다.

미·일 간 협상 타결 불과 1년 후 건설마찰 제2라운드가 시작되었다. 미국의 요코스카 해군기지 공사에 약 140개 일본 업체가 담합을 한 사실이 드러나기 시작하면서이었다. 미국은 수퍼 301조의 적용을 언급하였고, 일본은 MPA 프로젝트를 17개로 확대해 미국과 타협하였다.

그러나 끊임없는 건설 담합 스캔들은 규제제도에 대한 압력을 점증시켰고, 그때마다 압력의 중심에는 미국이 서 있었다. 미통상대표부의 캔터(Mickey Kantor)는 일본이 의미 있는 시장개방을 추진하지 않는 한 대일제재를 결행하지 않을 수 없다고 위협하였고, 상무부는 일본의 건설시장에 수치목표를 도입할 의사가 있음을 밝혔다. 제3라운드 건설마찰이 시작되었다. 이 무렵 일본은 일련의 정치 스캔들로 정권 차원의 위기감이 증폭되는 상황이었다. 특히 제네콘 스캔들은 자민당의 킹메이커 가네마루 신(金丸信)가 연루되어 실형을 받는 사태로 진전되었고, 자민당은 더 이상 개혁을 회피할 수 없는 상황에 처하게 되었다. 자민당은 지명경쟁입찰제의 수정을 본격적으로 검토하기 시작했다.

자민당 일당 장기집권의 붕괴와 호소가와 연립내각의 등장은 앞서 석유의 사례와 마찬가지로 제도개혁의 급물살을 예고했다. 호소가와는 마침내 일반경쟁입찰제의 도입을 선언하면서 그 역사적 의미를 강조했다(『日本經濟新』 1994/01/08, 1쪽). 그러나 이 제도의 실시는 부분적인 것이었다. 일반경쟁입찰은 중앙정부 발주공사의 7억 2천 엔 이상, 지방정부의 경우는 1,500만 엔 이상의 공사에만 해당되었다. 1994년 봄까지 두 현(縣) 그리고 한 구(區)만이 조건부 경쟁시스템을 도입하였고, 중소공사의 발주는 여전히 과거의 시스템에 의해 진행되었다. 총 공공공사 중 0.5%가 공개경쟁입찰로 발주되어졌던 것이다.

이 제도의 확산은 시간이 해결해 줄 수 있었다. 그러나 일본이 실시하는 일반경쟁입찰은 서구의 사례와 두 가지 측면에서 차이가 있었다. 첫째, 입찰에 참여하기 위해서 모든 업체는 건설성의 허가를 받아야 했고, 둘째, 허가자들은 발주자로부터 "경영사항심사"와 "주요 기준"을 만족시켜야 입찰에서 성공할 수 있다. 후자는 업체의 기술적 능력(예컨대, 과거 유사한 공사 수행 경험과 유자격 엔지니어의 숫자 확보 등)을 평가하는 것이고 전자는 공정별 공사수행실적, 영업이익, 스테프의 숫자, 경영조건, 기술자 확보 능력, 사업연한 등을 평가하는 것으로, 그 내용에서 짐작할 수 있듯이 발주자, 즉 건설성의 주관적, 재량적 평가가 작용할 수 있게 되어 있다. 따라서 외국 업체의 경우 우선적으로 좋은 점수를 가지고 경쟁을 시작할 수 없게끔 되어 있는 것이었다. 담합은 여전히 존재했다. 한 기업인은 다음과 같이 혹평했다. "개혁(입찰제도 개혁-인용자)은 일반 대중의 눈을 가리기 위한 저급 속임수에 불과하며 어리석은 짓일 뿐이다. 이것으로 담합은 사라지지 않는다"(『朝日新聞』 1993/09/25).

1997년 WTO의 정부조달협정(GPA)에 한국이 가입함으로써 한일 양국간에 공공건설시장이 상호 개방되었다. 즉, 한국 기업의 입찰이 가능해졌고, 한국 업체는 외국기업 중 가장 활발한 입찰 참가자였다. 그럼에도 불구하고 실제 수주실적은 그야말로 미미한 것이었다. 1997년 롯데건설이 한국 건설업

사상 최초로, 즉 한국 건설의 일본 상륙 이후 8년 만에 일본 정부 발주공사 계약을 따냈다. 그러나 이는 롯데건설의 모기업이 일본 기업이기에 가능한 일이었다. 롯데는 일본의 6대 제네콘인 다이세이 건설(大成建設)과 제휴(joint venture)로 니이가타 현 월드컵경기장 공사를 계약할 수 있었는데, 제휴의 이면에는 다이세이 주도로 입찰에 참여한 대가로 롯데가 계획하고 있는 도쿄 롯데월드 공사를 다이세이에 발주한다는 루머가 강하게 떠돌았다.

한국 업체의 공공사업 참여 보장은 업체의 수익 면에서, 나아가 양국 간 교역 면에서 대단히 중요한 의미를 지닌다. 1997년의 수주 총액 39,140천 달러 중 롯데의 공공사업수주 한 건이 8,675천 달러로서 전체의 약 22%을 차지할 만큼 그 공사 규모가 크다. 1999년 작은 규모이지만 공공수주량이 민간수주량을 상회하게 된다. 한일자유무역협정을 위한 한국 측 보고서(KIEP)에 따르면 건설서비스 시장의 개방은 한국에게 약 9억 엔의 추가적 수출을 가능하게 할 것으로 보인다(KIEP 2000, 25). 공공 토목공사의 최초 수주는 1999년 동아건설에 의해서였다. 제한된 범위 내에서의 한국 기업의 진출 사례는 그나마 일본 경기불황의 지속과 한국 건설경기의 불황(=동아와 현대의 몰락)으로 곤경에 처하게 된다. 그렇지만 일본 진출의 부조의 주요인은 일본의 공식제도는 바뀌었지만 비공식제도는 여전히 유지되고 있는 데 있다. 한 한국의 주요 건설업계단체는 한국 기업이 일본에서 성공적인 활동을 보장받으려면 일본의 6대 제네콘과 제휴, 합작관계(minor partner)를 형성하여 그들의 담합 카르텔에 참여해야 한다고 충고하고 있다. 즉, "담합에 대한 최고의 대응은 담합에 참가하는 일"이라는 것이다.[17] 일본 업계는 주일대사관 담당관에게 한국 기업이 야기하고 있는 과당경쟁을 지목하면서 한국 기업들이 서로 협력할 것을(즉, 담합할 것을) 요청하기도 하였다.

---

17) "일본에의 진출 전망"(www.icak.or.kr), 2쪽.

V. 결론

한국에게 일본 시장은 개방되고 있는가? 그렇다면 그 요인은 무엇이고, 그렇지 않다면 또한 그 요인은 무엇인가? 이 글은 석유와 건설의 두 사례 속에서 그 해답을 이끌어가려 했다. 따라서 이 해답은 강력한 보호규제 특히 비관세장벽을 통해 보호된 부문의 개방 사례 속에서 기능할 뿐이며, 일본 시장개방과정에 대한 일반화의 지위로 격상되기 위해서는 더 많은 산업부문 사례연구가 요구되어질 것이다.

이 사례 속에서 얻을 수 있는 결론과 함의는 다음과 같이 정리될 수 있겠다.

국제정치적 압력 혹은 외압이 규제개혁 및 개방을 추동한다는 가설은 제한적으로 설득력을 갖는다. 적어도 한국 정부의 일본 시장개방 압력은 의미 있는 결과를 가져오지 못했다. 간헐적인 요구가 있었지만 사실상 미국에 준하는 치밀한 연구(즉, 한국에 대한 비관세장벽의 존재와 효과 연구)가 부재한 데다, 업계 역시 현지에서의 조직 능력의 부재로(가령, 주일 미상공회의소와 같은 기능을 하는 조직이 부재) 이렇다 할 외압의 사례 자체를 찾아보기 어려운 실정이다. 따라서 주목할 부분은 미국이 외압을 행사했을 때 그것이 한국에 미치는 효과가 어떠했는가를 검토하는 일이었다.

미국의 외압이 적어도 자유화에 어느 정도 공헌했음은 의문의 여지가 없다. 그러나 이 공헌은 석유와 건설의 경우 부분적이었다. 석유의 경우는 특석법이란 부분적 자유화를 가져왔고, 건설의 경우는 미국의 진입이 두드러진 반면 한국은 여전히 진입규제의 어려움을 겪어야 했다. 다시 말해서 미국의 외압이 상대적으로 강했던 부문(=건설)에서 한국 기업의 진출이 더 용이하지 못했던 것이다. 이 부문에서 미국은 의미 있는 자유화를 희생하는 대신 특혜적 시장할당을 보장받았고 이에 만족하였다. 즉, 미국에 대한 시장개방이 반드시 자유화, 즉 탈규제에 따른 다자적 접근으로 이어지는 것은 아니었다.

외압이 요구하는 변화가 주요 국내 행위자의 이해관계(선호)를 만족시킬 때 외압은 성공한다.[18] 그리고 국내 행위자의 선호의 변화는 외압의 작용에 의해서라기보다는 그들이 처한 국제경제환경의 변화 혹은 압력에 대한 반응의 성격을 갖는다. 이는 구조적 압력이 된다. 경단련의 주요 멤버인 수출기업들은 내외가격차를 초래하는 국내의 고비용구조 혹은 과도한 규제체제의 존재에 따르는 이익 비용을 계산했고 이에 따라 그들의 정책을 선택했다. 석유와 건설을 둘러싼 정치경제의 차이는 여기에서 유래된다. 재계의 주축인 국제지향적, 수출기업들은 석유의 경우 직접적으로 시장개방을 요구한 반면 건설의 경우는 그렇지 않았다. 왜냐하면 그들에게 보호주의의 영향은 전자가 직접적이었던 반면 후자는 간접적이었던 것이다. 여기에는 두 가지 요인이 개입된다.

첫째, 건설은 최종산업(terminal industry)이지만 석유제품은 중간재산업(intermediate goods industry)이다. 가령, 건설현장에 철골과 플라스틱제품을 납품하는 철강과 화학산업을 가정할 경우, 건설 완제품(i.e., 건축물)의 내외가격차 혹은 질이 그들의 생산에 직접적인 영향을 가져다주지는 않는다. 반면, 석유제품(i.e., 중유)의 내외가격차는 철강 및 화학제품의 생산, 즉 가격경쟁력에 커다란 영향을 미친다. 두 산업의 경우, 이를 소비하는 생산자들의 이해가 분명히 갈리는 것이다. 둘째, 이는 어떤 면에서 산업부문적 성격(sectoral characterisitics)의 차이에도 기인한다. 석유제품의 경우는 명확히 국제적 상대가격차를 계산할 수 있지만 건설은 그 비무역재적·단품생산적 성격 때문에 내외가격차를 드러내기 어려운 측면이 존재하는 것이다.

그러나 생산자 혹은 재계의 선호도 차이가 양 산업간 개방의 차이를 전적으로 설명하지는 못한다. 석유업의 경우도 재계의 선호변화만으로 정책변화가 설명되지 않는다. 여기에는 정치환경의 변화에 따른 정치제도의 변화가 개입된다. 1993년 자민당 장기집권체제가 붕괴하고 개혁적인 호소가와 연립정권이 등장하지 않았더라면, 이에 따라 석유정제업자의 이익을 대변해오던 자민당 족의원의 정치적 영향력이 감소되지 않았더라면, 즉 정책결정과정에서

---

18) 예컨대, Schoppa(1997) 그리고 Noland(1997).

멀어지지 않았더라면, 보호주의 법인 특석법의 폐지가 가능하지 않았을 것이다. 정치변화가 가져온 제도적 충격, 즉 석유를 둘러싼 정·관·업의 철의 삼각형의 동요는 불만, 비판세력의 목소리를 수용할 수 있는 길을 마련하였던 것이다.

여기서 지적해야 할 점은, 주요 경제행위자, 즉 재계의 선호변화가 정권변화를 야기하였고, 이에 따른 제도변화가 정책변화를 가져온 것이 아니라는 점이다. 호소가와 정권의 등장은 재계 선호변화의 단순한 반영이 아니었다. 자민당 장기집권의 붕괴는 1989년 이래 점증한 정치권 특히 자민당의 정권운영 행태 및 그 이면에 존재하는 부패적 양상에 대한 국민의 저항의 표출에 대한 일부 내부 세력의 이탈의 결과였던 것이다. 자민당 내부의 분열과 당내외 개혁세력의 결집은 새로운 정치를 열기 위한 선거제도 개혁을 둘러싸고 이루어진 것이다.[19] 호소가와를 중심으로 한 개혁연합은 재계의 이해에 부합하는 정책(탈규제와 개방)방향으로 키를 잡았지만 이들의 집권이 재계의 이해 반영을 위해 성취된 것은 아니었다.

물론 이 글이 정치변화(i.e., 자민당 장기집권 와해)가 정책변화(i.e., 자유화와 시장개방)를 가져왔다고 주장하는 것은 아니다. 왜냐하면 동일한 역사적 정치변화에도 불구하고 건설시장의 장벽은 여전히 유지되고 있기 때문이다. 생산자 중심 사회인 일본에서 생산자의 직접적인 정치적 압력에서 상대적으로 자유로운 건설의 유착구조는 개혁적 정치가연합 속에도 생존해 온 것이다. 요컨대, 두 사례를 검증한 결과 일본의 대한시장개방은 세계 경제의 변화에 따른 주요 경제행위자의 선호 변화가 정치제도적 변화, 즉 개혁적 정치연합의 등장과 맞물렸을 때, 다시 말해서 두 사건의 역사적 동시 발생 및 결합의 결과였다.

---

19) 이에 대한 권위적 연구는 大嶽秀(1996).

참고문헌

손 열. 1998. "일본에 있어서 행정개혁의 정치, 1981~1997." 세종연구소 편. 『아시아와 세계화』.

_____. 1999. "시장개방은 자유화인가?: 미일건설마찰과 이중기준의 정치." 『한국과 국제정치』 15-2.

大山耕輔. 1996. 『行政指導の政治經濟』. 有斐閣.

大嶽秀夫. 1996. 『政界再編の研究』. 有斐閣.

武田晴人. 1994. 『談合の經濟學』. 集英社.

社團法人日本土木工業協會. 2000. 『建設業Handbook 1999』.

『料燃油脂新聞』l

『日本經濟新』l

『通商白書』l

『石油年鑑』(オイルリポート社, 1997)l

Bergsten, Fred and Marcus Noland. 1993. *Reconcilable Differences*. DC: Institute of International Economics.

Carlile, Lonny and Mark Tilton. 1998. *Is Japan Really Changing Its Ways*. Cornell University Press.

Carlile, Lonny. 1998. "The Politics of Administrative Reform." *Lonny Carlile and Mark Tilton eds. Is Japan Really Changing Its Ways*. Cornell University Press.

Encarnation, Dennis. 1992. *Rivals Beyond Trade*. Ithaca: Cornell University Press.

Frieden, Jeffry and Ronald Rogowski. 1996. "The Impact of the International Economy on Natinal Policies." Robert Keohane and Helen Milner eds. *Internationalization and Domestic Politic*. NY.: Cambridge University Press.

Frieden, Jeffry. 1991. *Debt, Development and Democrac*. Princeton: Princeton U.P.

Garrett, Geoffrey and Peter Lange. 1996. "Internationalization, Institutions and Political Change," Keohane and Milner eds. *Internationalization and Domestic Politic*.

Goldstein, Judith. 1993. *Ideas, Interests, and American Trade policy*. Ithaca: Cornell University Press.

Gourevitch, Peter. 1986. *Politics in Hard Time*. Ithaca: Cornell University Press.

Ikenberry, G. J., David Lake and Michael Mastanduno, eds. 1988. *The State and*

American Foreign Economic Policy. Ithaca: Cornell University Press.
Katz, Richard. 1998. *Japan, System That Soured*. Armonk, N.Y.: M. E. Sharpe.
Katzenstein, Peter. 1978. *Between Power and Plent*. Madison: University of Madison Press.
KIEP. 2000. "Economic Effects of and Policy Directions for Korea-Japan FTA."
Krasner, Stephen. 1978. *Defending the National Interest*. Princeton: Princeton University Press.
Krauss, Ellis and Isobel Coles. 1990. "Built-in Impediments: Political Economy of the US-Japan Construction Dispute." Kozo Yamamura ed. *Japan's Economic Structure*. Seattle Society for Japanese Studies.
Lincoln, Edward. 1989. *Japan's Unequal Trade*. Brookings Institution Press.
Milner, Helen. 1988. *Resisting Protectionis*. Princeton: Princeton U.P.
Noland, Marcus. 1997. *Chasing Phantoms: The Political Economy of USTR Institute for International Economics Working Pape 97-1*.
Oyam, Kosuke. 1998. "The Policymaking Process Behind the Petroleum Industry Regulatory Reform." Lonny Carlile and Mark Tilton eds. *Is Japan Really Changing Its Ways*. Ithaca: Cornell University Press.
Rogowski, Ronald. 1989. *Commerce and Coalitio*. Princeton: Princeton U.P.
Schoppa, Leonard. 1997. *Bargaining With Japan: What American Pressure Can and Cannot Do*. New York: Columbia University Press.
Sidwell, A., W. Metzinger, and Richard Tucker. 1988. *Japanese, Korean and US Construction Industries*.
Simmons, B. A. 1994. *Who Adjusts?: Domestic Sources of Foreign Economic Policy During the Interwar Year*. Princeton: Princeton University Press.
Sohn, Yul. 1996. "How Does the Japanese State Deal With International oil Majors?" *Asia Journal* 3-2.
Tilton, Mark. 1996. *Restrained Trade*. Ithaca: Cornell University Press.
Tyson, Laura D'Andrea. 1993. *Who's Bashing Whom?: Trade Conflict in High-Technology Industries*. Institute for International Economics.
Woodall, Brian. 1996. *Japan Under Construction*. Berkeley: University of California Press.
Ekonomisto.
Japan Time.
www.icak.or.kr.

한일 자유무역협정을 둘러싼 논의의 전개

이소자키 노리요

I. 서론

최근 들어 동아시아에서 자유무역협정(FTA)[1]이 잇달아 체결되고 있는 가운데, 한일 양국에서도 FTA의 실현을 향한 움직임이 활발하게 진행되고 있다. 일본이 싱가포르와 처음으로 FTA에 조인하고(2002년 1월) 한국이 칠레와 최초로 FTA를 체결하면서(2002년 10월), 양국은 자국의 대외통상정책에 있어서 FTA를 활용할 방침을 명확히 하였다. 현재 이러한 움직임을 반영, 한일 FTA 역시 양국 간 주요 과제로 부상하고 있다. 2003년 6월에 개최된 한일 정상회담에서 발표된 '한일 정상 공동성명 — 평화와 번영의 동북아시아 시대를 향한 한일 협력기반의 구축'에서는 '조속한 기일 내에 FTA체결을 위한 교섭을 개시하기 위해 노력한다'는 점이 강조되었으며, 2002년 설치된 바 있는 산관학(産官學) 합동 '한일 FTA공동위원회'의 성과보고를 교섭개시를 위한 전제조건으로 천명한 바 있는데, 이 보고서는 2003년 10월 2일에 이미 제출되었다. 공동위원회는 보고서를 통해 '한일 양국 정부는, 합리적인 기간 내에 포괄

---

1) 본 논문에서 사용되고 있는 FTA라는 용어는, GATT에서 정의하고 있는 협의의 FTA(자유무역지역 free trade area)를 포함해, 넓은 분야에 있어서 자유화·원활화·경제협력을 포함하는 협정을 지칭하는 말로 사용되는 '자유무역협정'(Free Trade Agreement)의 약칭이다.

적인 한일 FTA를 체결해야 하며, 조속히 이를 위한 양국 간 교섭을 개시해야 한다'고 제안하고 있어, 정부교섭의 개시가 임박했음을 시사하고 있다.

이렇듯 한일 FTA 체결을 향한 움직임이 가시화되고 있지만, 이것이 양국 간의 과제가 됐던 것은 최근의 일이며, 실질적인 진척을 이루어내기까지는 아직 많은 숙제가 해결되어야 하는 것이 사실이다. 한일 FTA 체결을 위한 움직임이 시작된 시기는 1998년 10월 8일 일본을 방문한 김대중 대통령과 오부치(小渕) 수상 간의 정상회담으로 거슬러 간다(호칭은 당시의 것. 이하도 같이 한다). 당시 양국 정상은 '한일공동성명-21세기를 향한 새로운 한일 파트너십'에서는 '경제 분야에 있어서의 균형적 상호협력관계를 보다 한층 강화해 나가야 할 중요성'을 확인하였고, 그 후 일본이 한국 측의 제안을 받아들이는 형식으로 무역·투자자유화를 위한 한일 양국 간 협정체결을 위한 검토가 개시되었다.

이와 같은 움직임은 우선 일본이 통상정책의 변화를 명확히 한 것으로 해석할 수 있다. 그 때까지 일본은 일관되게 세계무역기구(WTO)를 중심으로 한 다자간무역체제를 통상정책의 근간으로 고수했고, 양자 또는 지역단위의 자유무역협정(FTA) 체결은 주요 방침으로 고려하지 않았다. 1998년의 『통상백서』(헤이세이 10년판)에서도 'WTO를 축으로 한 차별 없는 자유로운 다자간통상체제의 유지'의 중요성을 강조하고 있으며, 또한 '일본은 제도적 틀을 유지한 지역통합에 참가하고 있지 않은 얼마 안 되는 선진국 가운데 하나이며, (일본은) 지역통합이 통상을 제한하는 조치로 나아가지 않도록 감시할 필요가 있다'고 서술한 바 있는데, 이는 FTA에 참가하지 않는 '지역 통합에 대한 감시자'로서 일본의 입장을 분명히 한 것으로 볼 수 있다. 하지만, 일본은 1998년 말에 이르러 다자간 교섭과 병행하여 양자간 또는 지역내 협정을 중시하는 자세를 명확히 했으며, 자유무역협정까지 감안한 '한일투자협정'체결을 위한 작업에 착수하였다.

이와 달리 한국의 FTA에 대한 검토는 김영삼 정부 당시까지 거슬러간다. 하지만 당시 일본은 적절한 체결대상국으로 고려되지 않았다. 일본이 고려대상에서 제외된 가장 큰 이유는 당시 한국에게 가장 중요한 선결과제였던 대일 무역적자에 있다. 후술하는 바와 같이, 예컨대 1996년의 시점에서도 양국 간 교역상품의 구조나 관세수준을 비교할 경우 '한일 양국 간의 FTA 체결은 핵심 소재·부품, 자본재 등의 대일의존도를 한층 심화시킨다'는 이유로 양국 간의 구조적인 무역불균형이 개선되지 않은 상황에서 일본과의 FTA 체결을 추진하는 것은 무리라는 인식이 지배적이었다. 그러나 1998년에 이르러서는 그 입장이 변화하여 한국은 일본과의 FTA체결에 적극적인 자세를 보이기 시작했다. 이는, 무역적자문제가 해소되지 않았고 아직도 대일무역수지적자가 FTA 체결로 인해 확대될 수 있다는 우려에도 불구하고, 한국 정부가 일본과의 FTA를 추진하기로 방침을 전환하였다는 점을 보여준다.

오늘날 FTA의 중요성이 강하게 제기되는 가운데, 'FTA가 장애물(stumbling block)이냐 초석(building block)이냐'가 아닌 'FTA를 어떻게 초석으로 만들 수 있을까'하는 문제가 한일 양국 간 논의의 초점이 된 것이나(鈴木宣弘, 2003a, 31), 또는 한일 FTA가 양국 간 당면 과제로 인식되기 시작한 것은 불과 수년 간의 일로서, 이는 종래정책의 전환을 읽을 수 있는 대목이다. 이와 같은 양국의 정책전환은 왜, 어떻게 일어난 것인가? 또한 한일 FTA에 있어서 양국정부는 무엇을 실현하고자 하는 것인가? 이제 막 현실화되어 가고 있는 정부간 교섭과 한일 FTA에 대한 고찰을 위한 예비 작업으로서, 이러한 문제를 확인해 가는 것은 십분 의미 있는 일이 아닐 수 없다.

따라서 이 글은 현시점까지의 양 정부의 정책변화 과정, 한일 FTA가 논의되기 시작한 시점이후의 한일 양국내에서의 또는 양국 간의 논쟁을 검토할 것이며, 양국 정부가 FTA를 어떻게 보고 있으며, 그 교섭을 통해 무엇을 협의하려 하고 있는지, 또한 FTA를 둘러싼 논의에 있어서 무엇이 중시되되 있으며, 무엇이 다른 한편으로 소홀히 취급되고 경시되고 있는지를 밝히는 것을 목적으로 한다. 제2절에서는 일본이 FTA를 중시하는 방향으로 통상정책을 전환한 경위와 함께 FTA에 대응하는 일본의 전략을 검토한다. 제3절에서는 통화위기 전후의 경제정책전환 과정 속에서 한국의 FTA전략 변화를 검토한다. 제4절에서는 한국 국내에서의 논의에 초점을 맞추어 '정부는 자신이 설정한 FTA전략을 어떻게 실현시켜 나가는가'라는 문제를 제기하고, 이를 양국 간 협의과정에서 제기된 문제들에 중심으로 논의해 보고자 한다. 이와 동시에 '적절한 대처 방법의 부재'에 대해서도 고려하고, 이후의 한일 FTA의 방향을 좌우할 가능성이 있는 요인에 대해서도 간략히 언급토록 하겠다.

II. 지역경제통합의 추세와 일본의 FTA전략

본 절에서는, 우선 일본이 FTA에 대한 어떠한 전략을 취해왔는지 정리하고, 일본이 한국과의 FTA를 검토키로 한 배경을 알아보기로 한다.[2)]

1990년대 들어 FTA 체결은 전 세계적으로 급증 추세를 보였다. GATT/WTO에 통보된 전 세계 FTA 체결 건수는 1989년 말에 26건이었던 것이 2002년 말에는 172건으로 크게 증가하였는데, 그러한 세계적인 추세와는 다소 거리가 있었던 동아시아에서도[3)] 최근 들어 FTA체결을 향한 움직임이 활발해졌다. 특히 통화 및 경제 위기 이후에는 지역협력을 중시하는 방향으로 제도적 통합이 활발히 진행되고 있다. 일본 역시 최초의 FTA인 '일본·싱가포르 신시대경제연대협정'(JSEPA)을 2002년에 체결한 바 있는데, 이에 이르기까지 일본이 FTA를 어떻게 평가해 왔는지를 검토해 보기로 한다.

일본은 1955년 GATT에 가입한 이래 다자간무역체제를 기본 방침으로 고수하여 왔으며, 90년대 들어 증가 추세를 보인 양자간·지역간의 FTA에 대해 적극적인 자세를 보이지 않았다. 오히려 NAFTA와 같은 지역경제통합이 가시

---

2) 본 장의 기술은, 이하의 선행연구에 따른 부분이 많다. 木村福成·鈴木厚 편(2003), 浦田秀次郎(2002), 大庭三枝(2003, 153-192), 木村福成(2003, 209-228).

3) 2002년 9월 현재, 각국이 체결하고 있는 FTA는 AFTA(ASEAN 자유무역지역), 싱가포르와 뉴질랜드, 싱가포르와 일본, 싱가포르와 EFTA(유럽 자유무역연합)의 4건뿐이다. 木村福成·鈴木厚(2003, 17).

화되자 이러한 움직임의 부정적인 측면을 경계하는 자세를 보이기도 했다. 1992년의 『통상백서』(平成4년판)[4]에서는 지역통합이 '장래의 보다 보편적인 자유무역질서의 형성을 촉진'할 가능성이 있다는 이점을 지적하면서도, 한편으로는 ① GATT의 구심력 저하, ② 보호주의적 수단의 적용기회 증대, ③ 구매력의 남용 가능성 등의 부정적인 면을 상세하게 기술하면서 지역통합이 GATT를 중심으로 한 세계 자유무역질서에 중대한 마이너스 요인으로 작용할 수도 있음을 주장하였다. 경제 블록에 대한 이러한 인식은 1998년 발행된 『통상백서』(平成10년판)에서도 엿보인다. 백서에서 일본은 앞서 언급하였듯이 지역통합에 참가하지 않는 다자간 무역체제의 감시자로 스스로를 자리매김하면서, '지역통합이 통상을 제한하는 조치를 취하고 있지 않은지 감시할 필요가 있다'는 점을 강조, 종래의 입장을 확고히 하였다.

일본이 이러한 입장을 취하는 와중에도, 제 기능을 충분히 발휘하지 못하는 WTO에 대해 보완적 역할을 수행하는 제도로 FTA가 적극 활용되었고, 또한 지역연대 및 통합 역시 보다 심화·확대되었는데, 결국 일본은 이러한 움직임으로부터 뒤쳐질 수 있는 상황에 처했다. FTA 역외국에 가해지는 불이익도 큰 문제로 부상했다. 한편으로는, 1997년의 아시아 통화위기를 계기로 동아시아 단위의 금융·통화협력의 필요성이 대두되었고, 그 대처과정에서 '지역통합'시스템이 고려되기 시작했다. 바로 이 시점에 1998년 멕시코와 한국이 FTA 체결을 일본에게 제안하였는데, 이는 일본이 FTA 교섭을 위한 공동 연구의 첫 발을 내딛게 되는 계기가 되었다.[5] 일본의 FTA에 대한 정책적 변화는

---

4) 『通商白書』는 경제산업성 홈페이지의 〈白書データベース〉 사이트를 이용했다(http://www.meti.go.jp/hakusho/).

5) 1998년 말의 신문보도에서는 통상성이 WTO에서의 다자간 교섭 일변도였던 틀을 전환하여 아시아를 중심으로 한 양자간 지역경제협정도 적극적으로 추진할 방침을 새로이 명확히 내세웠다는 기사가 있다. 통상성 통상국이 제시한 내부문서 '지역경제협정에 관하여'(地域経済協定について) 등에서, '다자간 교섭'과 병행하여 '양자간·지역협정'을 중시하는 자세가 명확하게 드러나 있으며, 신방침을 근거로, 한국과의 투자협정이나 싱가포르와의 기준·인증의 상호 승인협정이 검토되고 있다고 보도하고 있다(『朝日新聞』 1998/12/13).

1999년『통상백서』(2000년판)에서 논의된 지역통합의 의의를 통해 보다 명확해진다.

이 백서는 지역연대·통합이 역내 및 역외에 가져다 줄 효과와 지역통합이 해외 직접투자에 미칠 영향에 대해서 상세히 설명하고, 지역연대·통합이 다자간 통상 시스템을 보완하며, 결과적으로 그 발전을 측면 지원하는 역할을 수행했다고 확인하였다. 또한 '글로벌화로 인해 경제의 상호의존도가 한층 심화지고 새로운 경제 규범 역시 국내 제도와 조화를 이루어가고 있다. 이러한 상황에서 경제·사회적인 연관이 깊은 지역에 있어서, 전술한 폐해를 충분히 유의하면서 시험적, 선행적으로 제도를 정비해 나가는 것도 보다 중요해질 것이다'라고 기술하고 있다. 아울러, 백서는 '일본은 지역 연대·통합에 대해, 그 이점을 인식하면서도 기본적인 GATT·WTO체제와의 정합성과 보호주의에로의 전환에 따른 위험 등을 중시해 역외에 대한 개방성과 구성원의 자주성을 존중하는 APEC을 중심으로 대응해 왔다. 그러나 최근의 지역 연대·통합은 확대되고 있으며, 경제적 의존관계가 심한 아시아를 중심으로 국제적인 규범을 보완·강화하는 양자간 규범의 정비로 시야를 넓혀 정책 대화를 추진하고 있다'며, 구체적으로는 '아시아에 있어서 양자간·지역간 협력,' 특히 한국과의 협력을 가장 우선적으로 언급하였다.

지금까지 이 글은 통상산업성의 통상정책에 있어서의 FTA에 대한 인식 변화에 주목했다면, FTA 추진에 있어 경제적 측면만이 있는 것은 아니며, 그 정치적 측면도 간과될 수 없다. 일본 외무성은 현재 실제 FTA 교섭이나 산관학 공동연구 등을 현재 담당하고 있는 성청(省廳)[6] 중의 하나로서, 2002년 10월 당시 '일본의 FTA전략'을 발표한 적이 있다.[7] 외무성은 이 발표문을 통해

---

6) 싱가포르와의 교섭시에 공동의장은 외무, 재무, 경제산업의 3개 省이었지만, 멕시코의 산관학 공동연구부터는 농림수산성도 공동의장으로서 참가하였으며, 한일 FTA에 관해서도 이 4개의 省이 공동으로 대처하고 있다.

7) http://www.mofa.go.jp/mofaj/gaiko/fta/policy.html 참조.

FTA 체결이 가져다주는 구체적인 경제적 장점으로서, ① 무역창출·시장확대 효과, ② 경쟁촉진·경제활성화 효과, 효율적인 산업구조로의 전환, ③ 경쟁조건의 개선, FTA에 참가하지 않는 것에 따른 차별의 회피, ④ 규범에 입각한 분쟁처리, 무역장벽의 최소화, ⑤ 자국제도의 확대를 거론하고 있으며, 정치외교상의 장점에 대해서 강조하고 있다.

그 정치적 장점은 ① 경제 분야에서의 외교정책 수행상의 전략적 유연성 확보, ② 경제적 상호의존과 정치적 연대의 강화, ③ 국제적인 외교적 영향력·이익의 확대 등 세 가지이다. 첫 번째 장점은 FTA 교섭이 WTO의 틀 내에서 이루어지는 교섭보다 기동력 있는 대응을 가능하게 하며, 자유화 및 새로운 규범의 제정을 위한 교섭력을 십분 발휘할 수 있다는 것이다. 두 번째 정치적 장점은 양자간의 경제적 상호의존 강화가 정치적 연대를 위한 신뢰 증진의 밑거름이 될 수 있는 점에 착안한 것으로, 특히 주변 정치·경제 파트너와의 FTA가 지역의 정치·안전보장 환경을 개선·강화하는 효과를 가져올 수 있다는 취지다. 세 번째는, 안정적인 경제 발전을 위한 제도구축을 통해 일본의 안정과 번영에 중대한 영향을 미치는 지역의 발전에 공헌한다면 이는 곧 일본의 국제적 영향력을 강화한다는 의미이다. 외무성은 이러한 정치외교적 관점에서 외교정책의 중요한 수단으로 FTA를 활용하는 전략을 강조하고 있다.

또한, 외무성은 이러한 관점에서 FTA 체결의 전략적 우선순위를 검토하였는데, '일본이 FTA를 추진해갈 경우, 지역 시스템의 구축에 따른 넓은 의미에서의 정치적·경제적 안정의 확보를 고려할 필요가 있다. 또한 긴밀한 경제관계를 유지하고 있지만 비교적 높은 무역장벽의 존재 등 일본 경제의 확대에 대한 장해 요인이 남아있는 나라·지역과 우선적으로 FTA를 채결해야 한다. 이러한 관점에서 볼 때 동아시아가 유력한 교섭상대지역이며, 상술한 '현실적 가능성에 의한 기준', '정치적 외교적 기준'에 비추어볼 때, 한국 및 ASEAN이 우선 교섭상대가 된다'며 한국과의 FTA 체결을 순위에서 높게 설정하였다.

Ⅲ. 한국의 FTA전략의 변천과 그 배경

다음으로는 한국의 경제정책에 있어서 FTA가 어떠한 위치를 차지해 왔는지를 알아보기로 한다.

한국의 경제정책은 1997년 통화위기를 계기로 크게 전환되었으며, 따라서 통화위기를 전후로 한 FTA 전략의 변화에 유의할 필요가 있다. 앞서 말한 바와 같이, 한국의 FTA 대응을 위한 검토는 통화위기 이전의 시기까지 거슬러 가지만, 통화위기를 전후하여 그 체결의 목적이 크게 변화했다. 따라서 통화위기 전후의 FTA 전략을 검토하고 그 변화를 경제정책 전반, 보다 넓게는 국가과제의 틀에서 살펴보겠다.

1. 통화위기 이전

한국의 김영삼 정부는 OECD 가입을 중요한 국가과제로 설정하고(1995년 3월 말 OECD 가입신청서를 사무국에 정식제출), 가입 조건이었던 자유화를 추진하는 한편, '무한경쟁'이 전개되는 세계화 시대에 대응할 수 있는 경제정책을 검토했다. 예를 들어, 1996년『경제백서』(1996년판)에 기술된 '1996년 경제운영방향'에서는 '1996년은 WTO체제가 본궤도에 진입하게 되고, 우리나라의 OECD 가입 추진도 본격화되는 해이다. 앞으로 OECD 가입 협의과정에서 우리 경제의 세계화와 경제력 강화에 도움이 되는 OECD 규범은 발전적으로 수용하되, 우리 경제의 안정적인 성장을 저해하지 않는 범위 내에서 추진'하고, 'WTO 후속 협상에서 우리의 개방계획이 반영되도록 노력을 경주한다고 하고 있다(『경제백서』(1996년판), 76). 그리고 대외경제정책을 기술한 장(章)에서는, 우선 WTO체제의 정착에 대해 서술하면서 '지역주의의 확산'에 대해 언급하고 있다. EU, NAFTA, APEC 등 세계 경제가 자유무역지대로 변화하는 것에 대해 '이러한 지역주의의 광역화와 지역간 경제협력 강화 자유무역권의 형성은 세계 교역환경을 악화시킬 것이라는 우려도 있지만, WTO체제를 보완하여 다자간 교역질서의 정착에 기여할 수 있을 것이므로 이에 대한 충분한 사전대응책 마련이 필요하다'라고 결론짓고 있다(『경제백서』(1996년판), 411-412). 즉, 이 경제백서는 국내적으로 세계화에 대응하기 위한 경제자유화를 추진함과 동시에, 대외정책의 일환으로 세계무역체제뿐만 아니라 지역간·양자간 협정도 활용할 의사가 있음을 시사하고 있다.

실제로 비슷한 시점에 정부 출연 특별기관인 대외경제정책연구원(KIEP) 역시 한국의 FTA 체결의 타당성과 대상 후보국에 대한 정책연구서를 발표한 적이 있다(김태형·정인교 1996). 이 연구서를 통해 당시 정부 산하 연구기관이 경제정책의 방향을 어떻게 설정하고 있으며, 그 가운데 FTA의 위치는 무엇인지, 그리고 어떤 국가를 FTA의 바람직한 상대국으로 설정했는지를 알아보자.

연구서는 우선 경제정책의 방향성과 관련하여 '보호와 지원에 익숙해져 있는 한국 기업과 경제에 경쟁과 시장개방의 원리가 요구되고 있다'며, 정부개입과 규제에 의한 경제정책에서 탈피할 필요가 있다고 주장하고 있다. 즉, 과거에는 대내적으로는 특정 산업에 대한 집중적 지원정책을 실시하고, 대외적으로는 그러한 정책을 지지하기 위해 각종 수입규제정책을 시행함으로써 급속한 성장을 달성하는 것이 가능했지만, 현재로서는 이러한 정책이 오히려 산업 및 경제구조의 균형적 발전을 가로막고 국제경쟁력의 강화를 어렵게 하고 있다고 보고, 정부는 그간 채택·사용해왔던 각종 보호·지원시책 중심의 경제운용 방식에서 탈피하여 시민 부문의 경쟁과 창의적 정신에 기반을 둔 민간주도의 개방적 경제체제의 구축이라는 시급한 과제에 초점을 두어야 한다고 지적하고 있다(김태형·정인교 1996, 28-32).

아울러, 그 연구서는 통상정책이 이러한 경제정책 일반의 전환을 위해 가지는 막대한 중요성을 설명하고, 이에 FTA를 적극 활용하는 방안에 대해 주목하면서, 아래와 같이 그 논리를 펴고 있다.

우선 경제정책을 시행함에 있어 무역·대외투자 등 대외적인 부문에 한층 중점을 둘 필요가 있다는 기조 하에, 지금까지의 수출 증대와 해외시장 개척을 기축으로 전개된 경제성장 전략은 향후에도 지속적 성장을 위해서도 중요하다고 평가하고 있다(김태형·정인교 1996, 32). 더불어, 수출시장 확보를 어렵게 하고 있는 지역 경제통합의 확산에 효과적으로 대응하고, 경제적 실리를 추구할 수 있는 대책과 방안을 준비하는 것이 최우선의 정책 과제라고 주장하고 있는데, 이는 지역무역협정에 참가하지 않고 있는 한국이 무역 및 투자 등의 분야에서 역외국으로서 차별적 대우를 받는 불이익을 경계한다는 취지이다. 때문에 WTO 체제에 대응할 수 있는 힘을 양성하는 것과 동시에, 1990년을 전후로 급속히 심화·확산되고 있는 지역주의에 대한 대응 전략의 수립이 필요하며 그러한 전략의 일환으로 FTA에 참가하는 것이 의미 있는 일이라 표명하고 있다. FTA 참가는 국가간·지역간 경제통합에 대해 적절하고 효과적으로 대응할 수 있는 힘을 기르고, 시장개방과 경쟁에 적응해 가는 과정에서 경쟁적 체질을 강화하는 중요한 경험이 될 것이라는 점이다(김태형·정인교 1996, 33-34).

이상에서 본 바와 같이 대외통상정책의 중점은 해외시장의 개척에 있으며, FTA 체결대상국 역시 이러한 중점과제를 기반으로 선정되었다.

이 연구서는 일반적으로 논의되는 FTA체결에 따른 경제적 효과를 관세철폐에 의한 단기적 효과와 규모의 경제, 경쟁촉진, 해외직접투자를 통한 중장기적 효과로 나누고, FTA체결 후보국 선정을 위한 구체적 기준으로서 ① 교역규모와 관세장벽 철폐의 이점, ② 교역구조의 상호보완성이 강화될 가능성, ③ 시장 직접성과 경제적 협력·교류의 용이성, ④ 천연자원보유, 기술협력 확대, 수출 전진기지 등의 이점, ⑤ 정치외교적 긴밀한 협력 관계 등을 들었다(김태형·정인교 1996, 37-46). 이러한 기준에 따라 설정된 후보국과 FTA를 체결할 경우에 예상되는 경제적 효과를 일반균형 시뮬레이션 모델로 분석했는데, 후보 선정의 단계에서부터 다음과 같은 이유로 일본과의 FTA 체결은 무리라고 지적되어 시뮬레이션 대상에서 조차 제외되었다.

〈표 1〉 한국의 주요국별 수출액

단위: 100만 달러

	1996	1997	1998	1999	2000	2001
미국	21,670.5	21,625.4	22,805.1	29,474.7	37,610.6	31,210.8
중국	11,377.1	13,572.5	11,944.0	13,684.6	18,454.5	18,190.2
일본	15,766.8	14,771.2	12,237.6	15,862.4	20,466.0	16,505.8
총계	129,715.1	136,164.2	132,313.1	143,685.5	172,267.5	150,439.1

자료: 한국 무역협회 데이터에 의거 작성

〈표 2〉 한국의 주요국별 수입액

단위: 100만 달러

	1996	1997	1998	1999	2000	2001
미국	33,305.4	30,122.2	20,403.3	24,922.3	29,241.6	22,376.2
중국	8,538.6	10,116.9	6,484.0	8,866.7	12,798.7	13,302.7
일본	31,448.6	27,907.1	16,840.4	24,142.0	31,827.9	26,633.4
총계	150,339.1	144,616.4	93,281.8	199,752.3	160,481.0	141,097.8

자료: 한국 무역협회 데이터에 의거 작성

〈표 1〉과 〈표 2〉에서와 같이, 한국은 일본과의 교역 규모는 크지만 교역 구조는 상호경쟁적인 것이 많아서 양국 간의 상호보완성은 거의 없다는 점이 우선 지적될 수 있다. 그리고 무엇보다도 문제시된 것은 대일 무역적자와 대일 수입의존도의 심각성이다.[8] 교역상품과 관세수준의 측면에서 볼 때, FTA가 체결될 경우 기간 부품이나 자본재 등에서의 대일 의존도가 높아지고 무역

8) 대일무역적자 개선과 국제산업보호육성을 위해 1977년부터 '수입처 다각화 제도'를 실시하여 사실상 대상품목에서 일본 제품을 제외시켰음에도 불구하고, 그간의 대일 수입의존도가 심화하고 있는 것을 근거로, 수입자유화를 문제시하고 있다(김태형·정인교 1996, 57). 더군다나 '수입처 다각화 제도'자체는 OECD가입 당시 99년 말의 전면 폐지를 위한 단계적 해소를 명확화하고, 금융 위기 후 IMF의 요청으로 제도 폐지가 전제되어 99년 6월 말에 전면 폐지되었다.

불균형은 보다 심각해질 것으로 예상되는 등 FTA 체결은 한국에 경제적 불이익을 가져다 줄 것으로 분석될 수 있다. 아울러, 조선·철강 등 경쟁력을 갖고 있는 몇 개 분야를 제외한 중화학 공업부문 전반은 투자·기술 부문에서 열위에 있기 때문에, FTA 체결은 산업구조의 후진화를 초래할 우려가 있다(김태형·정인교 1996, 55-59).

지금까지 살펴본 바와 같이, 1996년 당시 한국은 경제정책의 전환, 자유화의 추진을 강조하는 가운데, 해외사장 개척에 대외통상정책의 중점을 두고, 교역을 중심으로 하는 FTA 설립을 검토하였으나, 일본과의 FTA 체결은 높은 대일 무역적자와 대일의존 증가 등의 가능성으로 인해 부정적으로 인식되었다. 전반적으로 선진국과 개도국간의 FTA가 체결된다면 후자의 종속성이 강할 수밖에 없다는 면이 중시된 것으로, 이는 한국이 미국과의 FTA에 대해서도 부정적이었다는 점을 볼 때 더욱 명확해진다.

2. 통화위기 후 FTA 추진 정책의 변화

그러나 이로부터 2년 후, 한국의 대일무역적자는 해소될 조짐이 보이지 않았음에도 불구하고 한국은 일본에 FTA 체결을 추진할 것을 제안했다. 한국이 FTA 체결을 통해 실현하려는 목적에 변화가 발생한 것일까? 이 글에서는 2001년 대외경제정책 연구원이 출판한 『FTA 연구 시리즈 : FTA 시대에 어떻게 대응할 것인가』(정인교 2001a)를 통해 통화위기 이후의 한국의 정책 변화를 검토해 보기로 한다. 이 책은 금융위기 이후에 재설정된 FTA 전략을 광범위하게 설명하고 있다.

통화위기 후인 1998년 11월 5일, 국무총리 주관으로 개최된 대외경제조정위원회에서는 WTO를 중심으로 한 다자간체제를 유지하는 대외경제정책을 수행해나가는 동시에, 양자간·지역간 FTA를 적극적으로 추진키로 그 방침을 결정하였다. 이 책에서는 정부가 공식적으로 FTA 추진에 나선 배경을 설명하고 있는데, 이는 ① 정부의 개혁과 개방정책 유지, ② 지역주의 확산에 적극 대응, ③ 안정적 수출시장 확보와 한국 기업의 취약성 극복, ④ 해외투자의 적극적 유지와 해외 거점지역의 확보, ⑤ 동반자 관계의 형성이며(정인교 2001a, 72), FTA 체결의 중요성을 보다 적극적으로 주장하고 있는데, 그 이유의 중점이 이전에서 변화하고 있다. 즉, 이 책은 한국이 FTA를 국내의 구조개혁 추진의 견인차로서 활용하는 방침뿐만 아니라, 해외직접투자(FDI) 유치라는 목적을 위해 활용하는 것에 주목하고 있다. 또한 FTA 체결의 목적으로 외자유치라는 측면을 보다 강조하는 방향으로 전환되면서 FTA 체결 후보국 역시 이전과는 다르게 선정되었다.

이 책은 해외 직접투자의 유치라는 측면에서 볼 때, 자유무역협정 체결국 간의 특혜 관세는 역외국 기업의 대(對)역내투자를 유인하는 효과를 제공한다고 보고, 역내 시장의 규모가 클수록 투자 유인의 효과는 보다 크다고 분석했다. 아울러 선진국과 개발도상국간이 자유무역협정이 체결될 경우 생산기지 설립비용과 임금이 상대적으로 낮은 개도국으로 투자가 집중되는 경향이 있다는 판단에서 개도국인 한국은 선진국과의 FTA를 체결하는 것이 바람직하다고 강조하고 있다(정인교 2001a, 57-58). 이러한 관점에서 보고 이 책은 한국이 FTA를 체결해야 하는 대상을 이전과 다르게 설정한다.

이 책은 일본과의 FTA에 관해서도 구체적으로 언급하고 있는데, 한국은 한일 간의 FTA를 통해서 우선 역내 시장의 구축과 외자 유치라는 이점을 취할 수 있다고 강조하고 있다. 또한, 양국 간 FTA가 체결될 경우 외국 기업은 보다 광역화된 역내 시장에 대한 투자를 확대하고, 그 경우 생산비가 높은 일본보다도 한국이 투자대상 지역으로 유리한 위치를 가질 수 있다고 이 책은 지적했다. 또한 한일 FTA 체결에 따른 일본 상품의 대량 유입으로 무역 적자가 확대되고 한국의 생산 기반이 타격을 입을 수 있다는 우려에 대해서는 단계적인 이행에 의한 대응이 가능하다는 점을 강조하고 있다(정인교 2001a, 93-95).

아울러, 한일 양국기업은 지금까지 주력산업에 대해 높은 중복투자로 해외 시장에서의 양국 간 경쟁이 심화되어 큰 낭비가 초래되어 왔다고 지적하면서, FTA가 이에 대한 해결책이 될 것이라 기대하였다. 즉, 한일 FTA의 동태적 효과로 보호장벽이 철폐되고 경쟁이 촉진되면 기업간의 전략적 제휴가 강화되어 양국 간에 노정되어 있는 중복투자문제를 효과적으로 해결할 수 있다는 가능성을 제기하고 있다.[9]

이상에서와 같이 한국은 관세철폐에 의한 경제효과뿐 아니라 해외 직접투자의 증가 및 구조조정이라는 효과를 중시하는 입장에서 통화위기 이후 보다 적극적으로 FTA를 추진하게 되었으며, 이러한 배경에서 일본은 우선순위가 높은 FTA 체결 후보국가로 간주되기 시작했다.

다음에서는 무엇이 한국의 FTA전략 변화를 가져온 것인지에 대해 생각해 보기로 한다.

3. FTA 전략 전환의 배경 : 경제정책의 전환과 외자유치 정책

FTA전략은 경제정책의 일환으로 파악될 필요가 있으며, 경제정책의 변화 역시 정부의 정책전환[10] 구조를 중심으로 파악되어야 한다. 이하 김대중 정권하에서의 경제정책 변화를 정리하고 FTA전략 전환이 배경을 검토한다.

경제위기의 혼란 속에서 출범한 김대중 정부는 시장경제 질서의 구축을 중심 개혁과제로 삼고, 경제정책의 세 가지 분야에서 과거와는 다른 새로운 패러다임을 제시했다. 첫째, 국가 주도의 자본축적이 아닌 투자에 대한 자본의 자기책임 원칙을 확립하는 것이다. 둘째, 노동 부문에 있어서 사회보장제도의 확충과 연계하여 노동시장의 유연성을 높이는 정책을 유지하는 것, 그리고 세 번째가 바로 대외경제정책 부문에서의 전환이었다.

---

9) 정인교(2001a, 96).

10) 이하, 경제위기 이후의 정책전환에 대해서는 『국민의 정부 5년 정책자료집 제2권: 경제』, 국정홍보처, 2003, 196-197, 502-522와 『경제백서 1999』, 재정경제부, 1999, 345-349를 참고하였다.

대외경제정책 부문에 있어 정부는 '밖으로 나가는' 수출을 장려하면서 '안으로 들어오는' 외자도 적극적으로 유치하겠다는 '발상의 전환'을 분명히 했다. 그리고 비단 경제위기에서 탈피하기 위해서 뿐만 아니라, 시장경제질서를 구축하기 위해서도 선진 기술과 경영 규범을 가진 기업의 유치가 중요하다고 평가하였다. 1997년의 GDP 대비 FDI 비율은 3.5%에 지나지 않는 낮은 수준이었으나, 높은 해외 투자 유치를 위해 외자에 대한 자유화를 진행, 투자 확충을 꾀했다.

이를 위해 정부는 관련 법령 역시 대폭 수정하였다. 1998년 9월 종래의 '외국인투자 및 외자도입에 관한 법률'을 폐지하고, 이 법률 가운데 공공차관 도입에 관한 부분은 별도의 법률로 분리하여 외국인 투자와 기술 도입에 관한 부분을 포함한 '외국인투자촉진법'으로 신규 제정했다. 이 법에서는, 외국인 투자에 관한 규제를 대폭 완화하고 조세감면 등의 지원을 확대하며 투자유인 제도를 확충하였다. 나아가 대규모 투자를 유치하기 위해 '외국인투자지역제도'를 도입하여 일정 규모 이상의 외국인 투자에 대한 정부의 지원을 규정하였다. 같은 해 5월에는 '외국인 토지법'을 제정하여 외국인이 한국의 토지를 업무용·비업무용 구분 없이 자유롭게 취득할 수 있도록 하였다. 또한 7월 이후, 외국인 투자제한업종의 개방을 확대하여 외국인투자 자유화비율을 99.4% 수준으로 높였다. 과거 외국기업과의 M&A를 제한해온 것을 전면적으로 개방하여 구조조정에 따른 부실기업의 처리에 있어서도 외국기업에게 문호를 개방하였다. 〈표 3〉을 보면 그 후 외국인 투자액이 급증하였음을 알 수 있다.

한편으로, 한국 정부는 주요 교역국인 미일 양국의 투자를 유치하기 위한 노력의 일환으로 투자협정(BIT)을 체결하기 위한 노력을 1998년부터 시작했다.[11] BIT 체결에는 상대국에 대한 자국 기업의 투자를 정부차원에서 보호하는 '투자보호'뿐 아니라 투자 자유화의 원칙을 설정한다는 측면도 있다. 이는

11) 이하 BIT의 설명 및 BIT와 FTA의 관계에 관해서는 정인교(2001a, 62-65) 참조.

〈표 3〉 대한 외국인 투자(총인가 기준)

단위: 100만 달러

	미국	일본	총액
1994	311,016	428,407	1,316,505
1995	644,276	424,094	1,947,229
1996	875,004	254,676	3,202,580
1997	3,189,524	265,380	6,970,916
1998	2,970,752	504,158	8,852,566
1999	3,738,999	1,749,206	15,541,547
2000	2,922,306	2,448,222	15,216,711
2001	3,889,094	772,184	11,291,994

자료: 산업자원부 데이터에 의거 작성

기존의 법률이 불충분한 경우, 신규 법률을 도입하여 외국인 투자가 가능한 분야를 확대하기 위한 협의를 가능하게 하는 등 양국 간의 투자 자유화의 기준을 정하는 협정으로, 그 체결은 김대중 정부의 적극적인 외국 직접투자 유치 노력의 일환으로서 진행되었다. 한일 양국은 1999년부터 BIT 체결을 위한 정부간 교섭을 시작하여, 2001년 말에 기본 합의에 도달했으며, 2002년 3월에 정식 조인하였다.[12)]

외국으로부터의 직접 투자를 적극 추진하는 방향으로 정책전환이 이루어지는 과정에서, FTA 역시 투자유치의 이점을 가져다 줄 수 있음이 강조되었다. 또한, 외국인 투자가가 투자처를 결정할 때 무역환경을 고려하는 것이 당연한 수순이라는 점을 생각해 본다면, BIT 체결의 효과를 극대화하기 위해서는 우선적으로 무역환경의 개선이 필요하고, 이를 근거로 BIT와 FTA의 상호연계가 필요하다는 점이 부각되었다. 이와 같이 김대중 정부에서는 대외경제

12) 미국과의 관계에서는 일본보다 일찍 1998년 6월의 미일 수뇌회담에서 원칙이 합의되어 같은 해 7월부터 실무협의에 들어갔으나, 미국 측이 제기한 스크린 쿼터제의 축소문제가 난항을 거듭함에 따라 진전되지 못했다.

정책의 변화에 발맞추어 FTA 역시 해외 직접투자의 유치 및 구조조정이라는 측면에서 적극 검토되게 된 것이다.

4. FTA 전략의 정치적 측면

해외직접투자의 유치나 구조조정을 위한 계기로 FTA를 보는 시각은 통화위기로부터의 탈출을 국정 최우선 과제로 본 김대중 정부의 '경제정책의 패러다임 전환'을 배경으로 가시화되어 주요 정책으로 강조되었다. 그러나 FTA는 외자유치나 시장 통합이라는 '경제적 측면'뿐 아니라 보다 광범위한 외교정책과도 밀접한 관련이 있다.[13] 바로 한반도의 평화 안정정책 즉, 대북 포용정책이 그것이다.

김대중 정부는 출범 당시 '민주주의와 시장경제의 병행 발전'을 내세운 총체적인 구조개혁을 목표로 내세웠지만, 그에 앞서 IMF 관리하에서 경제위기를 극복하는 것이 우선 과제였다. 다른 한편으로 김대중 대통령은 취임사에서 '북한의 무력도발 불용', '흡수통일 배제', '화해·협력의 적극 추진'이라는 '대북 3원칙'을 발표하고 한반도에 있어서 평화·협력의 기반을 조성하는 자세를 보였는데, 그 배경으로서도 경제적 요인이 있었다는 점을 간과할 수 없다. 시장경제원칙의 준수, 외자유치 등을 통한 경제회복을 이루겠다는 정부의 방침에도 한반도의 불안정과 긴장이 장해가 될 수 있다(홍관희 외 2000). 당면한 경제위기를 극복한 이후 2000년부터 시작된 '국정 2기'에는 남북평화체제의 실현을 주요 정책 목표의 하나로 설정되었으며, 대외경제정책 역시 같은 문맥에서 추진되었다. 같은 해 6월, 남북분단 이후 최초의 남북정상회담이 실현되어 '남북공동성명'이 발표되는 등 대북포용정책이 그 성과를 거두었다고 볼 수 있

---

13) 이하 김대중 정부의 정책과제 및 외교정책에 관해서는 국정홍보처(2003b, 13-18, 142-148, 168-175).

으나 이를 뒷받침하기 위해 한국은 대북포용정책에 대한 관련국의 지지를 구하고 한반도 평화기반 조성을 위한 외교적 노력을 보다 중시해야만 했다. 이 중 가장 중요한 것이 한미안보동맹의 확고한 유지와 대북정책에 대한 한·미·일 삼국의 긴밀한 협조체제의 유지이다. 김대중 정부는 아울러 '민주주의와 시장경제의 가치를 공유하는 파트너'와의 관계 강화를 주창하였는데, 이러한 이유로 관련국이 한국과의 경제관계를 심화하고 이에 따라 한반도에서의 평화와 안정체제의 구축에 보다 직접적인 이해를 갖도록 유도하는 외교적 전략을 강조되었다. 이러한 맥락에서 한국의 FTA 전략은 정치적 측면으로부터 경제관계 강화하는 목표에 부합한다고 볼 수 있다.

〈표 4〉 국민의 정부 주요 정책 목표와 중점 분야

연도	주요 정책 목표	중점 분야
1998	IMF경제위기 극복을 위한 개혁	· 국정 전반의 개혁 · 경제난국의 극복 · 국민 화합의 실현 · 법과 질서의 수호
1999	지속적인 국정 개혁 추진과 경제 재도약을 위한 기반 구축, 복지 확충	· 국정 개혁 강화 · 경제 재건 개시 · 국민 화합 실현 · 지식 기반 확충 · 문화 관광 부흥
2000	국정 개혁의 기본범위 안에서 지식 정보화사회, 남북평화체제 구현	· 국민 화합 구현 · 국정 개혁완수 · 세계 일류 경제 지향 · 남북 협력 촉진
2001	민주·인권 국가의 토대를 만들어, 중산·서민층의 보호 기반 확충	· 민주·인권 국가의 구현 · 국민 대화합 · 지식 경제 강국 · 중산층과 서민 보호 · 남북 평화 협력
2002	국가 경쟁력 확보와 이후의 지속적 발전 추구	· 일류 경제 경쟁력 확보 · 중산층과 서민의 수준 향상 · 남북 화해증진 · 국제 대회의 성공적 운영 · 완벽한 공명선거 실시

출처: 국정홍보처(2003b, 25)

〈표 4〉에서와 같이 김대중 정부는 재임 5년간 정치·경제·외교·사회정책을 상호 연계 구상하여, FTA 역시 그 일환으로 추진되었다. 다만 이러한 정부의 방침이 구체적으로 어떻게 실시되었고 어떻게 평가되었는가에 대해서는 별도의 검토가 필요하다. 예를 들어, 경제격차[14]의 심화는 급속한 시장경제 원칙의 도입에 대한 불신을 낳았다. 통화위기라는 미증유의 사태를 경험하면서 시장원칙을 따르는 것 이외에는 다른 선택은 없다는 것이 대세이기는 했지만, 이러한 정부의 경제정책이 국민적 합의에 따른 결과물이라고는 볼 수 없다. 이에 대해서는 이후 검토토록 하겠다.

Ⅳ. 한·일 FTA에 관한 논의

이상과 같은 FTA의 전략변화를 배경으로 한일 간의 FTA 체결 가능성이 검토하게 됐다. 한일 FTA가 현실과제로 부상하는 가운데 국내 및 양국 간에는 FTA를 둘러싼 논의가 어떻게 진행되고 있을까. 여기서 '정부는 스스로 설정한 FTA 전략을 어떻게 실현하고 있을까'라는 문제를 한국 내에서의 논의를 중심으로 검토해본다.

한국 내에서는 일본과의 FTA 체결에 따른 타격을 우려하거나 체결 자체에 소극적인 의견이 적지 않다. 따라서 한국 정부로서는 자국이 의도한 내용을 대일 협상과정에서 실현코자 노력하면서도, 다른 한편으로 한일 FTA에 대한 국내의 이해를 구하여 그 지지 기반을 구축할 필요가 있다. 교섭이 성립되기 위해서는 상대국이 수용할 수 있는 내용뿐 아니라, 그와 동시에 국내에서도 비준이 가능한 범위가 도출되어야 한다.[15] FTA 교섭에 있어서도 교섭 결

14) 도시노동자의 소득으로 계산한 지니계수는 1997년 0.283, 1998년 0.316, 1999년 0.320, 2000년 0.317, 2001년 0.319이다(통계청 자료).

과에 따라서는 '고통을 동반하는' 분야의 이해라는 부분을 염두에 두고, 다른 한편으로 상대국과의 합의가 가능한 부분을 모색해 나가야 한다. 그렇다면, 구체적으로 국내에서 한일 FTA의 의의를 어떻게 평가하고 있고, 양국 협의에 있어서는 무엇이 문제였을까? 여기서는 한국의 대응을 중심으로 검토해 본다.

1. 한일 FTA는 한국내에서 어떻게 논의되어 왔는가

전술한 대외경제정책연구원에서는 구체적인 한일 FTA 관련 정책을 검토하고 그 방침을 제기한다. 대외경제정책연구원에서는 FTA에 그다지 적극적이지 않은 산업계[16]를 염두에 두고 '한일 FTA에 따른 경제효과'를 검토한 연구를 수행하며 한일 FTA의 유용성이나 대응책을 연구하고 있다. 또한 앞서 언급한 바 있는 정부정책 패러다임의의 전환을 반영하여 종래보다 외자유입 등의 효과를 중시한 한일 FTA의 가능성을 논의하고 있다.

예를 들어 2001년 발행된 정책연구서(정인교 2001b)에서는 한일 FTA의 경제적 효과와 관련하여 기존연구와는 다른 '경제효과분석'의 대상과 방법을 제시하고 있다. 기존의 연구가 관세인하의 경제적 효과를 분석하는 것에 중점을 둔 데 비해, 2001년 연구는 제조업뿐만 아니라 서비스 업종에 대한 관세 철폐와 비관세장벽 완화의 효과를 분석하고 있다. 또한 규모의 경제와 자본 축적의 효과를 중장기적으로 분석하기 위해 시뮬레이션 방법을 개선하여 외국

15) 퍼트남이 제시한 '2차원 게임 모델'의 시각이다. Putnam(1988, 427-460).

16) 한국의 대기업이 주축이 되어 있는 전국경제인연합협의회(전경련)이 2000년 9월에 회원 53사에 대해 조사한 결과('FTA에 대한 한국기업의 입장')에서는, FTA가 한국경제에 미칠 영향에 대해서는 '장기적으로 긍정적 66%, 긍정적 22.6%, 장기적으로 부정적 7.6%, 부정적 3.8%'로 나와 있으나, 체결대상으로서 가장 바람직하다고 생각되는 나라로서는 '중국(42.8%), 미국(36.5%), 일본(7.9%), 멕시코(6.4%), 캐나다(3.2%), 오스트레일리아(1.6%), 칠레(1.6%)'의 순으로 되어 있다. 정인교, 2001a, 88-89. 한국 내의 주요 기업은 일본보다도 중국과의 FTA가 바람직하다고 생각하고 있으며, 그러한 기업의 의향은 한국 내의 FTA 논의의 방향에도 영향을 미치고 있다.

인 직접투자 유입의 효과를 보다 정확하게 산정하고 있는 것이 이 연구서의 특징이다.

대외경제정책연구원은 이러한 분석기법에 의거하여 한일 FTA에 따른 무역적자의 문제에 대해 다음과 같이 결론짓고 있다. 우선 관세철폐가 이루어질 경우 대일 무역수지는 악화되겠지만, 비관세장벽 역시 완화된다면 한국의 대일 무역수지는 크게 개선될 것으로 전망했다. 또한 투자 유입의 확대로 한국 산업의 생산성이 증가하고 일본 이외의 다른 지역에 대한 수출이 상대적으로 확대되면서, 그 결과 한국의 전 세계를 대상으로 한 전반적인 무역수지는 개선될 것으로 추정했다. 여기에 규모의 경제가 반영된다면 그 이익은 보다 커지게 되며, 특히 단기보다 중장기적인 영향이 더욱 크다고 예측했다. 다만 다른 한편으로, 이러한 자본 축적 추정치는 FTA의 실행으로 시장이 개방되고 이에 따라 통상제도가 개선될 경우에 기대할 수 있는 것으로서 FTA 체결 그 자체만으로 얻어지는 것은 아니라는 부연설명을 덧붙이고 있는데, 관세 및 비관세장벽의 완화와 동시에 외국인 직접 투자에 있어서의 애로사항이 되어 온 관행이나 통상규범(노사관계나 인허가 절차 등)을 개선하여 자원의 효과적 배분을 위한 제도개혁의 노력이 수반되어야 하는 점을 이 연구보고서는 분명히 했다. 이처럼 변화된 분석 초점을 기반으로 이 연구는 한일 FTA에 의해 한국 산업이 중장기적으로 상당히 큰 이익을 가져올 것으로 제시하고 있으며, 또한 양국 산업이 안고 있는 중복 과잉 투자 문제를 보다 효과적으로 해소하는 것이 가능하다는 점도 지적, 중장기적인 경제적 효과를 크게 강조하고 있다.

한편으로, 대외경제정책연구원은, 한일 FTA 논의에 있어서 한국 측이 고려하는 가장 큰 문제점은 '한일 FTA를 통해 한국에 FDI 유치가 가능한가?'하는 것이라고 하면서, FDI 증대를 위해 FTA를 어떻게 활용할 수 있는가에 대해서도 연구, 그 분석결과도 제시했다(김양희·김종걸 2001).

이 연구는 한일 FTA 체결시 무역 적자가 악화될 것이라는 우려를[17] 전제로 논의를 시작하고 있다. 여기서 주목할 만한 내용은 무역수지 악화를 완화시킬 수 있는 것은 FDI 증대이며 한일 FTA를 통해 '일본 및 제3국으로부터의 대한 FDI증대'를 어떻게 실현시킬 것인가 하는 문제를 연구문제로 설정하여 구체적으로 분석해나가고 있다는 점이다.[18] 연구 결과 한일 양국이 포괄적인 FTA를 체결할 경우, 한국의 투자환경 개선에 기여하여 FDI 증대 효과가 있을 것으로 기대된다고 주장하고 있다. 즉, 외국인 투자가가 투자처를 선정할 때의 결정요인 중에, 제도 및 정책의 투명성이라는 요인이 강화되고, 시장 확보 및 효과성 등 경제 환경요인이 개선되고, 투자 인센티브·위험 비용 등의 기업 환경 역시 개선될 것으로 예상할 수 있다고 한다.

다만 기존의 연구가 FTA 체결이 무역비용 절감이나 관련제도의 투명성과 신뢰성 제고에 기여하고 투자 유입에도 긍정적인 영향을 미치는 측면만 강조하고 있는 데 반해, 이 연구는 부정적인 면도 내포하고 있는 점에 유의하고 있다. 예를 들어, FTA 체결을 통한 역내 교역의 자유화는 한국에 대한 일본 기업의 투자보다는 교역을 촉진시키는 방향으로 진행될 가능성이 있다는 점이다. 즉, 한일 간의 근접성 때문에 현지생산 비용과 수출비용 간의 격차가 작고, 한국의 노사관계에 대한 일본 기업의 우려 등으로 인해, 투자보다도 수출을 선호하는 경향이 있을 수 있음을 지적하였다.

최종적으로 이 연구는 그러한 부정적 측면도 고려하면서 FTA를 통한 FDI 증대 방안에 초점을 맞추어 정책적 시사점을 도출해 내고 있다. 또한 최적의 FTA 항목의 내용을 제시하는 수준을 넘어 이 연구는 동태적인 최대 효과를 내기 위해서는 FTA 체결에 의해 자동적으로 개선되지 않는 별도의 투자환경 개선 노력도 별도 진행시킬 필요가 있다고 언급하고 있다. 구체적인 예로, 거대한 내수시장과 저렴한 생산비용이라는 이점을 갖고 있는 중국을 염두에 둔 고비용의 생산구조의 문제를 제시하고, 그 해결을 위한 구조조정의 중요성을

---

17) 그 근거는 ① 현행의 관세율(평균관세율은 일본-2.9%, 한국-7.9%), ② 관세철폐에 의한 일본으로부터의 수입증가(자본재, 중심부품 등), ③ 한국으로부터의 수출 곤란(일본의 비관세장벽의 존재와 한국제품의 낮은 품질수준)을 들고 있다(김양희·김종걸 2001, 121).

18) 한일 FTA를 포괄적 FTA로서 상정하여, BIT, 상품교역 자유화·원활화, 원산지 규칙, 서비스 자유화, 양국 간 경제협력의 5가지 항목으로 나누어 일본의 대한국 FDI에 미칠 영향을 검토하고 있다.

강조하고 있다.

이와 같이, 한일 FTA 실현을 위한 움직임이 시작되면서, 한국의 정부산하 싱크탱크(think tank)들은 한일 FTA에 따른 FDI 증대나 경제제도의 개선이라는 효과를 구체적으로 분석하고, 아울러 FTA 항목과 직접 관계가 없는 사업의 실행이나 고비용 생산구조의 개선이 필요하다는 점을 일관되게 제기하고 있다.

대외경제정책연구원은 이러한 간행물뿐 아니라 홈페이지에 '한국 자유무역협정 자료 센터'를 개설, 검토·협의 중에 있는 FTA에 대한 자료를 게재하는 등 놓는 등 한일 FTA에 대한 산관학 합동연구회의 내용이나 각종 연구 자료를 공개하고 있다. 또한 '한일 FTA를 공론화하여 국민적 이해를 구하고, FTA에 관련된 각계각층의 의견을 수렴'하겠다는 취지에서 무역협의회·전국경제인연합회와 공동으로 '한일 FTA의 종합 토론회'를 개최(2003년 5월 22일)하는 등 폭 넓은 홍보 활동을 전개하고 있으며, FTA에 그다지 적극적이지 않은 산업계에 대해서도 한일 FTA에 주목해 줄 것을 촉구하고 있다.[19]

2. 무엇이 한일 간 쟁점으로 논의되고 있는가

다음은 한일 간의 협의에 있어서 과제가 되고 있는 것은 무엇인가를 검토하고 한국이 일본과의 협의에 있어서 무엇을 실현하려 하고 있는가를 산관학 합동연구회의 성과를 중심으로 살펴본다. 산관학 합동연구회는 정부간 교섭의 전단계로 FTA의 가능성을 검토, 그 문제점을 밝혀내고 해결을 촉구하는 기능을 수행한다. 여기서는 연구회의 최종보고서[20]나 참가자에 의한 제기된

---

19) 대외경제정책연구원의 '한국 자유무역협정 자료 센터' 사이트(http://www.kiep.go.jr/fta.nsf/web_home)를 참고.

20) 한일 FTA 산관학 공동연구회의 최종보고서는, 외무성의 홈페이지(http://www.mofa.go.jp/mofaj/

한일 FTA 문제정리(鈴木宣弘 2003b; 김도형 2003)[21] 등을 통해서 기본적인 쟁점을 파악하고, 특히 한국의 대일본 교섭자세와 관련된 사항에 주목해 보기로 하자.

무엇보다 한일 공동연구회의에 임하는 양국의 자세에는 기본적인 차이가 있다. 일본 측이 FTA를 통한 양국 산업협력의 강화, 구조 개혁 촉진, 역외국에 대한 경쟁력 상승, 양국 기업의 전략적 제휴 증대 등의 장점을 중시하여 조속한 정부 교섭에의 이행을 강조하는 데 비해, 한국 측은 FTA가 초래할 자국의 불이익을 강조하며, 일본의 과감한 사전조치(비관세 장벽의 철폐 등)와 한국 측의 피해에 대한 보상과 사전정비가 필요하다고 주장하고 있다(김도형 2003).[22] 일본 측 참가자 역시 '보다 조속히 본격적인 교섭을 진행하고자 하는 의향을 보인 일본 측에 비해, 당초부터 한국 측은 신중한 자세를 보이고 있다'(鈴木宣弘 2003b, 40)고 말하고 있다. 한국 측은 단순한 관세철폐만으로는 자국에게 불이익이 생길 수 있기 때문에 정식협의 이전에 FTA의 포괄성이나 사전 실시 조치 등에 대한 합의를 도출하는 장으로 산관학 연구회를 간주하고 있다.

특히, '비관세장벽'을 둘러싼 논의가 연구회 논의과정에서 부각되고 있다. 한국은 종래와 같이 무역 불균형을 중요한 문제로 간주하고 공동연구회에서도 비관세장벽에 대한 일본의 조치가 한일 FTA의 성패를 좌우하는 것이라며

---

gaiko/fta/j_korea/index.html)에서 열람 가능하다.

21) 鈴木宣弘 규슈대 조교수는 농업경제 전문가 학계 멤버로서 한일 산관학 합동연구회에 참가하였으며, 김도형 계명대 교수도 학계 멤버로서 연구회에 참가하였다. 김도형 교수는 세미나 참여의 목적을 '한일 FTA에 따른 국내업계의 이해득실에 대한 입장, 한일 산관학 공동연구회 논의 과정 및 FTA정책목표 등을 종합적, 체계적으로 검토하여 한일 FTA 대책과 기업전략의 수립에 기여한다'는 것으로 밝히고 있다. 내용은 http://www.kiep.go.kr/fta/fta.nsf/web_home에서 확인할 수 있다. 또한 대외경제정책연구원에서는 산관학 공동연구회의 학계 구성원으로 앞서 언급한 각 연구의 저자인 정인교 연구위원(제1·2회), 김양희 연구위원(제3회 이후)이 참가하였다.

22) 또한 이 보고서에서는 '일본 측은 공동연구회 1, 2차 회의까지는 일본-싱가포르 EPA수준(농산물 추가개방 동결, 각종 무역투자 관련 선진 기준을 명기하여 구체적 실행 여부는 후에 검토)에서 조속한 협상을 유도하기 위해 ASEAN, 멕시코 등의 빠른 협상을 추진. 한일 FTA의 조속한 협상을 유도'라고 말하며 빠른 시일 내의 협상을 원하는 일본에 대해 불신감을 갖고 있다고 밝히고 있다.

이 부분에 대한 일본의 성의 있는 문제 해결을 강력히 요청했다. 관세가 철폐되어도 일본의 높은 비관세 장벽 때문에 대일 수출 증가는 기대하기 어렵다는 입장을 보이며, 일본과의 교섭에 있어서 비관세 장벽의 완화·철폐를 요구했다.

한국의 강력한 요청을 받아들여 공동연구회 산하에 설치된 '비관세조치(NTM)협의회'[23]에서는 NTM에 대한 공통 인식에서 시작해 구체적인 NTM으로 제기된 안건에 대한 협의를 진행했다.[24] 그 과정에서 NTM에 대한 견해의 차이를 밝히고 최종적으로는 '이 문제의 중요성을 고려하여 NTM의 효과적인 감소와 감시에 관해 새로운 논의가 필요하다고 인식해서', 'NTM 협의회에 의한 작업은 FTA 교섭의 골조하에서 그 분과의 하나로 지속되어야 한다고 합의'했다고 보고서에 명기함으로써, 정부간 교섭에 있어서도 비관세 장벽 문제를 중요한 문제로 취급할 것을 건의했다.

지금까지의 논의를 볼 때 한국의 대일 FTA 협의 과정과 국내적 논의 과정 사이에는 상이한 점이 발견되는데, 이는 한국이 국내적인 면과 대일 협력이라는 면에 있어서 각기 다른 중점과 전략을 가지고 있는 것으로 풀이된다. 국내적으로는 비관세 장벽이 반드시 철폐되는 것은 아니라는 전제하에서 한일 FTA의 가장 큰 이점은 외자유입이라는 측면에서의 경제적 효과라고 강조하고, 동시에 그것을 실현하기 위해서 구조개혁을 통한 투자환경의 정비가 필요함을 역설하고 있다. 반면에 일본과의 협의에 있어서는 국내에서 한일 FTA에 대한 가장 큰 우려로 지적되고 있는 무역적자 문제를 중시하여 비관세 장벽의 철폐를 일본 측에 요구하고 있는 것이다. 즉, 한일 FTA를 국내외 문제에 대응하는 계기로서 전략적으로 대처하고 있는 것이다.

---

23) 일본 측으로부터 연구회에 있어서 '장벽'이라는 용어가 단정적으로 사용되지 않기 위해 '비관세 조치'(NTM)라는 용어를 사용할 것이 제기되어 이 용어가 사용되고 있다.

24) 이 협의회에 대해서 한국 측은 '3, 4차 회담에서 우리들은 일본의 비관세조치에 대해 보다 효과적인 논의와 해결의 장으로서 공동연구회 내부에 임시적인 별도의 협의체를 구성할 것을 제안하여 일본 측은 이것을 전격적으로 수용하는 성의를 보였다(공동 연구회 최대의 성과)'고 평가하고 있다(김도형 2003).

한일 간 FTA 협의에 있어서 또 다른 인식의 차이점으로 지적될 수 있는 것은 중국과의 FTA를 둘러싼 문제이다. 한국은 한일 FTA가 아닌 한중일 FTA를 지향해야 한다는 발언을 연구회 토의 과정에 제기하여 일본 측을 곤란하게 하기도 했는데(鈴木宣弘 2003b, 55), 한국 측에 따르면 제조업 분야에서는 중국과의 FTA가 한국으로서는 이득이 있으며, 한편 교역상대국으로서 중국의 위상이 상승하고 있는 상황에서 한일 FTA가 중국의 반발을 사서 중국과의 무역에 부정적인 영향을 미칠 가능성이 있다는 것이다.[25] 또한, 각주 16에서 나타나 있는 바와 같이 한국의 상당수 대기업 관계자도 일본보다 중국과의 FTA를 희망하고 있어, 국내적으로 한일 FTA와 동시에 중국과의 FTA 추진을 분명히 할 것을 희망하는 경우가 늘어나고 있는 추세다. 그러한 국내 기업의 의향을 반영하여 선진 기술을 가진 일본과 경제가 급성장하고 있는 중국 사이의 틈새 속에서 장기적인 생존 전략을 찾아야 한다는 한국 측의 의지가 연구회의에서도 나타난 것으로 볼 수 있다. 다시 말해서, 한국 측 관계자의 견해를 기준으로 판단한다면 일본이 중국과 패권 경쟁을 하고 있다는 인식을 활용하여 일본과의 교섭을 진행시키는 한편, 중국으로의 접근을 지속적으로 시사함으로써 일본으로부터 타협을 이끌어내려 하는 측면이 있다는 것을 읽어낼 수 있다. 이와 같이, 한일 양국 간의 인식의 차는 중국이라는 숨은 요소에 있어서도 확연하다. 이는 한국이 한일 FTA에 대한 입장을 정립하는 데 있어 동아시아의 강국으로 부상한 중국과의 관계와 지역경제통합을 추진하는 문제를 연계 고려할 수밖에 없는 측면을 보여주는 것이다. 향후 정부간 교섭에 있어서도 한일 FTA를 어떠한 지역질서구상의 큰 틀 속에 자리매김하는가에 대한 양국 간

---

25) 예를 들어, 전술한 무역협의·전국경제인연합·대외경제정책연구원 주최의 세미나 '한일 FTA의 종합 토론회'에 있어서 이창제 대외경제정책연구원 동북아시아 경제협력센터장의 발표 보고서. 이 보고서에서는, 2002년 한국의 총 수출량에 대한 국가별 수출량의 비율은 '미국(20.2%), 중국(14.6%), 일본(9.3%)로, 중국과 홍콩을 합하면 20.9%로, 미국을 능가하는 것으로 교역상대로서의 중국의 중요성을 언급, 한일 FTA체결의 영향에 대해 설명하고 있다. 같은 내용도 http://www.kiep.go.kr/fta/fta.nsf/web_home에서 확인할 수 있다.

의 인식의 차이가 개별 사안의 논의과정에서 확연히 드러날 것으로 예상된다.

3. 논의에서 배제되어 있는 것은 무엇인가

지금까지 한국국내에서의 한일 FTA 논의 동향, 산관학 공동연구 과정에서 드러난 과제와 그 선정과정을 살펴보았으며, 이를 통해 한일 FTA에 임하는 둘러싼 한국 측의 움직임을 검토하였다. 이러한 제반과정에 강한 영향을 미치는 것은 정부의 경제정책에 있어서의 FTA전략이다. 지금까지의 과정은 한국이 국내적으로 한일 FTA에 대한 이해와 지지 기반을 확대해 나가면서도, 대일 협상에서 원하는 목적에 가까운 타협점을 찾기 위해 제반준비를 진행해 과정이라면, 다른 한편으로 이런 정부의 전략에 있어서 등한시되고 보류되었던 것이 무엇인지에 대한 의구심이 제기되지 않을 수 없다. 그동안의 논의에서 배제되었던 것에 주목하여, 이 문제를 조명해 보기로 한다.

한국의 한일 FTA에 대한 대내홍보활동은 기업 측에 대한 설명에 그 초점이 맞추어져 있다. 한국의 재계가 한일 FTA에 의한 관세 철폐에 따라 제조업이 타격을 받을 것이라는 우려를 표명하고 있는 만큼, 한국 정부는 그러한 우려를 불식시키기 위한 노력을 해 왔다. 지금까지 검토된 FTA 논의 역시 기업의 이익실현에 중점을 둔 경제 효과가 강조되어, 앞서 언급한 세미나에서도 한일 FTA에 따른 영향과 대응의 방향을 주요업종별로 설명하고 있다.

한편, 농업 부문에서는 한국이 유리하다는 일반적인 인식이 강한데, 한국은 공동연구회에서도 '관세철폐가 이루어지지 않은 일·싱가포르 FTA가 전례가 되어 농산물을 협정 대상에서 제외해서는 안 된다'며 농산물의 관세 철폐를 주장하고 있다. 따라서 한국 내에서는 한일 FTA에 있어서 농업 문제는 거의 제기되고 있지 않다.[26] 그러나 반드시 한국이 유리하다고만 말 할 수 없다. 더구나 한일 간의 농산물 관세철폐가 농업부문에 미칠 영향을 농업 관계자에게 설명하고 그 의견을 구하는 작업이 필수적임에도 불구하고, 한국 정부가 농업 관계자에 대해 설명을 충분히 하지 않은 것은 단순히 한일 FTA에 있어서 농업이 한국에 유리하기 때문이 아니라, 오히려 농업 관계자에 대한 설명을 경시해 온 일반적 경향에서 기인하는 측면이 크다. 이는 한·칠레간의 FTA 협상과정에서도 알 수 있다.

예컨대, 한국과 칠레의 자유무역협정은 2002년 10월에 체결, 2003년 2월에 각국 대표가 서명했으나 4월 임시 국회에 바로 상정되지 못했다. 한국이 농산물에 대한 70%(1020 품목)의 관세를 단계적으로 철폐하고, 30%는 재협의 없이 제외한다는 FTA의 조치 내용에 대해 농업 관계자들이 강력하게 반발했기 때문이다. 농업 관계자는 교섭이 종결된 이후 , 정부가 합의가 임박한 시점까지도 그 내용을 제대로 알리지 않았다며[27] 강하게 반발했다. 국회 비준 저지를 위한 대규모 시위가 이어지고 국회의원에 대한 반대서명도 동시에 이루어져, 5월 중반까지 전체 국회의원 중 과반수를 넘는 의원이 비준반대 서명을 하는 결과를 초래했다. 강력한 반발에 놀란 농림부는 FTA 체결로 피해를 입게 되는 농산물의 정부매입 제도를 창설하는 등의 조치를 제안하는 한편, FTA 특별법을 제정해 농업의 구조조정을 진행할 방침을 밝혔다. 노무현 대통령 역시 2003년 11월, 한·칠레 FTA의 정기국회 비준을 위해 농산물 개방 등으로 영향을 받을 농업과 농촌에 대한 지원책으로 10년간 119조 원의 재정 투융자를 제시했다(『조선일보』 인터넷판, 2003/11/11). 이에 대해 농협중앙회 등은 FTA 비준의 조건부 지원을 표명했지만, 전국농민총연맹 등이 서울 시내

---

26) 한국 농업단체는 WTO및 한-칠레 FTA에 있어서 농산물 수입 자유화에 관한 논의는 적극적으로 전개하고 있으나, 한일 FTA에 있어서 관세 철폐에 관해서는 거의 언급하지 않고 있다.

27) 한국의 농업단체가 언제 내용을 알게 되었는가에 대해서 확정할 수 없지만, 농업단체의 행동이나 주장으로 판단해 보면 70%를 포함한다는 대담한 대응을 정부가 농업단체 관계자에게 알리지 않은 채 진행했다고 생각할 수 있다. 한-칠레 FTA에 관한 농민의 반대운동의 논리와 전개에 관해서는 이수현(전국농민회 총연맹 정책부장)의 문장을 참고하였다. 이수현, '국익 없는 협정은 우리들의 농업을 죽이는 일일 뿐이다: 트로이 목마 '한-칠레 자유무역협정'.' 『참여사회』, 2003년 6월호. 酒井眞樹 농림수산성 대신관방 국제조정과장도 '우리들이 알고 있는 범위에서는, 한국 측의 농업 관계자에게는 교섭의 결정 후, 혹은 결정에 가까운 단계에서 처음으로 이러한 조치가 취해졌다고 하는 것이 정확할 것이다'라고 말하고 있다(酒井眞樹 2003, 12).

에서 주최한 한·칠레 FTA 반대 집회에서는 농민 등 7만여 명이 모여 시위를 벌이는 등(『조선일보』 인터넷판, 2003/11/19) 사태는 수습되지 않았다.

여기서 분명한 점은 이러한 사태가 'FTA에 의한 농산물 관세 철폐에 대한 대응 정책에 관해 공식적인 논의를 거쳐, 농업 관계자의 의견을 집약하여 정부의 방침을 설명한다'고 하는 합의형성의 일반적 과정을 거치지 않고 국가간 협의 결과만을 일방적으로 알리려는 정부의 정책결정이 불러온 혼란이라는 것이다. 과거 권위주의 체제하에서는 이러한 하향식(top-down) 정책결정 방식이 통용되었지만 민주화가 진행됨에 따라 이러한 정책결정 방식에 대한 농민단체의 이의 제기가 활발해졌으며, 이는 결국 시위로 분출되었다. 일본과 같이 '족의원'(族議員)을 통한 이익실현의 경로가 없는 한국에서는 농민단체의 운동은 대규모의 가두행진으로 이어져 커다란 사회문제가 되었다. 물론 이러한 사태가 전개될 것이라는 것은, 쌀 시장 개방의 사례 등으로부터 예상 가능했다. 그러나 정부가 농민에게 FTA의 필요성을 호소하고, 그 대처 방안을 검토하여 농업 정책을 제시해야 함에도 불구하고 방만하게 대응한 것은 정부의 잘못된 인식을 반영하고 있는 것이다. 'FTA 체결은 무엇을 실현하는 것인가', '그를 위한 설명의 책임은 누구에게 있는 것인가'라는 문제 속에서 농업문제나 농업 관계자와의 협의라는 것이 들어 있지 않았다.[28)]

한일 FTA로 인한 타격이 적을 것으로 예상되는 농업문제는 논외로 하더라도, 한일 간의 중요 문제로 취급되고 아울러 국내조정 역시 시급한 문제에 대해서도 '논의의 부재'가 계속 노정되고 있는데, 한국의 '노사관계 개선' 역시 그러한 예이다.

'한국의 노사관계 개선'은 한일 FTA 논의에서도 한국 정부의 의식에 중요

---

28) 한국이 일본과의 공동연구회에서 누차 중국과의 FTA를 시사한 것도, 농업문제의 경시를 반영한 측면이 있다고 할 수 있다. 일본의 참가자는, '중국을 포함하면, 한일 양국의 농산물 생산비와 중국과의 격차가 대단히 크기 때문에, 칠레와의 FTA에서도 농업문제로 난관을 겪고 있는 한국이 중국과의 FTA를 진행시켜 나갈 수 있을 것으로는 생각되지 않는다'고 하며 한국 측의 제안에 의문을 나타내고 있다(鈴木宣弘 2003b, 55).

한 문제가 있음을 보여준다. 일본은 한일공동연구회 NTM협의회를 통해 '철저한 무노동 무임금(no-work no-pay) 원칙' 등 노사문제에 관한 많은 사항을 제기하여 왔다. 또한, 전술한 바와 같이 정부산하 연구기관 역시 일본산업계의 대한국 투자애로사항이 '노사문제'라는 점을 부각하는 등 외국인 투자유치를 위한 '노사관계 개선'이 중요하다는 점을 계속 제기해 왔다. 그러나 노동자측도 협의에 참가, 이를 위한 방안을 논의하는 제도가 만들어져야 한다는 건의는 받아들여지지 않았다. 만약 노동자 측과의 협의도 없이 한일 FTA에 따른 구조조정이나 투자환경의 정비를 위한다는 이유로 투자가나 기업에 유리한 방식으로 정부 주도하에 '노사관계의 개선'을 추진한다면, 반일 감정은 물론 노동자의 반발이 극심해질 것이 예상된다. 그러나 사안의 중요성에도 불구하고 이에 대한 본격적인 조치는 잘 보이지 않다.

통화위기 후의 소득 격차의 증대나 고용 불안정(비정규직 노동자의 증가)으로 인해 정부의 '신자유주의적' 경제정책에 대한 불신이 높아지고 마당에 노무현 정부에 들어선 이후에도 계속해서 노동 운동이 격해지고 있다. 김대중 정부 이래로 운영되고 있는 '노사정 위원회'가 제대로 기능하지 못하고 있는 점을 볼 때, 정부가 '노사관계 개선'이라는 문제를 경시하고 있다기보다는 '노사관계 개선'에 관한 논의의 장을 본격적으로 설정할 능력을 정부가 결여한 것이 아니냐는 분석이 적절할지도 모른다. 그러나 어느 쪽이든 일본의 농산물 자유화 문제에 관해 누차 지적되어 온 것과 같이 '잠자는 아이를 깨우지 않고, 끝까지 보류하여 알리지 않는' 수법은 이제는 통용되지 않는다(鈴木宣弘, 2003b, 51). 정부가 한일 FTA를 '하나의 시장으로 형성'하는 방향으로 진행해 가기 위해서는 국내에서부터 이러한 문제에 대한 합의를 도출해 나가는 것이 마땅할 것이다.

V. 결론을 대신하여

지금까지 이 글은 한일 양국의 FTA 전략의 변화를 정리해 보았으며, 아울러 한국 정부에 초점을 맞추어 한일 FTA의 목적과 그 실현을 위한 국내외적 움직임을 검토해 왔다. 이러한 연구를 통해 다음과 같은 결론에 도달할 수 있었다.

첫째, 현재 정부간 교섭이 임박한 듯 보이는 한일 FTA가 양국정부에 있어 중시되기 시작한 것은 최근의 일이며, 그 배경으로 통상정책의 변화가 큰 역할을 하였다. 둘째, 한국이 일본과의 FTA를 추진하려하게 된 배경에는 통화위기 이후의 경제정책의 전환, 즉 외자도입 정책과 긴밀한 관련이 있다. 한국은 대일 무역적자에 관한 강한 우려가 상존함에도 불구하고 새로운 경제정책 추진을 위해 FTA를 활용하려는 의지를 갖고 있다는 점을 이 글은 지적한 바 있다. 셋째, 이러한 가운데 한국 정부는 국내에 있어서는 경제적 효과를 내세워서 외자 유치나 구조 개혁을 추진하려 하고 국내에서의 지지 기반을 형성하려고 한다. 한편, 일본과의 교섭에 있어서는 포괄성과 '비관세장벽' 철폐 등의 조치를 중시하여 일본과의 교섭을 위한 논의를 전개해 가고 있다. 그러나 국내의 지지기반 형성에 있어서는 농업·노동 등 당사자와의 합의 형성이 미진하다는 문제점이 상존하고 있으면, 따라서 아직 정부의 전략이 국민에게 온전히 수용되고 있다고 볼 수는 없는 형편이다.

'한일 FTA의 중요성'은 저절로 주어진 것이 아니며, 그것을 인식하는 국민적 합의가 형성되어 있는 것도 아니다. 따라서 현 단계까지의 논의를 정리해 볼 때 지금까지 가시화된 정부간 교섭은 물론 한일 FTA 자체에 대한 깊이 있는 성찰이 필요한 시점이다. 또한 이 글에서 일본에 관한 충분한 분석이 이루어지지 못했으나, 한일 FTA를 둘러싼 논의의 현상을 고려하여 이후 필요한 조치에 관해 논의해 갈 수 있을 것이다.

일본의 경우, 정부정책이 FTA를 중요시하는 방향으로 수정되면서 FTA의 정치적·경제적 전략의 전반적인 내용이 상당부분 주목받고 있다. 그러나 한일 FTA가 어떠한 변화를 가져다줄 것인가, 한일 FTA를 통해 무엇을 실현할 것인가에 대한 구체적인 논의가 활발하다고 말할 수는 없다. 한일 FTA의 중요성이라는 것도 상당히 추상적이어서 '아시아 공동체 실현을 위한 경제통합에 있어서의 한일 FTA의 중요성'이라는 측면과 함께, 경제적 효과를 중시하는 '비즈니스 부문의 이해득실을 반영한 FTA의 유용성'이라는 측면으로 양극화되고 있는 인상을 준다. 여기서 강조하고 싶은 점은 일본의 한일 FTA에 대한 대처자세와 관련하여, 한일 FTA에 의해 국내 산업구조가 어떻게 변화할 것인가, 인적 자원의 이동을 포함한 서비스 분야의 자유화 실현이 어떠한 변화를 초래할 것인가 등에 대한 구체적인 검토가 필요하다는 것이며, 이는 단순히 정부 교섭에만 일임할 수 없는 문제이다.

통상교섭과 관련해서는, 정부 레벨의 교섭과 정부 방침에 대한 국내의 지지라는 두 가지 수준뿐 아니라, 정부의 상대국 국내여론에 대한 공작이나 대응 등 크로스레벨(cross-level)에서의 영향과, 양국의 비정부 행위자 수준에서의 트랜스내셔널(trans national)동맹의 영향 역시 논의된다(Putnam 1988; Evans, Jacobson and Putnam eds 1993; Schoppa 1997). 그러나 지금으로서는 한일 FTA 논의를 위한 그러한 다양한 수준의 움직임은 활발해 보이지 않는다. 양국 정부는 FTA를 동아시아의 지역질서의 형성이라는 정치적 측면에서도 평가하고자 하지만, 이를 포함해 양국 국민이 한일 FTA를 다양한 수준에서 검토하고 양국 정부간 교섭에 이를 충분히 반영시켜 갈 수 있는지의 여부가 향후 한일 FTA의 향배를 결정짓는 요인이 될 것이다.(2003년 11월 탈고)

참고문헌

국정홍보처. 2003a.『국민의 정부 5년 정책자료집 제2권: 경제』.

_________. 2003b.『국민의 정부 5년 국정자료집 제1권: 정치·외교·통일·국방』3.

김도형. 2003. "한·일FTA의 경제적 효과와 과제." 무역협의회·전국 경제인연합회·대외경제정책연구원 주최 세미나 '한일 FTA의 종합토론회' 보고서(5월 22일).

김양희·김종걸. 2001. "한·일 자유무역협정이 외국인 투자에 미치는 영향과 정책적 시사점"(조사분석 01-05). 대외경제정책연구원.

김태형·정인교. 1996.『한국의 소규모 자유무역지대 설립의 경제적 타당성에 관한 연구』(정책연구 96-15). 대외경제정책연구원.

이수현. 2003. "국익 없는 협정은 우리들의 농업을 죽이는 일일 뿐이다: 트로이 목마 '한-칠레 자유무역협정'."『참여사회』6월호.

재정경제부. 1999.『경제백서 1999』.

정인교. 2001a.『FTA연구 시리즈1. FTA시대에 어떻게 대처할 것인가?』. 대외경제정책연구원.

______. 2001b. "한·일 FTA의 경제적 효과와 정책 시사점"(정책연구 01-04). 대외경제정책연구원.

홍관희 외, 2000.『대북 포용정책의 발전방안 연구: 남북화해·협력 촉진방안』. 통일연구원.

『조선일보』

大庭三枝. 2003.「通貨·金融協力とFTAに見る日本の東アジア地域形勢戰略」. 山影進編.『東アジア地域主義と日本外交』. 日本国際問題究所.

木村福成. 2003.「東アジアＦＴＡネットワークの含意と日本の役割」. 山影進編.『東アジア地域主義と日本外交』. 日本國際問題究所.

木村福成·鈴木厚 編著. 2003.『加速化するアジア FTA: 現地リポートにみる経濟統合の波』. JETRO.

鈴木宣弘. 2003a.「FTA推進の障害は何か?」.『世界經濟評論』Vol. 47, No.12.

______ _. 2003b.「日韓FTAをめぐる動向と課題」.『農村と都市をむすぶ』No. 624.

酒井眞樹. 2003.「日本をめぐるFTAの動向と課題」.『農村と都市をむすぶ』No. 629.

浦田秀次郎 編著. 2002.『FTAガイドブック』ジェトロ.

Evans, Peter B., Harold K. Jacobson, and Robert Putnam eds. 1993. *Double-*

Edged Diplomacy: International Bargaining and Domestic Politics. Barkeley: University of California Press.

Putnam, Robert D. 1988. "Diplomacy and domestic politics: the logic of two-level games." *International Organization*, 42-3 Summer.

Schoppa, Leonard J. Schoppa. 1997. *Bargaining with Japan: What American Pressure Can and Cannot Do*. New York: Columbia University Press.

대중문화 교류에서 나타난 현대 한일관계 :
한국의 '일본 대중문화 개방정책'과 일본에서의 "한류" 현상

하야시 나츠오

I. 들어가는 말

드라마나 영화, 만화, 대중음악 등의 대중문화를 통한 교류, 즉 '대중문화 교류'는 한일 간의 문화 교류 속에서 최근 가장 급속한 변모를 이루고 또 활기를 띠고 있는 분야라고 할 수 있다.

한국에서는 오랜 세월에 걸쳐, 일본의 영화나 만화책, 가요 CD 등, 이른바 '일본 대중문화 상품'의 공식적인 수입이나 공개 및 판매가 사실상 제한되어 있었다. 그것이 단계적인 '개방'(=규제 완화, 철폐)으로 간신히 변화되기 시작한 것은 1998년의 일이다. 그 후에 개방정책의 실시로 인해, 원래는 출판물이나 일부의 극영화에 한정되어 있던 규제 완화가 서서히 확대되어 2004년 1월의 '제4차 개방'에서는 일본 드라마의 방영이나 일본어 가사를 포함한 음악 소프트웨어 판매도 허가되었다.

일본에서도 2000년 이후에 〈쉬리〉, 〈공동경비구역 JSA〉(이하 "JSA"), 〈엽기적인 그녀〉 등의 한국 영화가 연달아 상영되어 성공적인 흥행 성적을 거두었다. 또 한일 공동으로 월드컵을 개최한 2002년에는 한국인 가수 보아의 노래나 한일 합작 드라마 〈프렌즈〉 등이 인기를 얻었다. 특히 2003년부터 2004년 동안 〈겨울연가〉 등의 한국 드라마가 큰 반향을 얻어 일본에서도 "한류"

현상, 즉 한국 대중문화 붐이 도래했다.[1] 한 예로, 한국 배우가 일본을 방문했을 때 공항이나 호텔에 수많은 팬들이 몰려들었다. 그 이 외에도 드라마의 촬영 현장이었던 한국의 지방도시까지 일본인 관광객들이 몰려가는 현상이 나타났으며, 이러한 놀라운 모습은 일본뿐만 아니라 한국의 각종 매스 미디어에서도 반복, 보도되기도 하였다.

대중문화가 계기가 된 문화 교류의 확대가 한일관계에 가져오는 영향이나 효과에 대해서 긍정적으로 받아들이는 견해가 있는 한편, 그 급격함 때문에 "결국은 일시적인 유행에 지나지 않을 것이다", "이러한 문화교류는 한일관계의 개선에 반영되지 않는다"고 받아들이는, 회의적인 의견도 적지 않다.

하지만 오늘날의 활발한 한일 대중문화 교류는, 황무지에서 시작된 것이 아니다. 자연발생적인 문화 접촉이나 비공식인 문화 유입 등의 현상까지 포함해 보면, 한일 대중문화 교류의 역사는, 국교정상화 이전부터 이미 시작되었다고 말할 수 있다. 그리고 한국이 일본 대중문화를 규제했다가 나중에 개방으로 정책을 바꾸기는 했으나, 양국 간의 대중문화 교류 현상이 끊임없이 계속 되어 온 건 사실이다. 그것이 바로 한일 외교 관계의 변천이나 국내 사회의 변화, 한국 문화 산업의 발달 등의 여러 요인과 함께 중요한 영향을 미쳐 왔다.

본고에서는 이러한 한일 대중문화 교류의 역사를 거슬러 올라가 검토함으로써 오늘날의 상황을 상대적으로 평가하며 앞으로의 전망을 살펴보고자 한다. 그것은 대중문화 교류라는 새로운 시점에서 현대 한일관계를 파악하고자 하는 시도이다.

우선 II절에서 한국의 대일 대중문화 교류 정책의 변천에 대해서 역사적으로 살펴보도록 하겠다. III절에서는 그 변화를 가져온 요인에 대해서 고찰하고, IV절에서는 최근의 일본 측 변화에 대해 다루었다. 마지막에서는 앞으로 한일 대중문화 교류의 전망과 과제에 대해서 검토를 하고자 한다.

---

1) '韓流'라는 명칭은 일본에서는 일본식 한자읽기로 "칸류우"라고 부른다. 또는 "한류우"라고 불리기도 한다. 이는 일본보다 먼저 한국대중문화 붐이 일어난 중국권에서의 명칭을 모방한 것이다.

II. 한국에서의 대일 대중문화 교류 정책의 추이 : 규제에서 개방으로

'문화 교류 정책'이라는 말에서 많은 사람들이 연상하는 것은 아마도 '문화 교류를 촉진하는 정책'일 것이다. 그러나 문화 교류 정책의 본질이 자연발생적인 문화 교류의 자세에 정책적인 제어를 가하여 그것에 따라 어떠한 정책적 목적을 달성하고자 한다는 점에 있다고 생각한다면, '문화 교류를 규제하는 정책'도 문화 교류 정책의 일부라고 보아야 할 것이다. 그런 의미에서 최근 한국의 일본 대중문화 개방정책은 지금까지 있어 온 일본 대중문화에 대한 사실상의 규제 정책과 구별시켜서 볼 것이 아니라 오히려 연속적인 것으로 보아야 한다.

여기에서는 한국의 대일 대중문화 교류 정책이 규제로부터 개방으로 변화해 온 과정을 각 시기의 정책적 특징에 따라, 네 시기로 구분해 정리했다. 그 구분은 다음과 같다. 즉, ① 일본적인 문화, '왜색 문화'가 전면적으로 배척되었던 시기, ② 일본 문화 가운데에서 특히 대중문화가 '저질 문화'라는 이유로 선택적으로 거부되었던 시기, ③ 규제가 유지되면서 차츰 개방에 대한 의논도 시작이 되어 일본 대중문화의 '개방 논쟁'이 전개되었던 시기, 그리고 ④ '단계적 개방' 개시 이후의 시기이다.[2)]

1. '왜색문화'의 전면 배제 : 1950년대까지의 흐름

1948년 한국 정부 수립부터 1965년의 한일 국교정상화까지 공식적인 국교가 없던 한일 양국 간에는 공식적인 문화교류사업도 거의 추진되지 않았다. 오히려 이승만 정권 시대의 한국 사회에서는 식민지 시대 일본에 의해 초래된

2) 1998년까지의 한국에 있어서 일본대중문화규제 및 개방 과정에 관한 자세한 것은 林夏生(1999, 231-258)을 참조.

'일본적' 문화는 '왜색문화'라고 불리며 전면적인 배제의 대상이 되었다.[3)]

특히 식민지시대에 문화적 동화정책의 상징이었던 요소가 극히 배제되었다. 한반도의 곳곳에 남아 있던 많은 신사들은 식민지 지배가 끝나자마자 불태워지거나 해체되었다. 이른바 창씨개명정책에 의해 강제적으로 사용되던 일본식 이름도 광복과 동시에 파기되면서 원래 한국 이름을 사용하게 되었다. 또, 일본식으로 '~町', '~丁目'라고 불리던 지명들도 '~洞', '~街'로 개칭되었다.[4)] 언어적인 면에서는 민족의 고유 언어에 의한 교육이 각지에서 급속히 부활되었다. 또, 일상생활 안에 남아 있던 일본어나 일본어의 영향을 받은 어휘를 '왜색용어'로 구축하여 순수한 고유어로 대체하려고 하는 '국어순화운동'이 대규모로 전개되었다.

그러나 현실적으로는 구조선총독부처럼 식민지 지배의 기억을 되돌리는 건축물도 있었다. 그 안에는 물리적으로 철거가 어려운 것도 있었는데, 이들은 해체되지 않고 다른 용도로 전용되었다. 또, 식민지 시대에 일본에 의해 반입된 채, 사람들의 생활에 깊이 뿌리를 내린 생활문화나 식민지시대 이전에는 한반도에 존재되지 않았던 사물의 명칭 등 완전한 대체가 어려운 문화적 요소들도 수없이 남아 있었다. 예를 들어 1940~50년대에는 '수키야키', '야키토리' 등의 일본식 요리 이름을 그대로 한글로 표기한 간판이 아직 거리마다 많이 남아 있었기 때문에 전국적으로 '왜색 간판 일소 캠페인'이 전개되었는데, 그것은 반대로 말하자면 일본 음식이 명칭과 함께 일본식 문화가 한국 사회 안에 깊이 정착되었음을 나타내는 것이다.[5)] 덧붙여서 일본 사람이 일본어로 부른 가요 레코드도 '왜색 레코드'로서 바람직하지 않은 것으로 여겼는데, 실제

---

3) '왜색'(倭色)의 '왜'(倭)에는 일본을 낮추어 보는 뜻이 포함되어 있다. 왜색개념에 관한 의논은 鄭大均(1998, 101-123)에 자세히 나와 있다.

4) 『조선일보』(1946/10/03, 조간 2면)에 의하면 서울시가 전면적으로 지명 변환한 것은 1946년 10월 1일의 일이었다.

5) 예를 들어서 『조선일보』(1949/03/10, 조간 2면)에서는 당시에 서울시장이 시내에 많이 남아 있던 '왜색 간판'의 철거를 지시했다는 기재가 있다.

로는 애호가들이 많았으며 다방이나 댄스홀에서는 계속해서 사용되는 예도 많았다고 한다.

그러나 한국전쟁이나 남북분단에 따른 사회적인 혼란이 잇따르자 그 당시 이들 '왜색문화'에 대한 대처는 한국 정부가 법률적으로 기본방침을 정리, 명시하지 않았고, 실제적인 대응은 각 지방의 행정단위나 경찰의 판단에 달려 있었다. 그래서 '왜색문화'에 대한 대응에 일관성이 결여되었다. '왜색 레코드'의 예를 보자면 경찰이 다방뿐 아니라 개인이 소유하는 레코드까지 압수했었는데, 나중에 이런 행위가 지나친 판단이라고 해서 반환했다는 등 그 혼란상을 엿볼 수 있다(조선일보 1952/09/05, 조간 2면). 1950대 중반에 들어서 간신히 문화교육부가 왜색음악 단속 방침을 알리는 강연회를 열게 되었는데, 이러한 방침도 확실한 법적인 근거를 바탕으로 하지는 않았다(조선일보 1956/01/16, 조간 3면; 1956/03/07, 조간 4면).

이렇게 해서 그 당시 한국 사회에서는 일본과의 공식적인 문화교류 자체는 실시되지 않았지만, 일본에서 유래된 수많은 문화적인 요소가 잔존했다. 결과적으로는 이들 '일본적인 것들'과의 자연발생적인 문화접촉이 일상생활의 다양한 측면에서 반복되었다. 그리고 이러한 배제운동에도 불구하고 일본문화가 잔존하여 계속해서 한국 사회에 영향을 미쳤다는 것이 일본 문화 전반에 대해 '침투성이 강하다', '아무리 배제하려고 해도 배제할 수 없다', '한국 사회 내부에 갈등을 조성하며 악영향을 끼친다'는 등의 경계감을 불러일으켰다. 그리고 이는 향후 한국에서의 대일 문화정책을 규정하는 중요한 요인이 되었다.

2. '저질문화'의 선택적 거부 : 1960년대~1980년대

한국에서 처음으로 고등교육 수준의 일본어교육기관으로서 한국외국어대학교에 일본어과가 설치된 것은 1961년이었다. 1965년의 한일 국교정상화 이후에 정부간 수준에서의 청소년교류나 도서교류 등의 문화교류가 점차 전개되었다. 한편으로 이 시기의 한국에서는 일본 문화, 특히 대중문화는 '저질문화', '퇴폐문화'라는 이유로 그 유입을 비판하는 주장이 많이 나타나게 되었다. 그리고 이 주장들과 함께 일본과의 대중문화 교류를 사실상 규제하는 근거가 된 제도의 정비도 추진되었다. 이와 같이 '교류촉진'과 '교류규제'라는 상반된 측면을 내포하게 되는 것이, 바로 이 시기 한국의 대일 문화교류정책의 특징이었다.

한일 간의 문화소개사업 중에서 상대적으로 일찍 추진된 것은 '한국에서 일본으로'의 문화소개였다. 이미 국교정상화 이전 1962년 4월에는 정부 간의 합의에 따라 주일 한국공보관이 동경에 개설되었다.[6] 그 후 당분간은 고전예술을 중심으로 한 비교적 소규모의 문화소개 사업이 주로 전개되었는데, 1970년 후반에는 "한국미술5천년전"과 같은 대규모 전시회가 개최되었다. 또한 이성애와 같은 한국인 가수가 일본에서 활약하는 등 일본에 소개되는 한국문화의 폭이 넓어졌다. 한편 '일본에서 한국으로'의 공식적인 문화사업이 크게 전개되기까지는 많은 시간이 필요했다. 예를 들어 서울에서의 일본공보관 개설에 관해서는 1962년에 양국이 이것을 인정한다는 계약을 맺었으며 1971년 7월의 개관을 위한 준비가 진행되고 있었다. 그러나 한국 측에서 '식민지 시대의 역사를 청산하지 않는 채 일본 문화의 침투를 촉진시키는 거점을 국내에 설치하는 것이 바람직하지 않다'는 경계론이 높아지면서 결국 개관 예정일에 갑자기 '준비 기간이 모자라기 때문에 개관을 무기한 연기한다'는 판단을 내리게 되었다(조선일보 1971/07/16, 조간 1면).

노(能)나 가부키(歌舞伎) 같은 일본 전통무대예술의 한국공연이 특별히 허가된 것은 시간이 흘러 나카소네(中曾根康弘) 수상이 한국을 방문한 1983년 이후였다. 같은 해 양국은 문화교류 확대에 관해 원칙적으로 합의하여 한일 문화교류 실무자간 협의가 개최되었다. 그 다음 해인 1984년 전두환 대통

6) 이에 앞서서 1958년에는 한일 양국의 문화교류와 재일한국인을 위한 한국문화 소개의 거점으로서 도쿄에 '한국문화센터'가 개설되었다.

령의 일본 방문을 계기로 일본 측은 정부간 수준에서의 한일문화교류위원회의 상설 및 대중문화를 포함한 문화교류의 확대를 요구했는데, 한국 측은 이러한 요구를 역시 '시기상조다'라며 거부하였다(李庭植 1989, 230).

그럼에도 불구하고 그 당시 한국 사회에서 일본의 대중문화를 접하는 기회가 없었다고 볼 수는 없다. 비록 비공식적인 유입이었지만 1960년대 이후의 한국에는 각종 일본 대중문화가 점차 몰려들어 그 큰 영향 때문에 가끔씩 사회문제가 될 정도였다.[7)]

예를 들어 대중음악 분야에서는 1960년대에 들어서 새로 한국에 들어오는 일본 가요의 레코드가 많아졌기 때문에 문화정책을 담당하는 정부의 담당부서인 공보부가 1964년에 대규모의 '왜색 레코드 단속'을 실시했다. 그뿐만 아니라 1965년부터는 한국인이 작사와 작곡을 하고 한국인이 부른 노래 가운데서도 수많은 가요들이 '왜색가요'의 분위기가 짙다는 이유로 콘서트에서의 가창이나 라디오, TV에서의 방송이 금지되었다.[8)] 그럼에도 불구하고 1970년대 들어서면 일본의 음반 등에서 녹음된 일종의 불법 카세트테이프가 거리에서 싸게 판매되었으며, 1980년대에는 일본의 영화나 TV를 녹화한 비디오테이프를 판매·대여하는 가게나 일본어 가요의 노래방 설비를 마련하는 음식점까지 나타나기 시작했다.

일본의 잡지나 서적과 같은 출판물은 일부 전문서적을 제외하고 수입판매에 정부의 허가가 필요했었는데, 1960년대부터 정규 경로를 거치지 않고 한국에 들어오게 된 잡지들이 대량 유통되기 시작했다. 또한 일본의 작가나 출판사의 허가를 받지 않는 채 한국어로 번역 및 출판된 해적판의 유통량은

---

7) 조선일보 1963년 12월 조간 5면에서는 이러한 '일본문화의 범람'에 대해 어떠한 대책을 세워야 하는지에 대한 논의를 특집기사로 다루고 있다.

8) 1965년에 금지곡으로 지정된 것은 한국인 여성 가수 이미자가 1962년에 불러 히트를 친 〈동백아가씨〉 등, 이른바 트로트라고 불리는 종류를 중심으로 159곡에 미친다. 또 1967년에는 가창방법이나 곡의 분위기가 일본적이라는 이유로 "왜색 가창"이라고 비판된 한국인 가수들이 가요제에 참가정지 처분을 받았다.

1970년 말부터 지극히 확대되어 가게 되었다(山下玲子 2002, 97-117).

실제로 당시 박정희 정권은 일본의 대중문화를 매개로 한국 내에 공산주의나 반정부사상이 퍼지는 것을 우려하여, 이른 시기부터 외래대중문화에 대해 규제주의적인 정책을 취했던 것이다. 예를 들어 박정희 정권이 수립된 직후인 1961년에는 '반공법'에 의해 '공연법'이 규제되었다. 이 법률에서는 상업적인 공연을 하기 위해서는 정부에 신고를 해야 하며, 특히 외국인이 출연하는 경우에는 정부의 허가를 받아야 한다는 것이 정해져 있다. 이와 같이 〈출판사 및 인쇄소의 등록에 관한 법률〉(1961년), 〈영화법〉(1962년), 〈방송법〉(1963년), 〈음반에 관한 법률〉(1967년) 등 문화 관련법이라고 불리는 일련의 법률들이 잇따라 제정되어 문화 산업의 각 분야마다 자세한 규제가 마련되었다.

그러한 규제에도 불구하고 비공식적으로 유입되는 일본 대중문화는 필연적으로 강한 경계의 대상이 되었다. 그뿐만 아니라 일본에서 유입되는 대중문화의 내용 가운데에는 특히 성적인 내용이나 폭력에 가득 찬 '퇴폐적'이며 '저속한' 것이 많다고 하여 청소년을 비롯한 국민들에게 끼칠 악영향을 우려하는 목소리가 높아졌다. 특히 1982년부터 이른바 '역사교과서문제'가 주목을 받게 되며 한국에서는 일본의 우경화나 확장주의에 대한 경계심이 강해졌다. 이에 따라 대중문화에 대해서도 '일본에 의한 문화 제국주의적인 침략', '한국의 청소년에 악영향을 미치기 위한 의도적인 행위'로서 비판하는 여론이 강해졌다(李志遠 1993, 171-264).

박정희 정권이 정비한 문화 관련법은 원래 특정 국가의 문화를 규제하는 성격이 아니었다. 그러나 일본 대중문화의 유입에 대한 경계심이 높아짐에 따라 한국 정부가 그 수입·공개를 허가하는 경우는 거의 없었다. 그리고 일본의 대중문화는 취하지 않으려는 것이 방송이나 음악 등의 문화 관련업계의 자주적인 규제로서 정착되어 갔다. 한국에서의 일본 대중문화에 대한 규제정책은 사실상 이 시기에 확립하게 되었던 것이다.

3. 일본 대중문화의 개방논쟁 : 1980년대 말~1990년대

1987년 12월 직접선거를 거쳐서 탄생한 노태우 정권은 6·29 민주화선언에서 명기된 기본적 인권이나 언론 자유 등을 보장하기 위해 '문화의 자율화'이라는 이름으로 종래의 언론규제정책이나 문화 관련법을 점차 완화, 철폐했다. 또 노태우 정권은 이때까지 북한 측의 입장을 중요시 해왔던 나라들과도 관계를 개선하고 외교관계를 수립하는 등 '북방외교'를 적극적으로 추진했다. 결과적으로 1988년에 열린 서울올림픽의 참가국 수는 올림픽 사상 최고를 기록했다. 그리고 그때까지 엄격하게 제한되었던 여러 공산국가에서의 영화나 서적의 수입·공개도 허가하게 되었다. 1992년에는 외무부의 하부조직으로서 "한국국제교류재단"이 설치되었고, 그 해 선거에서 선출된 김영삼 대통령도 이러한 전 방위적인 대외문화교류 사업을 노태우 정권에 이어 계속해서 추진해갔다.

일본과의 문화교류 사업에서는 양 수뇌간의 합의를 통해 한일 간의 인적 교류를 추진하여 미래구상을 제시한다는 목적으로 "한일 21세기위원회"가 1988년 8월에 설치되었다. 또 1992년에는 대규모 한국 문화 소개행사인 "한국문화통신사"가 일본에서 개최되었다. 한편 일본 대중문화에 대한 한국에서의 규제는 원칙대로 유지되었지만, 일본 문화 소개행사인 "일본문화통신사"가 1994년 한국에서 개최되었을 때에는 일본의 "극단 사계"에 의한 뮤지컬 〈지저스 크라이스트 슈퍼스타〉가 서울에서 공연되었다. 이와 같이 조건을 달아서 특별히 허가되는 경우를 서서히 찾아볼 수 있게 되었다.

실제로는 1980년대 말 이후 한국 정부 내부에서도 이미 일본 대중문화에 대한 규제완화를 용인하는 의견이 존재했다. 노태우 대통령은 1988년의 시점에서 "현재 한국의 상황은 일본의 음악이나 영화 등의 대중문화를 충분히 수용할 수 있다"라고 발언했으며, 1990년 이어령 초대 문화부 장관이 일본대중문화의 수입에 대한 해금을 주장했고, 1992년 이수정 문화부장관도 구 공산주의권의 문화 수용까지 개시된 마당에 일본 문화만을 수용하지 않는 것은 바람직하지 않다는 의견을 밝혔다.

그러나 이러한 용인론에 대해 "한국 국민은 일본 대중문화에 대해 상당한 거부감을 가지고 있다", "일본 대중문화는 수준이 낮으며 악영향을 미칠 것이다", "문화적인 종속관계에 빠질 우려가 있다"라는 강한 반발이 정부 내부뿐만 아닌 여론에서도 나타났다. 이러한 반발은 서울올림픽이나 한국인의 해외여행 자유화를 계기로 한일 간을 왕래하는 사람의 이동량이 증가하면서 비공식적으로 유입되는 일본 대중문화 상품이 그때까지보다 많이 증대하고 있었기 때문이기도 하다. 그뿐만 아니라 때마침 1990년에 이른바 위안부 문제가 한일 간 큰 논쟁을 일으켜 역사인식 문제가 다시 제기되기도 했던 것이다.

1994년 1월 공노명 주일한국대사가 "일본에서는 우수한 한국 영화가 상영되고 평가되고 있는 반면, 한국에서는 서적, 비디오테이프, 위성 TV방송 등을 통한 '묵인된 비공식적인 유입'에 의한 접촉이 주로 행해지고 있다" "양질의 일본 대중문화에 대해서는 단계적으로 선별해 공식적으로 받아들여 일한 양국의 문화 교류와 상호 이해를 본격적으로 추진해야 할 시기에 와 있다"라고 발언했을 때에도 문화체육부는 바로 "사전의 조정도 없는 상태에서의 발언이며, 일본과 대중문화 교류를 추진하는 것은 시기상조다"라는 경계심을 보였다. 그런데 외무부는 "단계적 점진적인 개방을 기본방침으로 해야 한다"고 제기하며 이러한 견해에 찬성했다. 결과적으로는 그 해 2월, 김영삼 정권은 일본의 영화나 가요 등의 대중문화를 단계적으로 해금해 나간다는 '3단계 개방안'을 기본방침으로서 발표했다.[9]

정부는 3단계 개방안을 실시하는 시기에 관해서 서울대학교의 김문환 교수와 한국 문화정책개발원의 두 기관에 조사 및 검토를 의뢰했다. 그러나 그 결론에서는 전자가 한국에서의 일본 대중문화의 현실적인 진출 상황을 근거

9) 이 때 논의되었던 검토안은 제1단계에서 국재가요제나 문화행사에서 일본어로 된 노래를 부르는 것, 또 한국영화에의 일본 배우출연을 해금하여, 제2단계에서는 가요곡의 국내 가창과 음반 수입을 해금, 그리고, 제3단계에서 일본의 극영화 수입을 해금한다는 것이었다.

로 "1995년 8월 15일부터 시작하여 1998년 전반에는 전면적 해금"을 제언했다. 그러나 후자는 일본 대중문화가 한국 국민에게 미치는 악영향을 지적해 "개방 시기를 할 수 있는 한 늦추는 것이 바람직하다. 그 사이에 한국 대중문화 산업의 취약한 산업구조를 개선해야 한다"는 결론을 내려서 쌍방 간에 큰 차이가 났다(土佐昌樹 2004, 117-126).

이러한 사이에 1995년 일본의 국회에서 '전후50주년 결의'가 문제가 되었고 최종적으로 아시아 근린 제국에 대한 사죄가 미약해진 것에 대한 한국 내의 비판이 높아졌다. 이와 함께 1996년에는 독도 영유권 문제가 다시 등장한 것을 배경으로 김영삼 정권에서는 그 후 일본 대중문화 개방 문제를 정면에서 다루지 않게 되었다. 마침 1996년에는 2002년 FIFA 월드컵 개최지에 관해서 일한 양국이 경쟁하는 상황이 연출되었다. 결과적으로 월드컵 사상 최초의 공동 개최가 결정했지만, 1997년에 접어들어 아시아 경제위기의 확산으로 대규모 불황에 휩쓸린 한국 사회에서 사회적 관심이 경제문제로 집중되었다. 결과적으로 일한 문화 교류의 여러 과제는 차기 정권의 과제로 재고되었다.

4. 일본 대중문화의 단계적 개방 1998년 이후

1998년에 성립한 김대중 정권은 4월 17일에 일본 대중문화의 단계적인 개방 방침을 표명, "한일 문화교류정책 자문위원회"를 구성하며 그 구체적 정책의 검토를 개시했다. 그리고 같은 해 10월 김대중 대통령의 일본 방문에 맞춰 제1차 개방에 대한 상세한 계획이 발표되었다. 제1차 개방으로부터 2004년의 제4차 개방까지의 내용을 분야마다 정리해 간략하게 명기한 것이 〈표 1〉 및 〈표 2〉의 내용이다.

제1차 개방(1998년 10월 20일 실시)의 내용은 영화·비디오 소프트 분야에 관해서 "4대 국제영화제 수상작"이라는 조건을 달았다. 또 일본어판의 만화책이나 잡지에 대해서는 모두 수입·공개 및 판매를 공식적으로 허가했다. 동시에

〈표 1〉 일본 대중문화의 단계별 개방 내용

분야	제1차 개방	제2차 개방	제3차 개방	제4차 개방
출판	일본어판 만화책 및 만화 잡지를 개방(완전 개방)			
연극 영화	세계 4대 국제영화제에서의 수상작	약 70 개의 국제영화제에서의 수상작, 관람 연령 제한이 없는 작품	「18세 이상 관람가능」의 작품을 제외한 모든 작품	「18세 이상 관람가능」, 「조건부 상연가능」을 포함한 모두 (완전 개방)
극장용 애니메이션 영화	(미개방)		국제영화제 수상작	(2006년 1월에 완전 개방을 예정)
비디오 소프트	한국 국내에서 상연 끝난 극영화 작품			국내에서 상연 끝난 극영화 및 극장용 애니메이션 영화 작품
콘서트	(미개방)	2000석 이하의 실내 공연	규모 제한을 철폐, 옥외 라이브도 허가 (완전 개방)	
음악소프트 (CD · 레코드)	(미개방)		연주전용, 가사가 있는 경우는 일본어 이외 또는 한국어 번역에 한정	일본어 가사를 포함하는 것도 허가 (완전 개방)
게임 소프트	(미개방)		게임센터용의 게임, PC 게임용 소프트, 온라인 게임	게임기용 게임 소프트를 포함 모두 (완전 개방)
TV 방송 - 지상파 방송	(미개방)		스포츠, 다큐멘터리, 보도 프로그램	생활 정보 등의 교양 프로그램, 국내에서 상영 끝난 극영화(애니메이션 영화는 제외), 일본인 가수의 국내 공연 · 프로그램 출연 (일본어 가사의 음악 비디오는 제외하다), 일한 공동 제작 TV 드라마
TV 방송 - 비지상파 (위성방송, 케이블 TV 인터넷에 의한 배신 등)	(미개방)		스포츠, 다큐멘터리, 보도 프로그램, 국내에서 상영이 끝난 상태로 관람 연령 제한이 없는 극영화 및 애니메이션 영화	생활 정보 등의 교양 프로그램, 국내에서 상영 끝난 극영화 및 애니메이션 영화, 일본어에서의 가창 전반, 일한 공동 제작 TV 드라마, 12세 미만에서도 시청가능하다고 판단된 TV 드라마

출전: 문화 관광부 「2003 문화 정책 백서」, 2004년, 478쪽을 바탕으로 필자 작성

〈표 2〉 개방이 보류된 일본 대중문화(2004년 1월 시점)

분야		개방 보류의 대상
극장용 애니메이션		국제영화제로 수상경력이 없는 작품(2006년에 완전 개방 예정)
비디오		한국 국내에서 상영되어 있지 않은 극영화 및 극장용 애니메이션 영화
TV 방송	지상파	한국 국내에서 상영되어 있지 않은 극영화, 모든 극장용 애니메이션 영화, 일본어 가사를 포함한 음악 소프트, 일한 공동 제작 작품 이외의 텔레비전 드라마, 버라이어티 쇼나 코미디 등의 오락 프로그램
	비지상파	한국 국내에서 상영되어 있지 않은 극영화 및 극장용 애니메이션 영화, 15세 이상 시청가능하다고 판단된 TV 드라마, 코미디 등의 오락 프로그램

출전: 문화 관광부, 『2003 문화 정책 백서』, 2004년, 477쪽을 바탕으로 필자 작성.

한일 공동 제작 영화의 상영이나 일본인 배우가 한국 영화에 출연하는 일도 허가되었다. 이에 따라 1998년에는 12월 5일에 일본 영화로서는 처음으로 기타노 다케시(北野武) 감독의 영화 〈하나비〉가 상영되었고, 12월 12일에는 구로사와 아키라(黑澤明)감독의 영화 〈가케무샤〉가 한국 각지의 영화관에서 일반에 공개되었다.

제2차 개방(1999년 9월 10일 실시)에서는 영화·비디오 개방의 기준이 되는 영화제의 수가 약 70종으로 확대되어 이러한 영화제에서의 수상작 중 관람에 연령 제한이 없다고 판단된 작품(다만 극장용 애니메이션 영화는 제외함)의 상영이 허가되었다. 그 시점에서 약 100여 개의 일본 영화가 공개 가능한 상태가 되었다. 또 2,000석 이하 규모의 실내 공연장이라는 조건을 달기는 했지만, 일본인 가수의 콘서트가 처음으로 인정되었다.

그리고 제3차 개방(2000년 6월 27일 실시)에서는 연극·영화는 성인전용 영화를 제외하고 전면 개방했고, 극장용 애니메이션 영화도 각종 국제영화제에서의 수상작인 경우 상영이 가능하게 되었으며, 일본인 가수 콘서트의 공연장 규모 제한도 철폐되어 전면 개방하게 되었다. 또 지금까지 개방 대상에서 제외되었던 음악 CD나 게임 소프트웨어, 텔레비전 방송의 각 분야에서도 각

각 '일본어 가사를 포함하지 않은 음악 CD', '가정용 게임기 이외의 게임 소프트', '스포츠 프로그램, 다큐멘터리 프로그램, 보도 프로그램' 등과 같은 조건이 달리기는 했지만 대부분 허가되었다.

이와 같이 짧은 시간 안에 수많은 일본 대중문화의 개방이 실시된 결과, 한국에서 공개된 일본 영화의 수는 1998년에는 2편, 1999년 4편뿐이었던 것이 2000년 24편으로 급속히 확대되었다. 그 중에서도 1999년 11월에 한국에서 공개된 일본 영화 〈러브 레터〉는 전국 추산 약 67만 명, 2000년 7월에 공개된 〈춤추는 대수사선〉은 같은 해에 약 29만 명의 관객을 동원했다. 또 2000년 8월에는 제3차 개방에 따라 일본인 가수에 의한 콘서트의 규모 제한이 철폐되어 〈CHAGE&ASKA〉가 이틀간에 관객 수 2만 명을 동원하는 대규모 라이브 콘서트를 열게 되었다.

그러나 2001년 봄의 일본 역사교과서 검정에 대해 한국 정부가 일본 정부에게 제출한 시정 요구를 일본 정부가 거부하자, 한국의 문화관광부는 같은 해 7월 12일 "일본의 역사교과서 왜곡 시정 거부에 대한 대일 강경 대응의 일환"으로 일본 대중문화의 추가 개방을 중단한다고 발표했다. 이런 조치는 지금까지의 개방 조치를 철회하는 것은 아니었지만 그 해 여름에는 한국 측 스폰서나 주최자의 사퇴로 인해 중지되는 행사가 많아졌으며 일본 측에서도 한국과의 교류 활동을 자숙하는 움직임이 나타나게 되었다.

한일 공동으로 FIFA 월드컵이 개최되었던 2002년에도 일본문화에 대한 개방이 제도적으로 진전되지는 않았다. 그러나 이미 개방된 분야뿐 아니라 월드컵 공동 개최를 기념하는 행사로서 특별히 허가된 것을 포함하면 결과적으로는 그 때까지의 한일문화 교류에는 없었던 규모의 확대가 문화교류 사업에서 실현되었다. 한일 합작 TV 드라마 〈프렌즈〉(후카다 쿄오꼬, 원빈 공동 출연)나 영화 〈2009 로스트메모리즈〉(나카무라 트오루, 장동건 공동 출연)와 같이 한일의 배우가 공동 출연하는 작품이 연달아 제작되게 되었던 것도 이 시기이었다.

2003년 6월의 한일 정상회담에서 '한일 문화 교류의 활성화를 위해 한국은 일본 대중문화 개방을 확대한다'고 합의되자 한국 정부는 다시 추가 개방을 검토하기에 이르렀다. 그리고 2004년 1월 1일에 실시된 제4차 개방에서는 일본 영화의 상영에 대한 모든 조건이 폐지되었다. 또 음악 CD, 게임 소프트의 각 분야에서도 완전 개방이 실시되었다. TV 방송에서는 극장 상영을 끝낸 일본 영화의 방영이나 일본인 가수의 프로그램 출연, 콘서트 영상의 방송도 허가되었다. 뒤이어, 서울에서는 2003년 12월 31일 밤부터 한일 양국의 가수들이 출연하는 카운트다운 라이브가 개최되어 1월 1일을 맞이한 순간 일본의 가수 그룹 TUBE가 일본어로 노래하는 장면이 케이블TV와 인터넷 방송을 통해 한국에 방영되었다.

제4차 개방 실시와 관련해, 2003년 6월 시점에서 원래 한국 정부는 그 해의 9월을 예정하고 있었다. 그러나 미개방 분야 관련업계 및 단체의 견해나 한국 문화관광 정책연구원의 보고 등을 바탕으로 검토가 계속되는 과정에서 일정 조정에 문제가 있었다. 그 결과 예정보다 4개월 지연된 2004년에 개방이 결정되었다.

그 중에서도 문제가 된 것은 극장용 애니메이션 영화와 TV 방송에 대해 정부 측이 당초 "완전 개방"이라는 방침을 표명하고 있었다. 그러나 극장용 애니메이션 영화에 관해서 한국의 기획·제작 시스템이 아직 충분히 발달하지 않고 투자나 배급의 면에서 극도로 불리하다는 우려가 관련업계에서 제기되어 완전 개방은 2006년까지 연기한다는 결론에 도달했다. TV 방송 분야에서는 지상파 TV 방송이 사회에 대해 가지는 직접적인 영향력을 고려해서 일본 제작의 버라이어티 프로그램이나 코미디 프로그램과 같은 오락 프로그램의 전면적 개방은 보류되었다. 한편, TV 드라마는 지상파 TV 방송 이외의 형식(케이블 텔레비전이나 인터넷 전송 등)에 한해서 방영이 허가되었다.

III. 한국의 대일 대중문화 교류 정책은 왜 변화했을 것인가

II절에서는 한국의 대일 대중문화 교류 정책이 오랜 세월에 걸쳐 변화하여 결과적으로 규제로부터 개방으로 크게 전환하는 과정을 살펴보았다. 무엇보다도 불과 수십 년 만에 식민지 지배와 독립, 한국전쟁과 남북 분단, 군사정권 수립과 급속한 경제성장, 그리고 민주화라는 극적인 변화를 경험해 온 한국 사회에서 변동의 폭이 큰 정책 분야는 이 외에도 몇 가지가 존재한다. 그러나 그러한 가운데에서도 한국의 대일 대중문화 교류정책이 보여준 대폭적인 변화는 특별히 언급할 가치가 있다. 최근 급속히 표면화되고 활성화되는 한일 대중문화교류의 형식을 규정했던 정책이 어떤 요인들에 영향을 받아서 변해 왔는지를 검토하여 정리해 두는 것은 현대 한일관계에 대한 다각적인 이해를 심화하기 위해서 뿐만이 아니라 향후 한일 문화교류의 본질적인 자세를 전망하는 데에도 반드시 필요한 작업이 될 것이다.

III절에서는 한국이 왜 정책으로서 일본 대중문화를 규제할 수밖에 없었던 상황이었는지, 또 왜 도중에서 개방정책으로 변화했는지에 대한 물음에 관해 살펴볼 것이다. 우선 대중문화교류 정책이 내포하는 '외교 정책', '문화 정책', '산업 정책'이라는 세 종류의 측면에 주목하여 순서대로 검토하려고 한다. 그 다음에 조금 각도를 바꾸어서 다양한 규제를 벗어나 존재해 온 비공식인 문화유입을 포함한 한일 간의 '문화교류 현상'에 대해서도 중요한 요인으로서 언급하기로 한다.

1. 외교 정책으로서의 측면

많은 국가에서 전통적으로 문화교류 정책은 외교 정책과의 깊은 관련 하에서 추진되었다. 그 점을 고려하면, 대중문화 교류정책의 변화는 외교적 상황이나 외교 방침의 변화를 반영한다고 생각하는 것이 가장 자연스러운 것이다. 그래서 우선 대중문화 교류정책이 가지는 외교 정책으로서의 측면에서 검토하기로 한다.

한국 정부는 그 수립 직후부터 '문화 외교'를 외교 정책의 중요 분야로 평가해 왔다. 그 중에서도 한국이라는 국가의 존재나 한국이 놓인 상황을 문화와 정보의 발신에 의해 세계에 알리고 폭넓은 이해와 협력을 요구하기 위해서 '문화홍보 사업'을 실시해 왔다. 또 국교가 있는 나라들과의 관계를 한층 더 우호적인 관계로 만들기 위한 '문화교류 사업'을 추진해 왔다. 이처럼 문화 외교는 오랜 세월에 걸쳐서 한국 외교의 주축이 된 것이었다(한국외교통상부 1999, 249-252). 일본과의 관계에서도 비교적 빠른 단계에서 적극적인 홍보 활동이 전개되었고(한국 문화원의 설치 등), 국교정상화와 동시에 부분적이면서도 공식적인 교류 사업이 개시되었던 것은 우선 이러한 맥락에서 이해할 수 있다.

한편 한국이 일본과의 대중문화 교류를 규제해 온 이유로서 가장 일반적으로 반복되는 설명은 "한국은 식민지 시대에 일본에 의해 문화적으로도 유린된 경험을 가지고 있기 때문에 그러한 역사에 관한 여러 문제를 해결하지 않는 채 일본과의 문화 교류를 확대하기에는 아직 시기상조다"라고 했듯이 한일간의 외교적 상황을 그 근거로 하는 것이었다.

국교정상화라는 외교상 큰 전환을 겪은 후에 유학생 교류나 서적 교류와 같은 분야가 급속히 확대된 것에 비해 대중문화 교류 등의 분야가 그 후 오랫동안 보류된 것은 언뜻 보면 기묘한 일이다. 그러나 대규모 반대 시위를 억압하면서도 당시의 한국 정부가 한일 국교정상화를 단행한 이유는 다음과 같이 생각했기 때문이다. 즉, 과거의 역사에 기인하는 한국 국민의 감정적 응어리를 고려한다 해도, 한국전쟁에 따른 피해나 격화하는 냉전의 긴장 속에서 국가 재건을 진행시키기 위해서는 일본과의 외교 관계를 수립해 협력 관계를 심화하는 선택이 불가피하다는 판단이었다. 그러므로 그 한편에서는 경제협력을 받아들임과 동시에 한국 사회의 성장에 필요한 지식이나 기술을 도입할 수 있는 사업을 '문화교류'라고 하는 형태로 적극적으로 전개했다. 한편으로 역사문제에 대한 한국의 여론이 일본을 아직 완전하게 받아들일 수 없다는 심정을 대변하기 위해 상대적으로 그러한 수요가 낮은 분야, 즉 대중문화에 대해서는 오히려 거부의 자세를 표현하는 것으로서 균형을 조절할 필요성이 있었을 것이다.

이와 같이 생각해 보면 한국이 문화교류를 규제해 온 이유는 그 자체가 의미가 없기 때문이 아니고, 오히려 문화교류를 실시할 것인지, 말 것인지에 대한 선택 자체에 중요한 의미가 있었다. 따라서 외교적인 메시지를 전할 수 있다는 효과를 기대해서 외교 정책의 일환으로 이것을 활용해 왔다고 볼 수 있다.

그래서 그 후의 시기에도 국민감정의 저항에도 불구하고 한국 측에서 일본과의 문화 교류의 확대로 나아가는 판단을 내린 것은, 한국 정부가 단지 문화 교류의 영역뿐 아니라 일본과의 포괄적인 외교 관계 개선을 원한다는 것을 알리는 외교적 수단이 될 수 있었다. 예를 들어 1994년과 1998년에 일본 대중문화의 단계적 개방정책이 검토되거나 결정되었던 것은 김영삼 정권, 김대중 정권이 각각 대일 외교를 중시하는 자세를 강조하던 시기와 일치한다.

바꾸어 말하자면, 외교 정책의 일환으로서의 문화교류 확대가 대일 관계 개선의 결과가 아니라 관계 개선을 위한 수단, '계기를 마련하기 위해서'라는 성격을 강하게 띠고 있었다. 그러므로 이러한 정책은 만약 일정한 기간 내에 일본 측으로 바람직한 반응을 얻어낼 수 없는 경우에는 단기간에 철회 내지 방향 수정의 가능성을 아예 처음부터 지니고 있었다.

그러나 실제 문화교류가 단계적으로 진행되는 가운데 이러한 정책이 현실적인 효과가 이전보다 약화된 것은 사실이다. 그런데도 제3차 개방이 실시된 후 2001년에 교과서 검정 문제 및 야스쿠니 참배 문제를 계기로 일본 대중문화의 추가 개방 중단이 발표된 것은 종래의 상징적인 의미를 문화교류 규제에 덧붙이려고 하는 의도였을 것이다.

또한 2001년 여름, 일본 정부의 역사 인식에 항의한다는 이유로 한국에서 대일교류 계획의 중지를 발표했다. 그런데 한국 정부뿐 아니라 민간단체나 자치단체까지도 외교적 수단으로서 문화교류를 규제하는 흐름에 동참하게 되었고 그들이 그러한 태도를 취하게 된 배경에는 이제 문화교류의 주체가 이제 더 이상 정부만이 아님을 보여주는 측면이 있다. 이것은 민간 차원의 문화교류를 둘러싼 상황이 현실에 영향을 미칠 수도 있다는 것을 나타낸다. 따라서 향후 정부 수준에서 대중문화의 완전 개방이 달성되었다고 해도 한국 국민여론의 대일 인식이 다시 악화되었을 경우에 정부 이외의 주체가 항의를 표출하기 위해 이와 같은 행동을 취할 가능성이 있다고 할 수 있다.

2. 문화 정책으로서의 측면

앞에서는 외교 정책의 측면에서 한국의 대일 대중문화 교류 정책의 변화를 설명했다. 하지만 예를 들어 1980년대의 후반에는 역사교과서 문제나 이른바 종군위안부 문제, 수상의 야스쿠니 참배 문제와 같은 일련의 역사 인식 문제로 인해 한국의 대일 인식이 악화되고 있던 시기였음에도 불구하고 II절 (3)에서 살펴본 바와 같이 그 시기에 한국 정부 내부에서 일본 대중문화를 받아들여도 된다는 개방용인론이 나오기도 했다. 이러한 점은 외교 정책이라는 관점만으로는 설명하기 어렵다. 그래서 여기에서는 대중문화 교류 정책이 가지는 국내의 '문화 정책'으로서의 측면을 중심으로 설명하고자 한다.

한국이 처음부터 외교 정책의 일환으로서 문화 공보를 중요시 해왔다는 것은 앞에서도 기술했지만 문화 소개를 통해서 자국의 존재를 세계에 알리는 행위는 필연적으로 무엇이 자국을 대표할 수 있을 만큼 자랑스러운 "국민 문화"인가라는 질문을 제기하게 된다. 하지만 식민지시대에 일본에 의해서 문화적인 면에 있어 강한 영향을 받았고 또 한국전쟁 이후로는 해외로부터 기술이나 자본을 조달하여 급속한 근대화의 길을 선택하게 된 한국에서는 이 과제가 결코 쉬운 일은 아니었다.

덧붙여 한국은 세계적인 냉전구조 속에서 남북 분단이라는 상황에 직면하게 되었던 것이다. 그러한 상황에서 북한을 시작으로 공산권에서의 문화 선전이나 사상 유입에 대항할 필요성도 생기게 되었다. 식민지 시대 이전의 전통적인 문화를 계승·발전시켜 온 한국의 경우, 그러한 자국의 문화적 우수성을 내외에 알리기 위해서도 국민의 문화적 통합을 진행시키는 것은 매우 중요한 과제이었다.

그래서 한국 정부는 짧은 기간에 국민의 문화 통합을 진행시켜 한국의 문화 정체성을 확립하기 위한 수단으로서 국내에서 민족문화를 옹호하고 활성화하기 위한 다양한 캠페인을 전개했다. 그리고 대외적으로는 자신의 나라의 고유한 문화를 지키기 위해서 외래문화의 유입을 적극적으로 제한했던 것이다.

식민지 지배가 막을 내린 후, 한반도 각지에서 '왜색문화'에 대한 전면적인 배제가 급속히 진행된 것은 일본의 조선 식민지 정책 아래서 사라지기 시작한 전통적인 문화 정체성을 되찾으려는 움직임이었다. 그런데 실제로는 앞에서 본 바와 같이 일본 문화의 영향을 완전히 배제하기는 어려웠다. 그것이 나중에 일본 대중문화에 대한 경계심을 한층 더 강화하여 정책적 규제의 기반을 형성하게 되었다. 1960년대부터는 문화재 보호를 중심으로 한국의 문화 정체성을 강조하는 문화 정책이 중심이 되었다. 또 동시에 해외의 기술 등 한국의 근대화나 국민문화의 발전에 기여할 수 있는 문화적 요소에 대해서는 적극적인 도입이 전개된다. 이러한 일련의 정책은 1972년부터 박정희에 의해 '유신'정권이 "문예중흥 선언"을 발표하며, 문화발전을 위한 5개년 계획을 세우면서 더욱 더 명확하게 제시되었다(문화부 1992, 25). 한편 남북의 대립이 깊어졌고 한국 국내에서도 반정부 운동이 확산되었다. 그러한 상황으로 인해, 공산주의 사상을 비롯한 외래문화의 유입을 막기 위한 제도를 강화하여, 통제 중심적인 문화 관련법이 만들어지게 되었다. 특히 북한은 초기의 단계부터 일본의 영향을 철저하게 배제하며 민족문화의 유지 발전에 중점을 두고 있다는 문화 선전을 강화했었다. 그러한 가운데 한국이 일본과의 국교를 정상화했던 것은 일본 문화에 의한 바람직하지 않은 영향을 거부해야 한다는 한국 정부의 자세를 한층 더 강화하는 요인이 되었다. 일본 대중문화를 '저속', '퇴폐' 문화로서 선택적으로 거부하는 정책에는 북한과의 문화적 대항 관계도 큰 영향을 주었다고 봐야 한다.

이러한 문화 정책이 중요한 전환을 맞이한 것은 1980년대 중반 민주화 운동이 격화하는 시기였다. 문화 활동에 대한 정부의 규제는 민주화를 거치면서 각종의 문화 관련법이 완화되는 가운데 큰 전환을 맞이하게 되었다. 또 동서 냉전의 완화에 따라 '북방 외교'가 전개되었다. 이에 따라 공산권과의 교류에 대한 경계가 풀림으로써, 그때까지 사상 유입 방지를 이유로 한 교류 규제 정책은 부정된 것이었다. 그리고 무엇보다도 1988년에 서울올림픽이 개최되어 발전을 이룬 한국의 모습이나 생활 문화, 언어 등이 세계에 알려졌으며, 국제적인 인지도도 상승했다. 그것이 한국 사회 내외에서의 문화 정체성의 확립에 크게 기여했다. 일본 대중문화에 대한 규제완화를 용인하는 의견이 나온 1980년대 후반이란 이와 같은 한국의 문화정책을 둘러싼 급격한 변화가 집중적으로 일어났던 시기와 거의 일치한다고 할 수 있다.

3. 산업 정책으로서의 측면

1980년대 후반부터 한국 정부 내부에서 일본 대중문화에 대한 개방용인론이 제기된 점에 관해서는 앞에서 문화정책의 관점에서 설명했다. 그러나 실제의 개방은 1998년까지 지연되었다. 이러한 시기적 차이에 대해서는 III절 (1)에서 지적한 것처럼, 당시의 한일 간의 외교 관계를 통해 설명하는 방법도 있다. 그러나 실제로는 1980년대 말부터 1990년대에 걸친 이 시기에 한국 사회에서는 "경쟁력이 강한 해외의 대중문화가 집중적으로 유입되면 한국의 대중문화 산업이 괴멸적인 타격을 받게 된다"라는 경계심에 기인한, 이른바 '산업 정책으로서의 일본 대중문화 규제론'이 제기되고 있었다. 문화산업에 관한 정책은 넓은 의미에서 문화정책에 포함할 수도 있다. 그런데 여기에서는 그것을 대중문화 교류 정책이 가지는 '산업 정책'으로서의 측면으로서 평가하며 문화 정책과는 구분해 논의하고자 한다.

산업 정책으로서의 일본 대중문화 규제론이 일관되게 전제한 것은 한국의 국내 문화산업의 경쟁력이 약하다는 사실이었다. 한반도에서는 20세기 전반부터 중반에 걸쳐 잡지의 출판이나 음악, 영화, 방송 등의 대중문화 산업이 도입되었던 시기가 식민지 시대와 겹쳐 있었다. 그뿐만 아니라 해방 이후에도 한국 전쟁으로 크나큰 타격을 받았으므로 독자 자본에 의해 대중문화 산업을 도입하여 발전시키는 것은 결코 용이한 것이 아니었다.

그 후 1960년대 전반 반정부 데모의 확대를 계기로 이승만 정권이 퇴진한 후, 일시적이기는 하지만 한국의 대중문화 산업에 자유로운 기풍과 활기가 되돌아왔다. 그러나 박정희 정권 이후의 통제적인 문화정책 안에서는 민중에 대해 강한 영향력을 가진 대중문화 상품이 점차 정부에 의한 관리 및 개입의 대상이 되어 외래 대중문화의 수입이나 공개뿐 아니라 국내에서의 창작활동의 자유도 크게 제한 받게 되었다.

그런데 국내에서 공급되는 대중문화 상품의 절대적인 양이 적어지자 수요량과 공급량 사이에 항상 큰 괴리가 생기게 되었다. 이러한 초과수요가 해외에서 들어오는 대중문화 상품의 밀수나 해적판의 유통을 유발하는 원인이 되었다. 그리고 해적판의 대량유통이 국내에서 공식적으로 공급되는 대중문화 상품의 소비자를 빼앗으며, 국내 문화산업은 매출 침체에 따라 한층 더 약화되는 악순환을 초래하게 되었다.

결과적으로 한국 사회에서는 민주화를 거쳐 문화적인 측면에서의 자유로운 활동이 다시 가능해졌음에도 불구하고 경쟁력이 있는 외국산 문화상품의 수입에 대한 돌연한 허가가 국내 문화산업에 크나큰 타격을 입힐지도 모른다는 산업 정책적인 배려로 인해 외래 대중문화 상품의 유입에 대한 일정한 규제가 유지되게 된 것이다.

그러나 1980년대 이후 국제사회에 있어 무역의 자유화가 급속히 확대되며, 문화상품을 포함한 무역자유화의 촉진이나 지적 재산권의 보호가 국제적인 조류가 되었다. 이에 따라 한국에 있어서도 해적판에 대한 대책의 미비나 외래 대중문화에 대한 수입규제는 국제기준에 적합하지 않는 것으로서 비난을 받게 되었다. 급속한 경제성장을 거쳐 국제경제에 적극적으로 참여하게 된 한국은 이러한 비난을 회피하기 위해 1987년 "만국 저작권 조약"(UCC) 및 "레코드 보호 조약"(제네바 조약)에 가입하여 해적판의 일소를 약속했다. 이 과정에서 한국 정부는 국내 문화산업을 단지 무역자유화에 대비하도록 만들 뿐 아니라 새로운 경제성장의 주축으로 기르기 위해 적극적으로 육성하기 시작했다.

예를 들어 영화산업에서는 1987년부터 외국의 영화회사에 의한 한국 국내에서의 직접 배급이 허용되었지만 이에 앞서 1984년에는 영화감독이나 기술자를 양성하는 "영화아카데미"가 영화진흥공사 산하에 설립되었다. 1989년에는 국고 25억 원을 지원하여 "영화진흥기금"이 설치되어 활발한 영화진흥이 전개되었다. 이러한 일들은 같은 해 노태우 대통령이 발표한 "문화발전 10개년 계획"의 '문화가 국가 번영을 주도한다'는 생각에 근거하여 전개된 문화산업 지원책의 하나였다(문화부 1992, 105). 1991년부터 국가예산을 투입해 건설되기 시작한 "서울 종합촬영소"는 대규모 세트를 설치할 수 있는 광대한 부지와 선진적인 영상처리가 가능한 시설로 구성되어 있으며 1993년부터 실제 촬영에 사용되었다.

김영삼 정권도 1994년의 우루과이 라운드 타결을 거쳐 무역자유화의 압력이 높아지는 가운데 영화를 중심으로 삼은 문화산업 진흥에 적극적인 자세를 취했다. 1995년에는 "영화진흥법"이 제정되어 "한국예술종합학교"(1993년 개교의 국립대학) 안에 "영상원"이 설치되었다. 또 한국이 OECD에 가입한 1996년부터는 "부산국제영화제"를 개최하여 뛰어난 외국 영화를 국내에 소개하는 것과 동시에 한국이 적극적인 영화진흥을 실시하고 있음을 세계에 알리게 되었다. 1997년에 앞에서도 기술한 "서울종합촬영소"가 완성되었고 이후 〈쉬리〉, 〈JSA〉 등 대규모 세트를 이용한 영화가 잇달아 제작되었다.

1997년에 한국은 심각한 경제위기에 휩쓸렸지만 이 기간에 탄생한 김대중 정권은 한층 더 적극적인 문화산업 육성책을 제시했다. 그 기본이 된 것이 바로 1999년에 제정된 "문화산업진흥기본법"이며, 같은 해에 국고출연금을 비롯한 549억 원을 기초로 설립된 "문화산업 진흥기금"이었다(문화관광부 2003, 29).[10] 김대중 정권은 문화예산 전체에서 차지하는 문화산업 관련 예산의 비율을 종래의 2~4%대에서 단번에 10% 이상으로 증액했다. 이에 따라 1999년에는 "게임종합지원센터"를, 2000년에는 "문화산업지원센터"를 각각 설치하였다. 그뿐만 아니라 2001년 "국가전략분야 인재양성 종합계획"을 세워 디지털콘텐츠 분야를 포함한 폭넓은 문화산업부문의 인재육성도 강화했다. 이러한 문화콘텐츠의 수출진흥을 위해 2001년부터는 디지털문화콘텐츠 국제전시회(DICON)나 국제방송 영상상품전시회(BCWW) 등의 전시회가 매년 개최되었고 이러한 정부 수준의 움직임과 병행하여, 1999년에는 서울시의 산업진흥재단이 "서울애니메이션센터"를 설치하여 국내의 만화 및 애니메이션 산업의 지원하는 등 지자체 수준이나 민간 수준에서도 문화산업 지원의 움직임을 볼 수 있게 되었다.

이러한 지원의 성과는 우선 영화산업에 나타났다. 벌써 1990년대 초부터 〈서편제〉와 같은 국제적 평가를 받는 작품이 나타나기 시작했었지만, 1990년대 말부터 연달아 공개된 〈쉬리〉, 〈JSA〉, 〈친구〉와 같은 한국 영화가 각각 국내에서 기록적인 관객동원 수를 달성했을 뿐만 아니라, 2000년 이후 일본을 시작으로 여러 나라에서도 흥행에서 성공을 거두었고, 이것이 계기가 되어 한국의 영화수출액은 크게 성장하기 시작했다. 한편 일본에서 수입되어, 공개된 영화는 애초에 국내 영화산업에의 타격을 줄 것으로 의심되었지만, 실제로는 〈센과 치히로의 행방불명〉, 〈러브 레터〉 등과 같은 일부의 작품 이외는 관객동원 수가 그다지 많지 않았다. 영화산업 외에도 음악 소프트웨어의 수출액이나 한국제 온라인게임 소프트웨어의 세계시장 점유율은 호조의 성장세를 나타내고 있다(문화관광부 2003, 131, 142-143). 이러한 일이 일본 대중문화 개방에 대한 경계심을 서서히 완화하는 중요한 판단 자료가 된 것이다.

---

10) 문화산업 진흥기본법은 그 안에서 문화상품을 "문화적 요소가 체화(=embody)되어 경제적 부가가치를 창출하는 유형·무형의 재산(문화 관련 콘텐츠 및 디지털문화콘텐츠를 포함)과 서비스 및 그들의 복합체"로 정의했다. 그리고 문화산업을 "문화상품의 기획, 개발, 제작, 생산, 유통, 소비 등에 관련한 서비스를 실시하는 산업"으로서 지원의 대상을 명확히 했다.

그러나 한국에는 아직 어느 극장에서도 국산영화를 일정한 비율로 상영하며 외국영화의 비율을 일정 수준 이하로 억제해야 한다는 스크린 쿼터제도가 존재한다. 이것은 1966년의 제2차 영화법 개정에 따라 설치된 법이며, 1985년에는 국산영화를 1년에 5분의 2에 해당하는 146일 이상 상영하는 것이 의무화되었고, 1996년 그것이 106일까지 단축하게 되었지만 그 후도 그것이 계속해서 적용되어 있는 것이다. 더군다나 2001년의 방송법 시행령에 의해 새로 방송 프로그램 쿼터제도도 도입되었다. 이것은 TV프로를 편성할 때에 국내에서 제작된 프로그램이나 콘텐츠를 일정수준 이상 방송해야 한다는 것이며, 특정의 국가에서 제작된 프로그램만이 방송되는 일이 없도록 정해진 것이다.

특히 스크린 쿼터제도에 대해서는 일본보다 오히려 미국이 한국과의 양국간 투자협정에서 반복해서 문제시하고 있는데, 한국영화업계의 강한 요청에 의해 철폐되지 않은 채 현재까지 이르고 있다. 이러한 사실은 지금도 한국 대중문화산업이 스스로의 국제경쟁력에 대해서 신중한 견해를 유지하고 있음을 보여준다. 결과적으로 한국을 둘러싼 대중문화 교류에 대한 외형적 태도가 산업적인 측면으로 규정된 것을 나타내는 예라고 할 수 있다.

4. 자연발생적인 문화 교류 현상의 존재와 그 영향

II절에서 살펴본 바와 같이 한국에서는 일본과의 대중문화 교류가 규제되었던 시대에도 비공식적으로 일본의 음악 소프트나 만화책, 영화, 비디오 등이 반입되어 이것들을 통해서 일본의 문화에 접하는 것이 가능했다. 그 결과 정책적인 문화교류 사업과는 또 다른 '자연발생적인 문화 접촉 및 교류 현상'이 크게 일어나게 되었다. 그리고 그 자체가 한국에서는 일본 대중문화 유입에 대한 규제를 한층 더 강화하는 이유이면서, 반대로 대중문화 개방을 정당화하는 근거로서 이용되어 왔다.

수입이나 공개 및 판매가 정책적으로 규제되고 있는 외국의 대중문화를 사람들이 몰래 반입하거나 즐기는 현상은 적어도 정부의 입장으로 보면 의도하지 않았던 것이다. 그러한 의미에서 정부에 의해 의도적으로 진행되는 공식적인 문화교류 사업과는 반대편에 위치하는 것이라고 생각되기 때문에 이 두 가지의 양 극단이 같은 맥락에서 취급되지는 않는다.

그러나 문화와의 접촉이라는 관점에서 보면, 양자는 실제로는 공통점이 있으며 그러한 경험에 의해 사람들의 가치관이나 행동에 어떠한 변화가 나타날 가능성이 있다는 점에서도 일치한다.

앞에서 살펴본 바와 같이 한국에서는 해방 이후의 왜색문화 배척운동에도 불구하고 식민지 시대에 일본에서 반입된 문화가 오랫동안 잔존하여 이를 바탕으로 새로운 대중음악 및 소설 등의 일본 대중문화의 비공식인 유입 현상이 일어났다. 그것이 일본 대중문화에 대한 경계론을 일으킨 한 요인이 되었다. 또 1960년대 이후로 한일 국교정상화나 일본인의 해외여항 자유화에 의해 양국 간에 사람과 물건, 돈과 정보의 이동량이 증대하는 가운데 변함없이 비공식적인 문화 유입이 계속되어 온 것이 그 후의 규제정책의 정비와 강화의 중요한 근거가 되었다. 한국사회의 이러한 대응은 그 하나하나는 소규모의 사건으로서 자연발생적인 문화 접촉과 교류 현상이라고 할 수 있으나, 이것이 반복적으로 쌓이면 무시할 수 없는 영향을 사회에 미칠 수 있다는 인식을 반영하고 있는 것이다.

그런데 그 후 1980년대에 들어서 국제적으로 저작권 보호가 강하게 제기되는 가운데 한국 국내에서 일본의 만화책이나 음악 소프트, 영화 비디오의 해적판의 유통량이 지나치게 증가한 것은 오히려 종래의 규제와는 다른 현실적인 대응을 한국 정부에 모색하게 하는 계기가 되었다. 게다가 1980년대 말에 한국인의 해외도항이 자유화되면서 한국 안에서의 문화접촉에 한해서만 규제를 하는 규제법 자체의 의미가 근본적으로 사라져 갔던 것이었다.

개인 수준의 문화접촉에는 정보전달 기술의 진보도 큰 영향을 주었다. 부산 등 지리적으로 일본에 근접한 지역에서는 일찍부터 일본의 지상파방송의 전파가 들어와서 텔레비전이나 라디오의 시청 및 청취가 가능했다. 1980년대

중반 이후에 일본의 위성방송이 시험방송을 개시함에 따라 시청가능 지역은 단번에 한국 전역으로까지 확대되어서 파라볼라 안테나를 설치하면 언제라도 일본에 대한 정보에 접할 수가 있게 되었다. 덧붙여 말하면 1990년대 후반부터 폭발적으로 퍼진 인터넷의 영향도 무시할 수 없다. 특히 대용량 파일을 고속으로 전송하고 교환하는 기술의 진보에 따라 음악이나 영상 등의 콘텐츠에 대한 종래의 유통규제는 사실상 거의 무의미하게 되었다.

이와 같이 적어도 한국의 경우에는 앞에서 살펴본 바와 같은 공식적인 정책 목표의 변화에서뿐만 아니라 특히 비공식적인 문화유입을 포함한 문화 접촉 및 교류 현상이 존재했으며 계속적으로 확대된 것 자체가 대일 대중문화교류 정책을 형성하는 데에 중요한 역할을 담당해 왔다. 그것은 각도를 바꾸어 보면 정부 수준의 대중문화교류 규제의 역사와 달리 자연발생적인 문화교류 현상이 양국 간에 계속되고 있다는 것을 나타낸다. 최근 몇 년 동안의 급속한 문화교류 사업의 확대도 어떻게 보면 이러한 오랜 세월의 연장선에 서있는 것이라고 볼 수 있다.

Ⅳ. 일본에 있어서의 한국 대중문화 수용 상황의 변화

이 절에서는 2000년 이후 일본에서 일어나는 한국 대중문화 붐, 이른바 "한류"현상에 주목하여 일본에서의 한국 대중문화 수용상황이 어떻게 변화해 왔는지를 살펴본다. 지면이 한정되었기 때문에 여기서는 구체적인 사례를 망라하는 것보다도 일본에서의 "한류"현상의 특징이나 배경 및 향후의 전망에 대해 정리하는 데 역점을 두기로 한다.

1. 2000년 이후의 일본에 있어서 '한류' 현상의 특징

일본에서는 한국과의 문화교류를 특별히 규제하는 정책이 취해졌던 적은 없다. 따라서 한국 만큼 명료한 문화교류 정책상의 변화는 볼 수 없다. 하지만 전후의 기간에 비해 상대적으로 많은 일본인이 한국에 관심을 가지면서 한국과의 교류가 진행된 시기는 몇 번 존재했다. 그리고 그때마다 "한국 붐"이 도래했다고 일컬어졌다. 예를 들어 1965년의 한일 국교정상화를 전후로 한 시기, 또 1970년대에 한국을 향한 직접투자나 상용을 위해 도항한 일본인이 증가했던 시기 등이 여기에 해당한다.

특히 1988년의 서울올림픽 동안에는 수많은 일본인이 한국을 방문하게 되었다. 이 시기를 전후로 하여 한국어에 대해 관심을 가지게 되는 일본인이 급속히 증가했다. 텔레비전의 어학강좌나 많은 어학교육 시설에서 새롭게 한국어 강좌가 개설되는 예가 잇따랐다. 또 1990년대 중반부터는 상대적인 원화의 약세에 의해 간편한 해외여행지로서 한국이 선택되는 경우가 증가한 것, 더 나아가 1996년에는 2002년 월드컵축구의 한일 공동개최가 결정된 것 등으로 인해 관광지로서의 한국의 매력이 여행 정보지나 여행 프로그램으로 빈번히 소개되었다.

즉, 이와 같이 한국을 방문하는 일본인이 증가하는 시기에 발맞추어 한국 체류에 필요한 어학이나 식사 및 쇼핑 등의 관광정보에 관심이 증가한 것이다. 그것이 바로 1990년대까지의 일본에서의 한국 붐의 특징이었다.

이것에 비하면 2000년 이후의 한국 붐은 한국의 영화나 TV 드라마 등 일본 내에 있으면서도 한국을 즐길 수 있는 한국의 대중문화가 인기를 끌었다. 그러한 현상이 한국을 방문하는 일본인의 급증을 포함해서 다양한 파급효과나 막대한 경제효과로 연결된 점이 특징이다.

예를 들어 한국영화의 경우, 1990년대까지의 일본에서 소개된 작품의 수 자체가 적었으며, 동경 등 도시권에서의 단관상영, 혹은 한국영화를 특집으로 편성한 영화제의 일환으로서 다루어지는 정도였다. 그런데 2000년 이후에는

〈쉬리〉, 〈JSA〉 등의 작품이 잇따라 일본 내에서의 대규모 관객동원에 성공했다. 그 이후 일본 전국에서 극장 상영되는 한국영화의 수가 급증한 결과, 한국영화의 대일 수출액은 급속히 증대하여 그 비율은 2001년도에 이미 과반수에 이르고 있다.

TV 드라마도 1990년대까지 일본에서는 한국에서 녹화된 비디오가 소량 판매 또는 대여되고 있는 정도였으며 넓게 방영되거나 소개된 적은 거의 없었다. 그러나 2002년부터는 제2장(4)에서 본 바와 같이 한일 공동제작 드라마가 방영되고, 그뿐만 아니라 〈이브의 모든 것〉, 〈겨울연가〉(일본 제목: 겨울 소나타) 등의 한국 TV 드라마가 연달아 방영되었다. 그 중에서도 NHK가 2003년 4월부터 위성방송을 통해 방영한 〈겨울연가〉는 절대적 인기를 끌었고, NHK에 의한 〈겨울연가〉 관련 DVD나 비디오, 서적 등 관련 상품의 매출이 2003년에만 35억 엔에 이르렀다고 한다.[11)]

"한류" 현상의 파급효과는 일본에서 한국으로의 사람의 이동에도 큰 영향을 주었다. 한국 영화나 드라마의 촬영지를 방문하는 투어 등을 중심으로 한국 여행이 인기를 얻어, 2004년도에 한국을 방문한 일본인의 수가 비약적으로 증가했다. 이러한 관광수입의 증가분까지 합치면 한류에 의한 경제 효과는 3천억 엔을 넘는다는 추산도 나와 있다.[12)]

이러한 파급효과의 크기는 일본에서 이번 "한류"의 지지층의 확대와도 관련이 있을 것이다. 지금까지 한국을 방문하는 일본인은, 그 연대마다 60~70년대에는 주로 경제협력의 확대에 따라 상용 도항하는 남성 비즈니스맨이 대부분이었고, 80년대 후반부터는 서울올림픽이나 저렴한 해외여행을 즐기려는 비교적 젊은 남녀 층이 증가했는데, 이러한 사실을 살펴보면 시대에 따라 무척 명확한 경향이 있음을 알 수 있다. 결과적으로 지금까지 한국관광에 상대적으로 소극적이었던 층이 확실히 이번 "한류" 현상으로 지지층으로서 중요한

---

11) 2004년 6월 9일에 공표된 NHK의 연결결산보고에 의함.

12) 한국의 현대경제연구원이 2004년 12월 22일에 발표한 추계결과에 의함.

역할을 담당하게 되었다. 즉, 중년이나 노년층의 일본인 여성그룹이 새로운 지지층으로 부상한 것이다. 그러므로 이러한 층들이 한국에 관심을 가지고 소비행동을 확대하여 실제로 한국을 방문하게 된 것이 파급효과를 확대시키는 중요한 요인이 되었다고 말할 수 있다.

2. 무엇이 일본판 '한류'를 가져왔을 것인가

그럼 지금까지 예를 찾을 수 없을 만큼 일본에서 한국 대중문화가 인기를 끈 이유는 과연 무엇 때문인가. 일본에서의 "한류" 현상은 현재도 진행되고 있으며 그 의미에 대한 확실한 검증은 아직 어려운 상황에 있다. 여기에서는 이 물음에 대한 세 가지의 가설을 아래와 같이 제시하기로 한다. 즉, ① '비슷하면서도 무엇인가 다른' 문화의 재미, ② 한국 대중문화 상품의 국제 경쟁력 향상, 그리고 ③ 교류에 의한 이익확대를 목표로 두는 기업 및 정부 수준의 협력 진전이다.

① '비슷하면서도 무엇인가 다른' 문화의 재미있음

예를 들어 해외의 영화나 TV 드라마가 매력적인 이유는 여러 가지로 생각되지만, 자국에서 만든 작품에는 없는 상황이 설정되거나 스토리 전개, 또한 번역 작품만이 가능한 인상적인 대사 등도 중요한 요소일 것이다. 실제로 일본에서 인기를 얻은 한국 영화는 북한과의 대항관계나 스파이의 고뇌, 병역의 경험, 또 부모와 자식 간의 깊은 정 등 한국만이 표현 가능한 요소가 포함되어 있는 것이 많았다. 일본 작품에 비해 직접적으로 감정을 표현하는 대사가 많은 것도 한국 작품이 인기를 끄는 한 요인으로서 자주 지적되는 바다.

게다가 한국 작품에 등장하는 인물의 대부분은 검은 머리카락이나 검은 눈동자 등 많은 일본인과 인종적 특징이 일치한다. 또 등장인물을 둘러싼 현대 한국의 도시정경도 일본과 어딘가 닮은 점을 쉽게 느낄 수 있다. 덧붙여 작품 안에 그려지는 한국 사회의 도덕적인 가치규범이나 가족과의 관계 등은 물론 현대 일본의 그것과는 여러 가지 차이가 있기는 하지만, 다른 외국 작품에 비하면 상대적인 위화감이 오히려 작고, 일본인의 감각으로도 어느 정도 유추가 가능한 경우가 많다. 이러한 근사성은 작품이나 등장인물에게 친근감을 느껴 감정을 이입하는 데 중요한 역할을 한다.

이와 같이 일본의 작품에서는 맛볼 수 없는 설정이나 스토리 전개, 감정표현 등 해외 작품만이 가능한 "차이"의 재미와 풍경이나 인물 또는 사람의 생각이나 마음의 움직임 등 다양한 면의 "유사함"에서 오는 즐거움이 일본사람이 특별히 한국산 대중문화 상품에 대해서 쉽게 감정을 이입할 수 있게 하고, 흥미를 느끼게 오는 요인이 되었을 것이다.

그러나 단지 "한국 대중문화는 원래 일본인에게 매력적이었다"는 설명만으로 왜 2000년경을 경계로 일본에서 한국의 영화나 TV 드라마가 급속히 주목받게 되었는지에 대한 이유를 설명할 수 없다. 그래서 다음 항목에서는 '한국 대중문화의 매력 자체가 근년 급속히 늘어났다'는 관점에서부터 검토하고자 한다.

② 한국 대중문화상품의 국제경쟁력 향상

한국영화를 예를 들면 1960년대에 황금기를 맞이한 후, 군사정권 아래서 자유로운 영화제작이 어려워지면서 제작되는 작품수도, 관객 동원수도 점차 감소하게 되었다. 한국에서의 외국영화 수입규제의 한 요인이 이러한 국산영화의 인기 침체에 있었던 것은 앞에서도 지적했다. 그러한 한국에서 국산영화가 재평가되는 계기가 된 것이 1990년대 말부터 공개된 〈쉬리〉, 〈JSA〉 등의 작품이었다. 이러한 작품의 성공을 계기로 한국에서는 점차 국산영화가 관객동원 수를 늘려 갔다. 이러한 사실은 적어도 한국 국내의 영화시장에서 한국영화가 단기간에 경쟁력을 향상시켜 왔던 증거가 된다. 그리고 이러한 경쟁력의 향상이 한국뿐 아니라 일본을 포함한 주변지역에서도 한국영화의 인기로 연결되었다고 생각할 수 있다.

이러한 한국 영화의 국제경쟁력 향상은 한국 정부가 오랜 세월에 걸쳐 영화산업 지원을 통해서 지향해온 목표였다. 그러므로 "한류" 현상 그 자체가 이러한 정부의 지원의 성과와 직결된다고 보는 지적도 적지 않다. 실제 근년의 일본에서도 한국의 예를 모방하여 정부가 적극적으로 문화산업을 지원해야 한다는 견해가 제기되어 실제로 지원의 정체성을 모색하는 움직임이 시작되고 있다.

하지만 예를 들어 한국산 TV 드라마는 처음부터 정부의 문화산업 지원의 직접적인 대상이 아니었으며 오히려 해외에서의 인기가 높아짐에 따라 뒤를 쫓는 형식으로 지원이 검토되기 시작한 분야이다. 즉, 한국 대중문화상품의 경쟁력의 확대에 있어서 정부의 지원이 반드시 필요한 것은 아니었다는 것을 의미한다.

그럼 한국 TV 드라마가 어떻게 경쟁력을 획득한 것인가. 그 원인에 대한 상세한 분석은 본고의 논의 범위를 넘는 것이므로 여기에서는 다루지 않겠다. 그러나 신세대 감독이나 배우들의 등장, 신진 작가의 적극적인 등용 등 수많은 요인이 복잡하게 서로의 영향을 주고받았을 것이라고 여겨진다. 특히 한국에는 국산드라마의 열렬한 애호가들이 폭넓은 연령층에 걸쳐서 존재하고 있으며, 그들을 주요 대상으로 한 수많은 드라마가 격렬한 경쟁을 반복해온 결과 국산 드라마가 인기를 획득했다는 순환작용이 존재해 온 점을 주목할 만하다.

이른바 거품경제기 이후의 일본에서 대중문화의 소비자로서 주목을 받은 연령층은 오로지 젊은 층이었으며, 이 세대를 구매층으로 하는 상품을 취급하는 회사가 드라마 프로그램의 스폰서로서 고액의 프로그램 제작비를 제공하는 경우가 많았다. 그러나 경기가 쇠퇴해감에 따라 확실한 시청률 확보가 요구되었고 과감하게 신인을 기용하는 일보다 벌써 정평이 있는 일부의 작가나 젊은 층에 인기 있는 일부의 연예인을 반복해 등용하는 경향이 나타나게 되었다. 이로 인해, 비슷한 작품이 많이 만들어 졌고 일부 세대 이외에는 공감하기 어렵게 되었으며, 그 결과로 국산 드라마에 대한 수요 자체를 줄이게 되었다면 일본의 드라마 제작현장은 악순환에 빠져버린 것이 된다.

물론 문화산업을 둘러싼 환경은 나라마다 복잡하고 달라 간단하게 비교할 수 있는 성격이 못 된다. 그러나 "한류" 이후 일본에서 인기를 끈 한국 TV 드라마가 한국 국내의 시청자 층의 다양한 수요에 지지를 받아 그것을 바탕으로 오랜 시간을 걸쳐 진행되어 온 폭넓은 작품제작 성과의 일부인 것은 사실이다. 또 한국 영화도 먼저 국내 수요가 확대되었던 것이 그 후의 업계의 활성화나 해외로의 판로 확대를 촉진시키는 점에서 공통된다. 국내 수요를 만들어내는 사람들의 행위나 존재는 하나하나가 규모도 작고 정부에 의한 대대적인 지원에 가려 자칫하면 간과되기 쉽지만, 이러한 사람들의 손에 국제경쟁력 향상의 중요한 열쇠가 있다는 것을 근년의 한국의 예는 지적하고 있는 것이다.

③ 교류에 의한 이익 확대를 목표로 하는 기업수준과 정부수준 협력의 진전

앞서 말한 두 가지의 설명은 모두 한국 대중문화의 매력에 주목한 것이었다. 여기서는 마지막에 시점을 크게 전환하여 '한류' 현상이 가져온 정치·경제적 이익에 주목한다. 그리고 이러한 이익을 획득하려는 기업이나 정부가 행동한 결과로서 이 현상을 설명한다.

무엇보다 설명하기 쉬운 것은 한일 간 직접적인 문화상품의 수출입 및 판매에 종사하는 기업의 증가와 행동의 변화이다. 1998년 이전에 상업적으로 성립한 것은 한국 대중문화 상품을 일본으로 판매하는 부분 만이었으며, 그 시점에서는 일본 내에서의 한국 대중문화에 대한 수요가 그다지 크지 않았고 따라서 이 분야에 참여하는 기업도 그다지 많지 않았다.

그러나 한국에서 일본 대중문화 개방이 진행되어 일본의 대중문화 상품을 한국으로 판매할 수 있게 되자 한국 국내에서의 일본 대중문화 수요를 전망해 많은 기업이 참여하게 되었다. 게다가 곧 일본에서 한국 영화를 시작으로 한국의 대중문화 상품이 인기를 얻자 곧, 조금이라도 인기가 있는 상대국의 작품을 획득하려는 기업간의 경쟁이 급속히 격화했다. 이러한 경쟁은 한편에서 문화상품의 수입가격을 올리고 또 다른 한편에서는 수입에 성공한 작품의 수익을 올리기 위해 자국 내에서의 격렬한 프로모션 경쟁과 광고 및 선전비용의 상승을 가져왔다. 결과적으로 양국에서는 자국 소비자가 지금까지 깨닫지 못했던 상대국의 대중문화의 매력을 상대국 기업이 아닌 자국 기업이 맹렬하게 판매하는 상황이 단기간의 사이에 출현했다. 이런 기업들은 모두 상대국 문화의 가치가 자국 내에서 높이 평가되는 점에 대한 이해를 공유하고 있었던 것이다. 이러한 상황 아래서 그들이 '한류'라는 붐을 유지하여 그것을 더욱 육성하기 위해 노력하는 것은 매우 자연스러운 것이다.

또 한일 간에서의 문화산업 관련기업의 제휴관계도 급속히 진행되었다. 예를 들어 프로그램 제작과 방송을 실시하는 기업에게는 상대국 내의 동일한 기업과 제휴 관계를 맺음으로써 안정적으로 프로그램을 제공받을 수 있는 채널을 이용하여 제공할 수 있는 콘텐츠의 다양성을 확보하는 것뿐만 아니라 반대로 자사가 제작한 프로그램의 판로를 확대할 수 있을 기회도 동시에 확보할 수 있기 때문이다. 그러한 관점에서 생각해 보면 특히 TV 드라마의 방송이나 영화 배급, 음악 산업, 출판업 등과 특히 깊은 관계를 가지는 방송사나 신문사 등이 상대국 문화의 매력을 선전할 수 있는 프로그램이나 기사를 갑자기 증가시켜도 특별히 놀랄 필요는 없다.

더군다나 일본의 "한류"는 여행상품이나 어학교재의 매출에도 큰 파급효과를 미쳤다. 실제로 한국은 2002년의 FIFA 월드컵을 계기로 다수의 해외 여행객을 맞이할 준비를 갖추었지만, 그 후의 한국 방문자 수는 사스(SARS)의 유행 등으로 인해 많이 부진했다. 따라서 2003년 이후의 '한류'는 한일의 여행업계에서 다시는 없는 기회였다. 한국은 일본인들이 영화나 드라마를 보며 동경했던 수많은 나라들 가운데에 유럽이나 미국에 비해 압도적으로 저렴하고 단시간에 방문할 수 있는 좋은 조건을 가지고 있었다. 이렇게 해서 여행업계가 단기간에 빠짐없이 한국 관광 상품을 개발했다. 그리하여, 한국 드라마의 촬영지나 관광지에 일본인을 몰려들게 되었고, 사회 현상으로서의 '한류'를 각

인시킴과 동시에, 현지에서의 체험을 즐기기 위한 어학교재나 여행정보의 수요 등으로 파급효과가 확대된 것이다.

그런데 "한류"에 따라 행동을 변화시킨 행위 주체는 기업만이 아니었다. 예를 들어 정부의 관광 친선대사나 2005년의 "한일 우정의 해" 등 정부 수준의 교류사업의 캠페인 캐릭터로 인기 배우가 기용되는 예가 월드컵 이후 계속되고 있다. 또 2004년 말에는 한국의 이해찬 총리가 일본에서의 "한류"를 그냥 일과성 유행으로 끝내서는 안 된다고 주장하여 정부 각 부처에 대응책을 검토하도록 지시를 내렸다. 이러한 현상은 한류로 대표되는 대중문화 교류의 확대가 기업뿐만 아니라 정부에 있어서도 중요한 의미를 지니고 있는 것을 시사한다.

그 첫 번째의 목적으로서 생각되는 것은 대중문화 상품 무역의 진전이나 이것을 계기로 한 관광객 유치에 따른 큰 경제적 효과의 유지에 있다. 이것은 중앙정부뿐 아니라 이번 인기 드라마의 촬영 무대가 된 지방도시를 둘러싼 지자체에서도 공통된다.

그리고 두 번째로는 양국의 상호 이미지를 개선하여 한일의 우호적 외교관계를 상징하는 것으로서의 대중문화 교류의 활용이다. 대중문화 교류의 정체성이 언제나 정치·경제적인 문제와 중요한 관계를 맺어왔던 것은 본고 III절에서도 분석했다. 현대 한일관계는 역사인식 문제나 독도 영유권 문제 등 국민 사이의 감정 대립과 용이하게 결합되기 쉬운 많은 문제도 있지만, 북한을 둘러싼 6자회담이나 지역경제 협력 등 긴밀한 협력관계가 요구되는 영역 역시 확대되고 있는 실정이다. 이러한 상황 속에서 국민간의 상호인식이 개선되거나 안정되는 것은, 국민의 정치참여가 더욱 활발해지고 있는 오늘날의 상황에서, 우호적인 국제 관계를 유지하는 데 있어서 이전보다 더 중요해진 것이다.

3. 일본판 '한류'의 장래 전망

지금까지 현대의 일본에서의 '한류'의 특징과 그 배경에 대해 개관적으로 고찰해 왔다. 이하에서는 이러한 고찰을 견지하면서 일본판 '한류'의 장래에 관해서 간략하게 살펴보고자 한다.

일본에 있어서의 "한류"의 향후 전망으로서 자주 지적되는 것은 그것이 매우 단기간에 폭발적인 확대된 일시적인 붐이기 때문에, 사라지는 것도 또한 빠를 것이라는 견해이다. 원래 '한류'라는 말에 유행이라는 의미가 내포되고 있을 뿐 아니라 현실에서 뉴스 등으로 연일 보도된 '사람들의 열광'이 일본판 '한류'의 존재를 결정하는 데 중요한 요소인 것을 고려해 보면 나중에는 그 열기가 식어서 '한류'가 과거의 유행으로서 다루어지는 날이 오리라는 것도 처음부터 분명한 것이다.

그러나 앞에서도 언급했듯이 이번 '한류'에는 '기업·정부에 의한 전략'이라는 측면도 동시에 존재한다. 그러한 측면에서 한일 대중문화 교류의 확대를 통해 얻을 수 있는 이익이 존재하는 한 이러한 교류를 유지하며 확대하려는 움직임은 향후 당분간 계속될 것이다. 물론 사람들의 열광이 식어 버린 후에도 끊임없이 '한류'라는 표현을 계속 사용하여 한국의 다양한 대중문화를 한 덩어리로 묶어서 제시하는 것은 전략적으로 현명하지 않다. 예를 들어 지금 아무도 '미국인 배우'를 특별히 구분을 하지 않는 것처럼 한국 배우나 대중문화의 다양성이 향후 각각의 배우의 이름이나 보다 세분화된 장르에 따라서 한층 더 주도면밀한 마케팅 전략을 통해 소개될 것이다.

물론 한국 이외의 나라와의 문화상품 수출입이 압도적으로 큰 이윤을 초래한다고 판단되었을 경우나 정부 수준에서 한일 우호관계를 드러낼 필요성이 상대적으로 저하되는 상황이 생겼을 경우에는 사업 또는 정책적 의도로 전개되는 교류의 폭이 급속히 좁아지는 일도 있을지 모른다.

그럼에도 불구하고, 이번 "한류" 현상의 본질이 이른바 사람들의 사이에서의 '문화의 흐름'에 있다고 하면 비록 기업이나 정부의 행동이 단기적으로 어떻게 변화해 간다고 해도 장래에 걸쳐 완만하게 확대가 계속되어 간다고 봐도 좋지 않을까 싶다. 왜냐하면 이러한 "문화의 흐름"이라는 측면은 확실히 이번의 "한류"에 의해 일시적으로 격렬하게 가속되기는 했지만, 지금까지도 긴 시간 동안 계속되어 온 현상이며 향후에도 이러한 현상은 같은 형태를 유지한다고 예상되기 때문이다.

이번 일본판 "한류"는 대중문화를 계기로 많은 일본인의 시선이 현대 한국사회로 향하게 하였다. 그리고 거기에 존재하는 "비슷하면서도 무엇인가 다른" 문화의 재미를 깨닫게 되었다. 그뿐만 아니라 실제로 한국을 방문하는 사람들의 폭을 넓히고 그 수를 증대시킴으로써 한국 사회를 직접 접하고 어학이나 식생활 문화 등 폭넓은 문화로 관심의 대상을 넓히는 기회를 마련했다. 일본사람 가운데에는 직접 한국을 방문했을 때, 영화나 TV 드라마만을 통해서 상상하고 있던 한국사회와 현실의 한국사회의 차이에 놀란 사람이 많았을 것이다. 한국 방문이 한국에 대한 호감도의 상승으로 반드시 연결된다고 할 수는 없다. 그러나 그러한 체험을 포함한 모든 것이 작은 규모이기는 하지만 개인 수준에서 달성된 이문화와의 접촉이었을 것이다.

V. 마치며

본고에서는 근년에 한국에서 급속히 진전된 일본 대중문화 개방정책이 한일 간에 있어서 문화교류의 긴 역사 가운데에 종래의 대일 대중문화 규제정책의 이른바 연장선상에 등장한 변화라고 하였다. 그리고 그 변화가 한일 간의 외교관계나 양국의 정치·경제를 둘러싼 정세의 동향과 밀접하게 서로 관계되어 있는 것을 확인했다. 또 앞에서 말한 바와 같이 2004년을 중심으로 하여 일본에서 관찰된 "한류" 현상도 한일 문화교류의 역사와 함께 현대의 정치·경제적 요구와 밀접하게 관련되어 있으며 급속히 확대된 것이라는 견해를 시사했다.

그러나 정치나 경제가 문화교류의 성격을 전적으로 규정하는 것은 아니다. 오히려 가끔 정부에 의한 규제 정책을 벗어나면서까지 스스로가 요구하는 문화에 접하려고 하는 사람들의 행동 하나하나가 오랜 세월에 걸쳐 축적됨으로써 대량의 문화접촉을 가져와서 결국 정부에 의한 외교정책이나 문화정책에 영향을 미치게 되었다. 그것은 결과적으로 외래 대중문화의 수용이라는 행위를 통해 사람들이 국제관계에 대해서 의도적이든 아니든, 간접적으로 영향을 미쳐 온 역사이기도 했다.

말할 필요도 없이 대중문화는 어디까지나 상대국가에 사는 사람들의 다양한 문화의 일부분에 지나지 않는다. 더군다나 한정된 시기에 유행한 영화나 TV 드라마는 그러한 유행 속에서도 매우 미세하며 일부분에 지나지 않는다. 이러저러한 이유로 형성된 선입관을 타파하며, 상대국의 문화를 있는 그대로의 인식하거나, 거기에 사는 사람들의 모습을 알리는 것이 문화교류의 목적이라고 생각한다면 일부의 대중문화만을 통해서 상대국의 문화나 사람들에 대한 치우친 선입관을 가지게 하여 그것을 고정화해 버리는 것은 오히려 피해야 할 사태라고 말할 수 있다.

대중문화는 앞으로도 그 친숙함과 압도적인 다양함을 통해 많은 사람들의 관심을 끌게 될 것이며, 대중문화를 하나의 계기로 하여 상대국에 관심을 가지게 되는 사람들이 앞으로도 더욱 더 증가해 갈 것이다. 그야말로 대중문화 교류를 하나의 입구로 하여 거기서부터 상대국의 다양한 문화 및 거기에 사는 사람들의 다양한 모습에 대한 관심을 얼마나 확대해 갈 수 있을 것인지, 이러한 점이 향후의 문화교류 정책에 대한 하나의 초점이 될 것이다. 그 구체적인 제안에 대해서는 또 다른 기회에 논의하려고 한다.

참고문헌

이지원. 1993.「일본의 팽창적 문화정책과 한국 내 일본문화 유입의 문제점 : 80년대 이후 대중문화를 중심으로」. 신용하 편.『신일본 패권주의와 한일관계』. 서울: 김영사.

문화부. 1992.『우리 나라의 문화행정 1992』. 서울: 문화부.

문화관광부. 2003.『문화산업백서 2003』.

한국외교통상부. 1999.『한국외교50년』. 서울: 한국외교통상부.

『조선일보』.

山下玲子. 2002.「韓國若者のマンガ·アニメ意識と日本アニメの韓國進出狀況」. 朴順愛·土屋礼子編.『日本大衆文化と日韓關係』. 三元社.

李庭植. 1989. 小此木政夫·古田博司譯.『戰後日韓關係史』. 中央公論社.

林夏生. 1999.「韓國の文化交流政策と日韓關係」. 平野健一郎編.『文化交流の政治経濟學』. 勁草書房.

鄭大均. 1998.「『倭色』の領域」. 五十嵐曉郎編.『変容するアジアと日本』. 世織書房.

土佐昌樹. 2004.『変わる韓國、変わらない韓國』. 洋泉社.

21세기 일본외교와 한일관계

윤덕민

Ⅰ. 서론

일본은 19세기 중반 이후 서구의 제국주의 세력이 물밀 듯이 동양으로 몰려오는 시기에 미국에 의해 오랜 쇄국에서 벗어나 개항을 하게 되었다. 동양의 전대근적인 봉건국가 일본이 서구의 제국주의 도전에 직면하여 20세기 초 근대 국가로서 열강의 일원으로 부상하는 과정은 너무도 극적이다. 일본은 서구의 산업혁명과 시민혁명에 입각한 근대화의 논리를 명치유신을 통해 불과 반세기만에 실현하는 데 성공했을 뿐만 아니라 당시 지배하던 '힘의 정치' (power politics)를 습득하여 팽창주의적 외교노선을 추진하는 제국주의의 막차를 타게 되었다. 청일전쟁, 러일전쟁의 승리를 통해, 일본은 한반도를 획득하였고, 이어 만주와 중국 대륙에 대한 영토적 야심을 추진하여 미영 등과의 충돌을 초래하였다. 특히 군부를 견제할 수 있는 국내체제가 없는 상황에서 군의 폭주는 일본을 점차 전쟁의 수렁으로 몰게 하였고, 일본은 결국 승산없는 미국과의 전면전쟁에 돌입하였다.

패전 이후 일본은 반세기 가까이 미국 주도의 국제질서하에서 미일 안보관계를 축으로 경제적 번영을 구가하여 왔다. 이 시기에 있어서 일본의 대외정책 방향은 명백한 것이었다. 패전 후 첫 수상이었던 요시다 시게루(吉田茂)는 정치안보적인 것은 철저히 미국에 의존하여 안전을 확보하는 한편 '팍스 아메리카나'하에서 경제발전에 전력을 기울인다는 노선을 취했는데, 이 노선이 바로 '요시다 독트린'으로 일본 대외정책의 기본 방향이 되었다. 일본의 대외정책은 이데올로기적 기반 없이 경제에 기반한 것이었다. 사실 오늘날 일본의 번영을 가져다준 중대한 이유 중의 하나가 미일 안보체제와 GATT 체제로 집약되는 자유무역질서라는 국제환경이었다고 해도 과언이 아니다. 이러한 국제환경은 '팍스 아메리카나'에 의해 형성되었다고 볼 수 있다.

냉전 붕괴는 일본에게 새로운 가능성과 희망을 주는 것으로 보였다. 1990년대 초반 엔화가 1달러당 70엔대까지 올라갔을 때, 일본 경제는 미국경제를 추월하였으며, 강력한 세계 최고의 경쟁력을 가진 것으로 평가되었다. 세계 최강의 경제력과 함께 일본은 이제 정치적으로도 대국의 모습을 갖게 될 것으로 보였다. 일본 내에는 냉전 이후 일본의 진로와 관련된 다양한 견해들이 제시되었다. '보통국가', '작지만 반짝반짝 빛나는 나라', 글로벌 시빌리언 파워(global civilian power) 등등 유력 정계 지도자들과 지식인들은 냉전이후 일본이 나가야 할 진로를 앞을 다투어 제시하였다.

그러나 21세기에 들어선 현재, 일본의 모습은 냉전 직후의 희망찬 모습과 거리가 있다. 일본 정치경제시스템의 제도적 피로와 함께, 세계화에 대한 대처의 미흡, 미국의 일중 균형정책, 동아시아의 금융위기, 중국의 급부상, 북한의 대량살상무기 개발 등으로 일본은 상당한 좌절감을 느끼게 되었다. 현 상황을 태평양전쟁에 이어 제2의 패배로 보는 견해도 있을 정도이다. 1990년대 들어 선진국 가운데 최장인 10년 이상이나 지속되고 경제 침체는 일본의 국제적 영향력을 약화시키고 있으며, 미국의 중국 카드를 효과적으로 견제하지 못할 경우, 미국 주도의 국제질서에 있어서 자신은 주변적 역할에 머무르게 된다는 점을 우려하게 되었다. 이러한 상황에서, 소프트 파워(soft power)에 의존해서 중국의 군사적 신장과 북한의 대량살상무기 개발에 대처하기에는 한계가 있으며, 어느 정도 군사력의 뒷받침이 필요하다는 인식이 확산되고 있다고 볼 수 있다.

본고는 일본을 둘러싼 전략 환경의 변화를 살피는 가운데 21세기 일본의 외교 방향을 평가하고 새로운 한일관계를 모색하는 데 그 목적이 있다.

II. 외교방향 논의의 전개과정

외교의 기본 목표는 국익(안전, 번영 및 명예)을 보장하는 국제환경의 조성 및 증진이라고 볼 수 있다. 명치유신 이래로 일본의 대외정책은 두 가지의 대립되는 대외정책 방향을 보여 왔다. 패권국과 양호한 관계를 유지함으로써 국익을 확보하는 노선과 패권국에 의해 조성된 국제질서에 도전하는 노선이 그것으로 현실주의와 이상주의의 대립이기도 하였다.[1]

1. 영미파와 아시아파

1차 세계대전을 계기로 일본이 열강의 일원으로 인지됨에 따라, 일본 외교 노선을 둘러싼 두 입장의 대립이 부각되기 시작했다. 즉, 패권세력이었던 영국과 미국에 의해 구축된 국제질서 속에서 자신의 국익을 확보할 수 있다는 영미파와 영미에 의해 조성된 국제질서에 도전하는 아시아파의 대립이다. 국제연맹, 워싱턴 군축체제로 대변되는 1차 세계대전 이후 국제질서에 대해 어떠한 입장을 취할 것인가가 논쟁의 초점이었다.

일본은 당시 '부국강병'에 입각하여 제국주의적 시각에서 자신의 국익을 논하는 경향이 강했다. 특히 만주에 있어서의 권익을 여하히 유지할 것인가가 대외정책 방향에 있어서 중요한 이슈였다. 러일전쟁 이후 지배권을 확보한 일

---

1) 일본의 대외정책 방향을 둘러싼 논의를 정리한 자료로는 國分良成(1997, 135-167) 참조.

본은 만주를 자신의 안전보장에 있어서 사활적 이해가 있는 것으로 간주하고 있었다. 1920년대 일본의 정책 결정자의 주류는 영미파였다. 그러나 영미파가 간과한 것은 영국과 미국 사이의 역학관계 변화를 인지하지 못한 것이었다. 낡은 제국주의 영국에서 문호개방정책과 중국에 동정적인 미국으로 세계의 패권이 이행되고 있음을 인지하지 못한 것이다. 일본이 만주에 대한 지배권을 확립하려 하면 할수록 중국의 민족주의와 충돌할 수밖에 없었으며, 이에 대해 미국은 중국 국민당에 대해 동정적 입장을 취하였다. 따라서 영미파의 입지는 점점 좁아지면서, 아시아파가 대외정책을 주도하게 되었다. 아시아파 사이에서도 다양한 입장차가 존재했지만, 아시아주의를 내세우며 구미열강으로부터 아시아 해방을 주창하는 가운데 궁극적으로는 대동아공영권을 통한 패권의 추구라는 점에는 공통점이 발견된다.

결국 아시아파의 득세는 일본을 군국주의로 치닫게 하여 패권세력인 영미와의 결전 끝에 패망의 길을 자초했다.

2차 세계대전에서 철저히 패배한 일본은 다시 패권국인 미국의 동맹으로서 친미노선 이외의 다른 선택지가 있을 수 없었다. 이에 따라, 요시다 독트린으로 대변되는, 미국에 의존하고 미국이 조성한 자유무역과 상호의존의 국제질서하에서 경제발전에 전력을 기울이는 노선이 전후 일본의 대외정책 방향이 되었다. 이러한 대외정책하에 일본은 미국의 패권에 도전하는 소련을 비롯한 공산세력에 대한 미국의 봉쇄정책에 일익을 담당하게 되었다.

한편 전전(戰前) 극우적 아시아파 대신에, 좌익 자유주의파가 미국과의 동맹이 원하지 않는 전쟁에 일본을 휩쓸리게 할 것이라는 점을 들어 미일동맹에 반대하고 비동맹 노선을 주장하였다. 이들은 패전에 따른 지식층의 반미감정을 대변하는 것이었다. 그러나 강력한 보수 자민당 정권의 친미적 대외정책 방향에 대한 대안이 되기에는 너무 이상주의로 치우친 감이 든다. 한편 중국과의 관계개선이 필요하다고 본 보수파의 아시아주의자들도 존재했다. 그러나 1960년대 말 이후 미국이 베트남전쟁의 수렁에서 벗어나기 위한 방편으로 중국과의 관계개선을 추진하고 대소 봉쇄에 중국을 동원함으로써, 일본 보수파 내의 친미파와 아시아파 간의 대립요인은 없어졌다.

냉전시기 일본의 대외정책은 결국 친미노선에 따른 세계관에 입각한 것이었다. 일본은 냉전시기 미국과의 긴밀한 관계를 견지하고 미국에 도전하는 일은 없었다. 그것은 미국과의 엄연한 힘의 차이뿐만 아니라 미국 주도의 국제질서가 자신에게 손실보다는 이익이 훨씬 크다는 현실적 고려를 반영한 것이다.

2. 냉전 종결과 패권안정론

냉전 종결은 일본 외교에 새로운 가능성을 제시하였다. 소련의 해체는 미국의 힘을 빌리지 않더라도 충분히 일본이 자신을 방위할 수 있는 상황을 초래했다. 일본의 자위 능력은 거대한 극동 소련군에 대처하기에는 역부족이었다고 볼 수 있었지만, 소련 해체로 극동 소련군의 전력이 급격히 약화됨으로써 일본 군사력은 독자적으로 자신의 안전을 보장하는 데 전혀 부족함이 없게 되었다(윤덕민 1998, 5). 또한 일본은 경제적 측면에서 초강대국인 미국과 견줄 수 있는 세계적인 경제대국으로 부상했다. 미·일 간의 역학관계도 보호자와 피보호자 관계를 넘어 치열한 경쟁관계로 변화되었다. 1950년 일본의 경제력은 미국의 2.6%에 불과했으나, 현재 거의 80% 수준에 도달하고 있다. 한편 강력한 군사대국 소련이 붕괴되는 상황에서, 냉전 이후 국제정치는 군사력보다는 경제력, 과학기술, 정보 등 소프트 파워(soft power)의 비중이 훨씬 높을 것으로 보였다. 일본의 경제력이 강력한 국제적 영향력으로 전환될 수 있는 환경이 냉전종결로 조성되었던 것이다. 더욱이 냉전 이후 국제질서는 냉전시기 양극 혹은 단일 체제로부터 점차 다극체제의 성격을 띠게 될 것이라고 판단되었다.

전후 처음으로 미국으로부터 벗어나 독자적 노선을 취할 수 있는 환경이 조성되었던 것이다. 미국주도의 국제정치, 경제체제에 순응해 온 일본이 미국에 버금가는 경제 대국으로서 국제질서를 변동시킬 수 있는 잠재력을 갖게 된 셈이다(田久保忠衛 1998, 192).

냉전 이후 일본의 대외정책 방향을 둘러싼 다양한 견해가 제기된 바 있다. '보통국가론', '글로벌 시빌리언 파워', 보수 민족주의, 리버럴(liberal) 평화주의, 다자체제적 현실주의 등의 입장이 냉전이후 일본 외교의 방향으로 개진되고 있다. 그러나 이와 같은 다양한 논의들은 일본의 전통적인 대립되는 두 가지 정책 방향을 반영한다고 볼 수 있다. 즉, 패권국과 긴밀한 관계를 유지하는 노선과 패권국에 도전하는 노선의 대립 구도가 냉전 이후 일본의 대외정책 방향에 관한 논의에서 존재한다.

이 논쟁은 결국 국제정치이론에서의 '패권안정론'을 긍정하는 입장이냐 아니냐에 의해 설명될 수 있다. 패권안정론은 '강력한 군사력, 정치력, 경제력, 자원 등의 지배권을 갖는 패권국이 존재하면, 국제정치경제 시스템의 안정이 유지된다'는 이론이다.

미국의 패권을 긍정적으로 보는 입장으로 대표적인 것이 '보통국가론'과 '글로벌 시빌리언 파워'이다. 오자와 이치로(小澤一郎)의 '보통국가론'은 미일 안보체제 견지를 기본으로 하여 여타 주권국가와 동일하게 일본이 국제 사회에 있어서 안전보장상의 역할을 맡아야 한다는 점을 강조한다.[2] 한편 후나바시 요이치(Funabashi, Yoichi)의 '글로벌 시빌리언 파워'는 미일 동맹관계를 유지하면서 발전도상국의 민주화 및 경제발전을 위한 자조 노력을 촉진시킬 수 있는 지원, 국제적 평화유지활동, 인권 및 환경문제 등에 있어서의 일본의 역할에 중점을 둔다(Funabashi 1991-92, 58-74).

양론의 공통점은 미국 주도의 국제질서를 인정하면서 미주도의 질서하에서 일본의 역할을 확대해야 한다는 것이다.

반면 패권안정론을 의문시하는 입장은 평화주의자와 민족주의자 그리고 현실주의자에 의해 개진되고 있다. 리버럴한 평화주의자들은 "미일 안보조약

2) 보통국가론에 관해서는 小澤一郎(1993) 참조.

과 NATO와 같은 공통의 적을 설정한 안전보장 시스템은 냉전 이후의 세계에는 유효하지 않다. 오히려 CSCE(유럽안전보장협력기구)나 ARF(ASEAN 지역포럼)과 같은 적을 설정하지 않는 안전보장 시스템이 바람직하다"고 보는 한편 "미일의 군사적 연계를 약화시키는 것이 일본의 비군사화로 연결된다"고 본다.[3] 평화주의자들과는 다른 시각에서 보수적 민족주의자들은 미일 안보체제 자체를 반대하지는 않지만, 일본의 대미 종속적 자세에 비판하고 전전(戰前) 아시아파와 유사하게 일본의 아시아 회귀를 주장한다.[4] 특히 말레시아의 마하티르 수상이 주창하는 EAEC(동아시아경제회의)구상 등에 일본이 적극적인 역할을 해야 한다고 주장한다. 이들은 일본 내 보수주의자들의 미국에 대한 혐미적(嫌美的) 시각을 대변한다고 볼 수 있다.

리얼리즘의 시각에서 패권안정론적인 대외정책 방향을 비판하는 입장도 있다. 이 입장은 장기적으로 볼 때 미국은 현재와 같이 아시아에 대한 강력한 리더십에 입각한 커미트먼트(commitment)를 견지하기보다는 점차 다극화하는 아시아 제국 사이에서 균형자의 역할로 전환되어 갈 것이기 때문에, 미일동맹의 당위성이 의문시되는 사태가 초래할 것이고, 이에 따라 동아시아의 다자적 안전보장 체제를 수립하는 것이 필요하다고 본다.[5]

냉전 이후 일본의 대외정책 방향을 둘러싼 다양한 논의에서 패권안정론적인 입장과 현실주의적 다자체제론의 입장은 사실상 일맥상통하는 바가 크다. '보통국가론'과 '글로벌 시빌리언 파워'의 입장도 미국과의 긴밀한 협력관계를 기본으로 하지만 일본의 국제적 역할 확대, 특히 다자간 체제 등에서의 역할 확대를 대외정책의 중요한 방향으로 지적하고 있다. 패권안정론적 시각이 비록 미국 주도의 국제질서의 유지를 위한 일본의 역할을 강조하는 측면도 있지만, 다자간 체제에 있어서의 일본의 역할 확대를 통해 국제질서의 변화에 대

---

3) 평화주의적 입장은 "アジア太平洋地域安保 構想する," 『世界』 1994년 12월호 참조.

4) 이러한 시각의 대표적 예로서 盛田昭夫·石原愼太郎(1989) 참조.

5) 이와 관련, 中西輝政(1996, 47-83) 참조.

응할 수 있는 측면도 동시에 포함하고 있는 점에서 패권안정을 의문시하는 다자체제론적 입장과 큰 차이가 없다고 볼 수 있다. 결국 일본의 대외정책 방향의 주류를 점하는 이들 입장의 저변에는 현실주의가 존재하는 것이다. 현재 일본의 대외정책 방향은 사실상 현실주의적 시각을 반영하는 것이라고 볼 수 있다. 결국 일본의 대외정책 방향에 있어서 일본의 국제적 역할 확대 문제, 특히 지역에 있어서의 일본의 적극적 역할을 강조하는 것은 궁극적으로 강대국의 지위를 갖는 보통국가로서 국제질서 형성의 중요한 영향력과 발언권을 갖는 존재를 지향하는 것으로 볼 수 있다.

III. 일본 외교를 둘러싼 전략환경 변화

냉전 종결과 일본의 국력 상승은 일본에게 새로운 대외정책의 가능성을 제시했다. 미국 주도의 국제정치, 경제체제에 순응해 온 일본은 미국에 버금가는 경제 대국으로서 국제질서를 좌우할 수 있는 잠재력을 보유하고 있다. 냉전 이후 일본은 새로운 국제적 역할을 모색해 왔다. 그러나 일본은 독자적 노선을 모색하기보다는 패권안정론에 입각하여 패권국인 미국과의 긴밀한 관계를 기본으로 하여 미국 주도의 국제질서하에서 경제 대국에 걸맞은 국제적 영역과 역할을 확대해 가는 노선을 택하여 왔다. 이러한 노선은 미국이나 주변국과의 갈등 없이 일본의 국제적 역할을 확대할 수 있는 한편 국제질서 변화에 대응할 수 있는 이점이 있다. 즉, 냉전 이후의 국제정치가 점차 단일체제로부터 다극체제로 이행된다고 보면, 이러한 일본의 노선은 매우 타당한 것이라고 볼 수 있다. 또한 냉전 이후 국제정치에 있어서 소프트 파워의 중요성이 높아진다고 보고, 일본은 자신이 우위에 있는 소프트 파워에 입각하여 국제정치의 중요한 행위자로서 영향력을 행사할 수 있게 될 것이라고 보았다.

그러나 이러한 일본의 판단은 너무나 낙관적인 것이었다. 일본의 대외정책을 둘러싼 환경은 급격히 변했다. 세계 최강의 경쟁력을 자랑하던 일본 경제는 1990년대 이후 10년의 장기 불황을 겪고 있으며, 이는 세계적인 문제로 등장하게 되었다.

1. 잃어버린 10년과 세계화

일본은 현재 명치유신 직전과 2차 세계대전 패전 직후의 상황보다 어려운 상황에 처해 있다. 일본은 1990년대 들어 어떤 선진국들도 경험한 적이 없는 최장의 심각한 경제 침체를 겪고 있다. 더욱이 경기 침체와 함께 세계최대 규모의 버블 경제 붕괴가 초래한 자산 디플레이션으로 1990~97년간 일본 국내총생산(GDP)의 2년분에 해당하는 1,117조 엔(약 11조 1,700억 달러)의 자산이 사라져 버렸다. 이는 1980년대 라틴아메리카의 '잃어버린 10년'에 비유되는 일본판 '잃어버린 10년'을 의미한다.

또한 균형·흑자 재정을 자랑하던 일본의 재정 상황도 1990년대 중반 이후 심각한 재정 적자로 돌아섰다. 경기 후퇴로 세입이 줄고 경기 자극을 위해 감세와 함께 공공 투자에 재정 자금을 투입한 결과, 일본의 재정 적자 폭은 위험 수위를 넘어섰다. 이에 따라, 정부 채무의 잔고는 GDP의 105%에 달하며, 제2정부예산으로 볼 수 있는 재정투융자부문을 포함하면 사실상 GDP의 200%에 육박하고 있다는 평가이다. 더욱이 일본의 급속한 노령화 사회로의 진입은 사회보장비의 급증을 가져와 국가재정을 더욱 악화시킬 것이 우려되고 있다. 이와 관련, 미야자와 기이치 일본 재무상은 2001년 3월 공공부채 증가로 인해 국가재정이 "붕괴에 거의 근접한 상태"라고 언급한 바 있다(『조선일보』 2001/03/09).

결국 국가 주도의 일본 경제체제는 현저한 제도 피로로 기능부전에 처해 있는 상태이다. 일본 경제의 침체는 냉전 이후 일본이 모색하여 왔던 확대된 국제적 역할과 영향력을 뒷받침하기 어렵다는 점을 말해 준다.

더욱이 세계화 시대에 있어서, 일본은 세계 최고의 제조업 경쟁력과 버블

경제를 맹신한 나머지 세계경제가 재정(finance) 중심으로 전환되어가고 있는 점을 간과하였다. 고도성장의 성공을 가져다 준 일본의 경제시스템은 미국이 주도하는 새로운 세계화의 틀 속에서 문젯거리로 전락한 셈이다. 더욱이 지난 수십 년간 일본이 경제적으로 조성해온 소위 동남아의 엔 경제권도 동아시아 금융위기를 계기로 의미를 잃어가고 있다.

일본은 1998년 금융 빅뱅(big bang)을 통해 정부 주도의 금융시스템으로부터 자율적 시스템으로의 전환을 꾀하는 등 나름대로의 노력을 기하고 있다. 그러나 골이 깊은 장기불황하에서 일본은 정치력 부재 상황과 맞물려 좀처럼 탈출구를 찾지 못하는 상황이 지속되고 있다.

2. 국내의 보수화 경향

냉전 종결과 독일 통일은 독일과 함께 세계대전을 일으킨 일본에게 과거사에 대한 면죄부를 얻을 수 있는 환경이 도래했음을 의미하는 것이었다. 패전 50년의 '총리대신담화', 중일 공동성명 그리고 21세기 새로운 한일 파트너십 성명 등에서의 반성·사죄 표명을 계기로 일본은 과거사 문제가 결착되었다는 인식을 갖고 있다. 이를 계기로 일본은 중국, 한국 등 주변국에 대해 과거사에 대한 콤플렉스 없이 대하겠다는 의도가 있다고 볼 수 있다.

앞서 지적했듯이 일본은 현재 명치유신 직전과 2차 세계대전 패전 직후의 상황보다 어려운 상황에 처해 있다. 일본은 1990년대 들어 어떤 선진국들도 경험한 적이 없는 최장의 심각한 경제 침체를 겪고 있으며, 국민들은 장래의 비전이 없는 가운데 깊은 좌절감을 느끼고 있다.

결국, 일본 정치경제 시스템의 제도 피로와 함께, 동아시아 금융위기, 중국의 부상, 북한의 대량살상무기 개발 등으로 일본인들은 적지 않은 좌절감과 함께 자신이 취약하다고 느끼게 되었다. 일본은 현재 냉전 종결 직후 이상적이고 낙관적 분위기에서 반전되어 매우 냉혹한 현실을 앞에 두고 있다고 볼 수 있다. 이러한 상황에서 국민들 사이에 좌절의 탈출구로서 민족주의 의식이 확산되고 있으며, 정치권도 이를 부추기고 있는 실정이다. 이는 또한 개혁지향적인 고이즈미 내각이 등장하는 배경이 되고 있다.

역사 교과서 왜곡 등 우경화 경향은 일단 일본의 정치경제에 대한 자신감 상실에서 비롯되는 측면이 있다. 즉, 과거를 미화하고 일본 국내에서만 통용되는 우월감을 강조함으로써 자신감 부족을 감추려한다는 것이다. 활력을 잃은 일본 사회에 국수주의적 접근을 통해 내부 개혁을 위한 새로운 활력을 창출하려는 지배 세력의 의도가 존재한다. 특히 냉전 종결과 55년체제 붕괴로 정체성과 세력을 잃은 자민당으로서는 개헌논의를 전면에 내세워 개헌을 둘러싼 찬반에 입각한 55년체제 구도를 재현하여, 자민당 중심의 정치적 안정을 확보하려는 정략적 의도도 있다고 판단된다.

그러나 전반적으로 일본의 보수화 현상은 평화헌법으로 상징되는 패전의 굴레에서 벗어나 소위 '보통국가화'하려는 흐름으로 파악된다. 일본은 전쟁에서 졌기 때문에 미국에 의해 씌워진 패전의 굴레 속에서 정치군사적으로 적지 않은 제약을 갖고 있는 상황이다. 일본은 패전의 속박에서 벗어나려 하고 있으며, 그 변화의 방향은 보통국가화로 볼 수 있다. 즉, 일본은 국익을 위하여 스스로 생각하는 바를 행동에 옮길 수 있는 국가가 되어야 한다는 것으로, 그 핵심은 결국 정치군사 부문에 있어서 자주성 내지는 주권을 회복하여야 한다는 것으로 볼 수 있다.

일본 정국에 있어서 일정 부분 국수주의적 움직임이 돌출되고 있는 것이 사실이나, 고이즈미 총리를 비롯한 보수본류적 생각은 미일동맹과 국제협력에 입각한 대외정책 방향을 지속할 것이다. 일본 지도자들의 주류는 일본의 안전과 번영은 자국에 한정되는 것이 아니라 양호한 국제관계하에서만 가능하다는 점을 충분히 인식하고 있다고 본다.

3. 9·11 테러에 따른 미국의 변화

미국은 일본에게 유일한 동맹으로 가장 중요한 국가이다. 그런데 9·11 테러 이후 미국의 대외 및 군사정책은 급격한 변화를 보이고 있다. 후일 역사가들은 미국에 대한 9·11 테러사건을 진주만 사건과 마찬가지로 새로운 역사의 장을 여는 일대사건으로 기록할 것이다. 새로운 역사가 무엇인지 규정하는 것은 아직 너무 이른 작업일 것이다. 하지만 엄청난 영향이 세계 질서는 물론 동북아 질서에 미치게 될 것은 분명하고, 이미 적지 않은 영향이 표면화되고 있는 중이다. 60년 전의 진주만 사건은 미국의 대외정책을 180도 전환시켜 고립주의의 미국으로 하여금 미국 밖의 일에 적극적으로 개입하도록 하였다. 이후 세계질서는 세계의 경찰관 미국에 의해 주도되었다고 해도 과언이 아니다. 9·11 테러사건도 진주만 사건 이상으로 미국민들에게 엄청난 충격을 주었다. 진주만 사건은 1,700명의 군인이 희생되었던 반면, 9·11 테러사건은 미경제의 상징인 세계무역센터빌딩에 대한 무차별 공격으로 4천 명 가까이가 희생되었고, 초강대국 미국의 심장인 백악관을 공격하려 했으며, 국방성이 공격받아 수백 명이 희생되었다. 분명 9·11 사건은 미국의 대외정책 전반에 중대한 영향을 미치고 있다.

사실 미국의 부시 정부는 새로운 정책을 모색하고 있었다. 카르타고라는 강적이 존재할 때의 로마와 카르타고가 멸망한 이후 로마는 다르다. 부시 정부는 카르타고(소련)가 없어졌음에도 불구하고 냉전형의 정책과 군사력을 유지했던 클린턴 전정부에 대해 비판적 인식을 갖고 있다. 즉, 냉전이 종결되고 소련이 해체된 상황에서 전면전을 상정한 '윈-윈' 전략과 같은 냉전형 정책과 중무장한 군사력은 필요 없다는 것이다. 미국의 부시 신정부는 카르타고가 없어진 이후의 로마와 같이 세계 지배의 새로운 룰(rule)과 수단을 적극 모색하고 있다.

부시 정부는 현재 냉전 시기의 전면적인 군사 위협은 거의 없다는 판단하에 미국의 안전과 번영을 해칠 수 있는 새로운 위협들에 대한 대처를 중시한다. 정보화 시대는 군사기술의 급속한 확산을 촉진하여, 다수의 제3세계 국가들도 가까운 장래에 대량살상무기(WMD)를 갖게 되어 미본토를 직접 위협할 수 있게 될 것으로 본다. 특히 우려국가들이 WMD 개발에 매달리는 상황은 미안보에 심각한 위협이 된다고 본다. 이러한 인식은 9·11 테러사건 이후 크게 강화되었다.

미국은 대테러전을 수행하는 과정에서 일방주의적 성격을 보이고 있다. 특히 동맹의 성격에 있어서도 테러 이전 동맹이 주로 침략을 억지하는 방어적 성격이 것이었다면 9·11테러 이후는 대테러전, 대량살상무기 확산 방지 등 미국의 행동에 동참할 수 있느냐가 중요한 기준이 되고 있다. 미일동맹도 이러한 영향을 받을 수밖에 없게 되었다.

한편 9·11테러 이후 미국의 변화된 정책은 동아시아 안보상황에 적지 않은 영향을 미치고 있다. 미국은 이라크 전쟁 이후 해외주둔 미군의 재편을 본격화하고 있으며 아태미군에 대한 재편에도 착수했다.

부시 정부는 21세기의 전략환경에 부응하여 해외 미군의 재편을 포함한 안보전략의 근본적 수정을 추진하였으며, 9·11 테러로 인하여 이와 같은 재편은 탄력을 얻고 있다. 부시 대통령은 취임 직후 국방성에 미군의 전략, 구조 및 임무에 관한 '전면 재검토'를 지시한 바 있었다. 전면 재검토의 핵심방향은 9·11 사건을 마치 예견한 것 같이 대량살상무기에 의한 미본토 공격을 방어하는 미사일 방어를 포함하는 것이었다. 부시 정부가 모색하던 신전략은 ① '공격-방어의 혼합 억제력'을 구축하며, ② 전차, 전투기, 항공모함 등 재래식 군사력에 대한 의존을 줄이고, ③ 장거리 이동이 가능하고 기동성 높은 전력의 구축을 통해 해외주둔 미군의 전면적 개편을 추진한다는 것이었다. 이와 같은 전면 재검토는 군부로부터 강력한 반발에 직면하였으나, 9·11 테러 사건은 미국이 직면한 위협이 러시아, 중국을 대상으로 한 전면전 양상이 아니라 소수의 테러집단이 우려국가들에 의해 대량살상무기의 본토 직접 공격 가능성이라는 점을 부각시켜 부시 정부의 신전략은 탄력을 받게 되었다.

특히 해외주둔 미군에 대한 전면전 재편이 이라크전쟁을 계기로 촉진되고 있으며, 그 일환으로서 한국전쟁 이래 동일한 구조하에 있던 주한미군 재편을 적극 추진하고 있다. 주한미군 재편의 핵심은 한강 이북 지역에 배치된 주한미군 2사단 병력을 후방인 평택·오산으로 재배치하는 동시에 신형장비를 도입하고 주한미군의 기동군화를 통해 강력한 대북한 억제력을 구축한다는 것이다. 이 과정에서 판문점 경비임무, 북한 장사정포 저지 임무 등 몇몇 특수임무를 한국군에게 이양한다는 것이다.

아프간전, 이라크전에서 보았듯이 군사기술의 혁신(RMA)은 해외주둔 미군의 구조, 전략에 있어 근본적 수정을 가능하게 하고 있다. 현재는 주한미군에 국한되고 있지만 아태 미군 전체로 재편의 논의가 확산되어갈 것으로 보인다. 결국 주일미군도 일련의 재편과정에서 예외가 되지 않을 것으로 보인다.

4. 중국의 부상

중국의 급부상은 일본의 대외정책에 있어 가장 중요한 환경 변화의 하나로 볼 수 있다. 현재 지역질서에 있어서 가장 중대한 영향을 미치는 것은 바로 중국의 부상이다. 중국은 천안문 사태와 동구 사회주의권 붕괴의 충격에서 벗어나 실용주의적 개방·개혁정책을 지속적으로 추구함으로써 경이적인 경제성장을 이루고 있다. 세계은행(IMF/IBRD)은 중국 경제가 구매력 기준으로 2010년에서 2020년 사이에 세계 최고 수준이 될 것이라는 평가를 하여 화제가 된 바 있다. 중국 스스로도 2020년까지 종합국력이 미국을 앞지를 것이라는 전망을 내세울 정도로 자신감을 보이고 있다. 물론 인구 12억의 중국 경제가 21세기 중 규모 면에서 세계 1위로 부상될 가능성은 배제할 수 없지만, 경쟁력, 기술력 수준에서 명실공히 경제 초강대국의 지위를 얻는 데에는 상당한 시일이 요할 것이다. 중국은 지난 20년간 개혁개방 노선에 따른 고도성장으로 미래의 경제대국으로 평가되고 있으며, 21세기 중 중국은 경제대국의 일원으로 등장할 수 있을 것으로 본다. 그러나 중국이 경제대국이 되는 것은 여하히 세계자본주의 시장에 자신의 경제체제를 성공적으로 연착륙할 수 있느냐에 달려있다. 그러한 맥락에서 중국의 WTO가입은 매우 주목되는 일이다.

최근 중국은 경제성장을 배경으로 국방예산을 증가시키면서 군사력을 현대화하고 있다. 특히 고도 경제성장을 배경으로 중국은 1990년대 들어 국방비의 급속한 증가 추세를 보이고 있다. 지난 10년간 중국의 국방예산은 거의 3배나 증가했는데, 이는 같은 기간 일본의 예산이 1.3배 증가한 것과 비교된다. 중국 정부의 발표에 따르면, 1990년대 들어 중국의 국방예산은 경제 성장을 능가하는 평균 13%대의 성장을 해왔으며, 최근 2년간에는 17%가 넘는 성장률을 보이고 있다. 현재의 국방비 증가 추세를 고려할 때, 중국의 국방예산(추정치)은 2001년 이후 일본을 추월한 것으로 판단된다. 한편 중국은 핵전력의 현대화와 장거리 투사능력을 갖는 병기를 개발·도입하고 있다. 중국은 핵미사일의 다탄두화와 정확성 향상을 꾀하는 한편 16기의 잠수함 발사 미사일(SLBM)을 적재할 수 있는 신형 핵잠수함(SSBN) 개발과 잠수함 발사 미사일의 성능 향상을 적극 추진하고 있다. 중국은 한급 공격형 핵잠수함, 루하이급 대형 미사일 구축함을 개발 배치하는 한편 러시아로부터 장거리 폭격이 가능한 SU27/SU30 전폭기, 장사정 대함 미사일을 탑재한 소브르메니급 미사일 구축함(7,000톤), 킬로급 잠수함 등을 도입하여 장거리 투사능력을 대폭 강화하고 있다. 최근 핵기술 유출을 둘러싸고, 미국과 마찰을 빚고 있는 중이며, 중국의 해공군력 강화는 주변국들에게 상당한 경계심을 일으키고 있다. 21세기 중 중국의 군사력은 질적인 면에서 미일의 수준에는 미치지 못하겠지만, 이 지역에 있어서 가장 강력한 군사력 가운데 하나로 부상할 것으로 보인다.

그러나 중국의 장래가 장미 빛만은 아니다. 중국의 장래는 다원주의체제를 어떻게 제도화할 수 있느냐에 달려있다고 본다. 아시아의 민주화에서 목격했듯이 중국의 경제성장에 따라 국민들의 정치참여 욕구는 폭발적으로 증가할 것이다. 공산당 일당체제로 국민들의 다원주의적 정치요구를 충족시키기는 역부족이다. 이에 대한 중국의 처방은 민족주의의 강화로 볼 수 있다. 대만독립 움직임에 대해 무력시위 등 과잉반응을 하고, 대만분리독립 배후에 미국이 있다는 이미지를 구축함으로써, 국내 민족주의를 자극하여 공산당 중심으로 국민을 결집하려는 의도가 있다고 본다.

민족주의 경향과 함께 중국의 외교노선에서 주목되는 점은 부국강병, 세력균형, 주권을 강조하는 19세기형 현실주의를 추구하기 시작한다는 점이다. 근대사에 있어서 쓰라린 좌절을 겪었던 중국은 '부국강병'에 대한 집착이 강하다. 그러나 중국의 부국강병정책은 주변국들의 입장에서는 위협적이 될 수밖에 없다.

중국의 급부상은 지역의 평화와 안정에 있어서 중대한 도전과 기회가 되고 있다. 중국의 미래는 WTO 가입 이후 세계 경제에 자신의 경제체제를 여하히 연착륙하고 일당체제에서 벗어나 다원적 민주주의체제를 제도화할 수 있느냐에 달려있다. 즉, 시장경제와 자유민주주의의 제도화가 중국의 장래를 좌우할 것이다.

5. 대량살상무기(WMD)의 확산과 북한문제

중국군의 현대화와 함께, 인도-파키스탄의 핵실험, 북한의 핵 및 탄도미사일 개발 등 일본 주변에서의 군사 동향은 소프트 파워 혹은 시빌리언 파워(civilian power)에 입각한 일본의 국제적 역할이 한계가 있음을 말해 준다. 특히 일본 영토를 통과한 북한의 탄도 미사일 발사는 일본으로서는 전후 처음으로 직접적인 군사적 위협을 피부로 느끼는 일대 사건이었다.

북한은 1998년 8월 대포동 1호를 추진체로 사용하여 인공위성의 궤도 진입을 시도함으로써 일본에게 상당한 충격을 주었다. 북한에 의해 광명성 1호로 이름 붙여진 대포동 1호는 무수단리에서 발사되어 일본을 통과하여 약 4,000km를 날아갔다. 북한은 다단계 로켓에 의해 인공위성을 성공리에 궤도에 진입시켰다고 발표했지만, 실제로는 파워 부족으로 궤도 진입에는 실패했다(*Wahington Post*, 1998/09/15). 북한의 대포동 실험 발사가 충격을 준 것은 북한이 multi-stage separation, stable guidance of multi-stage rocket, multi-fuel system 등과 같은 ICBM의 핵심 기술을 이미 개발·보유하고 있다는 점이었다. 이는 북한이 서방측이 예상했던 것보다 훨씬 진전된 미사일 기술을 갖고 있으며, ICBM 개발에 근접하고 있음을 나타내는 것이었다. 북한이 노동 미사일의 실험 발사를 전후하여 생산을 시작하고 단 한 차례의 실험으로 실전 배치를 시도했던 점에 비추어, 북한은 대포동 1호 미사일의 배치를 진행하고 있다고 판단된다.

이에 앞서, 북한은 1993년 5월 동해의 무수단리 발사장에서 일본 노도 반도 쪽으로 노동 미사일을 실험 발사한다. 이 미사일 실험에는 이란과 파키스탄의 참관단도 참여한 것으로 알려진다(Gertz 1994). 노동 미사일의 실험발사 성공은 북한이 단순히 스커드미사일의 성능 개량을 통한 사정거리 연장에서 벗어나 엔진개발을 비롯한 독자적인 미사일 개발 능력을 보유하게 되었음을 말해주는 것이었다. 북한은 실험 발사 전에 노동 미사일의 생산을 시작하여 1993년 전후로 노동 미사일의 실전 배치가 이루어져 현재 약 100~200기의 노동 미사일을 실전 배치한 것으로 평가된다. 사정 1,300km 이상의 노동 미사일이 실전에 배치됨으로써 오키나와를 비롯한 일본 전역이 북한 미사일 사정권 내에 있게 되었다.

특히 냉전이 종결되고 소련이 해체되어 일본에 대한 소련의 군사적 위협이 사라진 현재, 일본에게 가장 큰 안보상의 위협은 북한이라는 인식이 일본 사람들 사이에 자리잡게 되었다. 우선 북한의 핵무기 개발과 일본을 사정권으로 하는 장거리 미사일의 개발은 현재 일본의 안전보장에서 가장 두드러진 직접적인 위협 요소가 되고 있다. 북한의 핵·미사일 개발은 일반 국민들의 안보관념을 전환시키는 계기가 되고 있다.

이와 함께, 일본의 안전에 직접적인 영향을 미칠 수 있는 요인이 있는데, 그것은 바로 북한체제의 붕괴 가능성이다. 북한체제가 붕괴되는 사태는 대체로 폭력을 수반하여 수많은 난민을 초래할 가능성이 높으며, 적지 않은 난민이 일본으로 유입되는 사태가 발생할 수 있다. 더욱이 북한체제가 붕괴되는 사태에 중국 등 외세가 개입함으로써, 한반도에 있어서의 일본의 이익에 중대한 손상을 미칠 수도 있는 것이다. 더욱이 북한체제가 붕괴하는 사태는 한국에도 영향을 미치며 한반도 전체가 혼란에 처하게 될 가능성이 농후하다. 따라서 일본의 대북한 정책은 북한의 직접적인 군사적 위협에 대처하면서도 가능하면 북한체제의 급작스런 붕괴를 막고 연착륙을 모색하는 이중적인 모습을 취하고 있다고 볼 수 있다.

Ⅳ. 21세기 일본의 대외정책 방향

일본 정국은 사민당, 공산당 등 혁신정당들이 급속히 세력을 잃는 가운데 보혁체제인 55년체제가 붕괴되고 보-보(保-保) 구도로 귀착되어 가고 있다. 자민당은 물론이고 제1야당인 민주당의 경우도 대외노선에 있어서 큰 차이가 없이 보수적인 입장을 취하고 있다. 대체로 패전에 의해 강요된 제약으로부터 벗어나 최소한 '주권국' 내지는 '보통국가'가 되어야 한다는 일본 외교 노선상의 컨센서스가 존재하는 것으로 보인다. 주권국이란 자신의 이익에 따라 자주적 판단으로 행동할 수 있는 국가라고 볼 수 있으며, 일본의 경우 사실상 현재까지 패전에 따른 여러 가지 제약으로 인하여 그러한 행동을 할 수 없었던 경위가 있었다. 향후 일본은 주권국으로서 대외 정치군사 활동에 대한 제약을 깨려할 것이며, 특히 경제 대국에 합당한 국제적 역할과 영향력을 모색하려 할 것이다. 이미 이러한 의도의 일환으로 유엔의 안보리 상임이사국 지위를 추구하고, 자위대의 해외파병을 지속적으로 추진·확대하는 한편 패전의 틀을 상징하는 '평화헌법'의 확대해석을 통한 자유로운 대외 정치군사 활동을 확보하려 하고 있으며 '평화헌법'의 개정도 공론화되고 있다.

일본은 자신의 안전과 번영이 국제관계에 크게 의존하고 있음을 인식하고 있으며, 동북아는 물론 세계적 규모의 안정적 국제질서가 자신의 안전과 번영에 있어서 불가결한 요소라고 생각하고 있다. 일본의 번영은 세계와의 상호관계 속에서 비롯되는 것이며, 특히 세계화가 심화되는 상황에서 일본의 이익은 글로벌한 차원에서 정의되는 시대에 돌입하고 있다. 따라서 일본의 대외정책은 냉전시 소극적 정책으로부터 안정적 국제질서를 확보·유지하는 적극적인 정책으로 전환되고 있다. 냉전 이후 시대에 있어서 일본의 안전과 번영을 위해서는 안정적 국제질서를 유지하는 일이 필요한데, 이를 위해서는 다양한 지역분쟁 및 정치적·경제적 불안정에 대한 대처가 필요하다. 1999년 1월 일본의 저명한 전문가들에 의해 작성되어 일본 외무성에 제출된 "도전 2001: 21세기를 향한 일본의 대외정책" 보고서는 "일본의 안전과 번영은 국제사회의 안정과 번영 없이는 이루어질 수 없다. 세계화는 21세기에 있어 더욱 돌이킬 수 없이 거대한 흐름을 형성하고 국경을 초월한 상호의존은 모든 분야에서 더욱 심화될 것이다. 이러한 흐름의 한복판에서 일본이 자신의 국익을 확보하는 길은 국제사회의 안정과 번영을 추구하는 글로벌 행위자(global actor)로서 행동하고 아이디어를 개발하고 제시하는 것이다"라고 하여 일본이 글로벌 행위자가 되어야 한다는 점을 강조하고 있다.[6]

이를 위해 일본은 미일안보체제의 영역 확대, 지역안보협력에의 모색 및 유엔 기능의 활성화 등 다각적 대외정책을 추구해가고 있다. 일본은 현재 정치경제 시스템의 제도피로 및 리더십의 부재와 함께, 미일관계의 불확실성, 동남아 금융위기, 중국의 부상, 북한의 대량살상무기 개발 등으로 자신이 취약하다는 점을 인식하게 되었다. 일본의 대외정책은 냉전 종결 직후 이상적이고 낙관적 분위기에서 반전되어 매우 냉혹한 현실을 앞에 두고 있다고 볼 수 있다.

향후 일본의 외교방향이 어떻게 조정될 것인지는 예의 주시해야 하겠지만, 기본적으로 패권국 미국과의 긴밀한 관계를 축으로 미국 주도의 국제질서

---

6) "Challenge 2001—Japan's Foreign Policy toward the 21st Century," *Mininstry of Foreign Affairs of Japan*, January 4, 1999.

하에서 자신의 국제적 역할과 영역을 확대하는 노선에서 크게 벗어나지는 않을 것이다. 그러나 일본은 효과적으로 미국을 견제할 수 있는 지렛대와 어느 정도의 재군비 필요성을 인식·모색하려 할 것이다. 즉, 일본은 미국의 균형외교에 대항하여 러시아, 중국에 대한 관계를 강화하는 소위 '유라시아 외교'와 함께 다자협력체제 구축을 추진할 것이다. 또한 엔의 국제화를 적극 모색하여 세계화와 세계 금융질서 변화에 대처하는 한편 미야자와 플랜에서 보듯이 동아시아에 있어서의 경제적 리더(leader)로서의 지위를 확보하려는 움직임도 강화할 것이다. 한편 대량살상무기 확산과 관련, 탄도 미사일 방어체제(TMD)를 도입하는 등 재군비에도 보다 힘을 기울일 것이다.

1. 미일동맹체제의 유지

미일안보를 둘러싼 전략환경이 근본적으로 변화했음에도 불구하고 미일안보를 절대적으로 견지해야 한다는 입장은 현재 일본 내에서 컨센서스를 이루고 있다고 볼 수 있다. 이러한 일본의 입장은 다음과 같은 점을 고려하고 있는 것이다.

첫째, 무엇보다도 현재 일본의 생존을 좌우할 수 있는 잠재적 능력을 갖는 유일한 국가가 미국이기 때문에 비록 군사적 이점이 없어졌다고 하더라도 미일안보체제를 계속 유지함으로써 궁극적으로는 자신의 안전을 보장할 수 있다는 고려이다. 일본의 경제력이 미국과 어깨를 나란히 할 정도로 성장했지만, 일본은 안보는 물론 경제면에 있어서도 여전히 미국에 의존하는 바가 크다. 과거 군사적 의미가 없어졌다고 하여 영일동맹을 폐기한 후에 일본은 미영을 상대로 한 전쟁을 벌려 패망을 자초한 경험이 있었다.

또한 냉전 이후의 안정적인 국제질서가 상당 기간 미국 주도의 질서 이외에는 대안이 없는 이상, 일본은 미국의 이니셔티브를 지원함으로써 국제사회의 제2인자로서 자신의 번영과 평화를 보장받는 것이 필요하다고 생각하고 있다고 볼 수 있다.

둘째, 일본의 군사력은 소련 침공에 대비하여 전면전에 대한 한정 방어 목적으로 구성되어 있기 때문에 지역 분쟁 등에 대한 대처능력이 없다는 점에서 현실적으로 냉전 이후에도 미일안보체제가 필요하다는 고려이다. 러시아의 잠재적 군사위협에 대한 대처는 물론 한반도 등 일본의 안전에 중대한 영향을 미치는 지역에서의 분쟁의 경우 상당 기간 동아시아에 전진배치된 미군에게 의존할 수밖에 없는 것이다. 특히 중국과 러시아가 핵무기를 보유하고 있는 상황에서, 미국의 핵우산은 비핵(非核) 일본으로서는 계속해서 절실한 사항인 것이다.

셋째, 일본이 '전수방위'의 방위 태세를 취하는 것이 가능했던 것은 결국 미일안보체제가 존재했기 때문이며, 미일안보체제가 소멸할 경우 일본의 방위능력 결함을 보완하려는 움직임을 피할 수 없을 것이다. 특히 이러한 움직임은 주변국들의 의심을 초래하여 일본이 원하지 않는 불필요한 지역의 군비확산을 조장시킬 위험성이 있는 것이다.

일본이 미일안보체제를 견지하겠다는 배경에는 결국 "미일동맹관계는 일본의 사활적(vital) 이익"이라는 인식이 깔려있다고 생각된다. 미일관계의 중요성과 관련하여, 일본 외무성의 사토 북미국장은 1993년 11월 "무역, 투자, 매크로 경제정책 협조, 국제금융 등의 분야에서도, 에너지, 과학기술의 분야에서도 미국의 협조, 협력이 일본으로서는 앞으로도 더욱 더 중요하다. 국제정치에 있어서의 미국의 영향력 크기도 변함 없이 당연 앞서고 있으며, 이 분야에 있어서의 협력상대로서는 앞으로도 미국이 가장 강력할 것이다. 안전보장 면에 있어서도, 러시아, 중국의 핵보유가 계속되는 이상, 미국의 핵억지력은 앞으로도 일본의 안전을 위해 불가결하다. 또한 아시아·태평양 지역과 인도양에 있어서의 미해군의 존재는 일본으로서는 커다란 안심재료이다. 그리고 미일안보체제는 정치적으로도 아시아·태평양 지역의 안정요인이 되고 있다. 따라서 일본이 냉전 이후의 세계 평화와 번영에 관해서 함께 생각하고 협력해 가야 할 상대로서 가장 가치 있는 국가는 미국임이 명백하다"고 지적한 바 있다(佐藤行雄 1993, 29).

결국 일본은 냉전 이후의 전략환경을 반영하여 미일동맹의 영역 및 대상의 변화 그리고 동맹에 있어서의 일본 역할의 확대를 추진하여 1996년 4월 클린턴 대통령과 하시모토 총리에 의한 미일 정상회담에서 '미일 안전보장 공동선언'을 발표함으로써 미일 신안보체제를 발족하게 되었다. 미일양국은 '미일 안전보장 공동선언'과 '미일 방위협력 지침 개정'을 통해 미일 동맹관계를 재정의하여 냉전 이후에도 지속적으로 유지하기로 합의한 한편 미일안보의 틀 내에서 일본의 안보 역할 확대를 추진하기로 하였다.

더욱이 9·11 테러 이후 일본은 미국의 반테러전에 적극 동참한다는 입장을 취하면서 대테러대책특별법, 이라크부흥지원법 등을 제정하여 자위대를 파병하고 있다. 9·11 테러를 계기로 미국의 동맹에 대한 입장은 변화하고 있다. 미국은 글로벌한 차원에서의 테러와의 전쟁(GWOT)에 같이 행동할 수 있느냐를 동맹의 중요한 기준으로 보고 있다. 일본은 이러한 동맹의 방향을 인식하여 반테러전, 확산방지구상(PSI) 등에 적극 동참하고 있고, 냉전형의 방위정책에 일대 수정을 하여 위협대응형의 방위정책으로 전환을 꾀하고 있다.

미일안보체제를 지속적으로 유지해야 한다는 미일의 인식에 공통되는 점은 미일관계 그 자체의 성과와 함께 그것이 아태 지역에 미치는 긍정적 효과라 할 것이다. 미국이 미일안보를 견지하겠다는 이면에는 미국의 이익에 강력한 도전 세력이 될 수 있는 일본의 패권국화를 방지하려는 측면이 강해지고 있으며, 반대로 일본의 경우도 자신의 번영과 평화를 좌우할 수 있는 미국의 능력을 고려하여 미일안보체제를 유지하려는 것이다. 결국 미일동맹은 변화된 전략환경을 반영하여 군사적 의미보다는 정치적 의미를 중시하는 동맹관계로 발전하고 있다고 판단된다.

2. 다자주의의 적극 모색

일본 내 지식층의 컨센서스는 기본적으로 미일안보체제를 견지해야 한다는 것이지만, 이를 유지하면서도 어느 정도의 독자성은 확보해야 한다는 입장으로 볼 수 있다. 일본의 입장에서 보면 미일안보체제는 더 이상 군사면에서의 이점이 없고 단지 미군의 일본 내 기지 및 시설 사용 등 미국의 권리를 보장하고 일본의 부담만을 지우는 구조일 것이다(室山義正 1992, 550-551). 더욱이 일본 외교의 유연성과 자주성을 저해하는 요소로도 볼 수 있다. 또한 글로벌 파트너십에 입각한 미일안보체제는 사실상 미국 주도의 국세질서에 일본이 재정적 지원을 하는 구조라고 볼 수 있다. 그러나 문제는 미국 주도의 신질서라는 것은, 비록 공통의 이익이라는 측면이 있음에도 불구하고, 결국은 미국의 이익에 따르는 것이기 때문에 일본의 이익과 반드시 일치한다고는 볼 수 없을 것이다.

걸프전쟁 당시 일본의 막대한 재정적 지원에도 불구하고 국제적으로 평가받지 못했던 점은 앞서 지적했듯이 일본인들의 불만을 삼과 동시에 일본인들로 하여금 미일안보로부터의 어느 정도의 독자성이 필요하다는 것을 인식시키는 계기가 되었다. 최근 일본은 패전에 의해 쓰였던 틀로부터 벗어난 자주적 입장에서 경제력에 합당한 국제적인 영향력 및 발언권을 적극적으로 추구하고 이에 제약이 되어 온 평화헌법의 개정문제까지도 논의하는 등 주권의 현실화를 추구하고 있다.

거대한 경제력을 바탕으로 일본은 ODA 분야에서 미국을 제치고 제1위의 공헌국으로 부상한 바 있으며, 캄보디아 문제 등 대외문제에 과거와는 달리 적극 개입한 바 있다. 이러한 움직임과 관련 특히 주목할 만한 점은 일본이 다자주의를 적극 강조하고 있다는 점이다.

이와 관련, 일본은 '유엔 중심주의'를 적극적으로 주창하고 있다. 요컨대, 일본은 유엔의 '캄보디아 평화유지활동'(PKO)에 자위대를 파견한 것을 필두로 골란고원, 티모르 등 각종 유엔평화유지활동에 참가하고 있으며, 유엔 안전보장이사회 상임이사국화를 위해 외교 노력을 경주하는 등 유엔을 중시하는 자세를 보이고 있다. 따라서 미일안보체제의 틀을 유지하면서 사안에 따라서는 자주성을 확보할 수 있는 옵션으로, 일본은 '유엔 중심주의'를 생각하고 있는 것이 아닌가 생각된다.

본래 미일안보조약은 우선 '서문'에서 "양국이 국제연합헌장에서 정한 개별적 또는 집단적 자위의 고유 권리를 가지고 있음을 확인"하며, 제1조에서 양국은 "국제 평화 및 안전을 유지하는 유엔의 임무가 더욱 효과적으로 수행되도록 유엔을 강화하는 일에 노력한다"라고 하여 유엔 평화유지 기능을 강화하는 것이 미일의 공통의 목표임을 확인하고 있다. 이러한 정신 아래, 제10조에서는 "이 조약은 일본 구역에 있어서 국제 평화 및 안전의 유지를 위해 충분히 기능하는 유엔의 조치가 효력을 갖게 되었다고 양국이 인정할 때까지 효력을 갖는다"고 하여 장래에 있어서 유엔 평화유지 기능이 강화될 때에는 조약이 해소되어 미일안보의 기능을 유엔에 위임하기로 규정하고 있다고 볼 수 있다.

결국 일본은 유엔 중심주의를 강조하여 미일안보의 틀 속에서도 합법적으로 자주성을 넓힐 수 있는 길을 갖고 있는 셈이다. 최근 일본의 유엔 평화유지활동(PKO)에의 참가, 안보리 상임 이사국화를 위한 외교노력 등 유엔을 중시하는 일본의 자세는 미일안보체제로부터 어느 정도 벗어나 자주적 견지에서 국제문제에 접근하려는 의도로도 해석될 수 있을 것이다.

또한 최악의 경우, 큰 부작용 없이 미일안보를 대체하는 대안이 될 수도 있다는 이점이 있을 것이다. 그러나 현실적으로 유엔의 평화유지 기능이 미일안보를 대체할 정도로 정상적으로 기능하기 위해서는 상당한 시간과 노력이 필요로 할 것이다. 따라서 장기적으로 일본이 미일안보의 대안으로 유엔을 고려할 수는 있겠지만 단기적으로는 지역의 다자간 안보체제가 보다 현실성이 있을 것이다.

일본은 또한 아시아·태평양 지역의 다자간 안보협의체 구성에도 적극적인 움직임을 보이고 있다. 1991년 7월 나카야마 외상은 아세안 확대외상회의(ASEAN PMC)에서 이 회의를 지역의 안보문제를 논의하는 장으로 활용하자고 하여 전후 금기시해 오던 (미국 이외의) 제3국과의 안보협력 문제를 처음으로 거론한 바 있다. 또한 미야자와 수상은 1993년 1월 아세안 순방 중 방콕에서 "아시아·태평양 지역의 평화와 안정을 강화하고, 지역의 안정에 관한 장래적 비전에 대해 신중히 생각하는 역내 국가들 사이의 정치 및 안보 대화를 촉진"하기 위해 일본이 기여할 것임을 천명하는 소위 '미야자와 독트린'을 발표하였다.

그러나 여기서 주목되는 점은 미야자와 독트린에서도 천명되었듯이 다자간 안보협의체가 미일안보를 대체한다기보다는 미국을 축으로 하는 안보협의체를 지향한다는 점이다. 즉, 일본은 현재 미일안보체제를 유지하면서 미국을 축으로 하는 다자간 안보협의체를 지향하고 있는 것이다. 일본은 자신의 지역에 있어서의 역할을 미국을 축으로 한 다자간 틀 속에서 행함으로써 일본의 역할 확대에 대한 역내 국가들의 불필요한 우려를 완화하는 한편, 어느 정도 대미의존적 안보관계로부터 벗어나 보다 자주적 입장에서 안보문제에 접근할 수 있는 이점이 있을 것이다.

미야자와 독트린 직후, 일본은 1993년 7월 ASEAN 확대외상회의에서 ASEAN 가맹국과 '대화국', '협의국' 등 18개국으로 구성되는 안보대화 ARF(ASEAN 지역포럼)을 구축하는 데 적극적 역할을 한 바 있다. 이후 ARF는 각국의 안보정책의 투명성 향상과 신뢰조성을 목적으로 핵불확산, 신뢰조성, 평화유지협력, 군사정보의 교환, 해적 단속, 예방외교 등의 의제에 대한 활발한 대화의 장이 되고 있다(小笠原高雪 1998, 176-178).

미국 이외 국가와의 안보관계를 터부시해오던 일본이 다자간 안보협력체제 수립에 적극적 역할을 수행한 것은 대외정책에 있어서 일대 전환을 의미한다고 볼 수 있다. 또한 APEC(아시아태평양경제협력체)에서도 핵심적 역할을 수행하고 있으며, 구미와 아시아를 잇는 가교의 역할을 강조하고 있다. 이는 일본이 동아시아 질서 형성의 리더 내지는 중요한 역할자(actor)로서 경제문제 외에도 동아시아의 정치안보 문제에 적극 개입할 것임을 의미한다고 볼 수 있다.

경제 대국 일본은 지역 경제협력에 있어서 다른 어떤 선진국보다 뒤떨어져 있다. EU, NAFTA 등 세계적인 지역경제협력 분위기 속에서 일본은 이렇다할 자유무역협정(FTA)조차 맺지 않고 있는 상황이다. 일본 경제의 장기 침체와 동아시아 금융위기를 겪으면서 동아시아에서 일본이 차지하는 비중은 심지어 중국과 비교해서도 저하되고 있다. 특히 중국과 ASEAN이 '자유무역협정'(FTA)을 추진하기로 합의함에 따라, 일본은 동아시아에서의 경제협력 주도권을 놓고 중국과 치열히 경쟁하게 되었다. 일본은 한국과의 FTA를 적극화하고 있고 중국이 선점한 ASEAN에 대한 외교 공세를 강화하고 있다. 일본은 일단 한국, 싱가폴 등 아시아에서 선진적인 국가들과의 FTA를 맺고 이를 바탕으로 FTA를 확산시키겠다는 전략을 갖고 이를 추진하고 있다.

3. 보통국가화의 추진

일본의 대외정책에 있어서 중요한 변화의 방향은 국익에 의거하여 제약없이 국외에서 자위대를 사용할 수 있는 자유로운 대외 군사활동 영역을 확보하려 한다는 점이다. 냉전종결 이후, 일본은 요시다 독트린과 패전의 속박에서 벗어나려 하고 있으며, 그 변화의 방향은 보통국가화로 볼 수 있다. 즉, 일본은 국익을 위하여 스스로 생각하는 바를 행동에 옮길 수 있는 국가가 되어야 한다는 것으로 그 핵심은 결국 정치군사 부문에 있어서 자주성 내지는 주권을 회복하여야 한다는 것으로 볼 수 있다. 결국 보통국가화에 있어서 초점은 국익에 따라 군사력을 활용할 수 있는 체제를 갖추는 일이라고 볼 수 있다.

현재 일본 헌법은 집단자위권 행사를 금지하고 있으나, 일본은 미일안전공동선언에 따른 미일동맹의 영역확대, 미일방위협력 지침 개정, 신방위대강의 발표, 대테러특별대책법 등을 통해 헌법과는 반대되게 자위대의 일본 영역 밖에서의 활동을 기정사실화하고 있는 중이다. 더욱이 일본이 유엔 중심주의를 주장하면서 유엔 평화유지활동을 적극 추진하는 이유 중의 하나는 유엔헌

장이 각국의 집단자위권을 인정하고 있음과 적지 않은 관계가 있다고 볼 수 있다.[7]

일각에서는 패전으로 인한 제약, 예를 들면 '평화헌법'에 따른 대외 정치군사 활동에의 제약에서 벗어나기 위한 방편으로 냉전 이후에도 미일안보체제가 유지되어야 한다는 논리를 활용하는 경향도 있다. 즉, 북방의 군사적 위협에 대항하여 일본의 안전을 보장하기 위한 현행의 미일안보체제하에서는 '평화헌법'상 문제가 없지만, 냉전 이후 시대에서 미일안보체제가 지향하여야 할 글로벌 파트너십에 따른 의무를 일본이 수행하기 위해서는 평화헌법을 개정하여야 한다는 것이다. 현행 '평화헌법'은 일본의 '집단적 자위권' 행사를 금지하고 있다. '집단적 자위권'이란, 자국과 밀접한 관계에 있는 타국에 대해 무력공격이 있었을 경우 자국 안전에 대한 침해라고 간주하여 반격할 수 있는 권리를 말한다. 유엔헌장은 각국이 집단적 자위권을 보유한다고 인정하고 있지만, 일본 정부는 최근까지 "헌법 제9조에서 허용되고 있는 자위권의 행사는 우리나라 방위를 하기 위한 필요최소한의 것으로 한다"고 해석하여 집단자위권을 인정하고 있지 않았다. 따라서 현행 헌법에 따르면 군사적 의미에서 일본 영역 밖에서의 미일안보체제는 위헌인 셈이다. 그러나 일본은 집단자위권 문제를 헌법을 개헌하기보다는 해석을 확대하여 점진적으로 해결해 가는 방식을 취하고 있다고 볼 수 있다.

사실 일본은 전쟁에서 졌기 때문에 미국에 의해 씌워진 패전의 굴레 속에서 최소한 정치군사적으로 적지 않은 부분 제약을 갖고 있는 상황이다. 현재 일본은 명백히 패전의 속박으로 벗어나려 하고 있으며, 그 변화의 방향은 주권국가화라고 볼 수 있다. 즉, 일본은 국익을 위하여 스스로 생각하는 바를 행동에 옮길 수 있는 국가가 되어야 한다는 것으로 그 핵심은 결국 정치군사 부문에 있어서 자주성 내지는 주권을 회복하여야 한다는 것이다. 최근 자위대의

7) 집단자위권이란, 자국과 밀접한 관계가 있는 타국에 대해 무력공격이 있을 경우 자국의 안전에의 침해라고 간주하여 반격할 권리임.

활동 영역 확대 움직임은 일본의 주권국화 움직임과 관련 예의 주시해야 할 필요가 있다.

인도-파키스탄의 핵실험, 북한의 핵 및 탄도미사일 개발, 중국의 군사력 증강 등 일본 주변에서의 군사 동향은 소프트 파워 혹은 시빌리안 파워에 입각한 일본의 국제적 역할에 한계가 있음을 말해주고 있다. 결국 소프트 파워를 통해서, 북한의 대포동 미사일, 중국의 군사력 신장에 대처하기에는 한계가 있으며, 어느 정도 군사력의 뒷받침이 필요하다는 인식이 일본 내에 확산되고 있다고 볼 수 있다.

전략환경의 변화를 반영하여, 일본은 1995년에 수정되었던 방위계획 대강을 6년 만에 수정하기로 방침을 정하였던 것이다. 2001년 9월 방위청장관을 의장으로 하는 '방위력검토위원회'가 설치되어 장기 방위전략을 수립하고 방위계획 대강을 수정하기 위한 구체적 작업을 진행하고 있다. 이러한 작업의 결과로, 일본은 1976년 방위계획 대강 이래 "독립국으로서 필요최소한의 기반적 방위력을 보유한다"고 한 '기반적 방위력 구상'에 대한 근본적인 수정을 꾀하고 있다. 현재 일본은 다른 나라와의 정규전 상황을 가정하여 수립했던 냉전형의 방위정책을 새로운 형태의 위협들에 대처할 수 있는 '위협대응형' 방위정책으로의 전환을 꾀하고 있다. 일본은 자신에 대한 직접적 침략에 대해 한정적으로 대응하는 방위태세에서 벗어나 미사일 공격이나 무장 공작선·게릴라 침투, 대규모 테러 등과 같은 새로운 위협에 대응할 수 있는 방위태세를 갖추려 하고 있다. 따라서 2003년 방위백서는 "한순간에 수많은 인명을 빼앗을 수 있는 대량살상무기와 그것을 빠른 시간 안에 운반할 수 있는 탄도 미사일의 확산, 국민의 인권과 생활을 고려하지 않는 독재자와 지켜야 할 국가나 국민이 존재하지 않는 가공할 테러리스트의 존재는 종래의 전쟁 개념을 한순간에 변화시켰으며, 이러한 위협에 대해 신속하고 적확한 대응을 할 수 있는 국가를 지향하는 것이 중요하다"고 지적하고 있다. 특히 방위력 정비에 있어서 사이버 공격, 게릴라·특수부대에 의한 공격, 핵·생화학무기 공격 등 새로운 위협과 다양한 사태에 대한 대처를 중시해야 하며, 특히 국제테러와 미사일 공격 등 비대칭적 공격, 테러조직 등 비국가주체에 의한 공격이나 불법행동 등도 충분히 고려한 대응전력의 구축·강화를 꾀하여야 할 필요성을 지적한다. 일본은 자위대의 현 체제로는 비대칭적 공격사태에 대처하기에 불충분하기 때문에, 비대칭적 공격에 대처할 수 있는 능력을 획득하는 데 적지 않은 노력을 기울이고 있다.

일본의 새로운 방위정책은 기존의 억지 중심의 방위정책에서 새로운 실질적 위협에 대응할 수 있는 '실효성 있는 방위' 태세를 갖추려는 것으로 다음과 같은 노력이 주목된다.

첫째, 미사일 공격 위협과 관련 일본은 2단계의 미사일 방어 체제를 조기에 갖추려 한다. 최근 건조하고 있는 이지스함을 통해 전역미사일을 고고도에서 요격할 수 있는 능력을 갖추게 될 것이며, 패트리어트 PAC-3 미사일의 도입은 일본에게 육상에서 저고도 요격 능력을 갖게 할 것이다.

둘째로, 전략정보능력을 대폭 강화하고 있다. 일본은 정찰위성을 발사하고 정보분석 기능의 강화를 통해 전략정보 능력을 비약적으로 증대시켜 조기경보 감시체제를 강화하고 있다.

셋째로, 대테러·대게릴라전 수행, 공작선 침투 등에 실효적으로 대항할 수 있도록, 자위대에 특수부대를 창설하고 신형미사일함 및 신형 무장초계헬기 도입을 진행하고 있다. 특수부대는 국제분쟁에 대처할 수 있는 능력도 갖추게 된다.

넷째로, '힘의 투사 능력'(power projection capability)을 강화하고 있다. 전폭기의 항속거리를 확대시켜주는 공중급유기와 함대의 장거리 전개를 가능하게 하는 대형 보급함의 도입은 자위대의 해외 투사능력을 비약적으로 증대시키고 있다. 더욱이 오스미급 상륙강습함의 배치와 함께 C-X 신형 수송기 도입 계획 등은 자위대의 수송능력을 크게 강화시키고 있다.

다섯째, 각종의 유사사태에 신속히 대응할 수 있도록 자위대 조직 및 장비체계를 근본적으로 재검토하고 정보기술의 급속한 발전에 맞추어 군의 효율적이고 통합적 운영이 가능하도록 C4I체계를 정비·강화하고 있다.

끝으로, 자위대가 새로운 유형의 위협에 실효적으로 대응하기 위한 법적 제도화를 추진하고 있다. 유사법제가 마련됨으로써 무력공격을 받았을 경우 자위대 활동에 대한 법적 기반이 마련되었으며, PKO 협력법, 주변사태법, 대테러대책 특별법, 이라크 부흥 특별법 등을 통해 자위대의 해외 활동 영역이 확대되고 있다. 특히 한시적인 입법을 통해 추진하던 자위대의 해외파병을 항구적으로 가능하게 하기 위한 법제도화도 추진하고 있다.

결국 일본은 대량살상무기, 테러, 게릴라 침투 등 새로운 위협에 실질적으로 대처할 수 있는 전력을 갖추는 방향으로 방위정책 전환을 꾀하고 있으며, 지금까지 일본이 고수해온 '전수방위' 틀에서 사실상 벗어나고 있다고 볼 수 있다.

일본의 보통국가화에 있어서 초점은 국익에 따라 군사력을 활용할 수 있는 체제를 갖추는 일이라고 볼 수 있다. 이와 관련, 일본은 국내의 반전·평화주의적 여론과 주변국들의 저항감에 어떻게 대처하느냐하는 과제를 안고 있는 셈이다. 일본은 현재 미국의 외압과 북한의 위협이라는 두 가지 요소를 활용하여 국내외적 저항을 완화하면서 군사적 역할을 확대하고 있다고 볼 수 있다.

향후 일본은 기본적으로 군사적 역할을 미일 동맹의 틀 안에서 확대해가겠지만 독자성과 '힘의 투사 능력'을 점진적으로 확보하는 방향에서 군사력 정비를 취해갈 것으로 판단된다. 일본은 군사적 역할 확대에 있어서 대미관계, 중국의 군사동향, 북한 문제의 향방을 고려하면서 속도를 조절할 것이며, 보통국가(일반 서방국가 수준)로서의 군사적 역할을 모색할 것이다. 그러나 일본이 군국주의로 회귀하는 일은 불가능할 것이며, 일본의 목표는 군사대국이라기보다는 보통국가에 있을 것이다.

4. AMF 구상과 엔의 국제화

아시아 금융위기 이후, 일본은 아시아통화기금(AMF) 제안, 미야자와 구상 등을 통해 과거와는 달리 지역금융협력에 적극적인 입장을 취하고 있다. 현재 일본의 대외 경제정책에서 가장 적극성을 갖는 것은 엔의 국제화 노력이다. 아시아 금융위기는 IMF의 대응방식이 아시아의 특수성을 고려하지 않는 문제점을 부각시켜 위기에 대한 효과적 대처와 재발 방지를 위해 동아시아의 특수성을 감안한 지역의 독자적 금융기구 설립에 대한 논의를 촉발시킨 바 있다. 이러한 논의를 배경으로 일본은 위기시 IMF를 보완하는 긴급금융기구로서 가칭 아시아통화기금(AMF) 구상을 제기한 바 있으며, 1998년 10월 '신미야자와 구상'을 계기로 엔의 국제화를 적극 모색하고 있다.

AMF 구상은 금융위기 방지와 통화 안정을 위한 역내 다자간 틀로서 유로 출범으로 양극화로 이행하는 새로운 국제금융질서에 대응하여 엔의 국제화 혹은 아시아 지역의 단일 통화 형성을 위한 준비 단계의 측면이 있다. 엔의 국제화를 통해 일본은 달러를 기축통화로 사용해 온 아시아지역에서 미국의 영향력을 견제하고 지역경제패권 및 국제질서를 일본 중심으로 개편하는 효과를 거둘 수 있다.

V. 새로운 한일관계의 모색

한일관계는 1965년 국교정상화 이후 양과 질에 있어서 엄청난 변화를 수반하면서 성장하여 왔다. 한일 간의 연간 무역은 약 500억 달러에 달하고 있으며, 양국 간의 1일 평균 항공운항 횟수는 40편 이상으로 매일 만 명 이상의 양국 국민들이 상호를 방문하고 있다. 1년간 상호 방문객 수는 약 400만 명에 달하여 한일 양국에 있어서 외국인 출입국자의 국적에 있어서 서로의 국민이 가장 큰 수를 차지할 정도로 양국의 인적·물적 교류는 엄청난 수준에 다다르고 있다.

21세기를 앞두고 한일관계는 일대 전환기에 있다고 볼 수 있다. 국제적 냉전이 끝나고 북한의 붕괴 가능성이 점쳐지는 가운데, 북방의 위협에 대처하기 위해 미국을 중개로 하는 간접적 안보관계에 있는 한일관계도 중장기적으로 변화될 수밖에 없을 것이다. 둘째로, 일본은 더 이상 과거의 굴레에 연연하지 않고 점차 주권국가로서 자신의 의사에 따라 대외정책을 전개해 나가게 될 것으로 보이며, 이러한 주권국가화는 한일관계에 적지 않은 영향을 미칠 것이다. 셋째로, 미일 방위협력 지침 개정으로 일본의 자위대는 과거와는 달리 한반도 주변 해공역에서 활동할 수 있게 되었으며, 이는 한일관계를 둘러싼 환경에 중대한 변화를 의미하는 것이다. 넷째로, 한국과 일본이 공히 겪고 있는 경제적 어려움이 양국관계에 적지 않은 영향을 미치고 있다.

결국, 한일 양국 모두 이러한 전략환경의 변화를 반영하여 상대방에 대한 정책을 조정해 갈 것이지만, 그 핵심은 어떻게 긴밀한 관계를 구축할 것인지가 될 것이다.

1. 직접적 안보교류의 필요성

수교 33년의 한일관계가 엄청난 외형적 팽창에도 불구하고 한일 간의 근대사에 얽힌 역사적 특수성에 기인하여 여전히 정상적인 국가관계의 틀을 갖추지 못하고 있는 분야들이 존재하는 것이 사실이다. 이러한 분야들 중, 국가간 관계의 긴밀성을 나타내는 척도가 되는 안보협력관계의 경우, 급팽창한 한일관계의 외형에 비하여 놀라울 정도로 제한되어 있는 실정이며 어느 면에서는 금기시되어 왔다고 하여도 과언이 아닐 것이다. 안전보장에 관한 한, 한일 양국은 과거 역사로부터 비롯된 국내적 제약으로 인하여 어디까지나 미국을 중개로 한 간접관계에 만족하여 왔다. 현재까지 한일 안보관계는 '북방으로부터의 위협'에 대한 대처라는 공통의 이익과 관련 한반도 유사시 일본 내 미군 및 기지들의 사용문제를 둘러싼 간접적 협력관계가 그 핵심이다.

비록 북한 핵문제가 한반도의 긴장을 고조시키고 있지만, 실패한 국가 북한에 대한 전반적인 인식이 변화하고 있는 상황에서, 장기적으로 미국을 중계로 하는 형태의 한일안보관계는 성립하기 어려워지고 있다. 더욱이 일본이 패전의 굴레로부터 벗어나 보다 자주적 입장에서 적극적으로 대외적 움직임을 보이고 있다. 일본은 1995년 '방위계획의 대강' 수정과 1997년 '미일 방위협력 지침' 개정을 통하여 극동소련군을 의식하여 왔던 '북방중시전략'을 수정하여 서일본 및 수도권의 방위를 중시하는 새로운 방위태세로의 전환을 꾀하였다. 즉, 일본은 소련 위협의 소멸, 북한 핵과 미사일 위협 부상, 불확실한 북한 정세, 중국의 군사력 강화 등 변화된 전략 환경을 반영하여, 일본 자위대 배치를 북방의 극동소련군 침공위협에 의거한 북해도 집중배치로부터 전국균등 배치로 전환하는 가운데 사실상 한반도에서 가까운 서일본 및 수도권을 중시하는 것으로 전환되었다고 볼 수 있다. 또한 1998년 개정된 '미일 방위협력 지침'에서 보듯이, 자위대는 과거와는 달리 점차 한반도 유사시 미군을 지원하기 위한 활동을 취할 수 있게 되었다. 그 결과, 종래와는 달리, 한반도 주변의 일본 군사활동이 현저해지는 상황이 초래될 것이다.

결국 한일 양국 간의 불필요한 오해 및 불신으로 인한 바람직하지 못한 사태를 사전에 방지하기 위해서도 한일 양국 간의 직접적인 안보협력 채널이 필요하며, 특히 미국의 중재 역할이 없어졌을 경우에 대비한 양국 간의 안보협력이 점진적으로 강화되어야 할 것이다. 21세기를 향한 양국의 안보협력은 군사동맹의 성격보다는 자유민주주의와 시장경제라는 공통의 이념에 입각하여 공통의 이익을 증진하기 위한 협력을 필요로 할 것이다.

2. 북한정세에의 공동 대처

일본의 대한반도 정책은 한반도의 안정이 자신의 안전에 있어서 매우 중요하다는 인식하에 미일 동맹관계에 입각하여 한국의 안전을 지원하는 것이 그 핵심이지만, 현실적 입장에서 어느 정도 북한과의 관계를 유지·확대하는 것이 자신의 대한반도 이익에 필요하다는 인식도 반영하여 왔다고 볼 수 있

주한미군의 철수 내지는 지위변화는 필연적으로 주일미군 문제에도 영향을 미치게 된다. 주일미군은 전방전개된 주한미군의 후방지원과 즉응 세력의 성격을 갖고 있다. 따라서 남북관계의 급진전과 주한미군의 변화는 주일미군과 미일 동맹에도 중대한 영향을 미칠 수밖에 없는 것이다. 당장 오키나와에서는 미해병 3사단의 철수를 주장하는 목소리가 강해질 것이다. 일본은 냉전 이후의 정세 변화를 감안 미일 동맹의 영역을 일본 방위에서 지역의 안전으로 확대하고 한반도의 유사시를 상정하여 미일 방위협력 지침을 개정한 바 있다. 그러나 정상회담이 조성한 한반도의 평화 분위기는 미일 동맹의 당위성은 물론 냉전 이후 일본이 추구해온 안보정책의 명분을 흔드는 측면이 있다.

하지만 가장 우려하는 점은 주한미군이 철수하여 지역의 균형이 급격히 변화하는 상황이다. 이럴 경우, 우선 일본 정부는 주일미군 문제에 대한 국내외의 압력에 직면하게 될 것이며, 그 이상으로 새로운 안보정책을 강요받게 될 것이다. 결국 일본은 장기적 측면에서 남북정상회담의 진전이 자신의 중대한 이익인 한반도의 안정과 평화에 기여할 것이라는 낙관적 입장을 가지고 있으면서도 남북관계 개선의 결과 성급한 주한미군 철수 논의로 발전될 경우 지역의 안정적 균형을 해칠 수 있다고 판단하고 있을 것이다. 향후 남북관계가 크게 진전되어간다면, 일본의 안보정책, 특히 미일동맹의 향방에도 적지 않은 영향을 미칠 수 있다고 판단할 것이다.

일본은 2002년 10월 북한의 우라늄 농축을 통한 핵무기 개발 시인으로 촉발된 긴장상황에서 다자협상을 적극 추진했으며 6자회담에 참여함으로써 한반도 문제에 대한 발언권을 확보하였다. 일본은 한반도 정책에 있어서 미국과 공동보조를 취하는 입장을 견지할 것이며, 일북관계 개선도 미북관계의 추이와 연동되어갈 것으로 보인다.

한국과 일본 공히 북한 정세의 연착륙을 대북 정책의 기조로 채택하고 미국과의 3자 공조체제를 유지하여 왔다. 특히 북한에 대한 실질적인 대규모 지원이 가능한 존재는 사실상 한국과 일본인 까닭에, 대북 정책을 둘러싼 한일협력은 결정적 중요성을 갖는다고 판단된다. 일본의 대북 수교교섭이 진행됨과 관련하여, 북일 관계의 진전이 한반도 평화와 남북관계 진전에 도움이 되는 방향으로 실현되도록 힘써야 할 것이다. 특히 북일 경제협력이 남북 경제협력과 상승효과를 가지고 북한의 개방·개혁 유도 및 한반도의 평화정착에 긍정적으로 작용하도록 해야 할 것이다.

일본은 한국을 제외하고 심각한 경제난에 처한 북한을 기사회생시켜 줄 능력을 가진 유일한 국가이다. 결국 일본은 북한의 입장에서는 한국에 구걸하지 않고 경제난을 극복할 수 있는 지원을 얻어낼 수 있는 대안인 셈이며, 반면 한국의 입장에서도 자신이 원하는 방향으로 북한체제의 개혁을 유도하기 위해서는 일본의 협력이 절실한 형편이다. 한국은 북한 문제를 우리가 원하는 방향으로 해결하는 데 있어서 일본의 협력이 상당히 중요하다는 점을 인식해야 하며, 북한의 경제 재건을 위해 절실할 것들을 제공할 수 있는 유일한 국가들인 한국과 일본의 공조는 북한문제 해결에 있어서 가장 핵심적 요소일 것이다.

한반도 통일과정에 있어서 정치경제적으로 일본의 지원을 확보하는 일은 매우 중요하다. 일본이 우리를 지원하도록 하기 위해서 우리의 대북정책이 우리는 물론 일본에게도 상호 이익이 되고 있음을 인식시키는 것이 필요하다. 즉, 일본의 협력을 이끌어내는 데 있어서, 남북 간의 평화 프로세스가 결코 일본의 이익과 상충되거나 민족의 배타적 이익만을 추구한다는 인상을 주어서는 안 될 것이다. 따라서 문제는 최근 남북관계의 진전과 관련하여 일본이 갖고 있는 불안감을 여하히 불식시키고 우리의 정책이 일본의 이익에 일치되고 있음을 어떻게 알려줄 것인지이다.

일본은 남북관계의 심화가 자신의 전통적 이익인 한반도의 안정과 평화에 기여한다는 점에서 평가하고 있지만, 주한미군의 지위변경에 따라 그 지원기능을 갖는 주일미군에도 중대한 영향을 미칠 수 있음을 유의하고 있다고 볼 수 있다. 또한 일본의 일각에서는 한반도에서 중국의 역할이 부각되고 그 영향력이 확대되고 있으며, 그 과정에서 한국이 미일과의 협력에서 벗어서 중국에 접근할 것이라는 인식도 표출되고 있다.

일본의 불안을 불식시키기 위해서, 우선 우리의 외교가 미일관계를 가장 중시하고 기본으로 하고 있음을 일본에 주지시킬 필요가 있다. 중·러와의 관계도 확대해 갈 것임을 명확히 해야 할 것이지만, 우리의 노선은 어디까지나 미일관계를 축으로 하고 있음을 밝혀야 할 것이다. 특히 북핵문제 해결에 있어서 긴밀한 한미일 공조가 중요하다는 점을 인식해야 한다. 한편 우리의 대북정책이 한반도의 평화를 공고히 함으로써 일본에도 중대한 이익이 되고 있음을 설득해야 한다. 우리가 지향하는 남북 간의 평화 프로세스는 북한을 연착륙시키고 국제사회에 동참시킴으로써 한반도의 긴장을 완화하는 것을 우선적 목적으로 하는 것으로 전통적으로 한반도의 안전과 평화가 중대한 이익인 일본의 정책과도 일맥상통한 것이다. 또한 한국이 추구하는 한반도 통일은 어디까지나 평화적 통일이며 통일 한국은 배타적 민족주의에 입각한 것이 아니라 일본과 공유하고 있는 자유민주주의와 시장경제라는 가치에 입각한 것이라는 점을 확고히 해야 한다. 또한 한반도 통일은 주변국의 도움 없이는 불가능하다는 점을 일본 등 국제사회에 주지시키는 노력이 필요하다.

3. 지역 안정을 위한 협력

한편 한일 양국은 모두 동아시아의 '안정적 균형'(status quo)이라는 전략 환경하에서 전후 경제적 번영과 안정을 이루어낼 수 있었다. 냉전 질서가 붕괴된 이래, 동아시아는 새로운 질서를 모색해야 하는 일대 전환기에 처해있다. 전환기하의 동아시아의 안정적 질서를 유지하는 문제는 양국의 안전과 번영에 있어서 공히 매우 중요한 문제이다.

현재 한일 양국은 동아시아의 안정적 균형에 있어서 미국과의 안보관계를 중시하고 있으며 자신의 역할을 미국과의 동맹관계로 제한하고 있는 실정이다. 한일 양국은 공히 동아시아의 안정을 위해 미국의 균형자적 역할이 필수적임을 인식하고 있다. 이러한 맥락에서 일본은 미일안보체제의 영역을 아태지역의 안정과 평화로 확대하는 것을 통해 미국의 역할을 지원하고 있으며,

한미동맹관계도 향후 지역적 의미를 갖는 방향으로 전환되어갈 것으로 예상된다.

그러나 만일 미국의 힘이 축소될 경우, 동아시아의 안정적인 균형을 유지하는 문제는 한일 모두의 발등에 떨어진 불과 같은 존재가 될 것이다. 지역의 안전을 위한 양국의 협력은 역내 균형을 깨뜨리는 행위자에 대한 공동대응으로는 물론 지역 질서를 무너뜨릴 수 있는 러시아, 중국 등의 국내 불안에 공동대응하고 지원하는 비군사적인 협력을 우선적으로 고려할 수 있을 것이다. 군사적인 공동대응 문제는 공동 군사 행동에 대한 국내 법규 및 국민 정서를 감안하면서 신중히 접근해야 하지만, 향후 그 필요성은 점차 증대될 것으로 판단된다.

한일 양국은 사실상 동일한 '해상통로'(SLOC)를 통해 세계시장과 연결되어 있으며, 특히 양국의 산업에 있어서 사활적인 에너지 자원의 경우 중동으로부터의 기나긴 SLOC에 의존하고 있다. 현재까지 양국의 사활적인 SLOC은 강력한 미해군력에 좌우되어 온 형편이다. 수빅만으로부터 미7함대가 철수한 이래, 남지나해의 해상통로를 둘러싼 중국 해군의 출몰과 함께 동남아 제국의 해군력 강화는 SLOC의 안전에 있어서 새로운 변수가 되고 있다. 미국의 해군력은 점차 축소될 것으로 보이는 바, 결국 한일 양국이 기나긴 공통의 SLOC의 안전을 확보하기 위해 책임과 임무를 분담하여 협력하는 것은 양국의 공통이익이 될 수 있을 것이다. 향후 한일 양국의 군사적 협력 가능성은 양국의 안전보장상 극히 중요한 SLOC의 보호라는 측면에서 검토될 수 있으리라 판단된다.

한편 동아시아의 대부분 국가들은 고도 경제 성장을 배경으로 냉전 이후 지역 정세의 불확실성에 대비하여 장거리 작전능력을 갖는 첨단무기를 경쟁적으로 도입하고 있어, 군비경쟁을 촉발할 위험성을 안고 있다. 특히 동아시아 국가들은 대부분 전후 탄생한 신생국가로서 민족주의적 성향이 강하고 부국강병을 국가의 목표로 삼는 경향이 높다. 이러한 상황에서 한일 양국은 역내의 군비 증강 추세에 유의하여 역내 국가들의 불신과 오해를 종식시키고 신뢰를 조성하여 지역의 불확실성을 줄이고 안정을 도모할 수 있는 지역의 다자간 안보협력을 적극 추진할 필요가 있다. 최근 ASEAN-ARF가 지역 유일의 안보대화의 장이 되고 있지만, ARF는 기본적으로 동남아지역의 기구로서 동북아 문제를 다루기 어려운 상황이다. 따라서 한일 양국은 동북아의 안보문제를 다룰 수 있는 안보협력의 틀을 마련하기 위해 협력하여야 할 것이다.

4. 경제협력관계의 심화와 한일 FTA

한일 양국 공히 자신의 안전과 번영을 대외관계에 크게 의존하는 정치경제구조를 갖고 있다. 한국과 일본은 자원빈국으로 에너지, 식량, 광물자원 등 전략 물자를 해외에 거의 전적으로 의존하고 있는 한편 자유무역 질서하에서 대외무역을 통하여 막대한 부를 축적하여 왔다. 한일 양국은 자유무역질서의 유지에 공통의 이익을 갖고 있으며 이를 위해 WTO 등에서 상호 협력할 수 있을 것이다.

한국의 주력 산업이 일본과 동일한 자동차, 반도체, 조선 등인 점에서, 한국은 종종 일본의 라이벌인 것처럼 잘못 인식되고 있다. 하지만, 엔고에 의해서 한국 기업의 완제품이 일본보다 경쟁력을 가졌던 시기에도 한국의 대일 무역적자는 줄어들지 않았다. 이는 한국이 주로 일본으로부터 중간재와 자본재를 도입하여 최종제품 생산에 주력하는 대일 수입 유발형 수출구조를 갖고 있기 때문이다. 이유가 무엇이든 간에 한일 간의 거대한 무역불균형은 한국으로서는 심각한 문제가 아닐 수 없다. 물론 한국은 자본재, 중간재 산업 육성을 비롯한 자구노력이 필요하지만, 일본으로부터의 수입을 제한하여 무역수지를 개선하기보다는 확대 균형에 의한 해결이 바람직할 것이다. 결국 한국 상품의 대일 수출이 확대되어야 하며, 이를 위해서 일본의 시장 개방 노력이 뒤따라야 할 것이다.

한국과 일본이 공히 겪고 있는 미증유의 경제적 어려움은 양국관계에 적지 않은 영향을 미치고 있다. 한일 양국은 엄청난 인적·물적 교류를 통해 이미 긴밀한 상호의존 관계에 들어가 있다. 한국 경제가 더 이상 추락할 경우 일본 경제도 심각한 어려움에 처하는 반면, 일본 경제가 무너지면 IMF 하의 한국 경제는 기사회생이 불가능할 정도의 타격을 받게 된다. 양국은 사실상 운명 공동체라고 해도 과언이 아니다. 특히 일본 경제의 불황과 정국의 불안은 이미 극도의 어려움에 처한 한국의 경제에 있어 강 건너 불이 아니다. 일본 경제의 회복은 한국의 경제와 깊은 관련이 있다. 1980년대 중반 정치적 혼란기에 천문학적인 외채와 마이너스 경제성장으로 시달리던 한국 경제가 불황의 늪에서 벗어날 수 있었던 중요한 이유의 하나가 소위 엔고였다. 한일 간의 경제관계를 면밀히 관찰해 보면, 일본 경제가 건강하고 엔화가 강세일 때 한국 경제는 예외 없이 호황 국면에 있었다. 엔화의 가치가 115엔대로 올라간다면, 뼈아픈 구조조정 없이도 한국 경제가 회복될 수 있다는 평가도 있다.

한국 경제의 어려움을 벗어나기 위해서는 일본 경제가 건강을 되찾는 일이 매우 중요하다. 한국 경제의 회복은 또한 일본 경제에도 매우 중요한 요소가 되고 있다. 세계 최고 수준의 반도체, 조선, 철강, 자동차 생산국인 한국과 일본은 라이벌 관계임과 동시에 긴밀한 상호의존 관계에 있다. 진정한 자유민주주의와 시장경제를 공유하는 두 나라의 긴밀한 협력을 통한 경제 회복은 아시아 경제의 추락을 막는 가장 핵심적 사안일 것이다. 동아시아 국가들 사이에 거시 경제측면에서 보다 긴밀한 협력체제를 구축했더라면, 동아시아의 금융위기를 상당히 완화시킬 수 있었다는 지적도 있다. 이러한 협력체제의 구축에 있어서 한일 양국의 긴밀한 협력이 절실하다.

한일 간에는 '한·일 경제 Agenda 21'에 의거하여 투자협정의 추진과 표준, 인증 및 지적소유권 분야 등의 다양한 협력이 논의되고 있다. 특히 이러한 논의는 궁극적으로 한·일 자유무역지대(FTA) 논의와 적지 않은 관련을 갖고 있다고 볼 수 있다. 한·일 FTA 구상의 기본 인식은 양국이 가지고 있는 경제구조의 보완성과 경쟁성을 통해 협력의 잠재적 이익을 극대화하기 위해서는 다양한 분야의 협력을 하나의 틀로 묶는 포괄적 협력이 필요하다는 데서 출발하였다. 세계 경제에서 차지하는 중요한 비중에도 불구하고, 한일 양국 공히 어느 지역경제협정이나 FTA에도 가입하지 않으면서 다자체제 우선 정책을 취하여 왔다. 그러나 최근 다자체제를 보완할 수 있는 지역적 FTA에 대해서 양국의 시각이 점차 긍정적으로 바뀌는 등 통상정책의 변화를 보임에 따라 한·일 FTA 문제가 표면화되었다. 이에 따라 1998년 10월 한·일 통상장관회의시 한·일 FTA의 경제적 효과에 대한 민간차원의 공동연구를 진행하기로 합의한 바 있다. 특히 FTA를 둘러싼 논의 과정에서 투자 및 무역 분야에서의 협력 논의가 활성화되고 있으며, 향후 한일 FTA에 관한 추진력이 강화될 것으로 예상된다.

한일 FTA의 효과 분석과 관련, 외교안보연구원의 조용균 교수는 다음과 같이 지적한다(조용균 2000, 62-65).

> 관세철폐 분야만 놓고 볼 때 한·일 FTA는 경쟁적 수출구조하에서 한국의 현행 관세율이 일본의 그것에 비해 상대적으로 높기 때문에 중화학공업을 중심으로 한국의 제조업에 부담으로 작용할 것이며 한국의 대일 무역적자 폭도 확대될 것으로 예상된다. 반면 통관 절차의 간소화 및 표준·인증 등 비관세장벽 완화와 서비스 시장의 개방은 상대적으로 한국에 유리할 가능성이 있다. 그러나 FTA와 관련하여 보다 중요한 의미를 갖는 것은 동태적 효과이다. 즉, 역내외 기업들이 관세 철폐에 따라 역내 시장 접근을 증대시키기 위해 신규 투자를 늘이는 투자 증대 효과가 있으며 또한 규모의 경제, 경쟁의 심화 및 양국 간 생산 요소의 통합적 활용으로 인한 경제적 효율성의 증대도 기대할 수 있다. 동태적 효과는 중·장기적으로 나타나고 또 그 크기를 추정하기도 어려운 측면이 있지만 정태적 결과와는 달리 양국의 상호 이익을 실현할 수 있는 호혜적 성격임은 물론 정태적 효과와는 비교할 수 없을 정도로 크고 포괄적일 것으로 예상된다. 특히 투자 증대는 무역과 보완적으로 작용하여 FTA의 긍정적 효과를 증폭시킴과 동시에 한·일간의 경쟁적 비교우위 구조하에서 경쟁과 동시에 협력을 이끌어낼 수 있는 장을 제공할 수 있을 것이다. 문제는 동태적 이익을 극대화할 수 있도록 어떠한 형태의 FTA를 만들어 나가느냐에 있다. 이러한 측면에서 양국이 지향하는 FTA는 관세철폐에 국한되는 좁은 의미의 것이 아닌 모든 산업 분야에 파급 효과를 미칠 수 있는 포괄적 FTA이어야 할 것이다. 현재 양국 간에 논의되고 있는 투자협정이나 상호인정협정의 체결도 결국 이러한 포괄적 협력으로 나아가기 위한 예비적 성격의 협력으로 보아야 할 것이다.

한편 일본 측은 최근 한일 자유무역지대(FTA)의 구축이 경협과 북한 개혁을 위한 자금을 손쉽게 확보할 수 있는 수단이 될 수 있음을 강조하고 있다.[8] 한일 FTA는 해외 투자와 일본 기업이 한국을 통해 북한 진출을 촉진하게 됨으로써 일본 민간 자본의 대북 유입을 촉진시킬 수 있다는 것이다. 따라서 한일 FTA에 있어서 대북경협 재원 확보를 위한 발판으로서의 측면에 대한 연구가 필요하며 정치적 측면보다는 순수 경제적 측면에서 한일 FTA를 검토할 필요가 있을 것이다.

한일 경제협력은 무역불균형의 해소와 FTA 문제 등의 현안을 고려할 때 특정 분야의 제한적 협력의 성격이 아닌 포괄적 협력이 요구된다. 향후 한·일 경제협력은 다양한 분야의 협력을 통해 유기적으로 연결하고 체계화함으로써 협력의 효율성을 제고하는 방향으로 이루어져야 할 것이다.

VI. 결어

21세기에 들어서 일본의 대내외 환경은 냉전 종결 직후의 낙관적 상황과는 달리 크게 변화하고 있다. 대내적으로 버블 경제가 붕괴하면서 초래된 일본의 경제적 어려움은 선진국에서는 유례가 없는 10여 년 이상의 최장기 경제 침체를 겪으면서 일본인들에게 적지 않은 좌절감을 주고 있다. 미일역전이 멀지 않았다던 일본의 경제는 성장의 탄력을 잃고 세계적인 문제점으로 전락하였다. 좌절감의 탈출구로서 일본 국내에는 민족주의를 필두로 보수화 경향이 두드러지고 있다. 총리를 포함한 각료들의 공식 신사 참배, 역사교과서의 왜곡, 평화 헌법의 개정 움직임 등이 그것이며 과거로부터의 제약에서 벗어나는

8) 한일 FTA에 관해서는 日本貿易振興會アジア經濟研究所(2000) 참조.

것은 물론 과거를 미화하는 움직임도 목격된다. 이러한 경향을 반영하듯이, 일본 정국은 보혁구도의 소위 '55년체제'가 붕괴되어 사민, 공산 등의 혁신 정당은 거의 몰락하고 총보수화가 진행되고 있다. 장기 경제침체와 국내의 보수화 경향은 일본 외교에 있어 적지 않은 영향을 미치고 있다.

한편 대외적으로는 9·11테러 이후 미국의 대외 및 군사정책에 있어서 근본적 변화가 시작되었다. 미일 동맹관계의 성격도 방어와 억제 위주에서 미국과 같이 대테러 전쟁 등과 같은 군사 행동을 할 수 있느냐가 중요한 변수가 되고 있다. 중국의 부상은 일본을 둘러싼 전략 환경의 가장 중요한 변화로 볼 수 있다. 역사상 중국도 강하고 일본도 강한 시대는 없었다. 침체의 일본 경제와 달리, 중국은 세계적인 굴뚝공장 지대로 변화하면서 고도성장을 이루고 있다. 중국의 부상은 동아시아의 리더십을 둘러싼 중일 경쟁의 본격화를 예고한다. 한편 북한의 대량살상무기는 사실상 냉전 이후 일본에게 최대 안보위협으로 부상되었다. 핵무기 개발과 함께 일본 전역을 사정으로 하는 탄도 미사일의 실전배치는 MD, 정찰위성, 투사능력 등 일본 군사력의 강화를 촉진하는 요인이 되고 있다. 세계화의 심화는 국경의 의미와 정부의 역할이 변화되는 가운데 세계의 경제와 사회구조가 하나의 경제권으로 편입되는 현상이 가속화하고 있다. 과거 선진국에 국한된 현상이 이제는 중국, 인도를 포함한 전 세계 대다수 국민들이 하나의 경제권에서 세계를 무대로 경쟁과 참여를 펼치고 있다. 세계화가 심화시키는 세계의 재편성 과정은 반드시 긍정적인 것만은 아니다. 세계화 과정에서 소외된 지역은 절망적으로 빈부의 차가 확대되는 경향이 있다. 세계 2위의 경제 대국 일본조차도 세계화 과정에서 아시아 금융위기라는 비싼 수업료를 내면서 어려움을 겪고 있는 중이다.

일본은 장기적 시야나 철학을 갖고 있다기보다는 그때그때의 상황에서 최선의 선택을 추구해나가는 유형의 국가라고 볼 수 있다. 그러나 장기적 시야가 없기 때문에 막다른 골목에 다다랐을 때 군국주의와 같이 엉뚱한 방향으로 흐르는 경향도 있었다. 따라서 일본의 향후 진로와 관련, 예의주시할 필요성이 있다. 일본은 21세기를 맞이하여 변화된 전략환경 속에서 대외정책 방향을 조정하고 있다. 일본의 국익은 일본의 평화와 안전을 유지하고 '자유, 민주주의와 시장경제'라는 기본적 가치를 지키며 세계시장으로의 자유로운 접근을 통한 국가의 번영을 위한 자유무역체제의 유지라고 볼 수 있다(對外關係TASK FORCE 平成14年). 냉전 직후 외교 방향을 둘러싼 많은 논란이 있었지만, 일본은 패권안정론에 입각하여 독자적 노선을 모색하기보다는 패권국인 미국과의 긴밀한 관계를 기본으로 하여 미국 주도의 국제질서하에서 경제 대국에 걸맞은 국제적 영역과 역할을 확대해 가는 노선을 유지하고 있다고 볼 수 있다.

21세기 들어 일본 외교에 있어 가장 두드러진 변화는 패전의 속박에서 벗어나 보통국가화하려는 움직임이다. 일본은 전쟁에서 졌기 때문에 미국에 의해 씌워진 패전의 굴레 속에서 최소한 정치군사적으로 적지 않은 제약을 갖고 있는 상황이다. 일본은 국익을 위하여 스스로 생각하는 바를 행동에 옮길 수 있는 국가가 되어야 한다는 것으로 그 핵심은 결국 정치군사 부문에 있어서 자주성 내지는 주권을 회복하여야 한다는 것으로 볼 수 있다. 결국 보통국가화에 있어서 초점은 국익에 따라 군사력을 활용할 수 있는 체제를 갖추는 일이라고 볼 수 있다. 일본은 냉전종결 이후 미일동맹의 재정의와 함께 유엔 내에서의 활발한 활동을 통해 자위대의 활동 영역을 확대하는 한편 유사법제의 입법화, 헌법 개정 움직임 등을 통해 국내의 법적 정비도 추진하고 있다. 일본은 군사적 역할 확대에 있어서 대미관계, 중국의 군사동향, 북한 문제의 향방을 고려하면서 속도를 조절할 것이며, 보통국가(일반 서방국가 수준)로서의 군사적 역할을 모색할 것이다. 그러나 일본이 군국주의로 회귀하는 일은 불가능할 것이며, 일본의 목표가 군사대국이라기보다는 보통국가에 있을 것이다.

일본은 자신의 안전과 번영이 국제관계에 크게 의존하고 있음을 인식하고 있으며, 일본에게 동북아는 물론 세계적 규모의 안정적 국제질서가 자신의 안전과 번영에 있어서 불가결한 요소라고 볼 수 있다. 일본의 번영은 세계와의 상호관계 속에서 비롯되는 것이며, 특히 세계화가 심화되는 상황에서 일본의 이익은 글로벌한 차원에서 정의되는 시대에 돌입하고 있다. 일본의 대외정책은 냉전시 소극적 정책으로부터 안정적 국제질서를 확보·유지하는 글로벌 행위자로서의 적극적인 정책으로 전환되어가고 있다. 냉전 이후 일본의 안전과 번영에 있어 불가결한 안정적 국제질서를 유지하기 위해서는 다양한 지역분쟁과 정치적·경제적 불안정에 대한 대처가 필요하다. 이를 위해 일본은 미일 안보체제의 영역 확대, 지역안보협력에의 모색 및 유엔기능의 활성화 등 다각적 대외정책을 추구해 가고 있다.

우리가 일본의 새로운 대외정책 방향을 평가하는 데 있어서 세 가지 측면에서 고려할 필요성이 있다.

첫째, 군사적 역할 확대를 포함 일본의 정책 방향은 미국의 세계전략 차원에서 추진되는 측면이 강한 바, 미국의 세계전략을 어떻게 보느냐에 따라 일본의 안보역할 확대에 대한 우리의 인식도 달라질 수 있다는 점이다. 즉, 미국의 세계전략, 동아시아 전략이 우리의 국익이 맞는 것인지 아니면 대립되는 것인지에 따라 일본의 역할 확대에 대한 우리의 입장도 달라질 수 있다.

둘째, 우리가 중국을 어떻게 판단하느냐에 따라 일본의 역할에 대한 시각도 달라질 수 있다. 일본의 대외 정책이 국제적 규범에 있어 상당한 투명성을 갖고 미일 동맹의 틀 내에서 통제되고 있는 반면, 중국은 어떠한 통제도 없는 상황이다. 일본의 군사적 잠재성만큼, 향후 중국의 잠재성도 상당하다고 볼 수 있다. 또한 중일 경쟁이 우리에게 유리한가 불리한가의 판단에 따라 일본의 대외정책에 대한 평가도 달라질 수 있을 것이다.

셋째, 북한 위협을 어떻게 평가하느냐에 따라 일본에 대한 우리의 인식이 결정될 것이다. 북한의 군사적 위협이 존재하며 급변사태 가능성이 높다는 판단을 갖는다면, 유사시 일본 내 기지를 활용하는 문제는 우리의 사활적 이익이며 미군의 후방지원을 골자로 하는 일본의 군사적 역할 확대에 대한 입장도 긍정적일 것이다. 반면, 북한의 위협이나 급변 사태 가능성이 작고 남북 간의 교류를 우선한다면, 북한을 빌미로 한 일본의 군사적 역할 확대나 미일 방위협력 지침은 우리에게 불필요하고 한반도의 긴장을 높이는 요인으로 받아들여 질 것이다.

전환기에 있는 동아시아 정세에 있어서 한일 양국의 협력은 다음과 같은 이유에서 매우 중요하다. 첫째, 한일 양국은 지역질서의 변화보다는 안정을 국가 이익으로 느끼고 있다. 즉, 양국 공히 지역의 안정적 균형(status quo)하에서 현재의 번영과 안전을 이루어 왔다. 둘째, 지역의 안정적 균형을 유지하는 일에 있어서 양국은 모두 미국의 주도적 역할을 중시하고 지원하고 있다. 한일 양국은 미국과의 동맹관계를 갖고 있으며, 영내에 미군기지를 수용하고 지역의 안정을 위한 미국의 역할을 지원하고 있다. 셋째, 양국 공히 자신의 번영을 국제관계에 크게 의존하며, 특히 '세계시장으로의 자유로운 접근'이 보장되는 것에 사활적인 이해를 갖는다. 산업 활동을 위해 필수적인 에너지 등 전략 물자를 거의 전적으로 해외에 의존하며 부가가치를 높인 상품을 해외에 수출함으로써 한일 양국은 현재의 번영을 이룩했다. 따라서 세계시장으로의 자유로운 접근을 보장하는 문제는 양국의 사활적 문제이다. 끝으로 가장 중요하게 양국 공히 자유민주주의와 시장경제라는 가치를 공유하고 있다는 점이다. 아시아에서 진정한 민주주의와 시장경제를 공유하는 존재는 아마도 한일 양국이 유일하다고 본다.

이와 같은 한일 양국의 공통점과 공유되는 이익은 지역의 세 가지 도전 — 세계화, 투명성, 민주화 — 에 대처하고 지역의 안정을 이루는 데 있어서 한일 협력이 얼마나 중요한지를 말해 준다. 우선 한일 양국에는 동아시아 안정과 평화에 기본이 되는 미국의 지역의 균형자로서의 역할을 지원하여 지역의 안정적 균형을 유지하는 데 있어서 협력할 수 있는 공통의 분야가 적지 않다. 동아시아 지역에 주둔하고 있는 미군이 지역의 균형자 역할을 할 수 있도록 지원하는 데 있어서 상호 협력 분야가 클 것이다.

세계화, 투명성, 민주화의 도전은 결국 지역 협력 내지는 공동체 구축이 필요하다. 민주주의와 시장경제라는 가치를 공유하는 한일의 협력은 지역의 안전과 번영을 촉진하는 다자간 안보협력체제와 지역 경제협력체제를 구축하는 데 있어서 근간이 될 수 있다. 또한 지역의 민주화를 위해 다양한 지원과 공동 사업을 추진해야 할 것이다.

참고문헌

윤덕민. 1998.『미일 신안보체제와 동북아질서』. 서울: 외교안보연구원.

조용균. 2000. “21세기 한일 경제협력의 방향.”『남북정상회담과 동북아』. 서울: 외교안보연구원(10).

『조선일보』.

國分良成 編著. 1997.『日本アメリカ中國: 協助へのシナリオ』. TBSブリタニカ.

對外關係 TASK FORCE. 平成14年『21世紀日本外交の基本戰略 – 新たな時代, 新たな Vision, 新たな外交』(11月28日).

盛田昭夫·石原愼太郎. 1989.『NOといえる日本』. 光文社.

小笠原高雪. 1998. “アジア太平洋の地域主義.” 薺藤元秀 編著.『東アジア國際關係のダイナミズム』. 東洋經濟新聞社.

小澤一郎. 1993.『日本改造計劃』. 講談社.

室山義正. 1992.『日米安保體制』下. 有斐閣.

日本貿易振興會アジア經濟硏究所. 2000.『21世紀日韓經濟關係硏究會報告書: 21世紀の日韓經濟關係はいかにあるべきか』(5月).

田久保忠衛 編著. 1998.『戰略的日本外交のすすめ』. 時事通信社.

佐藤行雄. 1993. “求められる日本の發想轉換.”『外交フォ-ラム』(1月號).

中西輝政. 1996. “基地なき安保は可能か.” 江藤淳 編.『日米安保で日本は守れるか』. PHP硏究所.

Funabashi, Yoichi. 1991-92. “Japn and the New World Order.” *Foreign Affairs*(Winter).

Gertz, B. 1994. “North Korea as Nuclear Exporter?” *Washington Times*, 8(June).

Wahington Post.

편집후기

이 책은 제2기 한일공동연구 포럼 '한일관계팀'의 연구성과다. 한일관계팀은 한일 양국의 열 명의 연구자들로 구성되었으나, 한국 측 한 명이 개인 사정으로 도중에 사퇴했다. 따라서 이 책에는 서론을 포함하여 총 아홉 편의 논문이 수록되었다.

이 책은 편집자인 오코노기 마사오, 장달중의 총론적인 논문을 비롯하여 기미야 타다시, 구라타 히데야, 이원덕의 한일 간 정치·외교·안보관계에 관한 논문, 손열, 이소자키 노리요의 경제관계에 관한 논문, 하야시 나츠오의 문화관계에 관한 논문, 그리고 윤덕민의 외교·안보관계의 향후 전망에 관한 논문 등 비록 한일관계의 모든 분야는 아니지만 매우 다양한 분야를 포괄하는 논문들로 구성되어 있다. 각 논문들은 한국과 일본의 정치·경제를 개별 국가의 차원이 아니라 한일관계의 측면에서 접근하는 특징을 갖고 있다.

한일관계는 1965년의 관계정상화 이래 우여곡절을 겪으면서도 모든 분야에서 확대·지속되어 왔다. 이 점에서 한일관계가 하나의 '성공 스토리'라는 것은 말할 필요도 없다. 냉전 시기의 한일관계는 구라타, 기미야, 이원덕의 논문에서 볼 수 있듯이 국제정치학적으로는 국가의 안전보장을 최우선적으로 추구하고 국력증대와 세력균형을 토대로 하는 현실주의에 기초해 있었다. 그러한 관계는 박정희 사망 이후 나카소네·전두환의 시대에도 지속되었으며 한일 양국은 신냉전 시기에도 미국과의 동맹을 견고하게 유지했다.

그러나 그럼에도 불구하고 한일관계의 성격이 시대적 변화에 따라 크게 변모했다는 점을 부정할 수 없다. 냉전의 종결, 한국의 민주화, 일본의 버블경제 붕괴 등의 변화에 직면하여 한일관계에서도 상호의존론이나 구성주의적인 접근이 힘을 얻고 있다. 즉, 사회주의 진영이 붕괴하고 북한의 위협에 대한 상이한 인식이 대립하는 가운데, 일본은 물론 한국 역시 대미동맹의 존재방식을 포함하여 각기 다른 형태로 정체성의 재확인이 요구되는 상황이라고 할 수 있다. 또 고이즈미 수상의 야스쿠니 신사 참배나 역사교과서 문제는 한일 양국에서 과거의 역사적 경험을 재고하는 계기가 되고 있다. 손열, 이소자키, 하야시의 논문은 이러한 맥락에서 '더 적절한' 한일관계를 모색하기 위한 단초를 제공한다.

그러나 장달중의 논문에서 지적되듯이, 세계화와 민족주의의 결합은 '상호경시'나 '민족주의 경쟁'(nationalist game)을 야기할 위험을 갖고 있다. 일본에서도 폭발적인 '한류'가 일부에서 '혐(嫌)한류'를 초래하여 이른바 '인터넷 내셔널리즘'(net-nationalism)이라고 할 수 있는 저속한 감정적 상호비방이 인터넷을 통해 벌어진 바 있다. 조셉 나이(Joseph Nye)가 지적한 바와 같이 복합적 상호의존이 '마찰이나 분쟁이 없는 상태'를 의미하지는 않으며 반드시 '호혜적 상태'를 창출하는 것은 아닌 것이다.

이러한 시대에 무엇보다 중요한 것은 서로의 사정을 잘 이해하고 그것을 올바르게 해석할 수 있는 '좋은 커뮤니케이터'다. 쌍방이 의사소통에 실패한 경우 '완충지대'의 존재 또한 중요하며 쌍방의 논의가 교착상태에 빠져 혼란한 경우에는 '방향지시기'가 불가결해진다. 무의미한 경쟁을 회피하고 화해를 추구하기 위해 한국과 일본의 연구자들이 할 수 있는 역할은 실상 제한적일 수밖에 없다. 그러나 이 책이 다만 그러한 역할의 한 부분을 담당할 수 있기를 기대한다.

마지막으로 상당히 지체된 이 책의 간행을 애정을 갖고 지켜봐 준 일한문화교류기금과 고려대학교 아세아문제연구소 관계자, 그리고 게이오대학출판회에 깊은 감사를 드린다.

한일관계팀을 대표하여
한국 측 대표 장달중
일본 측 대표 오코노기 마사오

필자소개

집필순

오코노기 마사오 | 小此木政夫, OKONOGI MASAO

게이오(慶應義塾)대학 법학부 교수
게이오대학 법학 박사
전공 : 한국·북한 국내 정치, 동북아시아의 국제정치
주요경력 : 게이오대학 조교수, 하와이대학 조선연구센터 객원연구원, 조지워싱턴 대학 중소연구소 객원연구원
주요저작 : 『시장·국가·국제체제』(공저, 아연출판부, 2002); 『金正日時代の北朝鮮』(편저, 日本國際問題研究所, 1999); 『朝鮮戰爭』(中央公論社, 1986) 등

장달중 | 張達重, CHANG DAL-JOONG

서울대학교 정치학과 교수
캘리포니아 주립대학 정치학 박사
전공 : 비교정치, 북한정치, 일본정치
주요경력 : 서강대학교 교수, 통일부정책자문위원
주요저작 : 『일본은 회생하는가』(삼성경제연구원, 2003); 『김정일 체제의 북한: 정치·외교·경제·사상』(한일공동연구총서7, 아연출판부, 2004) 등

기미야 타다시 | 木宮正史, KIMIYA TADASHI

도쿄(東京)대학 종합문화연구과 준교수
고려대학교 정치학 박사
전공 : 한국정치외교사
주요경력 : 호세(法政)대학 법학부 조교수, 하버드대학 엔칭연구소 방문연구원
주요저작 : 『韓國: 民主化と經濟發展のダイナミズム』(ちくま新書, 2003); 『시장·국가·국제체제』(공저, 아연출판부, 2002) 등

구라타 히데야 | 倉田秀也, KURATA HIDEYA

교린(杏林)대학 종합정책학부 교수
게이오(慶應義塾)대학 법학 수사
전공 : 국제정치학, 비교정치학, 한국정치외교사
주요경력 : 일본국제문제연구소 연구원
주요저작 : 『朝鮮半島と國際政治』(공편, 慶應義塾大學出版會, 2005); 『시장· 국가· 국제체제』(공저, 아연출판부, 2002); 『地域硏究と現代の國家』(공저, 慶應義塾大學出版會, 1998); 『大量破壞兵器の軍縮論』(공저, 信山社, 2004) 등

이원덕 | 李元德, LEE WON-DEOG

국민대학교 국제학부 부교수
도쿄(東京)대학 국제관계학 박사
전공 : 일본정치외교, 한일관계론
주요경력 : 서울대학교 국제대학원 특별연구원, 세종연구소 연구위원
주요저작 : 『한일 과거사 처리의 원점』(서울대학교 출판부, 1996); 『일본은 한국에게 무엇인가』(한울, 2006) 등

손 열 | 孫 洌, SOHN YUL

연세대학교 국제학대학원 교수
시카고대학 정치학 박사
전공 : 일본 및 동아시아 정치경제
주요경력 : 도쿄(東京)대학 사회과학연구소 외국인 연구원, 중앙대학교 국제대학원 교수
주요저작 : 『일본: 성장과 위기의 정치경제학』(나남출판, 2004); *Japanese Industrial Governance* (Routledge Press, 2005); 『동아시아와 지역주의』(편, 지식마당 2006), 『매력으로 엮는 동아시아』(편, 지식마당 2007) 등

이소자키 노리요 | 磯崎典世, ISOZAKI NORIYO

가쿠슈인(學習院)대학 법학부 교수
도쿄(東京)대학 학술수사
전공 : 비교정치, 한국정치
주요경력 : 도쿄대학 교양학부 조수, 가쿠슈인대학 법학부 조교수, 버클리대학 한국학연구소 객원연구원
주요저작 : *The State and NGOs: Perspective from Asia* (Coauthored, Institute of Southeast Asian Studies, 2002); 『現代韓國と市民社会·利益團體: 日韓比較による體制移行の研究』(공저, 木鐸社, 2004) 등

하야시 나츠오 | 林夏生, HAYASHI NATSUO

도야마(富山)대학 인문학부 준교수
도쿄(東京)대학 학술수사
전공 : 국제관계론
주요경력 : 도야마대학 인문학부 강사, 와세다(早稻田)대학 정경학부 강사, 도쿄대학 대학원종합문화연구과 비상근 강사
주요저작 : 「韓國の文化交流政策と日韓關係」,『國際文化交流の政治經濟學』(平野健一郎 編, 勁草書房, 1999); "A New Partnership Towards The 21st Century?: 'Korea-Japan Joint Declaration'and After", Jae-Kap Ryoo et al,(ed.), *Bilateralism, Multilaterlism and Geopolitics in International Relations: Theory and Practice*, The Korean Association of International Studies, 1999, pp. 209-224.

윤덕민 | 尹德敏, YUN DUK-MIN

외교안보연구원 교수
게이오(慶應義塾)대학 법학 박사
전공 : 국제정치학
주요경력 : 외교안보연구원 조교수, 부교수
주요저작 : 『대북 핵협상의 전망』(해르출판, 1995); 『현대 한일관계 자료집』(오름, 2004) 등

찾아보기

ㄹ

ㅁ

ㅂ

ㅅ

ㅇ